心一堂彭措佛緣叢書・索達吉堪布仁波切譯著文集

中觀四百論廣釋

聖天菩薩　著
索達吉堪布仁波切　著疏

Śūnyatā

書名：中觀四百論廣釋
系列：心一堂彭措佛緣叢書•索達吉堪布仁波切譯著文集
作者：聖天菩薩
譯者：索達吉堪布仁波切
責任編輯：陳劍聰

出版：心一堂有限公司
地址/門市：香港九龍尖沙咀東麼地道六十三號好時中心LG六十一室
電話號碼：(852)2781-3722 (852)6715-0840
傳真號碼：(852)2214-8777
網址：www.sunyata.cc
電郵：sunyatabook@gmail.com
心一堂 彭措佛緣叢書論壇： http://bbs.sunyata.cc
心一堂 彭措佛緣閣： http://buddhism.sunyata.cc
網上書店： http://book.sunyata.cc

香港及海外發行：香港聯合書刊物流有限公司
香港新界大埔汀麗路36號中華商務印刷大廈3樓
電話號碼：(852)2150-2100
傳真號碼：(852)2407-3062
電郵：info@suplogistics.com.hk

台灣發行：秀威資訊科技股份有限公司
地址：台灣台北市內湖區瑞光路七十六巷六十五號一樓
電話號碼：(886)2796-3638
傳真號碼：(886)2796-1377
網絡書店：www.govbooks.com.tw
經銷：易可數位行銷股份有限公司
地址：台灣新北市新店區寶橋路235巷6弄3號5樓
電話號碼：(886)8911-0825
傳真號碼：(886)8911-0801
網址：http://ecorebooks.pixnet.net/blog

中國大陸發行•零售：心一堂•彭措佛緣閣
深圳流通處：中國深圳羅湖立新路六號東門博雅負一層零零八號
電話號碼：(86)755-82224934
北京流通處：中國北京東城區雍和宮大街四十號
心一堂官方淘寶流通處：http://shop35178535.taobao.com/

版次：二零一三年九月初版，平裝

定價： 港幣 一百六十元正
新台幣 五百八十元正

國際書號 ISBN 978-988-8266-40-1

科 判

甲一、初義 29

乙一、題義 29

乙二、譯禮 29

甲二、正釋論義 30

乙一、總義 30

丙一、造論者之殊勝 30

丙二、辨除謬誤 35

丙三、略述各品大意 36

乙二、別義 39

丙一、明依世俗諦的道次第 39

丁一、明由斷除四顛倒門修習中士意樂發起願菩提心之軌則 39

戊一、明由廣思維念死門斷除常執顛倒之理 39

己一、略示由念死門策發勤修解脫道不放逸行 39

己二、廣明修無常之理 41

庚一、修念生際必死 41

辛一、修習粗無常 41

壬一、明存活不能遮止死亡及不應只堅信存活 41

癸一、正明 41

癸二、破常作存活想不起怖畏 43

壬二、不應以死是人所共有而不生怖畏 44

壬三、不應恃有醫療老病的方法而不畏死 46

壬四、由死時不決定故而不畏死極不應理 47

癸一、現見死是一切共有故需畏死 47

癸二、破未見決定死故不需怖畏 48
壬五、破勇敢者不畏死的因由 49
癸一、為名利而不畏死非為智者 50
癸二、不應為愛護自己的生命而造惡業 51
辛二、修習細無常 53
壬一、存活即是剎那剎那消亡故不應堅信不死 53
壬二、歡喜久存活與不樂衰老是相違故不應貪著相續不斷 54
庚二、自己未解脫死怖不應專憂慮他死 56
辛一、略示 56
辛二、廣說 57
壬一、破子女未請問便往後世應當悲傷 57
癸一、正說 57
癸二、實已請問過而去唯由自愚癡故不察 59
壬二、對於子女不應過分貪著 60
癸一、不應過分貪著子女的理由 60
癸二、隨不隨順父母都不應生貪著 62
癸三、子女愛父母不待他緣是不堅固的 63
壬三、不必向人表示對子女死的哀痛 64
壬四、不應為了聯絡親友後輩對親友的死表示哀悼 65
壬五、不應貪著親友聚會 67
癸一、正說 67
癸二、不應貪著親友長時會合 69
壬六、不應貪著良辰美景 71
庚三、教誨應當遠離貪著塵事而勤修解脫道 73
辛一、定須出離勿待死主治罰 73

辛二、教誨早舍塵事依靜處 75
己三、明修無常的利益 77
戊二、明由修有漏身皆苦之門斷除樂執顛倒之方便 79
己一、於粗身修苦之理 79
庚一、略說保護具苦之身 79
辛一、明身雖為苦器亦應保護之理 79
辛二、斷除過分貪身 81
庚二、廣說修苦之理 82
辛一、思維此身多分為苦受 82
壬一、明身體所生樂不能大於苦 83
壬二、雖厭苦欣樂而唯有苦隨逐 84
辛二、思維不需勤作而苦易生 85
壬一、若喜少樂也應畏多苦 85
壬二、貪身如同愛仇敵 87
辛三、思維身不超越苦之本性 88
辛四、思維勝劣皆為苦所損惱 89
辛五、思維痛苦具大力 91
辛六、思維樂受如身中客 93
辛七、思維身之本性是苦而生厭離 95
庚三、破除樂有自性 96
辛一、苦雖有自相而樂無自相 96
壬一、樂雖有增長卻無自相 96
壬二、雖有真實苦因但無真實樂因 98
辛二、明執苦為樂之顛倒 99
壬一、正死時不應執為樂 100

壬二、正受損惱時不應執為樂 101
壬三、相違之四大聚合體不應執為樂 102
壬四、正受傷害時不應執為樂 103
壬五、正作業疲勞時不應執為樂 105
壬六、為少利而種苦因不應執為樂 106
辛三、乘騎等本無真安樂 108
辛四、明世人執暫息舊苦為樂之顛倒 109
辛五、示無有真實樂的其他理由 112
壬一、小苦除大苦不應執為樂 112
壬二、異生無有究竟障蔽痛苦之樂 113
己二、佛說身苦之理 114
己三、修習行苦之理 116
戊三、由思維生死體性的不淨門斷除淨執顛倒之方便 119
己一、破享用美境而生樂受 119
庚一、享受欲妙無滿足 119
庚二、越享用越生貪之喻 120
己二、廣說不應執身為淨之理 122
庚一、破貪愛女人之身 122
辛一、不應貪愛女人之美色 122
壬一、不應貪愛女人美色之理 122
壬二、美色不一定是生貪愛之因 125
辛二、不應以美色難得而生貪 126
辛三、破貪愛有德相之女 128
壬一、不應貪愛有德女 128
壬二、生貪與否不一定在於有德 129

辛四、不應對深愛自己的女人生貪 131
辛五、世規典籍中講須依女人是顛倒之說 133
辛六、不應貪愛女人的其他理由 134
壬一、與女人相會的欲樂並非勝樂 134
壬二、貪愛女人不能隨自主宰 137
壬三、若貪為樂即不應依女人 139
壬四、與女人相合之樂因非唯女人 140
壬五、明貪欲之過失 142
庚二、破現見身不淨而生貪愛 143
辛一、為貪女人之嬌媚而忍輕賤不應理 144
辛二、因貪女人者會生嫉妒而執女人為樂不應理 145
辛三、不應明知女身不淨而起貪愛 146
辛四、不應說無有過失而不能呵毀 148
辛五、破耽著女身為淨 149
辛六、破執身為淨的其他理由 151
壬一、破見身驕慢故執身為淨 151
壬二、破現見滌身不淨則執身為淨 152
壬三、破見有苦行仙人親近女身故女身非所應離 154
己三、破由香等嚴飾後執為淨 156
己四、破於應當遠離之貪境而執為淨 157
己五、觀待名言於一事上容有四種不顛倒境 158
戊四、示於有漏法不應執為我及我所之門而斷除我執顛倒之方便 161
己一、略明破我慢所執境之理 161
己二、廣釋破我慢所執境之理 162

庚一、破由權勢而生驕傲 163
辛一、斷除五種因所生的驕傲 163
壬一、不應對由僕使假立之王名起驕傲 163
壬二、不應以施收財物有權而生驕傲 164
壬三、不應以受用諸欲境而生驕傲 166
壬四、不應由是世間的保護者而生驕傲 167
壬五、不應由保護眾生為有福德者而生驕傲 169
辛二、不應由王位而生驕傲 171
辛三、應明辨法及非法 172
壬一、國王做損害他人的事即是非法 172
癸一、依仗王是護世者而收取資財等是非法 172
癸二、國王治罰罪人不應是法 174
癸三、破國王治罰暴惡者是非罪行 176
壬二、破國王做損害他人的事是法 178
癸一、破由保護世間是法 178
癸二、世人依順之國王為非法之喻 179
癸三、非愚不得王位故國王不會住於法 181
壬三、明仙人所說非完全是定量 182
癸一、仙人所說非完全是定量的理由 182
癸二、以典章作標準不一定會使世間安樂 184
壬四、損害仇人是非法 185
壬五、臨陣死亡非樂趣因 187
辛四、對國王應生厭離 189
辛五、不應貪著王位的威名 190
庚二、破由種姓而驕傲 192

辛一、破由恃王子而生驕慢 192

辛二、破由王種姓而起驕慢 193

壬一、非由無始以來就有各個種姓決定 193

壬二、既有四種種姓則不一定本體是王種姓 194

辛三、破由作保護眾生的事即當為王種 196

庚三、明遠離惡行的其他方便 197

辛一、破國王對分布眾財之權勢而生驕慢 197

辛二、破王應起大驕慢 199

丁二、明發起行菩提心已而學菩薩行之軌則 201

戊一、正說菩薩行 201

己一、明所得佛果的殊勝 201

庚一、佛陀所作的事業殊勝 201

庚二、佛果殊勝 203

庚三、十四無記不能成立佛非遍智的理由 204

己二、明得果的因是受持菩提心 206

庚一、修學菩薩行的等起發心殊勝 207

辛一、三業中以意業為主 207

辛二、意樂善則一切成善法 208

庚二、發菩提心的福德 210

辛一、最初發勝義菩提心的福德 210

辛二、教他發菩提心的福德 211

庚三、修學菩薩行之規則 213

辛一、利他的身語行為 213

辛二、意樂之差別 215

壬一、對不知罪的補特伽羅應悲愍之喻 215

壬二、教導弟子的次第 216
壬三、對煩惱熾盛者尤應悲愍 217
壬四、隨順根器意樂而作利他之理 218
壬五、悲力增盛所得之果 220
癸一、悲力增盛而不受教益者少 220
癸二、觀察利他不作策勵的過患 221
辛三、悲心微弱之過患 222
辛四、不信菩薩的過患和應修信心的理由 224
壬一、不信菩薩的過患 224
壬二、應修信心的理由 226
癸一、於行難行應修信心 226
癸二、思維菩薩無量功德而修信心 228
辛五、能究竟圓滿菩薩行的理由 230
壬一、欣樂布施之理由 230
壬二、呵責卑劣施之理由 231
壬三、能修一切行之理由 232
壬四、不希求獨自寂靜安樂之理由 234
壬五、能得殊勝身之理由 235
己三、成立佛果是遍智的理由 236
己四、劣慧小乘怖畏大乘的原因 239
戊二、明斷菩薩行的障礙——煩惱之方便 241
己一、破許逼身苦行能斷除業煩惱 241
己二、明斷煩惱之方便 242
庚一、斷現行煩惱之理 243
辛一、總示斷除三毒之理 243

壬一、應知三毒的作業 243
壬二、必須斷三毒的理由 245
壬三、明貪嗔不同之喻 246
壬四、攝受有貪嗔弟子之理 247
壬五、了知生煩惱的次第後依止對治 248
辛二、別說斷三毒之理 250
壬一、斷貪之理 250
癸一、貪雖似親實無益故應斷 250
癸二、了知生貪的因緣差別後則應斷除 251
壬二、斷嗔之理 253
壬三、斷癡之理 254
癸一、認識愚癡為煩惱的根本 254
癸二、認識能斷愚癡的對治 255
辛三、分別闡述斷貪嗔之理 257
壬一、斷貪之理 257
癸一、具貪行者之相 257
癸二、攝受具貪行者的方便 258
壬二、廣明斷嗔之理 259
癸一、思維嗔恚過患 260
癸二、廣說依嗔恚對治之理 261
子一、對能盡自己惡果的緣不應起嗔 261
子二、不悅意語自性非損惱故不應起嗔 262
子三、典章說應治罰毀罵者是顛倒 264
子四、對能遣除自己心境過患之語不應起嗔 265
子五、對惡劣者說惡語不應起嗔 267

癸三、破懲罰無故罵人者無過 268
癸四、思維忍的功德後而破嗔 270
子一、對罵者應當修忍 270
子二、對壓伏卑弱者的嗔恚不應敬重 271
子三、思維修忍功德應生歡喜 273
癸五、他人輕毀應當修忍 274
庚二、斷除煩惱種子而修習對治之理 275
戊三、明遠離耽著煩惱所緣境的方便 279
己一、思維輪迴過患 279
庚一、思維輪迴的總過患 279
辛一、必須修習怖畏輪迴之理由 279
辛二、如何生起厭離心 280
壬一、不應耽著韶華 280
壬二、隨業煩惱而轉故應當怖畏 282
壬三、教示努力斷除生死輪迴之因 283
壬四、斷除為遠離生死無需努力之爭執 285
癸一、正說 285
癸二、遮止不於現世努力而希求後世之諍 286
庚二、別明遠離於樂趣生愛 288
辛一、於樂趣亦應厭離 288
辛二、由愛而住生死猶如癲狂者 289
己二、明遠離引發輪迴之因——有漏業 291
庚一、總示遠離能引後有的業 291
庚二、必須遠離能引後有業的理由 293
辛一、生死是可畏處故應遠離業因 293

辛二、思維業果而修怖畏　294
辛三、思維業的本體之後應當勵力斷除　295
辛四、不應由業是樂因而起貪著　297
庚三、正明如何遠離之理　298
辛一、破對福業生愛　298
壬一、總破為愛增上生而積業　298
癸一、聖者視增上生等同地獄故應怖畏　298
癸二、異生若能如是了知則身心頓時壞滅　300
壬二、從樂趣至樂趣極難得　301
癸一、正義　301
癸二、破不作惡行而愛增上生　302
壬三、別破為增上生而積業　303
癸一、破為求受用而積業　303
癸二、破貪著世間法規而積業　304
癸三、破為求可意境而積業　306
癸四、破為求權勢而積業　308
癸五、破為求後世富饒由愛而積業　309
辛二、破積集非福業　310
己三、明永斷業的必要　311
庚一、通達真如的智者永斷愛染趣入解脫　311
庚二、諸智者於世間無有喜愛之處　313
戊四、明為成就道器而淨治弟子身心的方便　315
己一、明煩惱能斷之理由　315
庚一、正說　315
庚二、明煩惱可斷之理由　316

辛一、煩惱所緣之事不定故能斷 317
辛二、生煩惱的因非實有故可斷 318
辛三、破許煩惱不能斷的能立 319
辛四、與現見有許多未斷煩惱者並不相違 320
己二、廣說斷煩惱之方法 322
庚一、教誨必須現證空性的意義 322
辛一、教誨應當敬重實際之理 322
辛二、示得解脫必須現證空性 323
辛三、示從流轉趣入還滅的方便 325
辛四、示於空性遠離怖畏 326
辛五、示應斷特別貪著自宗 327
庚二、教誨希求解脫 329
辛一、精進則容易得解脫 329
辛二、若不修習厭離生死即不能得解脫 330
辛三、生死過患極大故應勤修解脫 331
辛四、不應最初開示實相義 333
辛五、如何為引導之次第 335
辛六、諸法究竟本體無別故易證一切法實相 335
辛七、因此經說須修福德資糧並不相違 337
庚三、引導趣入空性的次第 339
辛一、對非法器不應說空性 339
辛二、通達空性的方便 340
辛三、須從多方面開示空性 341
辛四、教誨於通達空性應起精進 343
辛五、如是修習能得涅槃 345

壬一、正說 345
壬二、雖修習空性但尚未解脫之因由 346
庚四、教誨煩惱決定能斷 347
己三、明後有結生無始有終之喻 349
丙二、釋勝義諦的道次第 351
丁一、廣釋勝義諦 351
戊一、由破有為法為常之門而總破實有 351
己一、總破有為法常 351
庚一、正破 351
庚二、破彼所答 352
己二、別破有為法常 353
庚一、破補特伽羅我 353
辛一、正破 353
辛二、破彼所答 355
庚二、破三無為實有 355
辛一、總破三無為實有 356
辛二、別破虛空遍常 358
庚三、破時是常 360
辛一、若許時常為因亦定許時常是果 360
辛二、示彼理由 361
辛三、變異與常相違 362
辛四、自生與待因生相違 363
辛五、從常生無常相違 363
庚四、破極微是常 365
辛一、破極微常 365

壬一、有方分則應成非常法 365
壬二、同類極微和合則不應生他體 366
癸一、正說 366
癸二、與許極微不遍體和合相違 367
壬三、破未成有支分之前的極微無方分 368
癸一、正破 368
癸二、極微無方分則不能運行造境 369
辛二、若極微無方分則瑜伽師不能見 370
壬一、正破 370
壬二、破由有粗塵故許極微是常 371
辛三、佛不說極微是常的理由 372
庚五、破解脫實有 374
辛一、破內部許解脫實有 374
壬一、滅諦非實有 374
壬二、實有則與涅槃界中永盡諸苦之說相違 375
辛二、破外部許我體是解脫所依 376
壬一、破數論師計思所攝的解脫是常 376
壬二、破有思功能所攝的解脫是常 377
壬三、明我執永盡即是解脫故不應許有解脫我 378
己三、斷不許破實有之諍 379
戊二、別破有為法實有 381
己一、破我 381
庚一、別破我 381
辛一、破勝論師所計的我 381
壬一、破我體 381

癸一、正破 381
癸二、破彼答難 382
癸三、緣其他補特伽羅的我亦應起我想 384
壬二、破能立因 385
癸一、破常我是流轉與還滅的因 385
癸二、破常我是發動身體的因 386
子一、正破 386
子二、示常我有違害 387
癸三、破常我的能立 388
子一、不能以有宿生念為因成立我常 388
子二、無心的色法不能念宿生事 389
子三、由具心等功德而念宿生事則應是無常 390
辛二、破數論師所計的我 390
壬一、不應許我思是常 390
壬二、我未壞時思體應不壞滅 392
壬三、不應以先有思的功能便許為我體 393
辛三、破尼也耶派所計的我 394
壬一、破我品〔一分）具有極微意故能了知境 394
壬二、破許我是常遍 395
辛四、別說破我的功德等 396
壬一、許自性是色法又是造一切者即同癡狂 396
壬二、許德是造善不善業者與不受異熟相違 397
壬三、破我常是造業者與受異熟者相違 397
庚二、總破我 399
辛一、執有補特伽羅的我是顛倒 399

辛二、常我即不能解脫生死 400
辛三、不應許解脫時有我 401
辛四、破無我的解脫是實有 402
庚三、破許無我有斷滅過 403
辛一、無我並沒有諸行剎那斷滅的過失 403
辛二、有我亦不應為流轉還滅的因 404
辛三、能生所生法唯是無常 404
辛四、略示名言中離斷常的規則 404
己二、破時實有 407
庚一、破時體實有 407
辛一、破過去未來實有 407
壬一、破未來實有 407
癸一、示許未來實有的違害 407
癸二、破彼所答 408
癸三、若未來實有應成現在 410
癸四、若三世實有應非無常 411
壬二、破過去實有 412
壬三、別破未來 412
癸一、破毗婆沙師等所許 413
子一、觀察未來有生無生而破 413
丑一、正破 413
丑二、破彼所答 413
子二、若過現二時實有即應非無常 414
子三、示未來法實有則有大過 415
子四、未來實有則有生已再生過 416

子五、破瑜伽師有願智故現見未來法實有 417
丑一、正破 417
丑二、未來實有則無需防止新起不善 419
丑三、無常與生之前而有相違 419
癸二、破經部師等所許 420
辛二、觀察有果無果而破 421
辛三、破現在實有 423
庚二、破能立 424
辛一、破時的因——有為法實有 424
壬一、觀察有為法住不住而破 424
癸一、正破 424
癸二、成立住無自性的能立因 425
壬二、觀察時有住無住而破 426
壬三、觀察有為法與無常一異而破 427
壬四:觀察住與無常力之大小而破 429
癸一、無常若比住力小其後不應見為大 429
癸二、無常力若大則一切時中應無有住 430
癸三、無常與有為法同時或不同時則不成立 431
壬五、破住與無常同時俱有 432
辛二、破念過去的能立因 433
己三、破所見實有 435
庚一、世間大部分人不入此空性法的原因 435
辛一、明具足德相的聞者難得 435
壬一、聞者的德相 435
壬二、觀察德相不全的過患 436

壬三、斷諍	438
癸一、成立能仁是一切智	438
子一、對於摧毀苦集的空性教義應生歡喜	438
子二、除佛正法外其餘無有解脫的原因	439
子三、於佛所說的深隱法義生起定解的方便	440
癸二、明別者是相似大師	441
辛二、明真實義極難通達	442
壬一、怖畏空性的原因	442
癸一、諸求解脫者隨外道行的原因	442
癸二、認識怖畏空性的補特伽羅	443
癸三、愚夫怖畏空性的原因	444
壬二、觀察障他通達空性的過失	445
壬三、為不失壞真性見即應謹慎	446
壬四、導入真性的次第	448
壬五、認識真性	449
癸一、認識實際	449
癸二、劣慧生怖畏的原因	450
辛三、明佛說甚深義非為爭論	451
壬一、佛說空性非為爭論但自然能焚燒一切邪說	451
壬二、明彼能燒毀的原因	452
癸一、正明	452
癸二、諸聖者不生怖畏的原因	453
壬三、對誤入歧途者應生悲愍	454
辛四、明自他教的粗細	455
壬一、總明劣慧者敬重其他教法不敬重佛法的原因	455

壬二、別釋 457
癸一、希求解脫者不應修習邪宗 457
癸二、劣根於彼宗起恭敬的原因 458
癸三、彼等宗非正法的原因 459
庚二、略示善說 461
辛一、正示 461
辛二、外道不敬信佛法的原因 462
庚三、教誨求解脫者須求善說 463
己四、破根境實有 465
庚一、廣釋破境實有的正理 465
辛一、破所取的根境實有 465
壬一、總破 465
癸一、正破 465
子一、破由根識現見瓶有自性相 465
子二、示由此理例破其餘 467
子三、由見色自相成立見其他一切有大過失 468
子四、破唯色自相是現量境 468
子五、示彼能立與所立相同 469
癸二、示其餘理 470
壬二、別破 471
癸一、破境有自性由根所取 471
子一、破所見實有 471
丑一、破境實有 471
寅一、破內部 471
卯一、觀察顯色形色一異而破 471

卯二、觀察四大種而破 473
卯三、明彼所許有違害 473
寅二、破外部 474
丑二、破有境實有 475
寅一、破眼能見色有自性 475
寅二、破識是作者 476
寅三、破眼是作者 477
卯一、眼有見色的功能則有大過 477
卯二、見色後為見行法則無用 479
卯三、眼若不至境而能自性見色則眼應見一切境 479
寅四、眼應觀待自身為能見 480
寅五、破三緣和合是能見色者 481
子二、破所聞實有 482
丑一、觀察聲音是否能說者而破 482
丑二、觀察與聲相合是否取境而破 483
丑三、明不取聲初分的違害 484
癸二、破意識取境有自性 486
辛二、破能取的有境〔心心所〕實有 486
壬一、明想蘊的相 486
壬二、破想蘊實有 487
辛三、明無實體如幻是極為希有的原因 488
庚二、明實有空與如幻相同 489
己五、破邊執 493
庚一、成立諸法自性空 493
辛一、略示 493

辛二、廣釋 494

壬一、觀察四邊破積聚〔總體〕實有 494

癸一、略示 494

癸二、廣釋 495

子一、破他部 495

丑一、破能相 495

寅一、破實總是異體的所依 495

寅二、破德是異體的所依 496

卯一、正破 496

卯二、許異德不依德有相違 497

丑二、破所相 498

子二、破內部 499

丑一、廣破一聚實有 499

寅一、觀察一異而破 499

寅二、破諸支分互相和合一聚是實有 500

卯一、正破 500

卯二、破彼所答 501

寅三、示破一聚實有之其他理由 502

卯一、瓶若實有則一切有色應成瓶 502

卯二、瓶的八微亦應成一 503

寅四、破瓶從自因實有而生 504

寅五、破由觀待自支分故瓶從實有因而生 504

丑二、略破聚者雖多而所聚一體是有自性 505

壬二、破有聚〔支分〕實有 506

癸一、不觀待大種實無有大種所造 506

癸二、破大種實有 507
癸三、破彼所答 508
癸四、破火極微為實有火 509
壬三、觀察一與多而破 510
癸一、由離一及多的因破有為法實有 510
癸二、示他宗亦有此過 511
壬四、由破四邊的理例破其餘 512
庚二、妄執諸法為常為實有的錯亂因 513
庚三、略示成立無實有之理 515
庚四、明通達無實有的所為 516
辛一、聖者不見緣起實有 516
辛二、由通達性空故解脫生死 517
戊三、破生住滅三有為法相有自性 519
己一、廣立緣起無自性生如幻之理 519
庚一、別破生有自性 519
辛一、廣釋 519
壬一、觀察有生無生而破 519
癸一、破有生無生的因 519
癸二、成立破因中有生無生的理趣 520
癸三、觀察生時而破 521
癸四、觀察自體他體而破 522
壬二、觀察初中後三而破 523
壬三、觀察自他而破 524
壬四、觀察次第及同時而破 524
癸一、正破 524

癸二、破由自性生的能立 524
壬五、觀察三時而破 526
辛二、略示破所生果 527
庚二、總破生住滅三有自性 528
辛一、觀察次第同時破三相有自性 528
辛二、出相無窮過而破 529
辛三、觀察一異而破 530
辛四：觀察自性有無而破 531
壬一、破由能生因實有故所生等實有 531
壬二、生等有體無體都非實有 532
庚三、破正生時由有自性生 533
辛一、總破 533
辛二、廣釋 534
壬一、觀察生時義而破 534
壬二、破許過去未來之間住的法為正生時 535
壬三、破許已生之先的法為正生時 536
癸一、牒計 536
癸二、破計 536
壬四、破許未生為正生時 537
癸一、正破 537
癸二、破彼斷過 538
癸三、若生時由自體生則須許未生為生 538
辛三、略義 539
己二、總破有自性 540
丁二、造論宗旨和斷除敵論餘諍 543

.戊一、略明造論的所為 543
戊二、斷除敵論餘諍 543
己一、遣除破空性的理 544
庚一、空性宗不能破 544
辛一、正明 544
辛二、以相同義而破 545
庚二、不空宗不能成立 546
辛一、正明 546
辛二、破彼斷過 547
庚三、用餘理破 548
辛一、以現見因破實有空不合理 548
辛二、由成立空性而成立實有宗即不合理 549
己二、破落邊宗之實執 550
庚一、正破 550
辛一、破無宗成宗 550
辛二、破法體實有之能立 552
壬一、以法差別實有不能成立實有 552
壬二、以破四邊正理而破 553
壬三、不見有微塵許實有 554
辛三、明離一切邊相同 554
壬一、正明 554
壬二、對任何法也不應許有實無實之差別 555
庚二、破救 556
辛一、不許諦實空者無由建立自宗 556
辛二、責難諦實空之宗終不可得 557

己三、有無二者是否實有其理相同 558
庚一、實有空與實有兩種名言成不成立相同 558
庚二、唯以假名實有其義不成 559
庚三、世間安立實有之名若是實有則世俗中有非勝義中有 560
己四、破成立畢竟無宗 561
庚一、破由遮諸法實有即成立畢竟無 561
庚二、由諸法無實體便執無實體為有自性也不合理 562
己五、破由有空性的因喻則不應成立空 562
庚一、明由有因故即是實有則有大過 563
庚二、明由有喻故即不能成立空性有大過失 563
己六、明開示空性的所為 564
己七、明有無二過之執都是顛倒 565
己八、明無有理由能破離邊 567
甲三、末義 569
乙一、由何阿闍黎作 569
乙二、由何譯師翻譯 569

中觀四百論廣釋

——句義明鏡論

聖天菩薩　造頌

法尊法師　譯頌

索達吉堪布　著疏

頂禮本師釋迦牟尼佛！

頂禮聖者曼殊師利！

頂禮聖天菩薩！

濁世人劣瑣事多，聞思修者寥晨星，

聖者善說無人閱，況我微言覽者誰？

然為自心入正法，依諸經論師教言，

略演甚深中觀道，若有信者請諦聽！

本師釋迦牟尼佛說法四十九年，為利益不同根基而三轉法輪，其中第二轉法輪，著重宣演般若空性。世尊示現涅槃後，弘教者分兩大派開闡般若深義：其一，無著菩薩以《現觀莊嚴論》為宗綱，開創了廣大行派，以隱義方式宣示般若；其二，龍樹菩薩以《中論》為根本論，開創了甚深見派，直顯般若空性深義。於此根本論，又有兩大論師闡其密意：一者即聖天菩薩（亦稱提婆菩薩），以修行竅訣方式粹攝《中論》密意而著《四百論》；另者月稱菩薩，著《顯句論》釋《中論》字句，造《入中論》顯明其深義。因而若欲修持了悟般若空性，於《四百論》尤應深加研習。

於藏傳佛教中，修學中觀者皆以《中論》、《四百論》、《入中論》為根本論典。諸派中觀論師對《入中論》之抉擇自宗見上，有多種辯論，而於《中論》、《四百論》無有較大異議。因二論皆是根本中觀論，即應成、自續二派尚未分流時之中觀著述。另外，《四百論》非如《入中論》之專門抉擇見解，而是專門抉擇修持，是中觀實修的竅訣集匯，對此諸派論師也無多異議。如格魯派甲操傑大師之《中觀四百論釋.善解心要論》，與寧瑪巴大堪布阿瓊仁波切所著之《四百論疏.大海之滴》，其抉擇方式皆相同，概因此論於中觀宗之特殊地位使然。

於漢傳佛教中，此論原有二譯本，一為姚秦鳩摩羅什大師簡譯的《百論》，二為唐玄奘大師所譯之《廣百論》。《百論》實際上是印度婆藪開士論師所作的《四百論》注釋中的部分；而《廣百論》僅為《四百論》後八品之頌文，因當年那爛陀寺護法論師以唯識觀點注釋此論時，將此論一分為二，前八品為《說法百論》，後八品為《辯議百論》。玄奘大師於護法論師之親傳弟子戒賢論師前，得此二論及義疏，回國後便將《辯議百論》譯為《廣百論》。故《四百論》在漢傳佛教中，一直未有完整譯本。到近代法尊法師入藏求法，親睹藏地中觀學者對此論的重視及此論對學者的裨益，於是不辭辛勞從藏文譯出此論前八品，並對後八品的譯文依藏譯本作了一些補充，目前該譯本是《四百論》在漢地最為完善的譯本。本注疏所依者，即是此譯本。

此《中觀四百論廣釋》分三：甲一、初義；甲二、正釋論義；甲三、末義。

甲一分二：一、題義；二、譯禮。

乙一、題義：

此論梵語名為「扎睹夏打嘎夏打嘎日嘎」。扎睹夏打嘎義為四百，夏打義為論，嘎日嘎義為頌，合譯即為《四百論頌》（現今通稱《四百論》）。本論分為十六品，每品二十五頌，共四百頌，故而得名。月稱論師說，本論原稱無「四」字，其名為《百論》，能破諸多邪分別故名為「百」，能斷除實執故名「論」。邪執無有邊際，所以不說有限制的「四百」，而是以「百」表示其無邊之義。名為《百論》，是以其作用而立名。於藏文版中，本論題為《菩薩瑜伽行四百論頌》，意指摧滅諸多邪分別而修持實相之竅訣匯集。

一般在論典的題名後，有頂禮立宗句，但本論中卻無有。對此，仁達瓦大師（宗喀巴大師的上師）解釋其原因云：「此論乃直承龍樹菩薩之《中論》義理而造，《中論》抉擇見分，此論緊承其義旨而抉擇修持次第，故應與《中論》作一體觀，不再加頂禮立宗句。」關於宗義，月稱論師也云：「由於聖天阿闍黎是龍樹阿闍黎的弟子，故此論屬於此宗，非別宗義。」

乙二、譯禮：頂禮聖者曼殊師利！

此頂禮句是由梵文譯成藏文時，巴操（日稱）譯師所加。譯禮之必要，一是按藏傳佛教的傳統，表明此論屬對法藏；二是為增上智慧圓滿翻譯，以祈三世諸佛智慧總集之聖者文殊加持。

甲二、（正釋論義）分二：一、總義；二、別義。

乙一、（總義）分三：一、造論者之殊勝；二、辨除謬誤；三、略述各品大意。

丙一、造論者之殊勝：

作者聖天菩薩，梵名阿扎雅提婆，勝嘎拉國（今斯里蘭卡）的王太子。《布頓佛教史》及《西藏古代佛教史》中說，菩薩從楞伽島中的蓮花化生，為當地國王所收養；漢傳佛教中諸論師依《提婆傳》也秉持類似的觀點。然今依《印度佛教史》及月稱菩薩在本論注釋中的記載，為胎生之王太子較為可信。

聖天論師宿具不共悲心與智慧，自幼即精研諸明處學術，顯示出非凡的特質。稍長，棄王位出家，依班智達瑪哈德哇受具足戒，學習三藏。後為朝禮各聖境，遊歷至南天竺吉祥山，值遇龍樹大士，時大士已值晚年，歎其器量淵弘，堪為正法城塹，即攝受為近住弟子，此於玄奘大師之《大唐西域記》第十卷中有記載。聖天一心依止龍樹大士，盡得顯密佛法之教授，及一切明處學術，成為善巧精通者，遂於南印度助師廣弘正法。

其時於印度北方，出現了一名為難勝黑者的外道，（有的譯外道名為「未沸」，藏語名之曰「麻柯」）。他通達外道一切典籍，並修大自在天有所成就，常依辯論術及神通力與諸內道論師作辯論。時內道論師無一能與其爭勝，於是多處寺廟遭到摧壞，眾多有情被引入他的教法中。難勝黑者的母親，是一虔誠的佛弟子，她多次力勸也未能阻止兒子的罪行，便想聲震天竺的那爛陀寺一定有具德聖士，能降伏自己的兒子，故攜子至那爛陀寺。然而寺中諸班智達與難勝黑者累日論戰，竟無一人能勝。寺僧只好在大嘿日嘎神像前陳設廣大供養，竭誠祈禱嘿日嘎聖尊賜予回天之力。其時，石像胸口現出一隻烏鴉，寺僧便將辯論詳情俱書於紙，繫之鴉頸，祈神鴉送往南方有大力之勝士，以迎請前來折服外道。神鴉徑直飛至千里之外的吉祥山，將信交給龍樹大士，大士父子據信中所言，對外道宗義進行了周密辨析，但是當時無法決定究竟由誰去那爛陀寺對付外道。於是龍樹大士提議以辯論作抉擇，初由聖天模擬外道，與龍樹大士爭辯，大士竟未能摧伏外道；後由大士扮作外道，聖天論師代表內教，二位尊者完全投入地進行了激烈論辯，舌戰至高峰時，聖天論師竟然認為對方是真實的外道，脫下鞋子就打在對方頭上。當時龍樹大士說：「好了，你去與外道辯論，必定獲勝。但是，你以鞋底擊打師頭，以此原因，北上途中必然會遭違緣。」

遵照師囑，聖天論師立刻啟程，趕赴那爛陀寺，途中果然遭受違緣。原來聖天生來容貌端嚴，尤其是雙眸，靈潤含精，神采飛揚，超逾天人，以此他的母親為其取名聖天。當時人們非常欽羨，父母若得相貌端嚴之子，都要說：我的兒子容貌似提婆一般！聖天論師行至中途，在一棵大樹下歇息飲水時，大樹女神戀慕其眸，乞求施予，菩薩遂自剜一睛，布施給女神（關於此段傳記，說法不一。一說途中遇醫師乞菩薩之睛配製藥物；另說途中遇一女人，貪慕菩薩的眼睛，菩薩了知此女發心入道時機已成熟，便自剜一目，持之以示女人：還可貪否？鳩摩羅什譯師所譯之《提婆傳》中，則說是將一目布施給大自在天，因施一目，故菩薩又名伽那提婆，即一目天）。女神大為感動，因而將摧破外道之策告訴了菩薩。菩薩依計尋得一瘋狂者、一隻貓與一瓶清油，攜至外道難勝黑者處。

時正值難勝黑者的母親已死，他正在依外道儀軌作水施，聖天論師問：「你在做什麼？」外道回答說：「我的母親墮在孤獨地獄裡，以此水施，願濟慰之。」聖天論師即尋一根吉祥草，沾水向南挑灑，外道見狀也問：「你在做什麼呢？」答曰：「大士龍樹與我，在南天竺擁有一塊田地，現在遭到了旱災，想以此沃灌那塊田。」外道笑言：「你真愚癡，相隔如此之遙，以此小小草梗沾些微水滴，如何能及呢？」聖天論師正顏回駁道：「你尚能以一小杯水，熄滅八萬由旬之地獄烈火，我又何嘗不可以此澆灌區區千里之外的田地呢？」外道聞言無以作答。片刻後，外道了知他是南天竺聖天論師，欲來與自己辯論，便立刻作了準備。難勝黑者在辯論時有三種取勝對方的助緣，其一是有一辯才無礙之女班智達為助手，其二為一巧舌如簧無人能敵的鸚鵡，其三於辯論急難之時，大自在天會親自現身提示（或說由銅鏡中顯示而為外道解難）。

辯論開始時，彼此規定論辯三場，外道依常規先讓女班智達出辯，聖天論師便將所攜之瘋狂者出示，那位瘋子作出裸體等種種無理行為，使女班智達羞愧難當，無法論辯。繼後外道的鸚鵡上場欲參辯，聖天論師也出示所帶之貓，鸚鵡見貓瞪目呲齒，驚懼而遁。外道見狀，也不怯弱，仗大自在天可隨時幫助自己，親自出場與聖天論師辯論。聖天論師在辯論場所灑下清油，並點火焚起濃煙，大自在天嫌惡煙氣，不能現身。至此難勝黑者助緣皆斷，只有憑自力參辯，時外道譏諷說：「你只有一隻眼，如何能與我爭辯呢？」聖天論師慨然答言：「三眼威猛神，不能見真實，帝釋具千眼，亦不見真諦，伽那提婆我一目，能見三界之真實！」隨後以正法義使外道的一切爭論全部失敗。外道見辯論全盤告輸，便以飛行術騰入空中準備逃走，聖天論師警告他：「不要再往高處飛了，否則頭頂上的寶劍風輪，會斬斷你的頭！」外道半信半疑，拔下一根頭髮往上一舉，果然立斷，不由心生大怖畏而墮落於地。如是聖天論師將他徹底降伏，並以方便引入佛教，攝受加持。難勝黑者轉入內教後，聖天論師為他取名為巴俄，譯成漢文即聖勇。後來，聖勇成為精通五明和內外宗派的大師，造了許多論典，如《菩薩本生正法犍槌音論》、《本生鬘》、《示善道論》、《六波羅蜜攝頌》、《別解脫經本釋》等，此等論典在藏文的論藏中皆有收集。並且，聖勇大師還在其他方面為佛教做過許多有益的事業。

如今，雪域諸多智者所編的《藏漢大辭典》及一些史書中說難勝黑者即馬鳴大士。但在《紅史》、《布頓佛教史》及漢傳佛教的史料記載中，馬鳴大士是龍樹菩薩前兩代的住持教法者；另外《釋摩訶衍論》中亦曾列舉出六位馬鳴。難勝黑者與馬鳴大士可能並非一人，故而，我希望有志於此者重作全面的研究。

據《如意寶史》所載，聖天論師前世曾為世尊座下的嘎拉巴模比丘。當年世尊為他及其他幾位比丘轉法輪時，空中飛過一隻烏鴉，所遺糞穢落於佛的金身。世尊即時授記：「以此緣起，此烏鴉將來會成為一具力外道，毀壞佛教。」嘎拉巴模比丘聞言，心中發願：「此烏鴉毀壞世尊教法時，我一定降伏他。」以此願力成熟，當烏鴉轉世為難勝黑者毀壞佛教時，嘎拉巴模比丘果然出世降伏了他。

聖天論師是南贍部洲六大莊嚴之一（其餘五莊嚴為龍樹、無著、世親、陳那、法稱），其論著有《中觀四百論頌》、《中觀學中論》、《斷諍論》、《成就破妄如理因論》、《智慧心要集論》、《攝行明燈論》、《理智成就淨治心障論》等，在密宗方面也有多部著作。

關於聖天論師的果證功德，在《文殊根本續》中，世尊曾授記：「非聖名聖者，住於勝嘎拉，制止外道宗，遣除邪道咒。」很明確地說其為「非聖」，即尚未登地；然而在印度阿闍黎菩提賢所著的《智慧心要集論釋》中，說聖天乃八地菩薩；還有說聖天論師即生證得了佛位，因為在《攝行明燈論》中，聖天論師說自己已證得了無上瑜伽的「不共幻身」，如是按龍樹大士的觀點，得不共幻身者，即生可證得殊勝成就，聖天大士晚年也親口說過「去呀聖天去，光身赴淨刹」。這三種說法其實並不相違，聖天論師上半生為凡夫，然依龍樹大士之教授深入修持，得不共幻身成就，位住八地，最後證得佛位，這是可以成立的觀點。就像龍樹大士在經典中有多處授記：有的授記大士為一地聖者，有的授記為七地，有的授記於即生證入佛位，此亦無有矛盾，因各種授記，各自針對大士的早中晚年等不同時期。同樣，各種對聖天論師的授記評論也是如此，所以不會存有謬誤之處。

依其傳記，聖天論師著述《四百論》時，已近暮年，因而此論乃登地以上的聖者所著。諸後學者，對此應生猛厲信樂，專精習之。

丙二、辨除謬誤：

那爛陀寺的大德護法論師曾依唯識宗觀點，造疏解釋此論，說此論意趣在於破除遍計執法有自性。雖然諸宗究竟義趣一致，但聖天論師造此論的理趣實是緊承龍樹大士之《中論》，建立修行般若空性的道次第。月稱菩薩也曾於《中觀四百論釋》中說：「將《四百論》之意義，說成與龍樹宗意義不同者，臆造也。」再從此論的主要意義看，是抉擇諸緣起法無有自性，建立修習空性的道次第，所以也非中觀宗之外的宗義。還有論師說，此論不別作皈敬文，乃說明此論不僅是為斷除別人對龍樹阿闍黎的懷疑而作（有疑《中論》為爭辯之作），而且表示此論屬於《中論》。從此角度而言，《四百論》之宗義尤為明顯也，故不宜以他宗觀點而釋此論之本義。

有些人懷疑說：既然此論亦是抉擇諸法無自性，那麼造此論豈非無必要？因為龍樹大士在《中論》、《七十空性論》等論中已廣說般若空性正理。答曰：龍樹大士在諸論中雖已廣述空性正理，破除各宗派行人之錯誤執計，然有些人未通達大士之義旨，誤以為《中論》等唯是與他宗爭辯、破壞他宗的論述。而實際上大士的義趣，是在破除邪見之中豁顯般若正理，在摧滅謬執同時開演修行正道，所以聖天論師為撥疑雲現紅日，著此《四百論》。於本論中，秉承龍樹大士破一切實執，顯究竟真空之義旨，聖天論師更以實際觀修之具體階次作了明顯開闡，故不應生疑。諸不能頓斷四邊戲執徑入無生法忍之大乘弟子，尤其是末法之時絕大多數修行人，若能遵循此論所闡次第如法而習，則可趨入無生大空實相之境！

丙三、略述各品大意：

如上所述，本論是宣講中觀實修的道次第，那麼論中各品到底是如何宣說的呢？前八品是從世俗諦的角度進行宣講，後八品是從勝義諦角度進行闡述，如月稱論師在大疏中說：首先開演怎樣安立世俗諸法（也即以此破除眾生相續中的粗大實執），然後再次第宣說究竟的勝義諦。

具體來講，前四品廣說如何破除常樂我淨四種顛倒，從而對輪迴生起厭離之心。其中第一品，宣說五蘊諸法皆依緣而生，故為無常，也即是說應修習生死無常從而斷除常執。第二品宣說有漏五蘊既是無常，則必具損惱，如是於己無利，從而破除執五蘊為樂的顛倒。第三品宣說，有漏五蘊既屬苦性，則應對其生起厭離，從而斷除執生死為淨的顛倒。第四品宣說有漏五蘊既為不淨，則不應執為我及我所並由此生起我慢，應捨棄之，從而以此斷除我執顛倒。按甲操傑大師的觀點，這四品不僅是宣講修習中士意樂，發起出離心，而且對於大乘根性來說，還應由此發起願菩提心，發願上求佛道，下化眾生，並且其科判也是按大乘發心方式進行安立的。第五品是宣講在發起出離心與願菩提心後，大乘行人應再發起行菩提心，從而真實趨入菩薩道進行修持。但由於初發心者相續中煩惱粗重，尚且無法自利，何況利他，故第六品宣說煩惱生起及如何斷除之理。第七品說明在破除緣諸境之後，生起現行煩惱並如何破除之理。第八品說明沒有通達色等諸境的真實性而生起非理作意，也即煩惱生起之因，從而教導弟子生起斷除煩惱的意樂，並且對真實法理即使有少許的懷疑，亦應趣入正道修行，此乃淨治弟子使之成為法器的軌則。

通過前八品的宣講，可令眾生身心相續得以成熟，從而成為法器，在此基礎上，再進一步宣講更深的勝義諦瑜伽，也即後八品開始說明如何斷除煩惱、所知二障。

具體來說，第九品宣講諸有為法無有常體可得，從而破除萬法為常的實執。第十品說明內的身心相續與外的山河大地等一切諸法皆無我。第十一品破除時間為常的實執。第十二品廣破邊見。第十三品從根境的角度破除實執。第十四品宣說諸緣起法皆無自性，從而破除邊執以獲得解脫之理。第十五品廣說諸有為法生住滅三相空無自性之理。第十六品宣講造論的目的以及遮破諸敵論者的其他問難，從而抉擇出中觀正理為諸人所應修習。

總之，此論廣宣了如何修習中觀的道次第，也即先依世俗修法，待根器成熟後，再趨入勝義修法，從而達至中觀究竟實相的修習軌則。

第一品　明破常執方便品

乙二、（別義）分二：一、明依世俗諦的道次第；二、釋勝義諦的道次第。

丙一、（明依世俗諦的道次第）分二：一、明由斷除四顛倒門修習中士意樂發起願菩提心之軌則；二、明發起行菩提心已而學菩薩行之軌則。

丁一、（明由斷除四顛倒門修習中士意樂發起願菩提心之軌則）分四：一、明由廣思維念死門斷除常執顛倒之理；二、明由修有漏身皆苦之門斷除樂執顛倒之方便；三、由思維生死體性的不淨門斷除淨執顛倒之方便；四、示於有漏法不應執為我及我所之門而斷除我執顛倒之方便。

戊一、（明由廣思維念死門斷除常執顛倒之理）分三：一、略示由念死門策發勤修解脫道不放逸行；二、廣明修無常之理；三、明修無常的利益。

己一、略示由念死門策發勤修解脫道不放逸行：

三界有情趣入聖道生起精進的首重障礙，是於死亡執為不死的常執。由於顛倒常執，眾生終日漫然放逸，渾然不知老死將至，由此而不知出離，不知尋求斷除無常死苦的聖道；即使聞得聖教，也會因此顛倒常執之迷障，不能發起精進之心修習脫離死苦的正道。所以，初學佛法者，首當數數思維死亡無常之教義，世尊言：「猶如眾跡中，大象跡最勝，如是佛教內，所有修行中，唯一修無常，此乃最殊勝。」觀修死亡無常，初為趣入正法之因，中為促生精進之緣，後為證悟法性之助。故於本論之首，即示念死無常之教義，意在策勵學者，斷捨放逸懈怠，遠離世俗瑣事，勤修解脫聖道，為證悟般若空性奠定基礎。

若有三世主，自死無教者，

彼猶安然睡，有誰暴於彼。

如果有三界主，眾生必會死亡，且是自死而非他力所教，如是他還像聖者一樣安然而睡，那還有誰比他具有更厲害的愚癡懈怠呢？

三世主，原指欲界、色界、無色界或地下、地上、天上三世間的主宰者——樂自在主（天名）。所謂「有三世主」，泛指三界內的一切凡夫有情，皆是樂自在主的眷屬，都受其繫縛。此處以「三界主」比喻死亡無常，有著這種「主」的有情，皆為死亡無常所縛，而且有情的自身即是無常的體性，故自己就是死主，自己即是本人死刑的執行者，其死亡沒有任何外來命令，唯是由自己的業力而定，唯是自死。若陷於如是之境，已見自己正在趨向死亡，而還像聖者般安然而睡，不精勤修習對治死苦的方便，這種人的愚癡懶惰懈怠，再也不可能有誰比他更粗暴惡劣了！流轉於生死輪迴的有情，無一可免死主的弒殺，而真正已入聖教精勤修習無死之道者，卻甚為稀少。世間絕大部分眾生無視死亡之凶險，猶在庸庸然放逸度日，如是之眾，皆為此處所呵斥之愚癡懈怠者。故諸有志者，當深思三界無常之本性，恆念自己必死而精進修持解脫聖道。

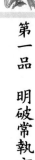

譬如說，已得罪了國王近侍的大臣，已知近侍及國王欲謀殺他，便時刻小心謹慎，不敢有稍許放逸；同樣，有情住於三界，隨時皆面臨著死亡威脅，故應勤修出離之方便，若放逸不求自救，則如曠野迷途者，雖行至極為凶險之境，尚昏然不信險情已臨，如是決定會為死主所殺。

己二、（廣明修無常之理）分三：

一、修念生際必死；二、自己未解脫死怖不應專憂慮他死；三、教誨應當遠離貪著塵事而勤修解脫道。

庚一、（修念生際必死）分二：一、修習粗無常；二、修習細無常。

辛一、（修習粗無常）分五：一、明存活不能遮止死亡及不應只堅信存活；二、不應以死是人所共有而不生怖畏；三、不應恃有醫療老病的方法而不畏死；四、由死時不決定故而不畏死極不應理；五、破勇敢者不畏死的因由。

壬一、（明存活不能遮止死亡及不應只堅信存活）分二：一、正明；二、破常作存活想不起怖畏。

癸一、正明：

問曰：雖然有三世間死主的降臨，但是每個有情在出生與死亡之間，皆有一定的存活時間，在存活時間裡，又為什麼要害怕死亡呢？

為死故而生，隨他行本性，

現見是為死，非是為存活。

為了趣向死亡的緣故，才有出生存活，剎那不停隨老死而行是生命之本性。

一切生命的出生存活現量可見皆為死亡，非是為永久生存而活著。一切生命現象的必然規律是有生必有死，而且從出生伊始，就在剎那不停地趨向死亡。佛陀曾於《本生經》中言：「眾生於初夜入胎住世，日日所作，唯是速趨於死。」有情的一生中，生是起點，死是終點，自始至終的歷程如同從懸崖上摔落一般，無有剎那停頓。因此，出生、存活之目的地，即是死亡，有情的一切生命歷程，無不是剎那不息地趣向死亡，以此而觀，一切出生存活，難道不正是為了死亡而作嗎？隨老死而行，是生命之無常本性，看一切有情生命之生生不已，有誰是為存活不死而生呢？落木蕭蕭，大河滾滾，一切皆無常是人們現量可見的事實，短暫的存活絕非脫離了無常，以有存活而不懼死亡者，唯是自欺而已。

人們自出生起，就一直以為自己在為生存而奮鬥，在為美好生活而勞作不息，孰不知這一切都是在走向死亡途中的作為。有人尚為赴死途中的些微欲樂而陶醉，在清醒者看來，這與趕向屠場的牛羊，在路上尚為啃草飲水而樂，又有何區別呢？世人每一剎那的生活，其實與死牢中的囚犯一樣，每分每秒都在接近被處死。可是死刑犯尚知急惶惶尋求逃離死亡之方便，而愚昧放逸之世人，為什麼不警醒反觀自身的處境，了知行住坐臥一切所作皆為趣死而非存活呢？

生活在三界，當知如旅行者之駱駝，唯能隨主人而無有自在，當主人思鄉欲歸時，駱駝也只能隨主人而行，別無其餘歸處；同樣眾生也皆是隨死主而行之毫無自在者。如陷害他人之刺客，殺他未逞，反遭他殺，如是刺殺過程中的一切行動，本為殺他，結果卻是步步為自死而作；同樣世人一切為存活之作為，不但未能使自存活，反而是步步趣死也。

癸二、破常作存活想不起怖畏：

問曰：雖然生際必死，但人壽百歲，我們已度過的年歲少，而剩下的日子還長著呢，這難道不是可以因此而不害怕死亡嗎？

汝見去時短，未來時間長，
汝思等不等，顯同怖呼喚。

你見自己的人生已過去之時間短，未來的時間還很長，如是你計執過去與未來的時間相等或不相等而作常活之想，由此而說不怖畏死亡，這顯然如同怖畏者反而大喊不害怕一樣。

以為自己還剩有存活時間，就不必顧忌死亡，這種想法極不合理。在世間有很多人懷著這種想法而貪戀世俗欲樂，不顧生死大事。比如說，有些年輕人認為，現在是人壽百歲的時候，自己才活了二十歲，以後還有八十年時間可以活，所以現在可以毫無顧忌地享受生命，不必忙著苦修對治死亡之方便。這種想法無非是找藉口懈怠放逸，其實毫無根據。壽命是不定的，人壽百歲的時期，並非每個眾生都能活百歲，《因緣品》中說：「或有在胎殞，或初誕亦亡，盛壯不免死，老耄甘心受？若老或少年，及與中年者，恒被死來侵，云何不懷怖？」生命隨時會為死緣所奪，你有何理由不怖畏死亡而安逸度日呢？同樣，有些中年人認為自己的百年生命才過一半，還有相等的五十年；有些老年認為自己才活七十歲，雖然大半生命已盡，但仍有部分可以享受。如是思維自己尚有與已度時光等不等的日子可存活，可以不害怕死亡，這無非是自欺之舉。既然已了知生命在不斷流逝，就應當對死亡生起警惕、恐懼，然自己不但不生懼意，反而以種種似是而非的想法為自己壯膽，說不用害怕死亡，這種說法如同人們步入怖畏之境時大聲呼喊「不害怕」一樣，顯然是掩耳盜鈴之舉。

死亡的威脅在整個人生過程中都平等存在著，故不應有一時不會死的分別邪計。

譬如說，有一群婆羅門童子外出，黃昏到某處村莊借宿，晚上這些童子到處大便，染污了村莊的環境。清早群童子一哄而散，只有幾個婆羅門子沒來得及走，被守村莊的巡夜人抓住。巡夜者對他們說：「你們本應受到處罰的，趁村長現在還不知道，趕緊將糞穢打掃乾淨吧！」幾個婆羅門子只除去了自己所遺的糞穢，而對別人所遺的糞穢卻捂著鼻子不願清除。世人計執自己尚有一段不會死的存活時，這種邪計如同婆羅門子執自己的糞便為淨一樣，或認為村長會因一部分糞穢已除而對其餘的糞穢不會計較，不會懲罰自己一樣，何其愚癡也！

壬二、不應以死是人所共有而不生怖畏：

問曰：壽命雖不決定，但死亡是一切有情所共有的結局，並不是我個人才有，所以這又有什麼可怕呢？

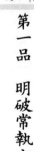

由死共他故，汝無死畏者，

豈唯害一人，由嫉使生苦。

由於死是一切有情所共有的原故，你就不畏懼死，難道死亡只是唯害你一人所生的嫉妒之苦嗎？

以為死亡是一切眾生所共有的苦，自己就不必害怕，這種人十分愚癡，而且其心態也是一種嫉妒煩惱。按這種心態去推理，如果大家全都會死你就不害怕，那麼你一個人為死主所害，而別人都不受害時，你豈不是要害怕，要為別人不受害而生嫉妒苦惱嗎？所以因一切眾生共有死苦而自己心安理得，這種心態本身就是非理的嫉妒煩惱。而死亡本身也並非可以因眾人皆有，就不會為你帶來痛苦，眾人皆死，並不會遮止你個人面臨死亡的痛苦。死亡帶來的，非只是殘害一人使其生起嫉妒苦惱，而是它本身即能生苦，如同火能生熱一般，會給每一個凡夫平等地帶來極度痛苦。眾生的身心相續不同，生時獨來，死時獨去，自相續中的感受他人無法代替，因此面臨死亡時，即使成千上萬的人在一起，每個人也必定會獨自感受死苦。

譬如有一國王，首先只徵收某個人的稅收時，那個人心裡非常苦惱。但後來不是向他一個人徵稅，而是向所有的人收稅時，他雖然照樣要交稅，卻心安理得，不再苦惱。見到眾人皆有死亡結局而不怖畏死亡者，不但與此人相同，而且比此人更為愚昧卑劣。死亡不會因眾人共有就消除其苦，這就像共處一死牢的人再多，也絲毫不能減少每個人所要面臨的死亡痛苦一樣。

壬三、不應恃有醫療老病的方法而不畏死：問曰：如果沒有衰老病變，也就不會有死亡，然而疾病可以療治，衰老可以延緩，若用金丹妙藥則可長生不老，永遠不死，所以對死亡不必畏懼。

老病可治故，汝無畏死者，
後罰無可治，汝極應畏死。

如果以為老病可以對治，你就對死亡不畏懼，然而最終死主的處罰是無可對治的，所以你極應畏懼死亡。

死亡是三界眾生誰也無法逃避的處罰。雖然對一般疾病有種種醫藥可以有效地治療，以斷除它對色身的損害，對衰老也有一些抗衰老的特效藥或一些特殊方法對治。在古代，世界各地都有許多金丹之類長生不老藥的傳說，現在國外醫學界在抗衰老方面，也有很大進展。台灣有一位八十歲左右的富人，不惜花費鉅資服食特效藥物，據傳一直保持著二十餘歲時的容顏。但是，不論有情採取何種方法，即使能對治老病，對最後死神的處罰，卻是誰也無法對治。在死亡面前，任何金丹、仙術、威勢等等，起不到絲毫作用，因此在三界之中，從來就沒有一個有情逃過了死神的處罰。《解憂書》中云：「地上或天間，有生然不死，此事汝豈見，豈聞或生疑。」「大仙具五通，能行於虛空，然而卻不能，詣於無死處。」除了趣入內教證得長壽持明果位的聖者，如虹光身成就者蓮師、布瑪目札等，此外誰也不可能擺脫死神的掌握。所以作為低劣的凡夫眾生，即使能暫時抵抗老病，然而有什麼辦法不怖畏死亡呢？

譬如說，一個大國王要鏟除某位橫蠻的大臣，開始時派其他將軍去，那位大臣都能抗拒，以種種方便或武力躲過懲罰，然而最後國王親自領兵圍剿，這時他也就再無能力抗拒了。眾生如同大臣，死主如同國王，開始時即使能抗拒死主派來的老病將軍，然死主親自降臨時，怎麼能抵抗呢？如近日被處死的某自治區領導，他雖然有種種手段超越地方政府的法規，而不受懲罰，可是當中央政府的嚴令出現時，他也就無法可施，只有束手就死了。同樣，對凡夫有情而言，死主的懲罰誰也無法逃脫。還有一個比喻說，洗衣服的人將婆羅門的衣服弄壞了，能以種種方法使婆羅門無法傷害他（喻有情可以用方便抗住老病），而將國王的衣服弄壞了，他也就回天乏術，定會受到國王的懲罰（喻死主無法抗拒）。甲操傑論師在注疏中說：月稱論師於其注釋引了與此不同之喻，謂損壞王衣者能以悅耳歌讚對治，然而對死主卻無法以請求而對治。然細閱月稱論師的注釋，此觀點是引用其餘注釋中的說法，而非其自宗之義。

壬四、（由死時不決定故而不畏死極不應理）分二：一、現見死是一切共有故需畏死；二、破未見決定死故不需怖畏。

癸一、現見死是一切共有故需畏死：

問曰：一切凡夫有情雖無法避免死亡，但是並非當下就決定知道自己會死，以此而觀，不害怕死亡豈不是很應理嗎？

如所宰眾畜，死是眾所共，

復現見死者，汝何不畏死。

就像所宰殺的眾牲畜，無一可免死亡一樣，死是一切眾生所共有，而且又能現見死亡在不斷發生，那麼你為什麼不害怕死呢？

眾生必有死亡並非很難理解，它不是秘密，而是任何有頭腦者可以一目了然的事實，就像屠場中的眾多牲畜，死亡是牠們共同的結局，由見到一個被殺死，也就極易推知牠們無一可免死。同樣，三界眾生都有死亡，我們現在活著的這些人百年之內，肯定都會死去，這是很容易理解的事實；而且，在自己面前，已經有不少眾生死去了，現在也有一些眾生正在死亡或很快會死亡，這是現量可見的，我們不用佯裝沒看見或不知道。所以用不能決定了知當死作理由，而不害怕死亡者，無非是一種掩耳盜鈴或自我麻醉的愚昧行為。難道你捂上眼睛，前面就不會有懸崖了嗎？你以為不知道當死，就可以不畏懼死亡嗎？

譬如屠宰場中的牲畜，見一畜被宰殺，另外的牲畜如果視若無睹，仍然悠閒安住，這是極不應理的麻木愚癡。同樣，不願再渾渾噩噩任死神擺布者，當深思：我們現在都是三界屠場中的待宰者，死神屠夫正在逐個地殘殺著，見到同類遭殺，我們豈能如同蠢畜而無動於衷；有些牲畜見同類遭殺，尚知惶惶尋求逃脫，作為有智力的善趣人道有情，更應努力尋求脫離三界之方便也。

癸二、破未見決定死故不需怖畏：

問曰：雖然能現見其他人的死亡，但是對我而言，死的時間卻不決定，並不見得馬上就會到來，這難道不是現在可以不用害怕死亡的理由嗎？

由時無定故，便思我常者，

則終有一日，死來傷害汝。

由於死時不決定的原因，便計執我是常恆者，則最終有一日，死神必定會來傷害你。

以死亡之時不可決定而計執自己為常，可以高枕無憂不懼死亡者，顯然是非常愚笨的人。正因死時不可決定，每個人或許當下就會告別人世，或許明日、後日即命歸黃泉，《因緣品》中說過：「明日死誰知，今日當精進，彼死主大軍，豈是汝親戚。」以此更應時刻警惕。如果明日復明日，將對治死苦之修習耽擱下去，死亡最終也不會放過你，到那時必定會取走你的性命，這是凡夫眾生誰也免不了的結局。

譬如說，有一瓦格羅刹，其控制地區內的人必會為它所食，無有倖免者；同樣，身處三界之中，絕無可免死神殘殺者，有理智的人，當斷絕自己現在不會死的愚癡常執。雖然我們無法以眼等決定了知自己何時會死，別人何時會死，然而最終都會死而且死時無定，對此完全可以決定了知。因此，當恆念死亡，以策勵自己徹底放下可以存活不死的常執，而勤修出離三界之聖道。

壬五、（破勇敢者不畏死的因由）分二：一、為名利而不畏死非為智者；二、不應為愛護自己的生命而造惡業。

癸一、為名利而不畏死非為智者：

問曰：雖然能知道決定會死，但怕死只是怯弱者才會有，而英勇無畏者，為了名利讚譽等衝鋒陷陣，雖利刃加身也不會有任何死的怖畏。由此而觀，為了名利，豈不是不會畏懼死亡嗎？

只顧未來利，不顧生命盡，
誰說自賣身，稱汝為智者。

只顧現世將來的名利，而不顧所依生命之滅盡，誰會將你這樣為名利而自賣其身者，稱為智者呢？

世間有許多人認為，畏懼死亡是怯弱者的標誌，而英勇豪壯之士，不應畏死。世人有謂生命誠可貴，但為了名譽地位、財色等此生的利益，拋棄也是可以的，如為了得到王侯之位而奮戰沙場的勇士，其想法大抵如是。這些只顧眼前尚未到手的利益，而不顧當下生命失去的行為，實際上是一種沒有見識，沒有遠大心胸目光之舉，稍有見識者，誰也不會說這些人是智者，這種不怕死，智者們也是不會讚揚的。如果受用所依的生命失去了，又由誰來享受名利恭敬呢？名利只是將來之事，能否得到無法肯定，而生命卻是最為珍貴，是你享受一切的所依。如果現在不重視，為名利而奮不顧身，這種舉動是以出賣自身而換得將來的名利，何其顛倒也！這就像有商人為了獲暴利而坑蒙拐騙，致使其聲譽盡失，很快就破產淪為乞丐一樣，所求不得，反蝕其本；如是名利高位不得享受，反而徒喪身命，這種所謂的不怕死，極不應理。

譬如說，一婆羅門有三個兒子，遇災年時準備賣一子以度飢荒。當時有王子見而欲購，但婆羅門父攜其長子，母抱幼子依依不捨，而第二子慕王子之富貴威勢，自願賣身為奴，為了將來的溫飽，當下失去了自由之身。為了將來的名利享受而捨生命者，在現代社會中，這類人比比皆是，他們與賣身之婆羅門子，又有何區別。所以這種愚昧的不畏死極不應理，有智者當深思人身之難得，珍惜有限生命時光而修持真實有意義的離死正道。

癸二、不應為愛護自己的生命而造惡業：

問曰：為求財利而捨身命，當然是不應理的，那麼為了保護身命，不擇手段甚至以造惡業的方式謀求受用，那應該是可以的吧？

何故自為質，造作諸惡業，
汝定如智者，對我已離染。

以什麼緣故你要以自己作抵押，而造作各種惡業，可能是你已經像證得聖果的智者們一樣，對自我已遠離了貪染吧！

為利忘身固然是非理之舉，而為了保護身命不惜造作惡業，也是一種顛倒常執。作者在此以一種調侃的語氣說：以自身作為抵押，而造作惡業以求當下之受用，按這種做法推測，你一定會是大智者吧！你一定是像阿羅漢聖者一樣，已經遠離了我執，後世再也不會有輪迴了！世間有許多類似的人，他們認為為了取得資財受用保護身命，造作惡業也無所謂，甚至以為是正當的，有人還認為不造惡業現在根本活不了等等，這類邪見不勝枚舉。而這種做法，實質上是將自身作抵押，以換取微利的愚笨行為。今生壽命其實很短暫，即使你能以種種非法手段巧取豪奪，獲得極為豐厚的資財受用，然而最終能受用之生命必然滅盡，到那時你也不可能再擁有分毫財產，只有獨自赤身步向中陰後世。但是你生前造惡業時，實際上已將自身後世典押給了地獄惡趣，以惡業換來的短暫享受過後，該是實現這個抵押合同，感受那漫漫無際的痛苦之時了！可是在造作惡業時，你不畏懼這些，以為自己根本不會有後世，就像已經完全斷除了我執的阿羅漢一樣，可以不受先世所作惡業的報應，但到頭來你又該如何面對那殘酷的事實呢？

不計自身將來而造作惡業者，就像譬喻中那位將自身抵押給妓女的愚人一樣，既可笑又可憐。從前有一位好色之徒，經常逛妓院，不但將錢財耗盡，還將自身抵押給那位所貪愛的妓女。後來，他與那位妓女成了家，生了兩個孩子，但生活非常窮困，而且他又惡習不改，不斷地做一些非法行為，以致生活無法維持，只好將兩個孩子作抵押，到商人那裡借一些錢財。到最後，那位妓女把他賣給商人做奴僕，以償債務。為了短暫而可憐的欲樂，這位愚人不得不在大半生時間裡受苦。為此生之受用而造惡業者，與這種人又有什麼區別呢？

還有譬喻說，為了現世微利而造惡業者，如同某貪杯者，天天到酒店喝酒，最後沒有錢財時將自身抵押給酒店做苦工而換酒喝。這類人在各地都有，以前在爐霍

（在川西），有兩位貪杯者就上演過類似的鬧劇。那兩位首先可能有些錢，到了酒店大呼小叫，喝得半醉時，也不管三七二十一，繼續要來酒，埋頭猛喝。最後結賬時，卻只有攤開雙手，拿不出錢。結果酒店老闆將他們兩個扣下來，罰他們給酒店挑水劈柴，一直幹了半個月重活才罷。為了數杯黃湯之口腹享受，付出了半個月的辛苦，見此者誰不笑他們愚癡呢？而為眼前微利造惡業者，誰又能說比他們明智，實是更為愚昧也！

辛二、（修習細無常）分二：一、存活即是剎那剎那消亡故不應堅信不死；二、歡喜久存活與不樂衰老是相違故不應貪著相續不斷。

壬一、存活即是剎那剎那消亡故不應堅信不死：問曰：如果是希望長久存活，而造作惡業出賣自己，那當然是不合理。然而不論如何，為了現在的生活而耽執一些世俗事業，不去考慮死亡之事，又有何不可呢？因為生活在人間，畢竟需要資財維持現在的身命存活。

任誰所謂活，唯心剎那頃，
眾生不了彼，故自知極少。

任憑誰所謂的存活，只是心的一一剎那頃，眾生不能了達這種剎那不住的事實，因而了知自己生命無常本性者極為稀少。

人們所謂的存活，是一種未經觀察下的迷惑，也即一種模糊概念。不管是誰，他所謂的存活，僅僅是心念的一一剎那，除一一剎那心念外，有情別無任何形式的存活。所以這種存活，又有什麼可靠性，又有什麼值得耽執呢？剎那不住是一切有為法的本性，眾生因無明覆蔽，不能了達這種規律，由是而執自己之存活為恆常。從小到大，我們都天真地認為，自己在活著，而以理觀察，我們所謂的存活在何處呢？自己前一剎那的存活，現在又在哪兒？如果現在還存在，那應成永生不死。而後一剎那，自己是不是活著呢？肯定是不成立的，因後剎那尚未成立，如同石女兒。堪布阿瓊在注釋中用阿字觀作比喻說，觀想阿字時，第一個阿，第二個阿……每個字存在的時間形態都是不同的；同樣，我們所謂的活著，剎那剎那都是不同的時間行相。只是由於沒觀察，人們才以為自己長久活著，不知自身的本性，為了這個虛幻的我活著而忙忙碌碌，耽執俗事，這個世間真如同寂天論師所說：愚癡癲狂徒，嗚呼滿天下！

譬如說，昔日有一人的衣服掉入河流中，過了許久他還在掉失衣服之處打撈，心裡一直想「我的衣服在這兒」，而最終也不可得到。執著存活恆常者，與此類「刻舟求劍」式的愚人實是無有區別。如同快足天子之行走，任何其他天人也趕不上，同樣，無論有情採用何種世俗方法，也無法趕上或超越剎那變遷的無常。因而有智者，對此存活即是剎那剎那消亡之事實真相，焉可不聞不問，甘受愚癡蒙蔽呢？

壬二、歡喜久存活與不樂衰老是相違故不應貪著相續不斷：

問曰：存活雖然只是剎那頃，但這一一剎那相續不斷，如果竭力保持存活增加，那豈不是可以長壽，所以耽著存活是應理的。

汝愛久存活，而不樂衰老，
噫同類眾生，見汝行為善。

你只喜愛長久存活，而不樂於衰變老壞，噫！只有與你同類的愚癡眾生，才會認為你的行為善妙。

有些人雖然也大概知道，存活只是一一剎那的心念，這些剎那也在遷流不住，但是他們認為遷變不住的剎那，存在著一個相續，這個相續不會那麼短暫變滅，而是在有情一期生命的生死之間恆常存在著。隨這種對相續的常執，他們便幻想自己能長久地活著，而對於衰變老壞，髮白面皺的形象，極端不樂，甚至想盡辦法阻止這些與其常執相背的變化，如服食藥物、煉丹納氣、整容等等。殊不知生老病死、新陳代謝乃不可阻擋之自然規律，這些不樂衰老、阻止衰老的行為，如同想阻止水往下流等不可避免的自然趨勢一樣，極為荒唐可笑，極為愚昧無知！菩薩寫至此處，不由得為這些眾生的愚昧發出感歎，唉！只有那些與之同類的愚者，才會認為這些邪見行為善妙，值得隨順，而智者對他們誰不見而生憐呢！世間那些稍有理智者，也會了知生命無常、衰老朽壞無法避免的道理。以前，有一部很有意思的影片，演示著一對年輕姐妹，在鮮花絢爛的花園中，看見一個風燭殘年的老婦人，小女孩看著髮白面皺、齒落背傴的老人，問：「姐姐，我們會不會變成她那樣呢？」「會的，一定會變成那樣的……」

譬如說，一處花園中，有一衰朽老人，一群童子圍著他譏笑說：你真醜，怎麼這麼衰老難看呢？然而群童不知，最終一天，自己也會如是老邁，無論自己如何樂於久活不老，也無法避免這種結局。他們對衰老的譏笑厭惡，無非是一種愚癡的表現，而一切樂活厭老執著存活相續為常者，與此愚癡也無有異。

庚二、（自己未解脫死怖不應專憂慮他死）分二：一、略示；二、廣說。

辛一、略示：

問曰：自己有生必有死，這是已清楚了知的事實，但是，由於兒孫後代們也會隨時遇到死亡的威脅，自己非常憂慮擔心。由此關切之心，以致對自己的死亡不再顧慮，這難道不應該嗎？

汝應憂自死，何憂兒孫等，
自責而說他，豈非所應呵。

你應當憂慮自己的死亡，何需擔憂兒孫等人的死亡呢？你以應該自責的過失說他人，這豈不是應該受呵責嗎？

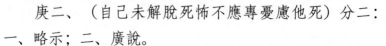

由於貪執兒孫等親人，有些人忘了自己的死怖。世間有甚多父母均如此，他們一輩子辛勤操勞，其目的就是為了兒女後輩，考慮擔憂兒女的成長、生活、疾病等，幾乎占據了他們的全部心思，尤其是對兒孫的死亡分離，非常顧慮，以此而對自身的死亡問題，全然忽略不顧，這也是一種顛倒執著。子女後輩與自己的聚合，不離無常本性，按理不應對聚合有常執，也不應為分離而擔憂。作為凡夫，應著重考慮自己的死亡問題，如果自己的死怖尚未解除，那專門憂慮兒孫他人，又有什麼用呢？死就在眼前了，如果沒有把握對治它，這就是你該自責的過失，現在你不但不作深深的自責，去遣除這種過失，反而以兒女他人有這種過失替他們擔心，這豈不是應當呵責的愚行嗎？自己尚是為死主所控制的眾生，累劫多生造作了無數惡業，今生還要貪執兒孫造惡業，於人於己皆有害無益，這是智者們都會呵責的行為。

譬如說，昔日的婆羅門僕人，頭上皆會戴有孔雀毛為標誌。有一婆羅門僕人，他見到別人頭上有孔雀毛時，覺得對方非常卑下可憐，卻忘了自己也是奴僕，頭頂上也戴有孔雀毛。同樣，愚癡的世人也是如此，他們為兒孫死亡非常擔憂，卻忘了自己也有死亡之怖畏。所以，具智者不應忽視自己的死亡，切不可貪執他人而耽擱修習正法。

辛二、（廣說）分六：一、破子女未請問便往後世應當悲傷；二、對於子女不應過分貪著；三、不必向人表示對子女死的哀痛；四、不應為了聯絡親友後輩對親友的死表示哀悼；五、不應貪著親友聚會；六、不應貪著良辰美景。

壬一、（破子女未請問便往後世應當悲傷）分二：一、正說；二、實已請問過而去唯由自愚癡故不察。

癸一、正說：

問曰：對自死是應當考慮，但兒女是自己的親骨肉，他們如果一點也不請問我，便猝然離開人世，這實在有點殘酷，所以對此應當憂慮。

若時未請求，自來為子女，
彼不問自去，非是不應理。

如果任何時你也沒有請求，而是他隨自己的業力來做你的子女，那麼他不問而隨自業死去，並非是不合理的舉動。

有些父母認為兒女等人是自己的親生骨肉，若他們一聲招呼也沒有，便永離自己而去往他世，為了這種事，做父母的自然於心不忍，要牽腸掛肚，日夜憂慮，不然又怎麼能合乎情理呢？而這實由不知一切法乃因緣所生，緣盡必散的道理而致。依理而言，父母與子女之間，哪會有決定的關係呢？當父母婚姻結合時，並沒有指定或請求他們來做子女，兒女隨業緣投生之時，父母子女間也不認識，開始之時也沒有任何親情可言。如果緣分盡了，他們撒手歸去，只不過是又回歸與以前相同的狀態罷了，這也是因緣使然，一切聚合皆具無常本性，又有什麼可悲傷牽掛的呢？來時不請自來，去時不問自去，相互如同偶然一遇的旅人一般，他們悄然離去，又有何不合情理呢？你再憂慮牽掛，於他們也無益，唯有徒增自苦。

譬如說，以前菜園中有一種菜人，某日忽然來了一位婦人，與他相好成家。過了一段時間，那位婦人忽然失蹤，不知所去，種菜人為此異常苦惱，日夜思念。旁人問：你為何如此苦惱呢？種菜人說：她如是絕情不言而去，豈不令人傷心？旁人又問：你知道她從哪裡來的嗎？種菜人答：不知。旁人笑言：她來時不請自來，去時也同樣不問自去，來去皆一樣，你又何必憂惱自苦呢？憂惱子女之不問而獨自逝去者，與種菜人之遭遇及愚癡，豈不是同樣！

癸二、實已請問過而去唯由自愚癡故不察：

唯由愚癡故，不知子行相，
此欲他去者，已用老衰表。

只是由於你愚昧無知，才不了知子女欲行往他世之相，這種欲往後世之相，其實早已用老衰變化表示過。

子女不問自去，非不應理，更何況子女等人離開前，其實已經給你打過招呼，只不過是你自己太愚癡，沒有發覺。他們在離開人世之前，與你日日相伴時，都在顯露其欲行往後世之相，這些相即是老衰病變等。當他們年齡漸增、紅顏漸枯、老相日現之時，不正是在向你說：「父母，我快要與你分離了，快要到另一個世界去了！」而那時，你默然無言，毫不在意，豈不是已默許了！那在正式分別之時，又何必哀傷悲泣呢？如果你真的為兒女死亡擔憂，那麼在兒女以老相向你表示告別之時，又為何不憂慮呢？仔細想來，世人的這些行為，無非是愚癡不解諸法真相，由顛倒常執而導致。若能了知聚際必散、生際必死的無常之理，人們也就不必為那些生死離別而嚎哭，自然少了許多不必要的牽掛。

譬如說，有一父親令兒子負擔遠去他鄉，兒子正離去時，其父悲泣傷懷，心痛不已，這種行為除了增添自苦外，無有任何實義。許多世人對此中之蒙昧顛倒，也能一眼看破。又如，有一位牧童第一次離開家鄉，去遠方的村鎮上學，原本是他父母再三商議好的。出門那天早上，父親將他在一個學期中所需的糌粑、酥油備好，放在犛牛背上，正要出發時，母親卻抱著他大哭不放，這時候，父親很不高興地對母親說：「你這個人怎麼不懂道理，自己同意的事，現在哭哭啼啼幹什麼……」有智者若以此份心思，顧念生死無常大事，力求脫苦之道，於人於己，皆有裨益。故應於世間顛倒常執，再再思維勘破其迷蒙，不應於無義之事耽誤時光。

壬二、（對於子女不應過分貪著）分三：一、不應過分貪著子女的理由；二、隨不隨順父母都不應生貪著；三、子女愛父母不待他緣是不堅固的。

癸一、不應過分貪著子女的理由：

問曰：雖然子女之往後世，已用衰老等行相表示過，但是自己對子女非常關心，雖已知遲早都會分離，但離去時仍然憂苦難忍。

如父愛其子，彼則不如是，
世間向下行，故難生天趣。

如同父母愛護子女那樣，子女則對父母不如是，世間人大都如是向下趣而行，因而很難上生天趣。

過分貪執子女極不應理，無論從現世、後世而言，對子女都不應生貪愛。按世間的一般規律，做父母的對子女會非常關心愛護，父母含辛茹苦，百般操勞，取得資財，其目的即是哺養或留給子女，而自己卻勤儉節約，省吃省穿。兒女的苦痛，父母願代受，兒女的願望再困難也要想盡辦法滿足，做父母的為了後代，幾乎是將全部生命都獻出了。可是，做子女的對父母，一般都不會如此回報了，藏族古人說：「母心如水，子心如石。」子女後代對父母長輩，一般都是忤逆不孝，心如堅石一樣冷酷無情。世間有幾個人能以父母照顧養育自己的那種慈愛，去回報孝養父母呢？想想這種事實，做父母者又何苦那麼貪愛子女呢？可是世人根本不懂這些，他們辛辛苦苦養護著子女，為此而不惜造作惡業。那些執愛子女的父母，以貪愛為因，一生中不知造過多少惡業，由貪愛為引業，怎麼可能有機會上生善趣呢？唯有不斷地往下趣墮落。去佛日遠，濁世眾生以愚癡造作惡業而向下行的趨勢，尤其明顯。

譬如說，一瓶歡喜丸，被人日日取食，日復一日，瓶中的歡喜丸便會漸漸減少，最終全部被取完。同樣，做父母的貪愛子女，自己上生善趣的福德便會如同歡喜丸一樣，漸漸為貪愛惡業取走，如果不頓然斷除貪愛惡業，最終只有耗盡福德之「歡喜丸」，而墮落下趣。另有譬喻說，世間父母子女之間，父母因貪愛子女之惡業，子女因忤逆父母之惡業，都導致了福德的損壞，生善趣的機會如同鈴聲，漸漸由大變小乃至消失。由此而觀，明智者豈能再貪愛這些使自己墮落的逆子呢？月稱論師於注釋中還說過：出家人與自己的長老等，也不能有世俗的親情貪執。善知識與弟子之間，應以純正的佛法相互關照，而不能摻雜世俗染污煩惱，應當將恭敬愛戴與貪執染污區分開來，如此方能趨入正道。

癸二、隨不隨順父母都不應生貪著：

問曰：若兒女忤逆不孝，顯然是不應生貪執；但事實上有些兒女對父母非常孝順，因而對這樣的子女，難道不應愛著嗎？

若時不隨順，則都無所愛，
爾時起貪愛，唯同於貿易。

如果何時子女不孝順，則完全無有所愛著的理由；而子女孝順時，若起貪愛，只不過與做買賣相同，也不應理。

如果子女對父母不隨順，所作所為處處忤逆傷害父母，對這種子女自是不應生貪執。這種子女全然已與仇人冤家一般，時時為自己帶來傷害痛苦，他們已完全沒有可以貪愛之處，沒有理由再對他們生貪執，否則你對仇敵也應生貪愛。如果子女恭敬孝順，對這種子女，父母也不能生貪。這種情形下的貪愛，只不過與貿易買賣一樣，誰對自己好，自己也對他好，相互交易情感，父母與子女之間，出現這種交易，是不合理的。子女不隨順，做父母的便不愛著他們，子女若隨順，便生愛著，這種愛著與世間人求利益買賣往來，毫無區別。若因此即生愛著，做父母者應愛著一切善心待人者而非只是貪愛子女。

世間父母與子女的關係，實際上不過是基於自私自利的立場，根本無有可靠性可言。

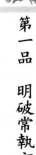

譬如說，有一國王，對太子極為寵愛，忽一日太子死了，群大臣大概是為了不讓國王悲傷，便啟奏：「大

王，太子死後又起屍了！」哪知國王極生厭惡，大發雷霆，恨不得立即將太子碎屍萬段。但不久群臣又稟告：「太子死了！」國王便大喜，令眷屬敲鼓慶賀。世間父母對子女，又何嘗不是與此譬喻的國王相同呢？故應斷除對子女的貪執，遠離一切迷亂世間之束縛而趨入解脫道。

癸三、子女愛父母不待他緣是不堅固的：

問曰：父母與子女之間的感情是堅固的，並非由隨順與不隨順等外緣而改變，因此，愛著子女又有什麼不合理呢？

由離所生苦，人心速消失，
可觀由離苦，表貪不堅固。

由離別所生的痛苦，在人們心中會迅速消失，因此可以觀察，由於貪愛苦惱能夠遠離，也就表示貪愛本身是不堅固的。

執著父母與子女之間的愛著為常恆堅固者，也唯是未有觀察下的錯誤執著。世間父母與子女之間的情感，其實也不離無常本性，不斷隨緣而生滅，毫無堅固可言，這從現實生活中，可以很明顯地看出來。如失去兒女或失去父母的人，由於頓然與親人分離，往往會有愛別離的痛苦，然而無論這種由貪愛所生的苦惱如何強烈，在短時間後便會消退，最後乃至完全消失，他們又會恢復到與原來相同的心態，仿佛根本沒有發生過親人離別的悲劇一樣。由此而觀，親人之間的貪愛並非堅固，而是隨時都會變滅。如果貪愛堅固不變，那麼由貪愛所生的苦惱就不會消失，就像一個人如果真正執愛他的兒子，那麼不管兒子逝去有多久，他都會永遠保持著懷念哀痛的情緒。但是世間無有任何人會將親人剛剛逝去的悲痛，長久保持不變，而是隨時間流逝，漸漸淡化消失。由此推斷，應該很容易明白，親人之間的貪愛，並不堅固，因而不值得為親人特別憂慮牽掛，否則會將自己的生死大事付諸東流。

對失去親人的悲哀，諸人皆有體驗，古人對此也有言：「親戚或餘悲，他人亦已歌。」然親人們對生死離別的餘悲，也會很快消盡無餘。

譬如說，：一國王外出航海，遇非人索食血肉，當時隨行的大臣自願捨身代國王一死，他祈請國王：請大王照顧我的兒子！言畢投海為非人吞食。國王平安歸來後，將大臣的死訊告訴了大臣之子，那位兒子異常悲哀。但國王對他大加賞賜愛護，大臣之子心中的悲傷也就很快消退了，日後則全然不再為父死而憂苦。世俗人情之淡薄，於父子之間也同樣，故有理智者，又何必為此而憂慮自苦！

壬三、不必向人表示對子女死的哀痛：

問曰：對子女等親人死亡，雖不應憂惱，然為隨順世俗習慣，捶胸跺足地哭鬧以表哀痛，以免他人反感，這難道不應理嗎？

既知自損惱，都無少功德，
汝自為詭詐，此亦不應理。

既然知道哀哭等對自身有損惱，也完全沒有少分益處，你自己還要做這些詭詐的行為，這也是極不應理的。

世間親人的聚會，最終都會分離，各個為業風所催而獨自步向中陰後世。可世人不能看破這種必然的結局，似乎不能接受事實，往往要為親人離別而哀哭憂惱。最後竟形成了一種普遍的哭喪習俗，認為親人死去後，其餘親人必須以捶胸跺足、拔髮槌身地嚎哭，表示對親人愛著，否則就與風俗相違，會招致他人的非議。因此有些人雖然以各種原因，對兒女親人的死亡，並不哀傷心痛，也知這種哭喪不但無益，反而對自己有損害，但是為了隨順習俗，也會假惺惺地哭鬧一番。這種詭詐虛偽的行為，不但無有意義，而且是可恥的，只會增添人們的虛誑狡詐惡習，使自己更向下墮落。自己心裡不哀傷，而表面行為卻相反，這種行為是妓女等人的所為，妓女為了賺錢，對本不喜歡的男人也會以偽裝笑顏迎合，而世間正直之士，又何必如是偽裝自己呢？

譬如說，有女人教某位女子自殺的方法，被教的那位女子雖知自殺是非常痛苦的事，而且也知道這種行為於己有害，於人無益，但她仍然如實去效仿，對這種行為，誰會說應理呢？同樣，世人明知哀哭於己有害，於人也無益，還要去假惺惺哭鬧一番，與那位女子自殺之愚舉，實無少許差別。

壬四、不應為了聯絡親友後輩對親友的死表示哀悼：

問曰：為親人之去世而衰哭，自己確實有損無益，但是為了維繫親友後輩的關係，這樣做又有何不當呢？

如為分布苦，世間遍流轉，
於已苦眾生，布苦復何為。

如是哀悼親人之行為，即是分布痛苦，使痛苦輾轉遍布於世間；對於已經陷入痛苦中的眾生，還分布痛苦給他們又有什麼意義呢？

有些人認為哀悼亡者可以加強親人之間的親情，而這種做法其實是錯誤的，按他們的方式而行，一定會把痛苦進一步擴大，分布給已陷於苦難之中的眾生。某親人死了，其餘親人皆會聚合在一起，如果你去嚎啕大哭，表示出極大哀傷，如是使親人們受感染，當時就會使他們更加覺得痛苦，而後時會使親人之間的關係更為密切，相互更為貪著。由此也就使個人的痛苦，變成親人共同的痛苦；親友中某一人的苦難，變成所有親人的苦難；而且以此貪愛惡業繫縛，會使各人墮於輪迴苦海中更難以出離。這種行為是很明顯的在分布痛苦、增加痛苦，而眾生墮在輪迴之中，已有的痛苦尚難忍受，你再去增添痛苦，無疑是雪上加霜、瘡上加鹽，所以這種行為，還有什麼必要去做呢？（關於頌中的「分布苦」各論師解釋有異，如俄巴活佛釋為愛別離苦。）

譬如有兄弟二人，兄與父親住在一處，弟與母親住在另一處。某時父母都逝去了，兄弟倆同樣想：應將死訊告知對方。於是心懷亡父之悲的兄長，動身前往其母所住之處，而心懷喪母之哀的弟弟，也往其父所住之處趕來；兄弟二人中途相遇，彼此告知了父母死亡的音訊，不由得悲上加哀，二人更加痛惱。而世間親人之間的哀悼亡人，與此兄弟二人之行徑，實際上無有差別，唯是分布增加痛苦之舉，不是有智者所應做的。月稱論師說：「志求出離輪迴者，切不可因苦痛而失壞善法。」堪布阿瓊也說：「以分布痛苦而毀壞自他相續的善法，極不應理也。」二者都指出：不應做分布痛苦之哀悼等無益行為，以免毀壞自他相續中的善法。作為志求解脫的修行人，對此教誡應加以重視，各修行人皆有父母等親人，他們也必然會逝去，此時當以佛法檢束自心，以佛法助濟亡人，而不能過分哀傷，否則於親人於自己都有害無益。密勒日巴尊者在山洞中修行時，他妹妹琵達一邊哭著，一邊向尊者訴說母親及自己與他分別後的痛苦經歷，而尊者卻笑了起來，唱起了金剛歌，山洞裡的哭聲與笑聲同時響起來……尊者早已將父母親度到淨土去了，而且尊者已如流水般相續不斷地安住於法性大安樂之中，對這些夢幻般的世事又怎麼會執著呢？作為修行人，如果能這樣，則永遠不會給親人增加痛苦。

壬五、（不應貪著親友聚會）分二：一、正說；二、不應貪著親友長時會合。

癸一、正說：

問曰：由於親人分離是苦因，親人聚會能使人生起安樂，因而應當喜歡親人的聚會。

若喜彼集聚，何不喜彼離，
集聚與分離，豈非俱時有。

如果喜歡親人集聚，那又為什麼不喜歡親人的分離呢？集聚與分離難道不是同時俱有的嗎？

貪著親人聚會，也是使人滯留世俗而不能生起念死之心，使人無法順利入道的一種顛倒常執。所以對貪著親友聚會者，作者以反問形式破斥其迷執：如果喜歡親人聚會，那麼你也應該對親人的分離生起歡喜吧，聚會與分離二者屬於同一因，難道不是同時俱有的嗎？所謂的同一因，即是令相互佐成之二法，同時生起之因。如果不加觀察，世人也許不承認，聚會與分離怎麼會是同時俱有之法呢？要知二者同時俱有，並非二者必然在同一刹那一起顯現，而是二者生因相同，聚會生起時，分離也必然會生起。就像生與死、升與墮等有為法一樣，一者已存在時，另一者也必然會存在，如同一張牌的正面與反面。在世間，有聚會必有分離，理智者都會知道這種必然規律，而沒有分離的聚會在世間從來就沒有過。因此，在喜歡聚會的同時，為什麼不喜歡與之必然伴隨的分離呢？

必然成對的世俗法，不會有只選擇一半的可能。譬如往昔有人祈求吉祥天女（賜福的天神）賜給他吉祥福樂，修持了很久，吉祥天女終於出現了。在極度的歡喜中，那位修持者發現，在面貌端嚴慈和的吉祥天女身後，還有一位令人見而生畏的女神。修持者問吉祥天女：「女神啊，您背後的是誰呢？」「黑耳女（即禍神）。」「可是我祈求的只是您吉祥女神啊，她來幹什麼呢？我不想見到她。」吉祥天女回答說：「這是不可能的，無論在哪兒，我們倆都決定會在一起出現，如果不想見她，除非你不召請我。」福禍相倚，聚散相隨，輪迴法的本性即是如此，只喜歡親人聚會，而不喜歡親人分離，如同譬喻中的修持者一樣，唯是愚稚而天真的想法，在世間實際絕不可能實現。

月稱論師在《入中論》裡有一頌：「猶如大海與死屍，亦如吉祥與黑耳，如是持戒諸大士，不樂與犯戒雜居。」其中的譬喻說吉祥與黑耳，二者不會在一處，如果與本論在此處譬喻相較，似乎有點相違，二者實則並不矛盾。月稱論師在《入中論》裡所言之吉祥與黑耳（《入中論自釋》云：黑耳是指不吉祥之義）不會在一處，是從吉祥與不吉祥二者之名言本性出發，說二者性質相違，如冷與熱二者性質相違一樣，故不能同時出現於一法之上。而月稱論師在《四百論釋》中的譬喻，說吉祥女與黑耳女必然會相伴隨，是從二者相待成立的關係上而言。世俗中有許多法是成對出現的，一者已成時，另一者也必然會成立，如生與死、高與下、禍與福、積與盡、聚與散等等。所以兩論中的譬喻，是從兩個不同角度而言，並不相違，諸學者當細察。對集聚與分離的同時俱有，還有譬喻說，如同服食毒品，暫時雖會生起樂感，但痛苦也必然會隨之出現，因而理智者當明察，不應於苦諦的世間法生貪著。

癸二、不應貪著親友長時會合：

問曰：雖然一切親人最後都會分離，但是聚會的時間很長而分離很短，所以要做到聚散平等觀是辦不到的，而極應愛著享受親人共聚的天倫之樂。

過去無有始，未來無有終，
何故汝見合，不見長時離。

過去的時間無有起始，未來的時間無有終端，為什麼你只見其中短短時間的聚合，而不見到那時間漫長的分離呢？

執著聚合時長而認為聚合應貪，是極為愚癡的短視者。有情墮入輪迴，在三界中流轉，其時間無有始端，也無有終端（就時間漫長無法計算之久遠而言，並非指每個有情永無出離輪迴之日）。龍樹菩薩在《親友書》中說：「每一眾生所飲乳，勝過四大海洋水，今仍流轉投異生，未來所飲更過彼。」在已經歷的長久時間中，今生的聚合只是短暫一瞬；與未來時間相較，今生的聚合也只是如同電光石火般的短短一剎那。因而從全面的時間來衡量，親人們在今生聚會只不過如同空中飛舞的微塵偶爾相觸一般，其相遇時間只是一剎那，而分離時間卻長久得不可計算。如是長時的分離你見不到，只見眼前一剎那的會合，並執著聚合是長時的歡樂，而分離只是短暫的，不必計較，這種邪執何其顛倒愚癡也！對如是漫長的分離你不計較，卻為短短的會合而貪著不捨，這種做法如同只以一時快樂為重，而不顧終生監禁之苦的搶劫犯一樣，極不應理。

世人的這種顛倒貪著，遍於整個世間。
譬如說，昔日有一人外出經商，離家多年未歸，他的妻子耐不住寂寞淒清，便跟別的男人私奔了，後來商人回家，見妻子已離開了，內心非常痛苦。商人與其妻子本已離開了多年，那麼多年的分離，他並不痛苦，回家後見妻子逃走，那時卻為分離而痛苦不堪，這種憂惱，在智者看來，無疑不合道理。如果人們明白道理，既然自己對短時的聚合生深厚執著，那麼對更長時間的分離，又焉可不計較呢？理應更加關注親人之間的漫長分離之苦，而尋求對治之道。世人陷於渾渾噩噩之中，對此似乎毫無覺察，以此而導致了貪著親人聚會，無法將自己投入於對治分離等諸苦的正法修習中。有一位老人，本擬在喇榮寂靜處出家，以即生所餘之生命修持離苦之道，翌日忽然有變，說老伴病了，想回去看看，我試著勸言：「不要回去為上策吧，你回去也治不了她的病！」老人堅持要請假，說：「師父，我與老伴共同生活了四十幾年，相伴了這麼長的時間，現在哪能不管她呢？」嗚呼！唯見四十餘年之短短相聚，而不見無邊際的漫漫分離，世人持此顛倒短見不捨，豈有出離機會！

壬六、不應貪著良辰美景：

問曰：分離的時間長，也是事實，但有春夏之花開鳥啼、秋冬之月朗雪飛等良辰美景以娛自心，所以並無分離的苦惱，不需要對分離特別執著。

剎那等諸時，定如諸怨害，
故於彼怨害，汝都不應貪。

剎那等所成的各種時間，決定會像諸怨害一樣奪走壽命，因此對剎那等怨仇，你都不應貪著。

春花秋月等良辰美景，不是可以遣散離別苦惱的歡樂境，而是隨時都在奪走生命的怨敵。春夏秋冬、晨昏晝夜等等時間，皆由剎那剎那流逝的時光組成，而在這剎那須臾之中，存活也在不停地減滅。比如有人為消遣孤悶，去花園裡散心，或如詩人那樣「花間一壺酒，獨酌無相親，舉杯邀明月，對影成三人」的借酒消愁、自歌自舞一番，也許當時能解開一點惆悵，但是時間卻在此番放浪形骸之間，不知不覺將其壽命奪走了一截。不管欣賞美景之時內心如何覺得舒暢快樂，在快樂之同時，它也在悄悄地減損你的生命，因而美景良辰實際上也必定會如奪命怨仇一樣。堪布阿瓊在此把時間比喻成會將親友變成怨仇的小人，由於這種小人從中作梗，一切令人愉悅的良辰都變成了奪命怨敵。所以，對這些奪命怨仇，你怎麼能貪著呢？這些剎那不停的奪命魔怨，又怎麼會消散你的離別苦惱呢？

譬如說，有一個老女僕，主人待她非常刻毒，經常打罵奴役，而老女僕不但不生仇恨，反而貪愛主人；同樣，剎那流逝的時光，在不停地殘害著有情，而世人不但不了知，反而愚癡地貪著這些時光。堪布阿瓊的注疏中，此譬喻稍有不同，說有一女僕，主人待她非常刻毒，而主人的夫人對她很好，因而她雖然在不斷地受著痛苦折磨，仍然貪著主人的家。主人的家喻世間，刻毒的主人喻世間之苦害面，夫人喻世間欲樂令人感到愉悅的一面，女僕喻貪著世間欲樂的凡夫眾生。月稱菩薩在此處也教誡說：現在應是徹底了知有為法本性之時，故智者對世間不應生貪心，而應了知凡夫作為的顛倒，生起強烈的厭離心。

庚三、（教誨應當遠離貪著塵事而勤修解脫道）分二：一、定須出離勿待死主治罰；二、教誨早捨塵事依靜處。

辛一、定須出離勿待死主治罰：

問曰：以上所說的，是有道理，但是一想到要與所有的親人分離，孤零零地隻身前往寂靜處修學佛法，我非常害怕，所以還是沒辦法出離。

惡慧怖分離，不能出家者，
智者定應做，誰待於治罰。

惡劣的分別心怖畏分離，所以不能捨俗出家，而這是智者經抉擇後，決定應做的事，誰會不作而束手等待死亡的治罰呢？

惡慧是指卑劣邪惡的分別心識。由於卑劣的分別惡念，世間有許多人害怕與親人分離，而無法捨俗出家到寂靜處修學解脫正法。具此類分別念者，應知分離必定會到來，不管你害不害怕，死主決定會使你與所有的親人分離，在三界之中，根本沒有任何一個凡夫可以擺脫與親人分離的厄運。因此，出家修行才是聖者以智慧觀察所應作之事業，也是每一個能了知諸行皆無常的智者決定會行持的正道。對智者們所決定的，能如風吹散微塵般破壞諸輪迴痛苦的出家正道，有頭腦者怎麼會不去作呢？有理智者，誰會無動於衷、束手等待死神的諸般懲罰呢？《因緣品》中說：「正道四聖諦，智慧所觀察，破壞愛輪迴，如風吹塵散。」「一切行無常，如慧所觀察，若能覺此苦，行道淨其迹。」故而，智者們以智慧抉擇的捨俗出家、修持脫苦聖教，實是每個輪迴眾生所應作的事業，也是必須作的事業。

譬如說，國家法規所定的賦稅，人們遲早都得上交，有識者也會按規定主動繳納，而不會等到政府以強力手段治罰之後，才去繳納。同樣，明知自己必定要與諸親人分離，又為何不早一點依智者所抉擇之道，主動捨離他們去修持離苦聖道呢？即使有點小怖畏痛苦，也應想想，現在不及時出離，下一刻死主以強力分離自己與親人時，那種怖畏痛苦會比現在更為強烈！

末法時期的人們，其惡慧更為卑劣，頃刻之間其分別念也能找出千百條不讓自己出家修行的理由，對親人的貪愛也更為深厚難捨。曾親見多人發願出家，但數日之後便以各種藉口回家，要去徵求家人意見，可大多數人一去不復返，痛失出家脫苦的機緣！藏族有諺語：出家之時節，不要問父親，亦不詢於母，自己當做主。出家是自己生生世世的大事，是自己向上解脫或向下墮落的關口，有智者為何還不清醒，不要徘徊，該下決心選擇了！有些人說自己年紀大了，出家也成不了器，不能弘法利生，不如在家做居士，自己好好修法以求解脫。在家好好修法，恐怕也只是口頭虛語而已，實際上如陸地之行船，烈火中生蓮，難！難！難！想出家便應出家，年紀大小實不必計較。漢傳佛教史上，中年晚年出家而終成高僧大德者，代有人出，如能海阿闍黎、弘一大師皆是三十九歲才出家，而為近代的漢傳佛教作出了不可磨滅的貢獻。對出家有諸多分別，尚猶豫不決者，切勿遲疑，當速做決斷！

辛二、教誨早捨塵事依靜處：

問曰：親人是必定要分離的，但是自己有父母子女家庭等等，不得不先將這些應做的事務處理妥當，然後才能放心出家，這樣難道不合理嗎？

汝思作此已，後當往林間，
若作已後棄，作彼有何德。

你想將此等瑣事處理完，之後才往寂靜林間修行，如果作完後又要捨棄，那麼做這些事又有什麼意義呢？

將一切子女家務等世俗事處理完善，然後才出家修行，這種想法，不知斷送了多少人的解脫福緣。世間瑣事如同一個無底洞，不管人們如何做，它也不會有圓滿了結之時，比如對家庭，如果要完善地將子女後代、家產等一一安排好，那麼自己肯定無有出家修行的機會，子孫後代的事是今生無法照顧完的，而住房財產等等，也是沒有可以讓子女滿足的時候。有些人還對一些世俗事業，如藝術、科技、學問、工商業等方面抱有幻想，而這一切也是無有止境的，從未有人能在這些領域中達到圓滿。如果要將一切世俗事業作圓滿，然後才出家，這本身即是一種幻想，實際中無法做到。全知無垢光尊者說過：世人所做的一切瑣事，如同小孩玩耍一般，做起來沒有完結之時，放下來，也就完結了。再說，不論瑣事能不能做完，即使能做圓滿，然後又要放棄一切去出家，那麼做這些事業又是為了什麼？做後又須捨棄，這種事又有什麼作用，有什麼意義？忙忙碌碌、辛辛苦苦地做幾十年，然後又全部捨棄，這些瑣事對自己沒有絲毫利益，而對他人，除了增加輪迴迷執外，也沒有任何實義。

譬如說，有一過路人，見路上有眾多不同形狀的石塊，於是他停止行路，拿石塊琢磨起來，磨了一塊又一塊，他的這番舉動，除了耽誤他的走路外，其餘毫無意義。同樣，世人所作的瑣事與此愚人之磨石塊，也無有差別，只會消磨自己的生命，耽滯解脫路上的步伐。另有譬喻說，有人見一些芒果落在不淨糞中，便急急忙忙撿起來用水沖洗，旁人見而問言：「你將芒果洗淨了幹什麼？」那人回答：「洗淨了再扔出去，反正不能吃了！」既知洗淨了也不能吃，還要扔出去，又何苦洗呢？同樣，既然已知世俗瑣事必定要捨棄，那又何必去勞碌自己、浪費時間呢？已知無義還要去作，豈非瘋狂者或極愚癡者的作為，有智者誰肯做此無義之事呢？

明朝憨山大師年幼時，母親很嚴厲地管教他讀書，他總覺得很苦，便問母親：讀這些書，將來做什麼用？母親告訴他：讀書為做官，從小官一直可做到宰相。「那最後呢？」「罷了！」大師聽到母親的回答，很驚異：既然最後要罷了，那辛辛苦苦做它幹什麼呢？從那時起，大師便立志要做一個「不罷」的事業，以此願攝持，大師後廣弘聖教，普利人天，終成佛門一代宗師！如果是有心智、有血性、有膽魄的人，既然也知自己一生的作為，最終都要隨死亡而全部罷了，那理應像大師一樣，去投入那永遠不罷的二利事業！月稱菩薩說：「出家前往林中修行，對此不能拖延，不能懈怠。」如果拖延，以後就決定沒有機會了；如果懈怠，最終一事無成。故有志者，何不多讀《七童女因緣經》：「剃除鬚髮已，身披糞掃衣，寺宇寂靜處，何時我安居？目視軛木許，手持瓦鉢器，何時行無失，挨家乞施食？不貪名利敬，去除煩惱棘，何時心清淨，成就供施田？……何時住水岸，藥草遍地上，數觀浪起滅，同諸世間命？何時我不樂，三有諸受用，破除人我見，一切惡見根？」

己三、明修無常的利益：

問曰：雖知前往林間修持是必要的，但由於貪執我與我所，所以總有怖畏而無法捨棄一切去林中修持。

若誰有此念，思我定當死，

彼已捨貪故，於死更何畏。

如果誰人心中有此正念，思維我必定死且死亡當下決定會來，那麼他已經捨棄了對常我的貪執，對死亡難道還有什麼畏懼嗎？

有些人雖然略曉諸法無常之義，然而因深厚的我與我所執障蔽，心中對離開親人獨自去森林靜處修行充滿了恐懼。如害怕自身得不到衣食受用，害怕林中有非人猛獸的違緣，害怕遠離親人的孤獨寂寞……一想到這些，出離修行的念頭便會消失，這其實是因沒有從內心生起真正的死亡無常之念而導致的。一個人若能如實地認識無常，心中能持念：我必定會死，很快會死，並且隨時有可能死！如是生起無疑的無常之念後，便能無難地遠離世俗，根本不會有上述恐懼。因為他認識到我與我所是無常變滅之苦諦法，以此他就能迅速捨棄對自我的貪愛，這種貪愛已捨，對死主的怖畏也就自然消釋。死都不害怕，其他的孤寂飢寒、非人猛獸等諸怖畏，也就根本不值得計較了，此時一切違緣都不會動搖他修持正法、尋求解脫的決心。

譬如說，若人持有銀鐲子，在飲食時他便能以銀鐲子檢驗食品，發現有毒便立刻捨棄，不致受到毒害。同樣，觀修無常的心念，如同銀鐲子一般，能使人們認識對世俗諸法常有執著的有害本質，以此而能無難地捨棄常執，不為所害，趣入解脫正道。密勒日巴尊者說過：「吾初畏死赴山中，數數觀修死無定，已獲無死本堅地，此時遠離死畏懼！」博朵瓦格西也教誡過：「若唯修一法，無常最為要。」若有信者，應當數數思維如上所說之無常教義，乃至未生定解前，當以觀修無常為唯一所修之正法。

第一品釋終

第二品　明破樂執方便品

戊二、（明由修有漏身皆苦之門斷除樂執顛倒之方便）分三：一、於粗身修苦之理；二、佛說身苦之理；三、修習行苦之理。

己一、（於粗身修苦之理）分三：一、略說保護具苦之身；二、廣說修苦之理；三、破除樂有自性。

庚一、（略說保護具苦之身）分二：一、明身雖為苦器亦應保護之理；二、斷除過分貪身。

辛一、明身雖為苦器亦應保護之理：

雖見身如怨，然應保護身，
具戒久存活，能作大福德。

雖然見身猶如怨仇是眾苦之源，然而也應加以保護，因為此身如果具足律儀長久存活，依靠它能作廣大的福德資糧。

正念諸法無常的「銀鐲子」，能使人了知諸有為法皆不離無常苦害的本質，特別是身體，它更是一個無常苦害的大堆聚。身體既然是苦聚，那是不是也應迅速捨棄遠離它呢？很多人會有類似疑問。這種想法肯定是錯誤的，只有外道中才有自殺捨身以求生天的做法，而在內道中，教主大德們嚴禁修行人對身體作無義的損害。有漏的身體內有風膽涎四百零四種疾病的逼惱，外有刀杖兵器的擊打、寒暑的侵襲等等無量損惱，它實際上是眾苦的源泉，如果不是它拖累，人們就不會有那麼多苦惱。所以有智者見身，如同專門給自己帶來損害的怨敵一般，是苦源，是苦蘊，是苦器，不應對它執著。但是，這種認識只是一方面，從另一方面而言，智者們對身體也會加以合理保護，不讓它無義地受損傷。對修行者而言，身體也是解脫道上必不可少的工具，依靠暇滿人身，守持清淨律儀，這樣的身體若能長久存活，就可以廣行善法，積聚起廣大的福德資糧。佛陀在《三昧王經》中說過：「經恆沙數劫，無量諸佛前，供養諸幢幡，燈鬘飲食等；若於正法壞，佛教將滅時，日夜持一戒，其福勝於彼。」在末法時代，持守一條戒律一晝夜，其功德也不可思議，但只有依靠暇滿人身，才有機會積累這不可思議的功德。因而智者們既了知身體有害的一面，也了知身體有益的一面，古德云：「此身行善即是解脫舟，此身造惡便是輪迴錨，此身一切善惡之奴僕。」為了讓身體能長久行持善法，理應斷除各種非理損害，而對其善加保護。上一品無常的教誡，是讓人明白身體有害的一面，使人捨離對它的非理貪著；而此處的教言，是讓修行人斷除輕賤身體的心念，雖視身如仇，亦應善加駕御保護，使之成為修習善法的工具，這才是合理的態度。

譬如說，昔日有大商主，他的兒子跟著一些盜賊，做了許多非法惡業，於是商主將兒子與盜賊一起關在監獄裡，使兒子生起畏懼而改悔。商主雖見兒子有做盜賊的劣跡，但並沒有立即捨棄兒子，因為將來的家業還要靠兒子去完成，所以他以善巧方便加以調伏，使之歸於正道。

同樣，對身體的態度也應如商主對兒子一樣，雖然身體在往昔造作了很多惡業，但不應粗暴捨棄，因為要靠它去度越生死大海，完成取證正覺如意寶的大業。所以，應以善巧方便加以調伏，使之歸於修習善法的正道。

辛二、斷除過分貪身：

問曰：如果應當保護身體，那是否應從衣食住行等各種受用上極力愛護呢？

人苦從身生，安樂由他起，
身是眾苦器，汝何重此身。

人的眾多痛苦皆是從身體而生，而安樂是以其他外緣生起，所以身體是眾苦之器，你為何要貪重此身呢？

了知善御此身則可持戒積集大福德後，有些初學者便以應保護身體為由，對身體不斷除愛著，而貪執衣食等享受，這也是必須斷除的偏執。人們的各種痛苦，如生老病死四大痛苦瀑流，無一不是因有身體而起；從長遠來看，有情正是因為身體，而不惜造作種種惡業，以滿足身體受用的需要，由此而感召無邊的痛苦。所以身體是人們眾多痛苦的直接來源，是一個充滿痛苦的器具。有些人想：身體雖然是苦器，但有時也會有一些安樂舒適。然而仔細分析，所謂身體上的安樂，其實是依外緣而起，如飽暖賴衣食資具而起，並非由身體自己生起。從身體自身而言，它無疑是純苦之聚合，無有絲毫值得貪愛之處，而且只要對它有一分貪愛，痛苦即會增加一分，有十分貪愛，痛苦也就增加十分。因而若求斷苦者，必須僅以微薄衣食維持身體而捨棄對它的貪執，唯有徹斷貪執，才能徹斷眾苦之根源。

譬如說，有一男子駕車經過某險惡處，見一美豔羅剎女，那位男子不知其為羅剎，反而生起貪愛，與她共乘一車。其後不久，車前顯出了一凶惡的羅剎，那位男子大驚，拔劍將羅剎砍為兩段，而羅剎不但未被殺死，反而一分為二，那位男子又將兩個羅剎砍斷，結果又化出四個羅剎，如是越砍越多，無法殺盡。此時那位男子平時祈禱的天尊，在天空中發聲告訴他：「你這樣永遠也殺不盡，只要將車上的羅剎女殺了，其餘的羅剎自然會消盡。」此時男子方知美女是羅剎女，車前羅剎亦為她所幻化，於是他回頭殺死羅剎女，果然一切怖畏全部消失。同樣，身體如同美豔的羅剎女，如果不能認清其苦害本質，而對它貪執不捨，那麼痛苦便會由此而源源不絕地產生。而且若從外境著手滅苦，付出的努力越多，會如將羅剎一分為二、二分為四一樣，痛苦也會越增多，只有遵循本師釋迦牟尼佛與諸菩薩的教導，回頭從自身下手，徹斷身執，輪迴諸痛苦則會頓時息滅。

庚二、（廣說修苦之理）分七：一、思維此身多分為苦受；二、思維不需勤作而苦易生；三、思維身不超越苦之本性；四、思維勝劣皆為苦所損惱；五、思維痛苦具大力；六、思維樂受如身中客；七、思維身之本性是苦而生厭離。

辛一、（思維此身多分為苦受）分二：一、明身體所生樂不能大於苦；二、雖厭苦欣樂而唯有苦隨逐。

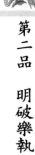

壬一、明身體所生樂不能大於苦：

問曰：苦雖然是從身體上生起，但是依靠衣食醫藥資具等眾多受用方便，可以使身體生起安樂，以此也就不應畏懼小苦。

若人所生樂，不能大於苦，
如是極大苦，寧猶思維小。

若人們從任何受用所生的安樂感受，也不能比痛苦感受大；那麼如是極大的苦受，怎麼還能認為它很小呢？

不管人們如何努力，以種種安樂受用方便對治痛苦，然而身體本身即是苦受，任何安樂也無法超過或消除身體的苦受。不管人們享受的安樂如何強，只要有些微的苦受，安樂剎那之間便會煙消雲散；而正在經受痛苦時，平時給人帶來很大安樂的受用，也無法使他從痛苦中解脫出來，這是普遍現量可見的事實。比如說，有一國王坐在皇宮中柔軟的墊子上，享受著歌舞美食，沉浸在五欲滿足的快樂中，在世間來說，這是很大的安樂。然而當一隻小毒蜂飛進來，牠的細針刺中國王時，剎那之間所有的樂受都會消失，他只會覺得痛苦難忍，這時候，歌舞美食軟墊等安樂不論如何增加，也不可能壓住小蜂螫刺的苦受。苦受的作用，比樂受的作用大，這是名言中無欺的規律，如稍加觀察，人們都會明白這種事實。月稱菩薩說，很多人認為豐衣足食是生活中最大的安樂，然而在有吃有穿時，如果兒子死了，那麼無論如何也沒辦法解脫痛苦，讓人生起快樂。因此，應知身體相續中的苦受，任何安樂也無法消除，佛陀說過：三界輪迴都是痛苦的，有少許安樂也會變成痛苦。

譬如說，有一札左羅剎為了得到羅剎女「司達」，與別的羅剎打了十年仗，後來雖然得到了「司達」，然而依之卻無法消除十年戰爭帶來的痛苦，反而更為恐怖，時刻害怕別的羅剎來劫奪。同樣，不管人們如何努力追逐世俗安樂，自身的苦受也無法消除，即使得到少分安樂，也會轉變為痛苦。

壬二、雖厭苦欣樂而唯有苦隨逐：

問曰：雖然苦受很多，但是快樂感受還是有的，因而努力追逐安樂，難道不應該嗎？

世人皆求樂，樂者實難得，
故於此眾生，眾苦如隨逐。

世人皆尋求安樂，然而安樂實際上非常難得，而且此求樂之行反會成為苦因，所以於逐樂眾生，眾多痛苦如同影子一樣隨逐不捨。

世間眾生，無一例外想得到快樂，因而都在為安樂追逐不休，大成就者根登群培說：「沒有眼睛的小螞蟻為了安樂而忙碌，沒有四肢的蚯蚓也為了安樂而忙碌……總之，世間所有眾生都是為了求得安樂而奔波。」然而，世間能如願以償暫時得到安樂者，卻是非常罕見。三界如同火宅，其本質即是痛苦，烈火之中怎能得到安樂呢？彌勒菩薩說：「五趣之中無安樂，不淨室中無妙香。」而且善趣眾生暫時的安樂，其實也不離變苦行苦的本質。再從安樂之因而看，眾生要得安樂，必須行持善業，可是三界有情，絕大部分不懂因果業報的道理，雖然想得到安樂，卻恆時為貪嗔癡所催，所行幾乎全部都是不善業。尤其是我們南贍部洲的人類，如《地藏菩薩本願經》云：舉心動念，無非是罪。以惡業所感，有情恆時感受著痛苦，即使偶爾得到少分安樂，也會被緊隨的痛苦所湮沒；也由於上述原因，眾生恆時追逐安樂的行為，其結果反而在不斷地為眾生帶來求不得、不欲臨等等各種痛苦，而且以惡業所感，痛苦如影隨形剎那也不會遠離。因此有智者應知，無論世人如何努力，處身於三界火宅中，痛苦怎麼會停息呢？

譬如說，狂象追逐某人，於是那人拼命逃跑，最後找到一口井，那人便躲進井中，心想現在可以不必害怕了，而實際上，他並未遠離危險，因為大象鼻子很長，可以將他從井中撈上來。同樣，陷於三界中的眾生，也在為痛苦「狂象」所追逐，即使能暫時逃至善趣安樂「井」中躲避，然而實際上並未脫離痛苦的掌握。

辛二、（思維不需勤作而苦易生）分二：一、若喜少樂也應畏多苦；二、貪身如同愛仇敵。

壬一、若喜少樂也應畏多苦：

問曰：雖然痛苦會如影隨形般隨時不離，但是只要努力，安樂也能獲得，故應極力追求安樂。

如欲能得苦，樂豈能如欲，
汝何重稀者，多者何不畏。

痛苦不需劬勞而隨意可得，但安樂豈能如欲而得，你為何只重視希有難得的安樂，而對極多的痛苦不生畏懼呢？

三界有情，誰也不願意遭受痛苦，可是痛苦偏偏無法逃避，有情在時時處處，都會有痛苦尾隨著。假如有人想得到痛苦，那是最簡單不過而且會隨心所欲即能滿足的事，因成熟痛苦的因緣在三界中隨時隨處都有，比如燒燙凍割打等等，由此不論何種痛苦，可以即刻隨意做到。但是要反過來追求安樂，就沒有那麼容易了，特別是不懂因果事理的世人，安樂在他們面前如同那天邊的彩虹，可望而不可及，或說如同那熱帶地區盛夏季節中的涼爽一樣，其蹤難覓。安樂如是稀少，痛苦如是繁多，那麼你為何只重視那極為稀少的安樂，卻對那遍滿的痛苦不生畏懼呢？你若真的愛重安樂，則應遠離與安樂相違的痛苦，理應對痛苦生起厭離，如是則應厭離那遍滿痛苦之處，往赴那無有痛苦遍滿安樂的地方。所以有智者，若希求安樂，不應對多苦少樂之處的「少樂」生貪著。對多苦少樂之處，各注釋中解釋稍有不同，如俄智仁波切說是指三界，仁達瓦大師認為是指有情的身體，其實二者所指範圍大小雖不同，但都是苦多樂少之處。一者從科判出發，緊扣破除樂執的意義而釋為身體；另者以廣義而詮頌詞所釋，說為包括有情身體在內的三界情器世間。

譬如說，有盜賊挖開了國王的寶庫，表面上看他似乎能得到財富受用，然而這種受用安樂，比起他將要受到的處罰，可謂微不足道，有理智者誰會只看重其中的財寶，而不怖畏那更可怕的懲罰呢？同樣，三界或說身體如同國王的寶庫，依之能得到的安樂甚為微小，而痛苦卻不可思議。故有智者，不應只重微樂，而對巨苦失去怖畏厭離之心。

壬二、貪身如同愛仇敵：

問曰：身樂雖少，然而得到安樂時，也是很舒服的，所以應想辦法使身體得到安樂。

已得安樂身，反成眾苦器，
重身與重怨，二者實相同。

已經得到少許安樂享受之身，反而會變成聚集眾多痛苦的苦器，因此愛重身體與愛重怨敵，二者實屬完全相同。

貪執身體者，會拼命追逐受用安樂，而即使得到少許受用安樂的身體，實際上會反過來，成為痛苦更多更劇烈的苦器。眾生的身體有一種不共特點：越隨順它的需求享受安樂，便會越痛苦；越貪愛執著它，它便會帶來越多的痛苦。它實際上是一個大苦器，裡面盛滿了痛苦的催化劑，不管人們給它投進多少安樂受用，它一點也不客氣地給人催變出多少痛苦來；或說人們給它投入了多少貪愛，它就會給人回報多少痛苦。身體的這種特點，並不是很難了知，比如說平時某人如果特別貪愛護惜身體，它就會變得脆弱，以致小小風寒，也會帶來很大痛苦。可平時對身體並不是那麼呵護，而是經常讓它接受風吹雨打磨練的人，不用說小風寒，就是冰霜寒凍，也不會為他帶來痛苦。就像一個人對很壞的怨敵越恭敬，怨敵反而越給他帶來痛苦，甚至怨敵的一舉一動、一言一行都會引發恐懼驚疑等種種痛苦。或者說，越恭敬怨敵，他自己便會變得越軟弱膽怯，而怨敵會更為猖狂，越會欺負打擊他，為他帶來更多的痛苦，因而身體就像很壞的怨敵，愛重身體與愛重怨敵，其實是完全相同的。

譬如說，昔日有人在馬車的硬板上睡覺，可是身體與硬板的觸痛使他無法入睡，當地國王見後，對他心生悲愍，便將他帶回王宮，讓他在有軟墊的床上睡覺，開始時他覺得很舒適，可是後來有一顆芥子許的硬物出現在軟墊上，他因此覺得觸痛異常，更無法入睡。身體享受如何安樂的資具，即會有如是的痛苦生起，有智者了知此，更應如遠離怨敵一樣，捨棄對自身的貪愛。

辛三、思維身不超越苦之本性：

問曰：如果恆時以安樂受用資具等因，加重對身體的愛護，難道不能使它恆久享受安樂，由苦器變為樂體嗎？

身雖久享受，不能成樂體，
謂他勝本性，此定不應理。

身體即使長久享受安樂，也不能變成樂體，如果說外界他緣所生之樂能勝伏苦的本性，這是決定不應理的。

世人的身體無論如何，也不會成為安樂體。人們幻想通過受用資具等外緣，恆久地保持身體安樂，乃至保持純樂無苦之狀態，並為這種夢想奮鬥了無數劫，但也只有留下一大堆遺憾而已。輪迴即是苦諦，身體即是苦聚，無論人們以何種安樂資具等方便去愛護自身，也無法因這些享受而改變其苦的本性。豪華的住宅、精美的食品、華麗舒適的衣飾、完善的醫療保健、繁榮的文藝娛樂、高度發達的工商金融服務與信息交通等等，西方社會所創造的這一切物質文明，為西方人提供了窮奢極欲的物質享受，然而結果呢？絕望的痛苦情緒仍在籠罩著他們。身體的痛苦本性無法改變，不論人們如何努力，也只是如同「抽刀斷水水更流，舉杯消愁愁更愁」一般，一切終會歸於徒勞。月稱菩薩云：「如鐵物熔化，豈性變液體，如是苦性身，豈能成樂性。」將銅鐵等金屬加熱至一定溫度時，它們會由固體形態熔變為液體形態，但這只是一種暫時現象，銅鐵等金屬絕不會捨棄其固體本性，而變為液體本性的物質，只要溫度稍降，金屬液會立即凝固，恢復原狀。同樣，身體的本性即是苦，依世俗外緣無論怎樣改造，也不會變為安樂體，世人的一切努力暫時似乎能帶來一些自我陶醉，然而最終仍會歸於痛苦之中。

譬如說，烏鴉孵化並撫養杜鵑的雛鳥，無論多久，杜鵑只會是杜鵑，而絕不會改變其本性變成烏鴉；同樣，身體的本性即是苦，無論依他緣如何對身體加以愛護，令其長久享受，也決不會將其本性變成安樂。作為有智者當明了此真相，而不再造作此等欲洗黑炭為白色一樣的無義事業。

辛四、思維勝劣皆為苦所損惱：

問曰：怎麼沒有恆久的樂體呢？在世間，不是可以現見那些具大福德的王公貴族終身在享受安樂嗎？所以身體不應是苦的本性。

勝者為意苦，劣者從身生，
即由此二苦，日日壞世間。

世間勝者為種種憂懼心念而生苦受，而下劣者會從身體生起苦受，就是由此二種苦受，恆時不斷地在損惱著世間有情。

勝者指具足權勢眷屬及豐厚財富受用的人，像世間的王公貴族富豪等，他們即是超過一般平民的勝者；劣者即卑劣者，指世間那些福報淺薄、種姓低劣、恆常為貧窮困苦所煎熬的人。這二者雖然在受用資財上相差甚巨，然而在受苦上卻並無多大區別，那些認為勝者無有痛苦的想法，其實是未經觀察下的錯誤計執。

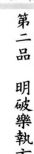

具足名聲地位財產的勝者，他們雖然有豐裕的受用，然而並非只有快樂而沒有痛苦。表面上他們不會受到缺衣少食的苦惱，可是其內心有著不斷的意苦：為自身權勢的消失而擔憂，為他人富貴的增長而嫉妒，為控制下屬與財產而日夜操心……尤其是權貴之間的爾虞我詐、明爭暗鬥之苦，在歷史上從來就沒有消失過。這種損惱勝者的內心痛苦，在現實中人們都可以觀察到，如現在那些國王總統、富豪名人，「高處不勝寒」，各個都有其難以道盡的辛酸，而並非如同一般人所認為那樣沒有痛苦。對劣者而言，他們的痛苦主要從身體受用等方面生起，如超強度的勞動、缺衣少食，及行住、醫療條件得不到保障等，由此而引起身體的疲勞、損傷、飢寒、疾病等各種痛苦。縱觀整個世間，其實充滿了身心痛苦，高低貴賤各種人都在恆時為這兩種痛苦損惱著，就像同一苦水海淺水層與深水層中的魚，無一不在為苦水浸泡著。根登群培大師曾說過：高官心裡有大苦，小民身上有小苦。這個世間確實如此啊！作為凡夫，不為痛苦損惱的一個人也不會有。

譬如說，以前有國王命馴象員調教大象。一名很有經驗的馴象員，以極為善巧方便的手段，用鐵鉤把一頭野象調馴得服服帖帖，於是國王非常高興，按當時的風俗立即命人給此馴象員畫像，並大加讚譽賞賜。馴象師受此殊榮後，內心卻憂慮重重，非常擔心自己以後的表現不佳，如馴象失敗或在調伏時將大象弄傷等等，因此而恆時痛苦不堪。當時另外有一名馴象員，因不具善巧方便，調教大象屢次失敗，國王很不滿意，令人重重鞭打責罰了一番，使他從身體上受了很大的痛苦。同樣，世間勝者如同善巧的馴象師一般，雖然有豐厚的名利嘉許，內心卻痛苦不堪，而劣者如同失敗的馴象員，在身體上有著難忍的痛苦。因而世間不論勝劣，皆為身心痛苦所損惱，對這樣的苦惱世間理應認清其可惡面目，實不應貪著不捨。

辛五、思維痛苦具大力：

問曰：雖然勝劣各有意苦、身苦，但是如果有大樂，這些痛苦即會被壓伏，所以，不一定要對痛苦生畏懼吧。

樂由分別生，分別隨苦轉，

是故除苦外，更無大力者。

安樂由分別計執生起，可是分別計執隨順痛苦而轉，所以除了痛苦以外，世間再也沒有具更大力量的法。

想用大安樂壓伏痛苦，以此息滅對痛苦的怖畏，此類想法也是一種愚癡的顛倒執著，人們的大樂根本不會勝過痛苦。對世間眾生所謂的安樂，如果加以分析，便會了知它實際上是由人們的分別計執而生。在外境資具等法上，並不存在安樂，只是由心識對受用等生起分別，執著這些如何如何美妙，才會有一種安樂的感受生起。可是由分別計執而生的安樂並不堅固，當相續中痛苦的感受生起時，安樂的分別馬上就會消失，再大的樂受也立即為苦受所取代。如同某人在豪華轎車中享受愜意安樂，但一想到翻車的危險，舒心的安樂剎那即變成了憂懼的痛苦。即使沒有痛苦的感受生起，安樂的分別念也不會長久，它剎那剎那之間都在為無常所遷，為變滅痛苦所轉，而不離苦諦的本性。既然安樂之因即分別計執尚不能不隨痛苦而轉，那怎麼可能有不為痛苦所轉的安樂果呢？在世間，樂不能將苦變成樂，但苦能將樂變成苦，無有超過痛苦的安樂，無論人們想以何種努力獲得安樂，戰勝痛苦，然而安樂最終都會被痛苦所毀滅，遍觀三界，除了痛苦之外，再也沒有哪種世俗法具有轉化一切的力量。在三界之中，天人的快樂是最大的，但有哪位天人的大樂戰勝過痛苦呢？沒有，從來就沒有！其實，所謂的樂，是由愚癡分別而生，是非真實的、是偶然的，然而苦是世間的真實，是身體的本性，因而，苦的力量是最大的，除了苦之外，再無具大力者。

譬如說，往昔一人娶有一妻一妾，妻妾各生有一個孩子，某時那位小妾的孩子夭折了，小妾因此異常悲痛。當她見到另外那位長房（妻）的孩子孝順其母時，內心更為痛苦，忍不住哭了起來。旁人見了便百般安慰，勸她不要再為死去的孩子傷心，那位小妾卻說：「我不是為自己的孩子哭，而是因為別人的孩子還活著才哭！」後來那位長房與孩子搬到了另外一城市住，但不久小孩也開始生病。有一天，那位妒火中燒的小妾看見城市裡搬出了一具小孩的屍體，她想：這可能是那位長房的孩子吧！到處去打聽，果然沒猜錯，於是她覺得非常安樂。那位小妾的安樂，誰都看得出，是一種由惡分別念而生的安樂，但一想起自己兒子已死，則此安樂馬上為痛苦所覆蓋，可見其安樂也是隨痛苦而轉的。同樣，世人所謂的安樂，也唯是愚癡分別念計執的虛假現象，不可能超越痛苦、勝伏痛苦。因而有智者，當知是痛苦而非安樂具大力，故應於痛苦生畏懼。

辛六、思維樂受如身中客：

問曰：樂雖然難得，但它於身無有抵觸損惱，所以它是身的本性；苦雖然多，但它與自身有抵觸損惱，所以苦如身中客人，遲早都要離開的，以此不應畏苦。

如如時漸進，如是苦漸增，

故樂於此身，現見屬客性。

時間如是如是地漸漸增進，就像這樣，人們的痛苦也隨著年齡而漸漸增長，所以安樂於此身中，可以現見它是屬於暫時的客性而非常住的主性。

安樂雖然與自身很相合，對身體沒有損惱，然而它不是身體的本性，對此人們可現量觀察到。世人自出生後，隨著年歲的漸漸增長，身體也會漸漸衰老，而痛苦也同樣，隨著年歲增長而同步增加。回憶往昔時，上中學的少年，許多人會記得自己在幼年上小學時無憂無慮的生活，日子裡充滿了陽光，而上中學的日子過得很不開心；到了大學，又會覺得上中學時的生活，過得很快樂，而大學裡的日子充滿陰霾；然後到參加工作，到成年乃至老年等，年齡越增，會覺得痛苦越多。可是往昔的安樂，如同往昔那些親人一樣，一個個漸漸離開了自己，越來越少，都到另外那些遙遠的世界去了。藏族有民諺說：「諸人越老，安樂越少；駿馬越老，牙齒越少。」世人的安樂隨年歲增長而減少，而痛苦隨年歲增長而增多，如是而觀，苦樂究竟誰是客、誰是主，豈不是很明了嗎？安樂於身體這個旅館中，實是如同暫住一宿的旅客一樣孤孤單單且不能長久；而痛苦於身中，卻如同不斷繁衍子孫後代的主人一樣，越來越興盛。

譬如說，在大漠中步行的遊人，時日越增，他就會越疲勞，而飲料糧食也會越來越少，因此他的痛苦也就越來越增。同樣，人們都是三界大漠中的過客，年歲越增，安樂的「飲食」也越少，而痛苦疲勞也會越多。所以，不應將安樂執為自身的本性，而應認知自身本性唯是痛苦，以此對痛苦本性的世間，生起堅定的厭離。

辛七、思維身之本性是苦而生厭離：

問曰：雖然身的本性為苦，但是可以用種種安樂因緣對治，所以對身苦不應憂慮。

苦因緣眾多，眾病及外事，
不見於人類，有爾許樂因。

身苦的因緣非常多，可現見有內緣的眾多疾病及外緣的傷害法，但是不能見到人類有少許安樂因緣。

人類的身體，其名言本性即痛苦，《因緣品》中說過：「此身多障惱，膿漏恒疾患。」對這種本性即苦的身體，有些人認為可以藉種種世俗安樂因緣對治，使其眾苦消散，得以恆時保持安樂，而這是非理的想法。對人的身體來說，苦因極多，樂因極其稀微。身苦的眾多因緣，在日常中皆可現見：從內緣來說，有四百零四或說八萬四千種疾病；從外緣來說，有器界的地水火風種種災難侵襲，其他有情的譏毀打擊傷害等等。從內到外的眾多法，稍加觀察，無一不是苦緣，可是反過來觀察，身體的安樂因緣，卻極為罕見，也可以說是找不到。因為身內身外一切事物，皆不離無常苦害本性，即使有少許事物能引生剎那的安樂，而轉瞬又會變成極大的苦因，正如月稱菩薩說：「如同苦海中，身樂如水滴，智者明此理，誰說身有樂！」

譬如說，國王有一非常美麗的公主，欲擇佳偶，於是有眾多青年雲集，各個都希望自己能得到公主的青睞，然而在成千上萬年輕人中，能如願的最多也只是一個人，其餘得到的只會是失望、嫉妒等痛苦。同樣，身體的安樂因如同娶到公主的人一樣，只有一個，而痛苦因極其眾多，如同失望的年輕人一樣。因此有智者，應了知身的本性即苦，不值得任何貪愛，而應生起厭離。

庚三、（破除樂有自性）分五：一、苦雖有自相而樂無自相；二、明執苦為樂之顛倒；三、乘騎等本無真安樂；四、明世人執暫息舊苦為樂之顛倒；五、示無有真實樂的其他理由。

辛一、（苦雖有自相而樂無自相）分二：一、樂雖有增長卻無自相；二、雖有真實苦因但無真實樂因。

壬一、樂雖有增長卻無自相：

問曰：如果沒有樂，就不應有樂的增長，但是在享受美好生活時，可以現見安樂有增長，由此而知，自相的樂是存在的。

如樂正增長，現見即回轉，
不見苦增長，有如是回轉。

如果安樂正在增長，可以現見它立即回轉為苦；可是不會見到痛苦增長時，有如是回轉為樂的情況。

身體的安樂與痛苦，雖然都是名言法，但是二者完全不同。有些人認為安樂如同痛苦一樣，也有自相，可以恆時存在，其理由是可以現見安樂有增長，但此等理由不能成立。安樂雖然暫時會有稍許增長，但這也不過是引生更大痛苦的一種因緣而已，它立即會從增長中回轉，重新回復到原先的痛苦狀態中。這是人們在生活中可以現量見到的事實，世間沒有人能保持自身安樂向上增長且永遠也不回復到痛苦之中，由此而觀，自身安樂怎麼會有真實自相呢？如果有自相安樂的存在，絕不應有如是回轉變化，而應恆時存在。可是，痛苦就不同了，從來就沒有人見過當自身痛苦正在增長時，忽然有了回轉，變成為恆常穩定的安樂。這種情況除了世人的幻想，如在一些民間故事中編造說「某人經歷了艱難痛苦後，從此永遠過上了幸福美滿的生活」等等之外，於現實中根本就不存在。痛苦有一種特性，能迅速將一切與它相違的安樂，轉化成它的狀態，而且痛苦與人類的身體聯結非常緊密，使身體很難擺脫它的束縛。以此對凡夫眾生而言，痛苦確實有其穩定的自相，因自身的一切安樂，最終都會回復為痛苦，而自身痛苦再增長變化，也無法像安樂那樣迅速回轉。對此，諸人皆可觀察，當自身生起安樂並增長時，安樂無論如何也不會永恆不變地保持，而是在短時間中即會消盡無餘，這便是安樂無有自相而痛苦有自相的原因導致。月稱菩薩也曾說過：「若樂有自性，不苦不回轉，因被回轉故，此樂無自性。」輪迴的本性即是苦，因而凡夫有漏的身體，即使暫時能有安樂生起增長，其安樂也不可能因此而有自相，最終一定會回復到苦的本性中。

譬如說，以前南贍部洲有金輪王阿那律（頂生王）出世，依其宿世福德，他從自己父親頭頂的肉髻中生出；後即位為王，得金輪等七寶，一統天下，享盡天下的榮華富貴；又憑金輪，得到了帝釋天分半座予他的榮耀；然而當他生起貪心，想獨占帝釋天的寶座時，卻從天上墮回人間，生起了極大的羞愧等苦受而死去。他的安樂受用增長至欲界天，最終還是要回轉到痛苦之中。同樣，任何凡夫有情，不可能有恆不回轉的安樂，而唯有恆不回轉的痛苦。因此，我們應了知苦樂之性，徹了世俗的苦諦。

壬二、雖有真實苦因但無真實樂因：

問曰：苦樂應該是一樣吧，因為苦樂皆依因緣而生，而且現實中，既有恆時生苦的因，也應有恆時生樂的因。

安樂俱因緣，現見可回轉，
眾苦俱因緣，終無回轉者。

安樂的俱有因緣，現見可回轉為苦緣，眾苦的俱有因緣，卻始終無有回轉為樂緣的。

雖然苦樂皆依因緣而有，但在世間恆時生起苦的因有，而恆時生起樂的因卻不存在。安樂的俱有因緣（即生起因緣），在現實中可以現量見到它們會立即回轉成為痛苦的俱有因緣，而不會恆時穩定地產生安樂。比如說鮮花，一般人也許會認為這是誰都會見而愉悅的安樂因，然而有「感時花濺淚」者，看見鮮花便觸動心思痛哭傷心。其餘任何一種安樂受用也是如此，它們絕不會恆常為世人帶來安樂，而是隨時都會變為苦緣。比如飲食，受用過多則成苦緣，而且每貪著享用一點這些由罪業所得來的果實，最終必會為此而感受痛苦。可是，諸種痛苦的俱有緣，就並非如此了，它們是「終無回轉者」。「終」是指究竟或說最終，從究竟、最終上觀察世間諸苦的俱有因緣，確實是不可能有轉化為樂緣的，過去未曾有，現在也沒有，未來也不會有。如果有這麼一些痛苦的俱有因緣，能回轉為永恆的安樂因緣，務必請指出來看！在三界火宅中只有生起苦的因，而想找出能恆生安樂的世俗因緣，絕無可能，如果有，那佛經中就應把三界喻為「樂海」，而不應喻為苦海。三界唯是純苦的蘊集，其本質即是苦，那怎麼會有真正不變的安樂存在呢？

譬如說，以前阿育王造一監獄，名為「喜樂園」。犯人剛被關進去時，讓他在豪華舒適的環境中，任意選擇一種自己歡喜的威儀（行住坐臥），例如躺臥，然後就要恆時保持這種威儀，再不許做其他事。犯人開始時覺得歡喜，然而時間稍久，這種威儀便會給他帶來極大痛苦。如今美國也有一些監獄，監獄中的住房等生活設施，如同星級賓館一樣，犯人可以舒適地在裡面生活，不受其他刑罰，然而犯人唯一要遵守的規定是：接受管理人員的監督，不得越出監獄之外。由於沒有自由，雖有良好的生活條件，其中的囚犯卻一點兒也不快樂。同樣，世俗中生起安樂的一切因緣，與此等歡喜園中犯人所喜愛的威儀一樣，實無可能恆時引生真實的安樂，而是一切都會迅速回轉為引生痛苦之緣。

辛二、（明執苦為樂之顛倒）分六：一、正死時不應執為樂；二、正受損惱時不應執為樂；三、相違之四大聚合體不應執為樂；四、正受傷害時不應執為樂；五、正作業疲勞時不應執為樂；六、為少利而種苦因不應執為樂。

壬一、正死時不應執為樂:

問曰:就像某某人一樣,他現在各方面都如意,生活很快樂,這樣的安樂怎麼不是真正的樂呢?

汝正死時去,現去及當去,

正死說為樂,畢竟不應理。

你前剎那壞滅的正死時已逝去,現在之正死時正在逝去,未來之正死時也將逝去,將這些正死說為安樂,畢竟是不合道理的。

正死時是指有情剎那壞滅,或說滅去剎那存活之時。有情的存活唯是心的剎那相續,而死亡也遍布這從來不停頓遷流變滅的一一剎那中。常人不作觀察,往往以為正死時是在人們最後現出死相到斷氣前的那個時刻,殊不知自出生至最後結束一期生命之間,每一剎那都是正死時。因此,透過世人的無明癡障,看他們所謂的安樂實際很不合理,將正死時執為安樂,這是一種極為迷亂顛倒的邪執。其實世人所謂的快樂生活,是前剎那的正死時已去,現在的正死時正在去,未來的正死時當去,自己正在步步赴死,那怎麼能稱之為安樂呢?當人們在臨終前,知道自己正在死去時,最後那段時光中除了絕望、憤懣、頹喪、驚恐等痛苦之外,絕不會有任何安樂可言,而實際上自生至死之間,自己每一剎那都正在死,每一剎那與咽氣前那一剎那一樣,都是正死時。有智者按道理應該時刻生起警畏,時刻以「臨終的眼」看待生活,而不為愚癡所蔽執著正死時為樂。

譬如說，昔日一位施主有一惡僕，惡僕不斷偷走施主的資財。最後施主發現了，呵斥那位惡僕：「你真惡劣，我多年來一直如是信任你，可你竟然天天在偷走我的財產。」惡僕也毫不客氣地回答說：「主人啊，其實你自己也很壞，不然，你怎麼能對我這樣的壞人信任呢？其實是你自己損害了自己的財產。」同樣，世人將剎那剎那盜走自己生命財產的正死時當成安樂，結果只有損害自己而已。因此智者當明察世人所謂的快樂，實為壞滅無常之本質，而應徹斷執正死時為樂的顛倒迷妄。

壬二、正受損惱時不應執為樂：

問曰：諸有情在一期生命中，有不斷的意樂滿足，這些快樂難道不是存在於自身嗎？

諸有情常有，飢渴等逼迫，
逼迫說為樂，畢竟不應理。

諸有情眾生恆常有飢渴等逼迫損惱，將苦因逼迫說成安樂，畢竟是不合道理的。

人道有情不但時刻處於正死的狀態，而且也恆時在為飢渴等逼迫著，毫無安樂可言。作為欲界人類，都有著業識所繫四大合成的身體，這種身體自生至死之間，都會不斷地向外界索求食物和飲料等種種需求，以解除飢渴等逼迫。然而，食物和飲料只能暫時緩解飢渴，卻不能斷除飢渴的逼迫。對此人們可以現量了知，不管具足何等豐富的飲食，飢渴逼迫從來沒有離開過人們的相續，而人們平時所謂的飽足，也只不過是一種平緩的飢渴狀態，或說一種較為隱秘的飢渴狀態而已。上至國王富豪，下至窮人乞丐，身體平等地如同一個無底洞，無論多少飲食也不會填滿它的需求，都同樣不停地受著飢渴的逼迫。因而在恆受逼迫的身體上，又有何安樂可談呢？

譬如說，剛剛嫁到丈夫家的新婦人，從早到晚忙碌著家務，很賣力地迎合著家人而勞作不息，雖然很辛苦，她卻認為自己在掌握著家政大權，反而以此為樂。同樣，世人雖然在為滿足身體不斷的飢渴需求而勞累，卻認為自己是身體的主人，掌握著家政大權，不但不以此為苦，反而執其為安樂，這是何其迷亂的顛倒執著！

壬三、相違之四大聚合體不應執為樂：

問曰：雖然有飢渴等逼迫，但是有時身體調和，會生起很舒適的樂感，這難道不是安樂嗎？

無能諸大種，和合說名生，
相違說為樂，畢竟不應理。

單獨的大種無有能力構成身體，只有各大種全部和合一起，才可名為身體的生起，而將各自性質相違的大種聚合體說為安樂，畢竟是不合道理的。

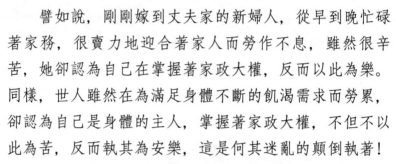

從身體組合成分觀察，身體也唯是痛苦的本性，不可能有任何安樂。組成諸色法的地水火風四大種，其中任何單獨一種、兩種或三種，都不可能組成有情那具有種種能力的身體，而只有四大種完整地聚合時，才可名之為有生命力的身體。《五蘊論》中說，地大性屬堅強，水大性屬流濕，火大性屬溫燥，風大性屬輕動。由於身體是四大聚合而成，那問題也就隨之而來了，為什麼呢？四大中的風大要吹散其他大種；火大要令水大乾枯，令地大燒壞；水大要令火大熄滅，令地大疏散；而地大要令風大、水大停滯。四大之間相互排斥，衝突不停。正如《最勝王經》云：「地水火風共成身，隨彼因緣招異果，同在一處相違害，如四毒蛇居一篋。」因此，這樣一個時刻充滿著矛盾衝突的結合體，怎麼會有調和安樂生起呢？

譬如說，以前一男人有四個妻子。四個妻子中，一個非常傲慢（喻地大），一個有猛烈的嗔恨心（喻火大），一個精神不正常（喻風大），一個非常柔弱（喻水大）。由於她們性格各異，那位男人的家中也就恆時充滿著矛盾衝突，無論他如何努力，四個妻子之間的衝突也無法平息。同樣，眾生如同那位痛苦可憐的男人一樣，身體「家」中也有著那四位性格相異的四大種「妻子」，由此而恆時有著無法調和的衝突，在這樣的身體中，怎麼會存在安樂呢？另有譬喻說，將馬和豺狼、毒蛇和鳥、鹿和鱷魚聚合在一起，彼此決定不會安寧和合；同樣，自性相違的四大聚合在一身，身體也決定不會調和安樂。所以應當明了自身的痛苦本性，不應執本為痛苦的生命體為安樂。

壬四、正受傷害時不應執為樂：

問曰：雖然四大相違使身體有痛苦，但是在生起寒冷等痛苦時，人們不是可以通過對治而消除這些痛苦，使自己獲得安樂嗎？

寒冷等對治，非能常時有，

正壞說為樂，畢竟不應理。

寒冷等痛苦的對治方便，不是能夠恆常都有的，所以將正在受著損害的痛苦說名為安樂，畢竟是不合道理的。

身體從名言本性而言，恆時處於飢渴寒熱、疾病死亡等諸大種相違不調和的痛苦中，以此不應顛倒計執自身有安樂；再從外緣觀察，如果認為自身有安樂，那無疑也是顛倒的。一些人以為，在日常中可以通過方便對治身體的寒冷、炎熱等苦痛，即由壓伏苦痛而獲得安樂，這種想法不可能成立，因為對寒熱等苦痛的對治方便，不可能恆常保持。比如說人們在寒冷的冬季來臨前，可以準備好取暖設備與厚厚的皮襖、皮帽、皮靴等，但這些方法只能在短時間對克制寒冷起一些作用，並不能徹底解決冷凍之苦，不管如何努力，人們在冬天還是會覺得冷，不可能恆時有對治寒冷的溫暖感受。月稱菩薩在注疏中說：「這是因為安樂沒有自性而致，如果安樂有自性，那麼應恆時都可感受。」如果仔細分析，對治平息痛苦而生起安樂感，只是人們內心中的一種主觀觀念，是一種不合實際情況的錯誤感覺。自己在對治苦痛時，無非是在竭盡力量逃避苦受，這個過程中其實只有些微僥倖成功的機會，而絕大部分努力都無用。在對治僥倖成功的時候，也只是暫時緩和了一些痛苦，而並非得到了真實的安樂，將這種痛苦緩和的狀態執為安樂，有智者誰亦不會說為合理。

譬如說，有一盜賊在某戶偷竊財物時，被主人發現，於是主人手持刀杖繩索追趕，盜賊拼命想辦法逃脫。在這個過程中，盜賊絕不會有絲毫的安樂，即使他跑得很快，也不會認為：自己現在沒有被抓住，很快樂啊！如果有這種想法，那無疑是極為愚癡可笑的，一個逃命的人，哪會有什麼安樂呢？同樣，凡夫眾生都是為輪迴眾苦所恆時追逐的人，如果在逃跑過程中，還認為現在逃在了痛苦前面，自己很安樂，這是極不應理的顛倒愚笨之念。因此我們應認識正受傷害的痛苦，不應執為安樂！

壬五、正作業疲勞時不應執為樂：

問曰：世間經常有人說：「某某起居一向很安樂，日子過得跟天人一樣。」由此而觀，難道不是存在著安樂嗎？

無勞而享受，地上都非有，
說作業為樂，畢竟不應理。

無有身心勞作而享受起居安逸者，在整個大地上都不會有，而將正在勞損身心的作業說為安樂，畢竟是不合道理的。

所謂的「起居安樂」，也是顛倒迷亂執著，在這個世間，不需要任何勞作，而能安逸享受生活的人，一個也找不到。人們通常認為，某人很有福氣，可以一輩子在衣食無缺中安逸享受，而不需任何身心勞作，這只不過是一種未經觀察的想法。一個人即使不需要為衣食資財等生計而操勞，就是為了行住坐臥，也非得勞費身心不可。比如說，某富家公子，一天到晚無所事事，衣來伸手，飯來張口，什麼也不想，什麼也不做，即使如此他還是在勞作，為了身心五蘊相續在不斷吃飯、睡覺、呼吸、消化和排泄……月稱菩薩說過：我們為了養活自身，恆時都在做很多事情，恆時都得使用自身去做很多事情。仔細回味，人的生活確是如此，自生至死之間，自己其實從來沒有過片刻的休息，身心唯有在不停地勞作中運轉著。在這種勞作中，怎麼會有世人執著的安樂呢？

譬如說，有一位王子，從小被立為王儲，在極其尊寵的環境中生活。但是按習俗，作為接替王位的王子，必須從小學習文學、因明、理財術、武藝兵法、治國術五個明處，於是王子身邊每天都有這五個明處的老師，嚴格教育督促著他，就像現在的小學生一樣，每天都要上語文、算術、自然等等各個學科的課，課後還要做一大堆作業。小王子為了應付這五個老師，每天都得不停地學習再學習，非常勞累。同樣，人們生活在世間，為了應付五蘊，時時刻刻都得無有停息地勞作身心，時刻都在感受不自在的痛苦，不管是國王富人，還是苦工乞丐，各個都在為了自身而辛苦勞作。這樣的生活，能有什麼真正的安樂享受呢？有智者絕不應執此無有片刻休閒的生命為安樂。

壬六、為少利而種苦因不應執為樂：

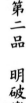

問曰：人們雖然有勞作之苦，但是依然願意忍受，因為依這些勞苦可以換來利樂。如果不存在安樂，那人

們為何甘心受勞累呢？由此而知安樂一定是存在的。

自於此後世，常應防罪惡，
有惡趣云樂，畢竟不應理。

自身對此生與後世，應該經常謹慎防護三門造罪業，將有惡趣苦果之事業說為安樂，畢竟是不合道理的。

世間人不惜勞累而忙忙碌碌，並非是有真正的安樂可以獲得，而是因為他們愚癡無知，才會有這些為求虛假小利樂而種大苦因的行為。愚癡的世人，他們在即生中所做的行為，都是為了眼前的蠅頭小利，為了今生受用資財、名聲、地位等，他們不惜勞苦，也不顧因果，恆時以貪嗔癡為發心而造惡業。例如為了口腹之欲而捕魚殺生，為了獲得錢財權勢而欺騙、偷盜、殺掠等，觀察世人每天的作為，起心動念舉止言談幾乎無一不是惡業。而造惡業者，今生會遭受災難、多病、短命等痛苦，來世將感受地獄、惡鬼、旁生等痛苦。如果是一個智者，能明白因果不虛的道理，理應為了今生後世而經常防護三門，遠離罪業。可是絕大多數世人不但不知防護罪惡，反而將自己的惡行、自己的痛苦之因執為安樂之因或安樂。一邊往惡趣火坑裡跳，一邊還認為自己很安樂，這種愚癡顛倒，是極不合理、極應呵責的。比如有些人為了歡宴親朋好友，到酒店要上活魚活蟲，讓親友們狼吞虎嚥，他們一邊造墮地獄的惡業，一邊還覺得快樂無比，這種愚癡癲狂徒，還認為自己是有科學理智頭腦的人，認為肉眼不見即不會有業果輪迴存在。他們怎麼不想：自己的根識連下一剎那將要發生的事都不能見，又怎能見到將來的業報呢？業報雖然一般人暫時不能現見，但它卻一直像影子一樣追隨不捨，並不會因人們當下無法現見而不存在。

譬如說，某人身邊有一個陰毒的怨敵，他沒有發覺正是此人經常給自己帶來痛苦，還認為這是自己最親密、最可信賴的朋友，天天對他非常好，這種做法當然是極不應理的。同樣，世人將劇烈痛苦之因的惡業，執為現世的安樂，也是極端愚昧、極不應理的顛倒執著。有智者當觀察此中的顛倒，為今生後世而慎護三門，斷除貪執小利樂的惡習。

辛三、乘騎等本無真安樂：

問曰：安樂怎麼會沒有呢？比如人們在長途跋涉而倍覺勞累之際，如果改為乘騎象馬，那時會有很大的安樂生起，以此現量可知乘騎等受用有真實的安樂。

諸人於乘等，安樂非恆常，
若初無發起，彼後何增長。

諸人從乘騎等受用中生起的安樂，並不是恆常的，如果最初沒有這些苦因的發起，後來怎麼會有痛苦的增長呢？

對乘騎、飲食、沐浴等諸種受用，世人往往會執著有真實安樂，而究其實，此等也是一種顛倒執著。如果乘騎中有真實的安樂，那人們無論何時受用這些，都應該得到安樂，而不應有變化。可是實際中，人們於乘騎飲食等受用獲得安樂，並非恆常，而是隨時都會變，並且最終要回復到痛苦之中，越受用越增長痛苦。由此可知，乘騎等受用並非真正的安樂因，反而是發起痛苦之因，最初發起的這些受用如果不是苦因，那後來怎麼會有痛苦的增長呢？痛苦不可能無因無緣地增長。在現實中可以觀察，當人們最初得到車馬乘騎時，似乎有些安樂生起，然而一時的高興過後，這些車馬乘騎的真面目便會顯露出來，愈來愈為人們增添麻煩苦惱。例如色達縣城有一輛豪華小轎車出了車禍，乘車者有的死了，有的受了傷。如果乘車是真實的安樂因，那這些死傷痛苦又從何處而來呢？不難推知，死傷者自坐上豪華小車，便種下或說發起了苦因，這些苦漸漸增長至出事前一刹那，那些人尚執著為安樂，然而後一刹那便徹底顯露出這些「安樂」之真面目，到那時人們才認識痛苦的果。乘車的初中後際全部都是苦，但無知者只見到了苦果，卻不知道這種苦果的生因，便是他們所認為的安樂受用，他們仍會執迷不悟，認苦為安樂，這是何等愚癡！

譬如說，昔日有一愚人十分飢餓，便飲用菸葉（即煙葉）水充飢，然而菸葉水並非可以除飢的良因，而是會給人帶來嘔吐的苦因，於是愚人的後果也就可想而知了。同樣，眾生執著乘騎等受用為除苦生樂之安樂因，以此而追逐貪執，可實際中乘騎等不僅不是樂因，反而是劇苦之因。因此我們應當了知世人所謂的安樂，其實都是痛苦及痛苦因，理應斷除此等顛倒貪執。

辛四、明世人執暫息舊苦為樂之顛倒：

問曰：用種種方便對治痛苦，不是可以息滅苦受而得到安樂嗎?

如有於金器，嘔吐生歡喜，
如是於治苦，有妄思為樂。

如同有人因為向金器裡嘔吐而生起歡喜；同樣於對治痛苦，有人迷妄地認為是快樂。

以方便對治痛苦，使苦受息除，世人於此中執有真實安樂存在，然而稍加分析，這種所謂的安樂，只不過是一種迷亂感受，妄以治苦為安樂的顛倒分別念而已。比如有些富貴豪門，家中受用資具極其奢華，盛嘔吐物的器皿都要用純金打造。富人在生病向金器裡嘔吐時，雖然嘔吐很苦，但他一邊看著金器，一邊想著：「我盛嘔吐物都是用金器，嗯，我很了不起……」由此而生起飄飄然的樂受，類似情況還有多種。這種樂受誠然是極其迷妄的邪分別，自己正在受嘔吐之苦，又何有安樂可言呢？對這些人所執的類似樂受，一般有智者都會嗤之以鼻，看出其顛倒愚癡之處，然而，實際上世人大多數都是同樣愚癡，顛倒執著對治痛苦為樂。世間對治痛苦的方法，其實質都是一些暫時壓制、轉移、分散痛苦的方法，從根本上無法息滅痛苦。如為解決飢餓而吃食品，為解決長途步行之苦而乘騎，不管這些對治方便如何高級，也不可能息滅本性的痛苦。人們執著這些對治中有安樂，而實際上痛苦卻依然如故，毫無改變，只不過是因人們的迷亂分別，才有虛妄的樂受生起，實際中無有絲毫安樂的存在。

譬如說，有人於曠野中，為灼熱的陽光曝晒，他覺得非常難過，便迅速走到一棵枝葉茂密的樹下，在蔭影中乘涼，酷熱稍息時，他便覺得很安樂。這種所謂的安樂，只不過是炎熱逼惱的減輕，或說是寒涼痛苦的因，並非真正的樂受，而世人的一切對治安樂，也無不是如此。堪布阿瓊舉譬喻說：有些遭魔經常發狂的人，想依靠密咒師的方便治療，密咒師以各種法器、加持品打擊他的時候，患者認為這些對治方便能消除自己的魔障，雖然被打得皮開肉綻，他們卻認為很安樂；同樣，世人執對治為樂，與這些癲狂者毫無差異。在月稱菩薩與甲操傑論師的注疏中，都提到了為「馬糞所打」而妄思為樂的譬喻，這個譬喻可能是出自《百喻經.治鞭瘡喻》。愚人以為自己得到了治瘡的良方，便叫他兒子用馬鞭抽打他，後以新鮮馬糞敷抹傷口，並以此為樂。

此處前後所言的世間只有真實痛苦，無真實安樂，當知是從世俗諦而言，並非說勝義中有真實的痛苦。陷於迷亂分別中的世人，往往執著世間有真實的安樂，而作者依世尊的教言，層層分析了世人所謂的安樂，唯是痛苦的變相而已，所以名言中唯有痛苦，及一些痛苦現為安樂的假象，並無真實安樂。這就如世間一切有為法都是無常，不存在任何常有法，而世人卻虛妄地執本為無常的法為常有法一樣。世俗中人們認為安樂與苦、淨與不淨等，都是同等存在的，這只是世人迷亂分別而顯現的法；在名言實相中，經初步分析觀察，可現見世人的常、樂、淨等執著都是顛倒，而世間唯有無常、苦、不淨等痛苦。能徹見此苦諦，即可生起猛烈的出離心，為趨入聖道奠定基礎。

辛五、（示無有真實樂的其他理由）分二：一、小苦除大苦不應執為樂；二、異生無有究竟障蔽痛苦之樂。

壬一、小苦除大苦不應執為樂：

問曰：樂是真實有的，比如挑重擔者，從一肩換至另一肩時，即有樂受生起，若純苦無樂，他就不會像這樣換來換去了。

初起滅已生，苦起亦何樂，
故思能仁說，生滅皆是苦。

由新生起的法滅除已生的痛苦，也只是另一種苦的生起，又有什麼安樂可言呢？所以應思維能仁所說的教言：生滅皆是痛苦。

在痛苦逼迫之中，世人有許多轉移或分散苦受的方法，而麻木迷茫中，人們也往往執著這類將左肩之苦轉到右肩的痛苦轉移為安樂。挑重擔者左肩負擔稍久，苦受增大時，即換至右肩，這個過程其實是以右肩新生起的苦，暫時去除了左肩已生起的大苦，讓左肩不斷增長的痛苦，轉移到右肩去增長。可是世人不能了知，反而覺得此中有安樂，挑夫們挑著重擔長途跋涉時，左右肩換來換去，一直不休息，也會覺得安樂不斷，而高高興興地唱歌。以新生起的小苦代替原先的大苦，而且新起的小苦，隨即便會增長為大苦，這個過程都是在痛苦中轉圈，而世人執為安樂，顯然是極為顛倒的。如果加以分析，世人的種種行為，如換一種新工作、換一所新住房、換一輛新轎車、換一個新國籍、男女換新的對象等等，無非也是以新苦代替舊苦，以期麻醉或欺騙自己，讓自己得到一種虛幻的安樂感受而已。作者見此痛苦相續不斷的世間，不由得思維起世尊在《迦旃衍那教授經》說過：「迦旃衍那子，生亦唯是苦，滅亦唯是苦。」若能了悟世尊所教，徹見輪迴的苦諦本質，諸人豈會再執有安樂呢？因此我們應當致力思維輪迴苦患，斷除一切執苦為樂的顛倒，生起如避火坑般的出離心。

壬二、異生無有究竟障蔽痛苦之樂：

問曰：雖然苦是存在的，但它難道不可以被強大樂受障蔽而不現行嗎？

異生不見苦，云被樂所覆，
然能障蔽苦，其樂都非有。

異生凡夫不能明察痛苦，說是可以被樂受遮覆；然而能夠障蔽痛苦的樂受，在異生位中是沒有的。

異生即隨業流轉各趣不定生處的眾生。在異生位中，沒有任何真實的樂，因而無有可以障蔽或說壓伏真實痛苦使之不現行的力量。對此可以觀察推知，如果有真實可以壓制痛苦的安樂，那麼這種安樂必然會有其穩定恆常的自相，必定不是三界苦諦所攝的生滅無常法，它本身如果是苦諦所攝之法，又談何壓制痛苦呢？而在凡夫位，不可能有超出三界苦諦外的安樂法，因為超出三界苦諦唯是聖者的境界，異生與此相距甚遠。或者說要覆蔽遍及三界的苦，唯有徹斷墮三界的業和煩惱，超出本性即是苦的三界，證得了如是大安樂才有可能，而異生凡夫又怎可能有這種境界呢？所以異生凡夫認為自己有安樂，唯是顛倒妄執。

譬如說，有一個人在曠野中為狂象追趕，他拼命奔逃，途中落入一口枯井，下落時僥倖抓住了懸掛在井中的一根藤蔓，但是有一隻老鼠正在啃食著那根藤蔓的根部，井底也有阿咱毒蛇，而他身邊的井壁上，也有一條大蟒蛇在虎視眈眈；這時忽有蜂蜜流下，那人舔食著蜂蜜，覺得非常甜蜜安樂，渾然忘了自身的危險。同樣，諸異生身處三界曠野中，生死逼迫如同狂象追趕，衰老變遷如墜枯井，依宿世善業得人身如同僥倖抓住了藤蔓，然而異熟壽命正在不停地趨於斷滅，如同老鼠啃食藤根，煩惱在伺機劫奪，如同身邊的大蟒，而後世三惡趣如同井下的阿咱毒蛇；異生處於這樣的輪迴險情之中，暫時的欲樂享受如同那沿藤蔓流下的點點蜂蜜。因此，身處如許危險苦難之中，那小小的樂受怎麼可能壓伏生死的大痛苦呢？凡夫執著有障蔽痛苦的安樂，實際與譬喻中的愚人無有差別。月稱菩薩舉譬喻說，在狂浪洶湧的大海中，漂浮著一頭大象的屍體，有一烏鴉見而生貪，想吃屍肉，便落在象屍上，一心受用屍肉，對那隨時都會將牠捲入海底的大浪竟然視若無睹。同樣，眾生身處三界苦海中，常常如同這隻烏鴉一般，為了那如同大象屍體般的欲樂，竟然無視痛苦煩惱惡浪會將自己捲入惡趣海底的危險。而實際上，那數口屍肉般的享受，怎能壓制那洶湧的危險痛苦呢？

己二、佛說身苦之理：

問曰：如果身的本性是苦，那如同太陽本來是熱一般，人皆共知，佛陀又有何必要說呢？

當告異生說，汝苦不離染，
如來決定說，癡為最下者。

應當告訴異生說：你們的身體本性是苦，如果不離貪著染污，如來決定會說這種愚癡是最下劣的無明煩惱。

身體本性雖然是苦，但眾生由愚癡暗蔽，反而執苦為樂，不知出離。因此佛陀與諸聖者要諄諄告誡諸異生，讓他們明白世俗的真面目，明白自身輪迴實屬苦諦所攝。如果不能了知苦諦，不捨離對自身貪染，那就會永遠處於癡暗痛苦之中，永遠受著痛苦折磨。以此大慈大悲的如來，決定會宣說與斥責這種最為下劣的無明愚癡，使不能自知自身實況的可憐眾生清醒過來，對輪迴生起厭離之心。眾生的愚癡顛倒，遍於世間凡夫的一舉一動、一言一行，例如世俗萬法在眾生面前，時時刻刻都在顯示其無常變滅的本性，然而眾人視若無睹，仍執著常有，考慮問題或做事之間，處處都會執著常有的觀念。外境姑且不論，與自己最親近的身體相續，它剎那之間都未曾離開過痛苦，如果對此都不明白，這無疑是最惡劣的無明。而事實上，凡夫眾生都陷在這樣的愚癡暗蔽中，因而佛陀及諸善知識，不但有必要說身體本性為苦的教言，而且還會反反覆覆、苦口婆心、深入細緻地宣說，乃至眾生未醒悟之前，都會如此。

譬如說，以前有一人外出做工，剛得到工作幾天就不幹了，回家後他的母親告訴他說：兒子，你這種做法不對，以後無論遇到什麼事，抓住了就不要放棄！第二天他看見了一頭毛驢，便抓住了毛驢尾巴，毛驢反腳亂踢，旁人大喊：「太危險了，快放開。」那位傻兒子仍然依照其母親的告誡，緊執不捨。同樣，凡夫眾生都是無明母親的傻兒子，緊持無明母所教的愚癡顛倒實執，而執著痛苦世間為樂。另有譬喻說，以前有一愚人，一天他父親告訴他：兒子，看見什麼就應抓住不放。結果愚人看見一枚燒得通紅的鐵球，伸手便抱在懷中，熾熱的鐵球將皮肉燒得嗞嗞直響，那位愚人仍然不捨，還說：不管你怎麼嗞嗞叫，父親沒有叫我放下之前，我是絕不會鬆手的。同樣，世間眾生皆在隨順無明父親的唆使，緊緊執著身體鐵球不捨，雖然在受著劇烈痛苦，卻仍緊執愚癡顛倒實執。因此，為了解救這些愚昧的眾生，佛陀宣說了此乃痛苦、當知痛苦、於諸痛苦當生厭離心的教授，這是極為必要的寶貴教法，諸欲離苦者，首當依之如心寶也。

己三、修習行苦之理：

問曰：身體雖然無常，但無常不一定就是痛苦吧，所以說安樂一定會是有的，這有何不合理呢？

無常定有損，有損則非樂，

故說凡無常，一切皆是苦。

無常法一定有壞滅損害，有壞滅損害則非真正的安樂，所以說凡屬無常的一切法，皆是痛苦。

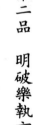

眾生無論處身於何等安逸環境中，皆不會遠離苦

苦、變苦、行苦三大痛苦。有些人認為：雖然諸法皆無常，但是身體在剎那變滅中也應許安樂的存在。這種觀點顯然無法成立，安樂感受皆具無常性，凡具無常性的法，皆不離痛苦本性，本身即是行苦。《入中論》云：「眾生猶如動水月，見其搖動與性空。」月稱菩薩將眾生比喻為「動水月」，剎那剎那都在無常變遷，受著種種痛苦。果仁巴大師在《入中論疏》中說：大乘宗許凡無常法皆為行苦，此理空性論中也有宣說。此處所言的修習行苦，即是了知無常與痛苦的此等關係，了知無常是苦的道理。無常法一定會為剎那壞滅所損害，身體既然是無常，那它不論如何覺得安樂，但是同時它必定會在遭受壞滅損惱，在現前受痛苦。例如現在穿衣、吃飯等享受，無論如何安樂，實際上都是在種苦因，剎那都在無常變壞，向痛苦行進。由於有這種無常損害，人們現見的一切安樂受用，實際上都是令人厭離的損惱法，都不是真實安樂，而是苦。

「凡無常」是指一切無常法，包括情器世間一切有為法。情器世間皆是苦諦所攝的法，所以可以說一切皆是苦。詳細而言，一切器界有為法，皆為無常法，因無常故可以包括在行苦之中，從另一角度而言，器世間皆是有情所造業的增上果或說依報，故也可說為苦果。所以應理解，苦並非專對有情而言，於一切無常的有情無情法，皆可說為苦。

總之，三界中的一切皆是無常法，皆是不離痛苦本性的法。

譬如說，墮入鹹水海中，不論怎麼掙扎，自己必定變成鹹味；同樣，墮在三界苦海之中，不論如何，自己必定會是痛苦。因而，有知者當生出離，放棄一切顛倒執著，勤修菩提道。

第二品釋終

蓮花生大師

第三品　明破淨執方便品

戊三、（由思維生死體性的不淨門斷除淨執顛倒之方便）分五：一、破享用美境而生樂受；二、廣說不應執身為淨之理；三、破由香等嚴飾後執為淨；四、破於應當遠離之貪境而執為淨；五、觀待名言於一事上容有四種不顛倒境。

己一、（破享用美境而生樂受）分二：一、享受欲妙無滿足；二、越享用越生貪之喻。

庚一、享受欲妙無滿足：

問曰：身體的本性雖然是苦，但依可意的受用境，享受滿足之時即有快樂生起。如果恆時享用這樣的美境而不間斷，即可恆時保持快樂，所以應當極力追求可意境享受安樂。

雖經久受用，境無窮盡際，
如惡醫治病，汝身勞無果。

雖然經過長久的受用，然而欲樂境永無窮盡之際，就像庸醫治病藥不對症一般，你想依受用欲樂境來為身體除苦予樂，那只會徒勞無果。

世間色聲香味觸五欲境，往往被異生凡夫貪執為可以引生安樂的可意受用境。很多人認為，自己在年輕時應依世間可意的欲樂境，盡情地享受安樂，享受美好人生；到了中年，應致力於積累財產，將家務安排妥當；這樣將整個世間美境享受遍了，自己可以心滿意足，到了晚年便遠離這一切，依法修持。這種想法極不合理，五欲美境不管人們如何受用，它亦不會有邊際，依五欲美境的享受，也永遠不會有滿足之時。想以可意境的受用來止息痛苦，獲得滿足快樂，這種做法如同庸醫治病，先未診斷病根，所用的藥方不對症，因而不管服多少藥，也無濟於事，反而會使病情加重。同樣，人們不管受用多少美境，最終也不能治癒貪欲痛苦，得到滿足安樂。貪欲病不可能用享受美境這種藥方治好，它的根源在眾生內心的無明顛倒邪執，心病還得「心藥」醫，不對症下藥，不管人們追逐多少美境享受，最終也是徒勞無益，不會心滿意足地放下貪愛，自動出離五欲塵世。

譬如說，有一隻公猴子身披豹皮，想藉此威懾其他猴子，使牠們成為自己的眷屬，結果其他猴子不但不馴從牠，反而恆時遠離了牠，使牠無法滿願而更加苦惱。同樣，眾生想以顛倒貪執之心的「豹皮」，得到滿足快樂的「猴群」，結果只有使自己遠離快樂，更加陷入困境。月稱菩薩說：「水不可能用水來去掉，火不可能用火來燒盡，同樣，人們的欲望不可能以享受美境而斷除。」仁達瓦大師說：眾生從無始以來就在享受五欲境，但是現在仍然沒有滿足，反而增長了貪心煩惱，增長了痛苦，這便是享受外境不能解決貪欲痛苦的最好說明。故有智者，當自警醒！

庚二、越享用越生貪之喻：

問曰：雖然有貪欲便會引生痛苦，但是人們在享受美境滿足欲望之後，對美境不是可以沒有貪愛了嗎？

如有依土蟲，愛土終不息，

如是愛欲人，欲望增亦爾。

如同有些依土生活的蟲子，對土壤的貪愛終究不會止息；同樣，貪愛欲樂的人，欲望會不斷增長，也像土蟲一樣。

有情愈享用欲樂，愈會增長貪欲，而不可能因享受滿足便離開貪愛。以現實中可以現見的實例來說，最明顯的莫過於蚯蚓之類依土壤而活的蟲子。這類蟲子住在土中，行臥也在土中，遍滿大地的土壤便是牠們的食品、住房等受用，如此豐富的享用可以說是再無有能與之相比的，可是牠們一直吃住受用，也從未停止過對土壤的愛執。古老傳說中，說蚯蚓特別愛吃土，可是牠非常擔心大地會被全部吃完，於是每天都在焦慮中急急忙忙地吃土，從來不敢停息，而其貪心從來未曾滿足過。同樣，貪愛五欲享受者，時刻沉浸於欲樂受用之中，他不但不會得到滿足，離開貪愛的欲樂境，反而在不斷享受中，貪欲習氣會得到串習增長，欲望會越來越強烈。享受欲樂的過程，其實就是增長貪欲的過程，因而貪欲不可能由此得到滿足。月稱菩薩說：猛火中加薪，火焰會更加熾燃；同樣，貪欲者得到欲樂受用，貪欲之火也會更加熾盛。堪布阿瓊將此頌解釋成貪愛女人者，越享用女人，越會增長欲望，永遠不會因滿足而離開貪欲。但在月稱菩薩、仁達瓦大師、甲操傑大師、俄巴活佛的注釋中，都將此頌釋為總說貪著五欲境無法滿足故不能離貪，並沒有釋為貪愛女色的欲望，對此諸學人應細心辨析。

譬如說，喜愛睡懶覺者，越睡會越想睡，一天到晚睡懶覺，也不會有滿足厭離之時；喜歡懶惰放逸者，一天天會越來越懶惰，而不會對放逸懶惰生起滿足厭離；又如貪著不淨行者，越行貪，貪欲越會增長，永無滿足之時。在此世間，可以現見人們的各種欲望，從來就沒有誰得到過滿足而離開貪愛，而只有越享用越增貪。譬如為乾渴逼迫的野鹿，在大草原上見到遠處的陽焰水，於是拼命地奔跑，想去飽飲止渴，但結果只能是越來越乾渴。《月燈三昧經》云：「見野馬如水（野馬為陽焰之異名），愚者欲趣飲，無實可救渴，諸法亦復然。」世間的一切五欲美境，唯是虛幻的陽焰水，不可能滿足止息世人的欲望，只能使追逐者增添欲惱。

己二、（廣說不應執身為淨之理）分二：一、破貪愛女人之身；二、破現見身不淨而生貪愛。

庚一、（破貪愛女人之身）分六：一、不應貪愛女人之美色；二、不應以美色難得而生貪；三、破貪愛有德相之女；四、不應對深愛自己的女人生貪；五、世規典籍中講須依女人是顛倒之說；六、不應貪愛女人的其他理由。

辛一、（不應貪愛女人之美色）分二：一、不應貪愛女人美色之理；二、美色不一定是生貪愛之因。

壬一、不應貪愛女人美色之理：

問曰：對一般姿色平平的女人，如果想到過患，也可遮止貪愛，但是對那些姿色特別豔麗的女人，如同酥油遇火一般，無法遮止貪愛。

一切諸婦女，稠密無差異，

色亦為他用，美女汝何為？

一切婦女的不淨身，與之稠密交會並無好壞差別，而其外表容貌姿色也是他人所共享用的，所以你貪著美女幹什麼呢？

愚人認為對美女生起貪愛，是理所當然的事，而分析之下，這唯是分別迷執生起的妄念，若能於醜女遮止貪愛，理應也能遮止對美女的貪愛。不論世間什麼樣的凡夫女人，她們的身體從外到裡結構都相同，皮肉筋骨裡盛滿了血膿糞便，全身上下的孔穴往外流泄著不淨物。自心迷亂顛倒的男人，與女人不淨身稠密交合時，並不會因女人的美醜好壞而有差異，從不淨行中獲得的觸受滿足也不會有差別，如是貪愛美女、厭惡醜女究竟有何理由呢？如果說是因為美女外表的姿色非常豔麗，所以見而生貪，那麼你應僅憑眼睛欣賞便可得到滿足快樂，而美女外表的姿色，是任何有眼根的有情可以共同欣賞、共同受用的，你貪求美色又有何必要呢？並且，美色也不存在真實的可貪之處，如果這些外表的姿色，真的存在可貪愛之處，那麼豬狗在見到這些美色時，又為何不生貪愛呢？或者那些美女剛剛死去，那時美色如故，人們又為何不生貪愛呢？

譬如說，以前有一個男人，娶了一個相貌非常醜陋的妻子，那位男人對妻子說：「你好難看，我很不喜歡你。」他的妻子極為聰明，馬上回答說：「不管外表好看還是不好看，你們男人貪愛女人，其實只是想作不淨行滿足貪欲，在這點上我與其他女人又有什麼差別呢？」可是那位男人想不通，仍然不想與妻子接觸。後來有一天，他的妻子在金銀瓷等不同器皿裡，裝上同一種菜，他覺得奇怪，便問：「為什麼外面的器具不同，而裡面盛的菜卻無差別呢？」妻子回答：「是啊，我們女人也一樣，外表姿色有好有壞，可裡面無有區別，男人依之得滿足樂受也是一樣的。」那位男人聽後，心裡的疙瘩豁然解開，從此不再嫌棄自己的醜女人。

在大疏中，另有一個譬喻，說以前有一個人，對自己的醜妻子非常厭煩，一天他在外面看見了一個美女，不由得生起很大的貪愛，日夜都想著：要是得到這個女人，我該多快樂啊！他的朋友知道了，便告訴他：「我可以想辦法，讓你與這個美女幽會，但她是種姓高貴的人，一般不願與別人說話，所以你在與她接觸的時候，千萬不要說話。」然後朋友告訴他，在某天晚上去某處等待。到了那天晚上，朋友將那位醜妻子悄悄帶到了幽會的地方，在黑暗中交給了她那位想入非非的丈夫。第二天，那位愚人跟朋友說：「啊，昨天那位女人真好，世界上再也不可能有其他女人能給我帶來那麼大的滿足歡樂。」世間人貪愛美色，與這位愚人一樣，都是因自己的迷亂顛倒分別而致，其實女人的美色哪有可貪之處呢？若能於醜陋的女人斷貪，也應同樣破除迷亂妄念，斷除對美色的貪愛。

諸女性修行人當知本論與其他經論一樣，其字句主要是針對男眾修行人而言，而對於女眾修行人來說，應從其間接意義上理解，如龍樹菩薩在《中觀寶鬘論》中說：「如女身不淨，汝自身亦然。」男人的身體同樣是不淨，也不應貪愛，依此層層破開自心的迷亂分別，而徹斷顛倒貪執。

壬二、美色不一定是生貪愛之因：

問曰：雖然外表顏色不是生貪的主因，但是依美貌的女人，會得到很大的快樂，所以應該貪愛美色。

誰於誰悅意，以為彼生喜，
犬等亦所共，惡慧汝何貪。

誰人對誰人感到悅意時，就會由接觸對方而生起歡喜，這是犬等旁生也共有的習性，所以惡劣的顛倒分別念，你為什麼還要貪著美色呢？

所謂美色，只是由人們一廂情願的分別惡念所造成，而外境中並不存在實有的美色，所以人們對異性的貪愛，並不一定是因對方姿色如何，而主要是因為自己的分別惡念。現實生活中，一個男人對一個女人感到悅意，或覺得與對方相投時，就會由彼此的接觸而生起歡喜心，這種貪愛歡喜的生因，並不是因對方相貌美妙，而主要是依各自的習性。比如說黑人中的男人會喜歡黑種女人，鼻梁低的男人喜歡同類的女人，各以習氣而選擇不同異性為生貪境；甚至在犬、馬等旁生中也會如此，只貪愛各自同類中的異性。而這些所謂的貪愛境，是不是真的很美呢？事實並不是這樣。一些東方國家的人剛剛見到西方人時，覺得金髮碧眼白皮膚極難看，然而在西方國家生活了幾年後，便漸漸發生了改變，有些東方人開始覺得金髮碧眼的女人好看了，對這些原先覺得醜惡的異性也會生起貪愛。這種貪欲是欲界眾生所共有的惡習，而在觀察下，其實外境中並無真實可貪愛的對境。因此，當斥責追問凡夫的惡分別念，你到底為什麼而貪著並不存在的美妙外境呢？你為什麼還要隨順那顛倒惡習而編織輪迴網呢？

譬如說，以前有兩個羅剎各娶有羅剎女為妻子，一天那兩個羅剎在一處閒聊，各自誇談自己的妻子如何如何美貌，結果為誰的妻子更好看而爭吵起來，沒辦法得出結論。然後兩個羅剎找到附近的一名比丘，讓他評論誰的妻子更美，那位比丘想了想，告訴說：「對你來說，你的妻子非常好；對他來說，他的妻子非常好。」同樣，對每一個有貪愛對象的眾生來說，各自悅意的對象，只是他自己的分別念認為可愛，而別人並不一定會如是看待。只有情人眼裡才有「西施」，外境並無真正引發貪心的美色，藏族古人說：「山再高，也有鳥不願飛（山以高為勝），人再美，也有人不願處。」若外界有美境真實存在，那對此為何不是人人都生貪心呢？

辛二、不應以美色難得而生貪：

問曰：美貌悅意的女人非常難得，如果得到了那不是很希有嗎？所以應當對她生貪愛。

汝得端正女，原為眾人共，
獲彼汝覺奇，此奇實非有。

你現在所得到的面貌端正之女，原先是眾人所共有的，獲得這樣的眾所共女，你覺得希有難得，這種希奇實際上是不應有的。

美貌悅意的女人，實際上並不是希有難得之珍物。你得到一個美豔的女人時，應知在沒有得到她之前，她是許多人所共有的，就像路上所丟失的物品一樣，誰人都可以撿為已用。在你得到之後，她也不是你個人所獨享的，她的姿色眼神、語音香味等等，你所貪愛她的一切都可以為很多人共用。古人說：「女人如水，誰都可享用。」所以，在得到這樣眾人皆可共有的女人時，你如果覺得希有難得，覺得很希奇而深生愛著，那是極為愚癡的顛倒執著，極不應該。眾人共可享有的女人，得到她實際上沒有任何希奇，也沒有可以特別貪愛的理由，而且得到她之後，你的痛苦無疑又要開始增長了。月稱菩薩說：「對這些如同丟失在路上的財物一樣的女人，你通過百般辛苦而獲得，有智慧的人誰會認為是希有呢？」

譬如說，以前恰西國王得到了一個女人，其容貌非常妖冶，國王覺得非常希有而對她深生貪戀，異常地寵幸。實際上這個女人原來是一個妓女，是眾多男人所共用的賤種女人，並非什麼希有難得之物，而且在國王得到之後，已習慣於朝秦暮楚的妓女，沒有任何可靠性。仁達瓦大師也說：女人恆時貪求男人，只要是好看的男人，她肯定願意與他相好。所以，認為美色難得而生貪愛的愚人，當知美色是世間眾人所共用之物，實際上並非希奇難得，故應斷除貪愛。

辛三、（破貪愛有德相之女）分二：一、不應貪愛有德女；二、生貪與否不一定在於有德。

壬一、不應貪愛有德女：

問曰：雖然不應貪愛女人，但是有些女人具足稟性善良、品行端正等德相，對這樣的女人難道不可以愛著嗎？

具德則覺愛，相違則生嗔，
不決定住故，前後何者實。

若見女人具足德相則覺得可愛，而對有與德相違之過失者則生嗔恨，然而一個人相續中的功德過失不會決定安住，那麼前後功過何者為實呢？

一個女人具足善良等德相時，如果因此而覺得她可以貪愛，那麼當她有嫉妒、放蕩等種種過失時，也就會覺得她可惡。然而世間凡夫眾生，各自相續中的功德過失不會決定安住，比如說，一個人具足財富、美貌、正直等功德，但是反過來觀察，她作為凡夫又會具有種種過失，如貪心大、傲慢等，此時你是應嗔恨厭惡她還是貪愛喜歡她呢？如果只取功德不取過失而對她生貪愛歡喜，或只取過失不取功德而對她生嗔恨厭惡，都是不應理的。而貪愛喜歡與嗔恨厭惡是相違的法，二者也不可能同時存在，月稱菩薩說：如果因對方具足德相而應生貪心，那麼對方也具足過失的緣故，也應對她生嗔心。所以，認為女人具有德相而應貪愛者，其理由無法成立。在一個凡夫女人相續中，功德與過失都會存在，那麼你應執前者功德為實而生貪愛，還是應執後者過失為實而生嗔恨呢?

譬如說，有些人特別喜歡受用美食佳餚，但是不喜歡上廁所，這種態度肯定不合理。按客觀規律，一個人吃得多，上廁所也會多，這是一件事物必具的正反兩個方面，人們不可能有僅選擇一方面的力量。同樣，一個凡夫女人既會有功德的一方面，也會有過失的一方面，你不可能只選擇她有功德的部分生貪愛，而不嗔恨她的過失。另有譬喻說，有人喜歡到朋友家裡看他家那座很精緻的廁所，但是到了廁所裡，聞到裡面的味道時，就不喜歡了。同樣，一個女人有其賢善光彩的一面，也有其醜惡陰暗的一面，如果喜歡她那賢善的一面，也必然會為陰暗的那部分而生厭惡。所以，當認清凡夫相續中，德與過皆有存在，自己切不可因見德相而對異性生貪愛。

壬二、生貪與否不一定在於有德:

問曰:雖然對有過失的女人應生嗔，但是對具有德相的女人，只見其賢善可愛的德相，而不見其他，以此為因，難道不是會自然生貪愛嗎?

愚夫起貪欲，非唯具德者，
無因生貪者，其滅豈從因。

愚夫生起貪欲的對境，不唯是具有德相者;無因就生起貪愛者，其不生貪愛難道是因為不具德相嗎?

有些人認為雖然見到了女人的過失應該生嗔，而如果只現見女人有德相，那麼生貪愛也是合乎自然，是應理的。然而在實際中，愚昧無知的世人對異性生貪愛與否，並不一定是以對方具德與否而決定。比如說可以現見一些人喜歡屠夫、獵人、妓女等，這些人肯定不具足賢善的德相；還有一些人喜歡什麼夢中情人之類，莫名其妙的什麼理由也沒有，就對某人深生貪愛。再說，如果真的以德相為生貪因，那麼凡夫的身體，唯是不淨物堆聚，哪兒有真正的德相呢？所以，從實際中觀察，世人的貪愛因緣無有一定標準，對境無有德相而生貪愛者，也是隨處都有的現象，而對異性不生貪愛，也不見得是對方不具德相的原因。根登群培大師說過：「人心是反覆無定的，有時候看到醜陋的老婦也要生貪心，有時候看到天女也不會生貪心。」不知取捨也不知羞慚的男人，只會隨順迷亂的貪欲心而轉，而不會顧及德相具足與否，有時對醜婦也會生貪心，而有時不生貪心，其原因也不是因對方不具德相。月稱菩薩說：愚笨的人根本不會觀察功德與過失，而百般貪求女人，這種方式實際上是極為愚癡的行為。

譬如說，以前有一個婆羅門女，由於她是一個石女，結果被村落中的男人攆出村外。她走的時候特別痛苦，悲泣不止，別的女人問：「你為什麼要哭，是不是為離開我們而痛苦？」她回答：「不是，你們能享受交合的樂受，我卻從來沒有享受過，我是為此而悲泣。」同樣，世人貪著異性，其實如同石女一樣，唯是為交合的樂受而貪求，而對境具足德相與否，並非是生貪與否的主因。故有智者，當詳察內心的分別妄念，不為遮蓋貪欲醜相的種種假象所蒙蔽，而直斷貪愛煩惱之根！

辛四、不應對深愛自己的女人生貪：

問曰：有些女人特別愛自己的男人，甚至在丈夫死後能自殺殉情，對這樣忠情於己的女人，難道不可以愛著嗎？

若時未知他，爾時愛其夫，
婦女如惡症，常應防外緣。

如果沒有了知與其他男人交合的樂受，那時才會愛著她的丈夫，所以婦女像惡症一樣極易感染，應該恆常防止她與其他男子的外緣接觸。

三界凡夫心思毫無穩定性可言，尤其是一般的凡夫女人，她們對男人的愛著情感極易動搖。女人對丈夫，只是在她們剛剛與之相好，沒有外遇、沒有感受與其他男人作不淨行的樂受之前，才會有所謂的忠情，而一旦有了與他人接觸的樂受時，那時對自己的男人一點也不會在乎，立即捨棄如敝屣。那些能為丈夫死亡而殉情的女人，只有在她們尚未與別的男人接觸時，才會有這種迷亂的自絕之心，否則，不管丈夫死也好病也好，她是毫不在乎的。因此說一般凡夫女人，就像惡症一樣，極易為外緣所感染而變質發作。所謂惡症，指極易感染發作的病症，比如說一些遭魔而經常發狂者，這種瘋病暫時沒有發作時，病人很正常，但是若有地水火風的不合，或者在下午遇到客人等外緣（藏地習俗認為下午容易帶來鬼神），瘋病立即會發作。因而對這種病人，必須極為細緻地防護他與外緣接觸。同樣，一般心意不穩固的女人，如果與外面的男人有接觸，很容易被外緣動搖，引發熾烈的貪欲惡症，變得放蕩起來，而不再忠於自己的丈夫，所以必須恆常防止她接觸別的男人外緣。月稱菩薩說：女人的貪心一直隨著別人，一旦感受到與他人交合的樂受時，對自己丈夫的貪心就會漸漸減少，所以凡夫女人沒有可靠的感情可言。

譬如說，以前有一對婆羅門夫婦，開始時感情不錯，周圍一些男人故意去找婆羅門妻子調笑時，她立即回到丈夫身邊，說自己很討厭那些人，以後他們再來鬧的時候，自己會立刻喊叫，讓丈夫聽到後迅速來解圍。但日子稍久，她與那些男人勾搭上了，受到了與他人作不淨行的樂受，自此以後，她經常花言巧語地欺騙丈夫，偷偷地跑出去與其他男人鬼混。後來她丈夫知道了這些消息，又想起她以前所說的話，內心因此明白了女人所謂的愛戀情感，其實極不可靠，極易因他緣而改變，由此而生起極大厭離心。

在藏地也有一個譬喻，以前有一對年輕的夫婦，丈夫突然患急症死了，那位女人當時非常悲痛，想自殺殉情，周圍的人百般勸慰，日夜守護著她。到她家念超度儀軌的小僧人也想：「這個女人恐怕會傷心壞的！」可是，沒等四十九天的度亡經念完，那位女人已與一個男人好上了，天天有說有笑，滿面春風，傷心的表情絲毫都沒有了，那位小僧人不由得想：「噢，這就是世人所謂的恩愛感情，多麼無常！」認為有女人深愛著自己，而對女人生貪愛者，當知這只是一時的迷亂情感，一切都是無常的，當生厭離啊！

辛五、世規典籍中講須依女人是顛倒之說：

問曰：有些典籍中說，在年輕時依女人享受欲樂，這樣做極為合理，也是有功德的，難道這些說法不應理嗎？

壯年自所作，老時不樂彼，
如何解脫者，於彼不憂惱。

世人在壯年時所作的貪愛行為，到了老年時也不會再樂於這些惡行，而那些解脫者，又如何不對這些貪欲惡行憂惱呵斥呢？

外道典章所言須依女人之說，唯是墮於常斷見之中的顛倒邪說，稍加觀察，就會勘破其迷亂顛倒。如果依女人的欲樂享受，是真正值得追逐擁有的安樂，那麼人們應時時貪求不捨，從小到老都不會厭離。可是現實中，人們在年輕時為了滿足貪欲而追求女人，到了晚年時，也會覺得這些行為十分愚癡，極不應該。雖然到了晚年時，自己並沒有斷除貪習，但是再也不會樂於這方面的惡行，而且回憶起壯年時的瘋狂行為，也會了知追逐貪欲既不如法，又為自己的人生帶來了不少危害，因而往往生起悔惱。月稱菩薩說：自己在年輕時被貪欲所迷惑而造下的惡行，到了晚年時也會對之生起悔意。一個有人生經驗的老人，都不會樂於貪愛惡行，更何況那些已徹斷貪欲煩惱，得到了解脫的阿羅漢聖者，又怎麼不會對貪欲憂惱呵斥呢？在解脫者看來，貪欲無異於毒蛇、火坑等令人恐怖之境，甚至危害更過於彼，是極應呵斥厭離的對境。由此觀察那些須依女人的言語，無疑是極不應理、極為邪惡的說教。俄智仁波切以另一種方式解釋說：老年人並沒有斷除貪欲，但他們也不會再對女人感興趣；那麼已斷貪欲惡習的解脫者，也就更不會為貪欲而憂惱。凡夫人常常為貪愛異性的欲望煩惱所控制，內心常為貪欲擾亂而憂傷苦惱，而解脫者已斷盡貪欲，所以再也不會為貪欲憂傷苦惱。由此而觀，世俗典章中那些須依女人的觀點極不應理，這些典章的作者已被無明貪欲毒酒所醉，才寫出了這些瘋狂顛倒的邪說。

譬如說，以前有一戶人家，家中年輕的婦人聽到外面正在舉行一場戲會，她急急忙忙地想去看熱鬧，但是家中的小牛跟著跑了出來。於是她風急火燎地拿起繩子，也沒觀察就將小牛拴在一處，結果拴錯了地方，她的公公問：「你幹什麼，把小牛拴在我腰上？」那位婦人聽到後，頭腦清醒過來，知道了自己的錯誤，羞愧地想：「我到底在幹什麼，怎麼讓喜歡看熱鬧的念頭將自己弄糊塗了呢？」同樣，世人在年輕時，往往會被貪欲沖昏頭腦，做事不知觀察取捨，到了晚年清醒過來後，自己也會為這些惡行而羞愧後悔。故有智者，當了知貪欲的過患，及世俗言教中的顛倒，為了今生及後世的安樂，應及早斷除貪欲。

辛六、（不應貪愛女人的其他理由）分五：一、與女人相會的欲樂並非勝樂；二、貪愛女人不能隨自主宰；三、若貪為樂即不應依女人；四、與女人相合之樂因非唯女人；五、明貪欲之過失。

壬一、與女人相會的欲樂並非勝樂：問曰：對欲界的眾生而言，依異性所生之樂是最大的快樂，為了這種快樂貪著女人又有何不應理呢？

不貪者無樂，非愚亦無貪，
若意常外馳，彼樂為何等。

不貪女色者緣女人不生安樂，不是愚者即有智者也無有貪愛。如果心意因貪求女人而經常向外散亂馳騁，那麼這種安樂算是什麼樣的安樂呢？

與女人相會所生的樂受，並非真正的勝樂，也不值得貪求。如果這種欲樂是真實的安樂，那麼任何人與異性相會時，都應生起樂受，可是實際上，對於不貪者與非愚者而言，接觸女人並無樂感。所謂不貪者，指有些凡夫，如後世當生欲界樂變化天的人，依其福德善習，於接觸女人時無有樂受，按《楞嚴經》所述：「我無欲心，應汝行事，於橫陳時，味如嚼蠟，命終之後，生越化地，如是一類，名樂變化天。」非愚者指那些具足智慧的人，他們已現見貪欲煩惱的過患，並依修持斷除了非理妄執，對他們來說，即使與女人相會也不會生起有漏的安樂。所以貪愛女人，只是那些愚癡少福眾生的惡習，他們以迷亂惡習執著依女人的樂受是最大快樂。有些男人甚至認為，如果為了得到女人，自己的生命都可以捨棄（生命誠可貴，愛情價更高），如果得不到女人，生活就沒有價值等等，有各種各樣的邪執。而依理觀察，這些愚人為了貪求女人，心思恆時向外散亂馳騁，時刻為得到女人而焦慮不安、魂不守舍，這種所謂的快樂，又能算是什麼樣的快樂呢？其實是以苦為樂的顛倒妄念。甲操傑大師解釋此頌後兩句為：貪著女人者，他的心往外散亂，始終不能悟入真實義，云何說彼是殊勝樂？另有注疏中釋為：貪著女人者，心思恆常往外散亂，怎麼會有快樂呢？

譬如說，曾經有一青年，對國王的公主生起了貪愛，他絞盡腦汁地想辦法，最後買通了公主的一名侍女，通過她向公主表達了鍾情。那位公主居然動了心，雖然她身邊時常都有很多侍衛，但仍然想與那名青年約會，並讓侍女告訴他等待。那位喜出望外的男子將房間打掃乾淨，準備了許多鮮花、花鬘、妙香等，然後一直在盼望與焦慮中等待。等到大約一年的時候，有一天那位青年男子的主人家裡丟失了牛，讓他出去尋找，那時公主剛好找到了機會，悄悄地讓侍女帶她到那位青年的房間裡，可是等了一會，不見他的人影，只得掃興回宮。那位青年回來後，得知這個消息，想到自己受了這麼長的相思之苦，最終卻無法滿願，不由得傷心欲絕。同樣，世人為貪求女人要經受長時的痛苦煎熬，而其結果，卻如貪愛公主的青年一樣，只有苦上加苦，整個過程無有絲毫安樂可言。

在五濁興盛的時代，眾生的這種迷亂顛倒更為嚴重，因貪愛異性，許多人斷送了自己今生與後世的安樂，陷入了徹底的瘋狂之中。月稱菩薩講過一個公案，說有一名織布的年輕人，貪愛國王的公主，最後因無法滿願而精神錯亂。在現代社會中，類似現象就越來越多了，年輕人之中殉情自殺的事態也日趨嚴重。作為欲界眾生，貪愛異性雖然是難免的煩惱，然而有頭腦者，應當想想：難道生活的快樂，其唯一來源就是男女的相會，難道自己生命價值的實現必須依靠獲得異性欲樂；這種欲樂到底有什麼價值……無論出家在家者，若恆持顛倒的貪愛，不僅今生的安樂事業無法成就，而且後世的處境也唯有痛苦。沉迷於顛倒貪執的世人，應當詳察此中過患，斷除痛苦之因的貪欲。

壬二、貪愛女人不能隨自主宰：

問曰：雖然在追逐與女人相會的過程中會有求不得等許多的痛苦，但是如果自己得到了女人，可以恆時攝持為己有，而依之享受安樂，因此，追求女人、攝持女人很有必要。

如汝常愛重，不能常與合，
屬我非他有，此攝持何為。

如果你能恆常愛重女人，也不可能常時與她享受交合的快樂，因此，執著女人歸屬於我而非他人所有，這種攝持女人為己有的行為，又有什麼用呢？

貪愛追逐女色，並非像凡夫想像的那樣，可以隨自己主宰而隨時獲得安樂，因此即使得到了女人，也沒有必要攝持為己有而執著不捨，徒增煩惱痛苦。一個男人如果得到了所貪愛的女人，雖然他白天晚上都非常愛重她，然而他不可能與之恆常交合作樂，這是凡夫眾生的能力所決定的。受用女人，很長時間才會偶爾有，而大部分時間，這個女人對他沒有什麼安樂可言，因此將女人執為己有，時時攝持看護，甚至別人看一眼也不高與，這種作法又有什麼用呢？自己不能依之獲得快樂，反而為她時時操心、憂慮、嫉妒、嗔恨等，不斷感受痛苦，月稱菩薩評價這種人說：「若自不享用，而執為自有，豈非愚者行。」自己不能享用，卻執為己有而不捨，只會為自己帶來痛苦，如是無義地增添自苦，難道不是愚者的行為嗎？

譬如說，以前有一個婆羅門患有胃病導致消化不良，而他家中囤積了許多美味食品，但他一直貪執為自己所有，捨不得給別人吃，於是只能成天看著這些食品，唉聲嘆氣地自增苦惱。貪愛女色者恆時攝護女人，其行為與此愚昧的婆羅門，實是無有差別。在大疏中有譬喻說，以前有一好色的國王，搜集了大量美女納為嬪妃。但是，國王的貪欲能力畢竟有限，眾多年輕的女人一直被關在後宮，連男人的面都見不到，非常苦悶。後來有一名比丘，到了王宮，了知眾嬪妃的痛苦，便問：「國王，你徵集如此多的女人，自己一一受用嗎？」國王回答：「我受用不了。」比丘便以佛法開示國王，使他醒悟到：以嫉妒貪欲將這些女人攝為己有，不但無益，反而徒增苦惱惡業。於是國王將眾多女人放回民間，恢復了她們的自由，也減少了自己的苦惱。同樣，我們每個凡夫的貪欲心「國王」，將眾多貪欲分別念的「美女」與外境的女人攝持不捨，這種做法與譬喻中的國王毫無差別。自己應當遵循善知識的教導，將這些一一捨棄，以斷盡自己的苦惱。

藏地也有一個譬喻，說往昔有一對夫婦，那位婦人很不守本分，經常與其他男人做非法行，丈夫知道後便斥責她，可是那位婦人與他辯論說：「你要受用欲樂的時候，我也沒有不滿足你，除此之外，你還要我幹什麼呢？你沒有能力時，我與別人作樂，都是為了欲樂，你難道不應該高興嗎？你這樣嫉妒吝嗇，又有什麼用呢？」貪著女色者，當知依女人的欲樂不能隨自己主宰，貪愛女人的痛苦，本來就夠嚴重了，如果還要執女人為己有，就如無牙老狗守護骨頭一樣，只能增添痛苦而已。所以，有智者應追求真正的解脫安樂，將一切增添自苦的污穢欲樂貪執頓然拋棄。

壬三、若貪為樂即不應依女人：

問曰：雖然無法常時受用女色，但是世人常說，貪欲即是安樂，無有女人則得不到快樂，所以為保持安樂應貪愛女人。

若貪即是樂，婦女應無用，
未曾見有說，樂是所棄捨。

如果貪欲就是快樂，那麼婦女應成無用，因為依女人而暫息貪欲，則快樂亦同時消失，但未曾見過有世人說：安樂是應該棄捨的。

有些愚癡顛倒者認為，貪欲即是世間最大的快樂，為此自己理所當然地要貪愛受用女人。然而分析他們的說法，其實是自相矛盾。如果貪欲即是安樂，那即不應受用女人，有貪欲即有安樂，那還需要女人幹什麼呢？你們認為貪欲與安樂是一體，那麼凡夫眾生皆有貪欲，以此不再需要依異性就自然有了欲樂。再說，如果貪欲即安樂，那麼追求欲樂的男人，不應受用女人，若受用女人，男人的貪欲當時即會得到滿足而平息，貪欲被摧毀平息，也即安樂被摧毀，按世人的觀點，這種作法顯然是不應理的。世人從來沒有說過「安樂應該捨棄」，而你們又說應該受用女人，那豈不是與此相互矛盾嗎？

譬如說，以前有一個人身體發燒，又特別飢餓，後來他到了另外一個人的家裡，在昏暗中看見了一缸水與一缸粉麵狀的東西，他想這肯定是很好吃的炒麵，便將水與「炒麵」和在一起，飽餐了一頓。結果他的飢餓平息了，但高燒也開始退了，他想：「啊，這肯定有問題，灰土是退燒的，難道我吃的是灰土？」仔細檢查，果然是灰土，不是炒麵，於是內心生起了很大的厭悔，後來看見飲食，自己一點興趣也沒有。這個譬喻，大疏中沒有對應闡述其喻義，字句也難懂。然大致對應頌意可理解為：發高燒且飢餓的求食品者，喻世間有強烈貪欲熱惱的追求欲樂者；求受用食品之樂者，因昏暗將非食品執為食品而受用，結果摧壞了後來的受用食品之念，喻追求欲樂者，因癡暗將非安樂的女人執為安樂而受用，結果摧壞了求安樂之貪欲。因此，有智者應了知，女人並非真正的安樂因，若想求得真正的安樂而依女人，那決定是愚者的行為。

壬四、與女人相合之樂因非唯女人：

問曰：不管怎麼說，與女人相合即可得到安樂，所以女人是安樂之因，作為求世間安樂者，理應貪愛女人。

雖與婦相合，樂從餘緣生，

非愚孰妄執，唯婦為樂因。

雖然與婦人相合會有樂受，但這些樂受是從其餘因緣生起，若不是愚者，誰會迷妄地計執，只有婦人是唯一的樂因呢？

世人共謂與女人相合，即有安樂生起，以此而認為女人是唯一的樂因，應該貪愛。然而這只是不明事理的愚癡妄計，事實上與女人交合中所得到的樂受，其生起之主因並非是女人，而是心相續中的貪欲習氣與非理作意，女人只是此中無足輕重的一個助緣，如果沒有非理作意，則絕不會有這種迷亂的樂受生起。從推理上言，如果沒有貪欲習氣與非理作意，那麼對本來不淨的女身、本來無實的虛幻感受等等，又怎麼會有顛倒貪執呢？以現量從實際中觀察，也可成立上述觀點：如修成了不淨觀的行者，即使接觸女人，也只有厭惡苦受，而不會有樂受；大疏中說，有些持戒圓滿清淨者恆時攝心不散，雖然有女人與他相合，而他並無樂受；在律藏中，也記載著一些類似的公案，如未生怨王對阿羅漢妙賢比丘尼施以強暴，而妙賢比丘尼當時非常痛苦，並無樂受，以此佛說她未失毀根本戒等。以上通過比量現量觀察，完全可以了知，樂受之因絕不僅僅為女人，非理作意與貪欲習氣才是生起不淨行樂受的主因。

譬如說，以前一個人想讓身體輕爽，便叫僕人準備了火、水、澡盆、毛巾、塗身油等洗澡的用品，全部準備好之後，他認為塗上油身體便會舒服，便只要了塗身油。同樣，愚人不知相合之樂，是依眾多因緣而生，而只執著其中的女人為唯一的樂因。月稱論師說：「智者應了知，具眾因緣後，繫生彼安樂，愚者不了知，執一非應理。」有智者當知，自相續中的非理作意會導致對女人的顛倒執著，不願受蒙蔽者，當力斷此惡分別念。

壬五、明貪欲之過失：

問曰：如果貪欲非樂因，那麼世間男人數數追求女人又怎麼會有安樂生起呢？因此，可了知依貪欲一定能得真實安樂。

貪蔽如搔癩，不見欲過失，
離欲者則見，貪苦如癩者。

貪者為貪欲障蔽就如同患癩病者搔癢，不見欲樂的過失；而遠離了貪欲的聖者，則能現見有情貪愛之苦如同患癩病的人一樣。

世人對女人追逐不捨，並不能由此證明貪愛女人是真正的安樂因。世間那些貪愛女人者，其自心智慧已被貪欲煩惱的無明黑雲所遮障，因而見不到事物真相。本來貪愛女人追逐欲樂是墮輪迴的惡因，有著種種過患，其本身是一種痛苦，然而愚者根本見不到過患苦惱，反而執著為安樂，這種人就像患癩病者執搔癢為安樂一樣。患癩病（即麻瘋病）者全身皮膚都會潰爛化膿，本來非常痛苦，但是病者因覺得潰爛的傷口非常癢，所以忍不住要搔抓，在抓癢時病者會覺得有安樂生起，可是傷口越抓撓，以後會潰爛得越厲害，為患者帶來更大的痛苦，而患者為搔癢安樂所蔽，為了暫時的快樂，根本不顧其後果。貪欲者執著與女人相會的欲樂，其實與癩者執著搔癢為安樂一樣，雖然欲樂本身是一種痛苦，而且會為將來帶來更大的痛苦，但為貪欲癡暗所蔽，他們根本不知欲樂之苦，也不顧將來的果報。而那些已斷除貪欲煩惱的智者，如阿羅漢聖者們，他們以無垢智慧，能現見貪欲過患，在聖者眼裡，貪欲熾盛的世人與癩者一樣，是病情十分嚴重的病人，將貪欲煎熬的大苦惱執為安樂，實屬愚癡可憐。

譬如說，有些人喜歡賭博，有些人喜歡酗酒，賭博、酗酒本身就是一種苦惱的行為，既損錢財又傷身體，而且也是更大痛苦的因，但是當事者卻認為很安樂，覺得很有意義。同樣，貪欲者愛著女人，其愛欲本身即是痛苦及痛苦因，而沉迷於其中者卻認為是樂，值得追逐執愛。在有智慧者看來，這些愚人是多麼的可憐可悲！龍樹菩薩說過：「癩蟲穿已痛，求安就火邊，止息無由免，耽欲亦同然」。「由欲作無利，譬如兼博果。」耽執欲樂者如同癩病者以烤火求息痛苦一樣，結果越來越痛；欲樂本身也如同兼博果，初嘗似有甜味，結果卻是會毒發身亡。月稱菩薩在大疏中總結云：「有如豬狗等，樂於不淨糞，愚者貪欲樂，智者誰喜彼？」貪著欲樂者，實如豬狗喜歡不淨糞一樣，有智者誰會對彼生歡喜心呢？

庚二、（破現見身不淨而生貪愛）分六：一、為貪女人之嬌媚而忍輕賤不應理；二、因貪女人者會生嫉妒而執女人為樂不應理；三、不應明知女身不淨而起貪愛；四、不應說無有過失而不能呵毀；五、破耽著女身為淨；六、破執身為淨的其他理由。

辛一、為貪女人之嬌媚而忍輕賤不應理：

問曰：追求女人雖然有痛苦，但是她有嬌媚可愛的身姿，依之能獲得安樂，所以即使她對追求者有唾罵等動作，也應忍受。

無怙飢所迫，飢時所動作，
貪者遇女時，動作亦如是。

無有依怙的人為飢餓所迫，乞食充飢時會忍受輕賤羞辱而做出諂媚的動作；貪愛女人者遇到女人時，所做動作也是同樣的。

貪欲者執女人之嬌媚身態為樂，而認為忍受女人對他的輕賤行為也值得，這種顛倒執計極其愚昧。為貪欲所繫縛，為得到欲樂而不得不忍受輕賤，這種忍受又有何價值呢？這種作為與那些無有依怙的窮人乞食一樣，為了解決肚中的飢餓，那些無有依怙的人，不得不向人們乞討，或為富人做事以換來食品。那時富人無論怎樣謾罵、侮辱甚至毆打，那些可憐人也得忍受，做出諂媚討好動作，以便求得一碗殘羹剩飯。而貪欲者，在女人面前的討好動作也是如此，為了求得可憐的欲樂解決苦惱，而不顧羞恥，做出種種諂媚行為，這種行為並非因女人是真正的樂因而生起。為了短暫而虛妄的滿足出賣自己，這種行為絕不應視為合理，藏族的民諺也說：「不應為一時之淫樂，做一生之奴僕。」在智者眼中，這些貪欲者無疑是極為愚癡，是極可悲愍的對象。

譬如說，有些關在監獄中的人，為乾渴所逼，將牛糞水也作為飲料，其原因是它能給自己解決渴惱，而並非因它是真正的甘美飲料。貪欲者皆是為貪欲煩惱所繫縛的囚犯，在欲愛苦惱逼迫下，對女人的不淨及輕賤也甘心忍受，而視其嬌媚為解除苦惱的方便，其實這並非真正的安樂。大疏中說：「一般有智慧的人，聽到愚者受女人輕賤，心裡即會生起厭離與悲愍，從此不願再依止女人。」而世間眾生，如果稍微淡薄貪欲遮障，對此完全能夠醒悟，故有志者，當力斷貪欲！

辛二、因貪女人者會生嫉妒而執女人為樂不應理：

問曰：如果女人非真實的樂因，那怎麼會有人因貪愛女人而嫉妒其他人呢？由此事實可證明女人是真實的樂因，應該貪愛。

有由驕傲故，於廁亦生著，
有者貪其婦，於他起嫉心。

有些富人由於驕傲的原因，對廁所也會生起執著，同樣有些人因貪愛自己的婦人，對別人也會生起嫉妒心。

貪愛女人者，如果見到其他男人與自己所貪的女人說話接觸，他立即會生嫉妒嗔恨，這種嫉妒煩惱並非因女人是真正的樂因而起，而是一種迷亂顛倒妄計。就像有些富貴者，以具足豐厚的資財受用而十分驕傲，因為驕傲，他認為自己所有一切都很了不起，甚至對廁所也會生起執著。廁所本來是不淨室，沒有可貪的價值，但是在煩惱催動下，他會執著為自己特有的財產，而不讓別人使用。同樣，因貪愛女人而嫉妒他人者，其實與傲慢的富人貪執廁所一樣，唯是愚癡煩惱所使。女身其實與廁所無有區別，裡面裝的全是不淨物，沒有任何可貪之處，可是愚人被貪欲煩惱所轉，執著不淨女身為己所有，如果別的男人與她有接觸，內心就覺得他在侵害自己私有財產一般，立刻生起嫉妒嗔恨煩惱。仔細分析，嫉妒煩惱並非因女人是真正的樂因而生起，而是因貪欲者的愚癡傲慢煩惱引發。因此，怎麼能以有人因女人而生嫉妒的現象，推論出女人是真實可貪之樂因的結論呢？

譬如說，以前有一個國王，非常傲慢，他認為自己無論在哪方面，都超人一等，以此愚癡傲慢煩惱，他對下屬喝水也要生起嫉妒。水雖然不是可貪執之物，但他認為如果別人也喝水，豈不是跟自己平等了，因此他命令臣民不許飲水。同樣，貪愛女人者因貪欲煩惱，雖然女人不是真正可貪愛的安樂處，然而他仍然會對別人生嫉妒煩惱。在智者看來，這無疑是極為荒唐的執著，所以月稱菩薩言：「女身如廁所，充滿不淨器，是故諸智者，不應貪重彼。」諸人應如教而行。

辛三、不應明知女身不淨而起貪愛：

問曰：女身雖然不淨，然依靠她能生起安樂，所以為追求安樂而貪愛她，難道不應理嗎？

於不淨起癡，起嗔較應理，
於彼起貪愛，畢竟不應理。

於不淨物女身生起愚癡或生起嗔恨心比較合理，但對她生起貪愛，畢竟是不合道理的。

從裡到外分析女身，其實她是由三十二種不淨物組成。對這樣的不淨物，如果沒有了知，像那些成天渾渾噩噩的凡夫，為深厚無明愚癡所蔽，對身體不淨一點也不了解，只有一種無記的愚癡，這也情有可原，因為沒有觀察不知道真相，所以對女身既不生嗔恨，也不生貪心，這種態度還算比較合理。然後，若對不淨女身生起嗔心，嫌其臭穢，恨其為自己帶來苦惱，這種態度也是合理的。但是，如果明知女身不淨，還要生起貪愛，這種態度無論怎樣分析，也是極不合理，是很難讓人理解的迷亂執著。

譬如說，有人在晚上走路，踩在不淨糞堆上，開始他沒發覺是不淨糞，什麼也沒想就繼續走，對凡夫來說，這當然是合理的反應態度。過了一會，他聞到了臭味，知道自己踩上了不淨糞，於是大發嗔惱，對不淨糞堆十分氣憤。但是後來，他又對不淨糞生起了貪心，覺得自己踩上了不淨糞很安樂。旁人問他：「你為什麼踩在不淨糞上呢？」「因為天黑我看不見。」「那你為什麼起嗔心呢？」「因為是臭穢的不淨糞，不知不覺踩上了，多髒啊，所以要生嗔恨。」「那你後來，又為什麼對它生貪心呢？」那個人被問得張口結舌，沒辦法回答。同樣，世人對女身不淨物，因無明癡暗，不了知其不淨本性，而生起癡心，後因了知其不淨及有害性，而生嗔惱厭惡，這兩種反應都比較合理。可是已知不淨，還要對女身生貪心，這種態度，又怎麼會合乎道理呢？

月稱菩薩呵斥說：「不應貪女色，何況嗅聞彼，若人貪此等，嗚呼太愚癡！」

辛四、不應說無有過失而不能呵毀：

問曰：雖然身體不淨，但以世俗層次而言，女人並沒有不淨過失，如世間人公認：婆羅門比其他階層的人清淨，而女人比諸人更潔淨。所以不應呵毀女人。

除人不淨器，尚為所應呵，
不淨所從出，何不思呵毀。

除了瘋狂者以外，常人於不淨器尚認為是應該呵斥厭惡的對象，那麼對不淨物出生之處的身體，有什麼理由不思呵毀呢？

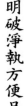

即使從世俗層次而言，女人亦不是不應呵毀的對境，而世間認為女人比其他人清淨，只是世人的邪執。頌詞中的「除人」，有三種不同解釋，甲操傑大師與堪布阿瓊釋為「除了瘋狂者以外的人」，仁達瓦大師釋為「不了知身體不淨的人」，俄巴活佛釋為「除了人身體以外的」；而在大疏中，意義不是很明顯，從字句上看三種解釋方法都可以。不論是除瘋狂者以外的正常人，或者那些不了知身體不淨的人，對那些盛不淨糞的器皿，如大小便桶，都會認為很不乾淨，是應該厭惡呵毀的物品。世人對這些人體以外的不淨器如是反感厭惡，其原因當然是這些器皿盛過不淨物，既然如是，按道理對不淨物的出生之處，更應生起厭煩呵毀。而只要是正常人，誰都會知道，大小便桶裡的不淨物，其來源即是人們的身體，身體其實是一個恆時產生糞穢的器皿，所以誰能認為這樣產生不淨糞的器皿是潔淨可愛之物呢？對盛裝不淨糞的器皿，人們尚認為應該厭惡呵毀，那麼對不淨糞的產生處，又有什麼理由認為不應呵毀呢？大疏中說：世人所貪愛的身體不管是男身、女身，其實都是不淨器，愚笨者不知身體即是不淨糞穢之源，還以為只有外面的不淨器才應呵毀，而身體是潔淨可愛之物，這是何其愚癡的分別妄執！

譬如說，以前有一富人，家中有一名僕女，為他打掃衛生。因僕女頗具姿色，許多男人都貪愛著她，也樂於受用她；有一次，這些男人見她端著馬桶，覺得非常臭穢，都遠遠地避開了她。其實，那些男人所厭惡的不淨臭穢，全部是身體中流出來的，他們所貪愛的那位僕女，其身內也同樣裝滿了這種不淨物，而他們對二者一厭一貪，實無有任何道理。世間一切貪愛女身或男身者，與此譬喻中的那些愚者，實無有任何差別。因此，有智者當認清此中真相，不應執糞穢之源的身體為淨而生貪愛，理應與對待不淨器一樣，生起厭離與呵毀。

辛五、破耽著女身為淨：

問曰：雖然女人身體中有一些不淨物，但是也應有一些潔淨可愛之處，因為世間男人都覺得女人的身體很可愛，能使自己生起歡喜心，如果沒有潔淨處，那怎麼會生歡喜心呢？

若一切淨物，後觸成不淨，
智人誰能說，彼中有淨性。

如果一切原先為潔淨的物品，後來與身體接觸，變成了不淨，那麼有智慧的人，誰能說這種身體中有清淨性質呢？

凡夫的身體，唯是不淨物堆聚，此中毫無潔淨可言。從日常中觀察，那些世人共稱為潔淨的物品，如鮮花、檀香、沉香、絲綢衣飾等，若佩戴在身體上，這些物品立即會染上污垢，用不了多久，就成為人們見而生厭的不淨物；還有種種精美的食品、飲料，一旦進入身體，也即刻會變成穢物，如《入菩薩行》中所言：「宜人冰片等，米飯或菜蔬，食已復排出，大地亦染污。」因此有智慧的人，誰能說這樣的身體具潔淨性質呢？世間男人對女身百般貪愛，只是因他們愚癡無知，隨順貪欲惡習而致，而非因女身真正存有潔淨可愛之處。若稍具理智的人，通過這些觀察，即可現量了知身體是一個不淨器，從頭到腳都在恆時向外排泄著不淨，這種不淨器中，實無有任何潔淨性可言。

譬如說，恆河水非常清澈甜美，印度人都說恆河水是具有八功德的聖水，然而當它流入大海，與海水相融，原來的甘甜味道即會全然消失，變成又鹹又苦澀的海水。因此，有頭腦者都會明白海水不會具有甜味，而唯有鹹苦澀的味道。同樣，任何一種乾淨的物品，若進入身體或與身體相觸，即會變成不淨，那麼有理智者，理應也明了身體唯是不淨之物，絕無潔淨性存在。又譬如說，美麗潔淨的蓮花，若佩帶在女人身上，很快就會變色，被汗膩所污染，由此觀察，理應明了身體的不淨本質。凡夫對女身生貪愛，並非不見這些事實，也並非真正見到了女身有潔淨可愛性，唯是因貪欲蒙蔽，而恆生愚癡顛倒執著。因此，若求出離者，當反覆思維善知識的教言，了知身體真實面目，以此定能漸漸淡薄貪欲。

辛六、（破執身為淨的其他理由）分三：一、破見身驕慢故執身為淨；二、破現見滌身不淨則執身為淨；三、破見有苦行仙人親近女身故女身非所應離。

壬一、破見身驕慢故執身為淨：

問曰：身體應該是乾淨的，因為現見有許多人為自己的身體而驕傲。

有唯住穢室，無穢則不住，
於彼不淨蟲，愚故生驕傲。

胎生有情最初有身時，唯是住在母胎穢室中，若無有母胎不淨血水等則不能存活，對這樣的不淨蟲，因為愚癡才會執為潔淨而生起驕傲。

從身體的來源觀察，世人執身為淨而生驕慢，無疑是極其愚癡可笑的邪執。「有」指胎生人道有情最初有身時，於此胎兒階段，人們無一例外地住在母胎中，母胎在生臟與熟臟之間，胎中充滿著血水等不淨物，胎兒住在其中，依其中的不淨血水而養活長大。這個過程如同糞坑裡的不淨蟲一樣，住在不淨之中，飲食也是不淨物，若不依穢物則無法存活。所以從人類身體來源觀察，完全可以說是不淨蟲，將這種不淨蟲執為清淨而生驕傲，除了愚癡迷亂的原因外，實是無法找出其他理由，寂天菩薩也曾問：「糞便所生蛆，雖小尚不欲，云何汝反欲，垢生不淨軀？」世人貪愛身體、裝飾身體，如同為不淨糞中爬出來的蛆蟲打扮裝飾，然後生起貪愛驕傲一樣，只是瘋狂者或愚者的舉動，而絕非因身體潔淨可愛才生起愛著驕傲。

譬如說，以前有一個男人，與一富人的妻子行邪淫，結果被發現，富人將他抓住後，扔進了一個大糞坑中。那個男人陷在糞坑中，無法爬出來，只有像蛆蟲一樣以不淨糞維生，在糞坑中生活了很久。後來有一天下暴雨，糞坑被衝垮，他才僥倖逃了出來，親人們為他又洗又塗抹香料，過了很長時間才將身上的臭氣減輕。情況稍微好轉了一些後，他上街去閒逛，不小心與一個身著破衣的乞丐擠觸在一起，他認為衣衫被乞丐身上的衣服所沾染，於是大發嗔惱，罵乞丐將他潔淨的身體弄髒了。其實，他自身剛剛從糞坑中出來，滿肚子還是糞穢，如同不淨蛆蟲一般，對這種身體又有何理由執為潔淨而驕傲呢？同樣，凡夫執身為淨而驕傲，與此愚人也無有差別。自身唯是從不淨物中出來的不淨蟲，如果不是愚癡顛倒的邪執，又怎麼會執身為淨呢？月稱菩薩說：智者當觀察身體的來源，或身體中所流出之物，依此而了知其本相。若能依教了知身體的不淨本質，一定能有效地對治顛倒貪執。

壬二、破現見滌身不淨則執身為淨：

問曰：雖然身體有不淨成分，但是依洗滌能消除這些垢穢，所以身體肯定是清淨的。

隨用何方便，身內不能淨，

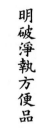

汝應勤淨內，非如是淨外。

任隨用何種方便清潔體表，身內也不可能乾淨，你應勤奮地清淨不淨物之源的身體內部，而不應如是的只淨除外表。

有人認為依洗滌方便，能將身體上的污垢除去，因而身體雖有不淨，但這些不淨可以分離，以此而可證實身體本質是乾淨的，此也是愚人的邪計。身體外表的不淨，其來源是身體內部，不管人們用何種手段洗滌，雖然能淨除體表的垢膩，然而身體內部，卻無法乾淨。人體就像一個千瘡百孔的不淨糞桶，如果不消除內部的糞穢，只是清潔外表，不可能有乾淨之時，想將身體洗清淨，應該將眾穢之源的內部弄潔淨，而不應只清潔外表。可是，人體十分緊密，皮層以下是一層層不淨皮肉筋骨組成的胸腔腹腔，在腔內是五臟六腑，裡面充滿著不淨糞穢。要清洗這些不淨物，依一般凡夫人的能力無法做到，因此，怎麼能以外表的垢穢可以暫時消除，而執身為淨呢？

譬如說，以前有一個管理廁所的人，他覺得廁所應該乾淨，便忙忙碌碌地清掃洗滌，但不管怎麼清掃洗滌，臭烘烘的味道仍不斷飄出來，而他也為此不斷地勞碌。有人問他：「你幹什麼？」「我要把廁所弄乾淨。」那個人告訴他：「你只在廁所外表打掃，肯定沒辦法使廁所乾淨，只有將裡面的糞穢全部清除才行。」於是他想：裡面怎麼能弄乾淨呢？如果能乾淨，那就不是廁所了。同樣，身體也是一個盛滿不淨糞的廁所，只清洗外表，不可能使之潔淨，因身內永遠無法乾淨。另有譬喻說，有兩個豺狼在樹下，剛好樹上落下了一顆巴拉夏果。一個豺狼認為這是巴拉夏果，與樹上結的果實一樣；而另一個豺狼愚癡地認為這是巴拉夏果，樹上結的是巴拉夏肉。同樣，只執身外有不淨，而身內清淨者，與愚癡的豺狼執計樹上果實為肉可貪，樹下的果不是肉不可貪一樣，唯是迷亂分別。有智者當記住月稱菩薩所言：「此身從出胎，皆為不淨性，無法令彼淨，如同不淨糞！」

壬三、破見有苦行仙人親近女身故女身非所應離：

問曰：世間有些清淨的苦行仙人，都樂於親近女身，由此可見女身必定會有功德，不應捨離。

若具污穢身，如癩非眾同，
有穢如癩者，則為眾所棄。

如果有污穢的身體，就會像麻瘋病患者，行止不與清淨眾人相同；有污穢則如同癩者，為清淨眾人所棄捨。

一些苦行仙人親近女身，其原因是他們的本性也不清淨，而並非女身清淨，值得追求。那些親近女色的苦行仙人，其所修並非正道，沒有斷除墮落世間惡趣之因的貪欲，其身心即不能轉化，仍與普通凡夫一樣，身體非常污穢，因此他們對本性與自己相同的女身，自然是同類相求，不願捨離。這就像麻瘋病人一樣，很喜歡親近那些遍體是膿血的麻瘋病人，而不會與清淨無病的眾人住在同一處；同樣，女身污穢不淨如同癩者一樣，如果自身也污穢不淨，那無疑很喜歡與她們親近，而不願與真正清淨的眾人住在一起。這個原因並非女身清淨可貪，而只是因自己與她們同類，才會有如是舉動。在清淨天眾與持明聖者前，世人因有種種不淨物所成的身體，就像癩者一樣，為彼等所厭棄。

譬如說，以前有一個國王，當時有婆羅門通過觀察星相，告訴他幾天後要下一場雨，如果有人喝了這些雨水，肯定會導致瘋癲。幾天後果然降下暴雨，整個國家的人都因此而發瘋了，只有國王記住星相婆羅門的預言，沒有喝雨水，因而保持了正常。但是，他的臣民見國王與他們不一樣，便紛紛指責國王是瘋子，在眾人呵毀下，國王也漸漸覺得自己是瘋子，最後他自己也喝了雨水，真的變成了瘋子。同樣，世人皆是執不淨女身為淨的瘋子，有少數人稍有智慧，開始對此尚知為顛倒，生起了出離心而修習苦行，但不能步入正確的道路，最後為世俗習氣所迫，也變成了執女身為淨的瘋子。又譬如，在一處海島上，本地居民脖子上都長有腫瘤，若偶爾有外地人光顧該島，本地居民見遊客們脖子上無有頸瘤，都覺得很不莊嚴，紛紛嘲笑他們。同樣，世人以長久串習貪欲顛倒計執，覺得不淨身值得貪愛，若偶有清淨無貪欲者出現，他們反而會認為清淨者不正常，若不能以智慧堅持清淨道者，慢慢也就會像那些墮落的苦行仙人一樣，被世間人同化。因此有智者當認知，真理不會以多數人不承認而變成非真理，自己遵循智者之道出離世俗時，世人不論怎樣反對，自己亦應堅持。對身體不淨應捨貪的觀點，世人無論怎樣辯駁，智者亦不應隨順，而應如月稱菩薩所言：「若人無過失，世人應貪彼，以身有過故，智者遠離彼。」

己三、破由香等嚴飾後執為淨：

問曰：雖然女身不淨，但依一些塗香、花鬘等裝飾，不就可以變得香潔可愛嗎？

如人肢殘缺，假鼻生歡喜，
花等治不淨，貪著亦如是。

就像有些身肢殘缺沒有鼻子的人，對假鼻子也會生起歡喜執著；以花香等修治不淨身，而後對其生貪著也是同樣。

因女人身上有花鬘、香水，而對女身生貪愛者，如同殘廢人對他的假鼻子生愛著一樣，非常愚癡可笑。有些身肢器官不全的人，比如說以某種因緣而缺少鼻子者，他會為殘缺非常苦惱，但後來裝上某種材料做的假鼻子，如果他以此而洋洋自得，那麼旁人肯定會嘲笑他的愚昧：這只不過是假象而已，實際上你仍是殘廢者，有什麼值得高興驕傲呢？而身體本來不淨，如同殘廢者本身有缺鼻之苦惱一樣；如果以花鬘、香水衣飾等修治打扮，暫時遮住其表面穢垢，而其不淨本質不能改變，就像缺鼻子者即使用黃金做假鼻子修治，也無法改變其殘廢本性。可是世人認為，不淨身經花香等修治，即會變成香潔可愛之身，這種愚昧計執與殘廢者以假鼻子而驕傲的表現毫無差別，都是極不應理、極為愚癡的顛倒執著。寂天菩薩說過：「若香屬旃檀，身出乃異味，何以因異香，貪愛女身軀？」因異身之香，而貪愛不淨之身，這種執著顯然是極為愚癡的行為。月稱菩薩呵斥這些愚人說：愚人極貪著，香花鬘所飾，污穢不淨身。

譬如說，貓對酥油很喜歡，而不願意吃無油的飯團。如果將酥油抹在牠的鼻子上，然後再給牠無油的食物，貓即會傻乎乎地認為這是很可口的油飯，而津津有味地吞食。同樣，有些人雖然對遍體不淨的身體不喜歡，然而通過香水、花鬘打扮後，即認為這是清淨可愛的身體，由此而生貪著，這種貪執，實際上如同傻貓一樣，非常愚癡。

己四、破於應當遠離之貪境而執為淨：

問曰：不管怎麼說，世間男人於女人會恆常生起貪愛，因此可以推知女身決定是清淨可貪愛的對境。

若處生離貪，彼不應名淨，
決定為貪因，是事都非有。

如果於女身等對境會生起離貪，彼即不應稱之為真正的潔淨可貪之物，決定是生貪愛的因，這種事任何處都不會有。

有人認為女人、香花等，決定是清淨可貪的對境，而實際上決定可貪的清淨境，在世間任何處都不可能存在。比如說女身，一般凡夫男子逐之不捨，恆常要生貪愛；然而對那些已證悟聖諦的阿羅漢等聖者，或那些已成就不淨觀的行者，女身卻是生起厭離之對境；或者在凡夫人中間，有些男人認為某個女人潔淨可愛，而與這個女人有仇恨怨結的男人，對她見而生厭，根本不會生起貪心。如果對女身會生起離貪，那怎麼能稱之為決定清淨可愛境呢？再說，明察諸法名言實相的阿羅漢聖者，對女身決定會呵毀厭離，因此女身也絕不是清淨之法。在整個世界上，決定是生貪因的對境，任何處都找不到，如果是決定引生貪愛的因，那麼其本性即是清淨可貪法，誰遇上都應生貪愛。而實際中，美女、鮮花、香料等並非人見人愛，而是有人喜歡有人不喜歡，愚者貪愛智者不貪愛。因此，可知女人無有清淨可貪之性，如果執著女人等是清淨可貪愛的對境而貪著不捨，這種只是愚人的邪執，不合乎道理。

譬如說，以前有位商主，將自己的女兒從小就送給了別人，以後多年沒有見面。有一次他去城市的花園遊覽美景，見到一名容貌很美的女子，不由生起了猛烈貪心。這時有人告訴商主：「她是你的女兒，難道你不知道嗎？」商主一問，果然是自己的女兒，貪心便立即消失無餘。世人對女人生貪與否，主要是取決於自己內心對女人的認識如何，如果內心覺得美妙可愛，貪欲即刻會熾盛，如果內心覺得不可貪愛，貪欲即刻會遠離。所以，智者當如理觀察，徹了諸法的本性而斷淨執，作為欲界眾生，對異性尤應了知其不淨本質，如月稱菩薩所言：「有人生貪心，有人不貪彼，是故生貪心，畢竟不成立。」

己五、觀待名言於一事上容有四種不顛倒境：

問曰：無常等四種不顛倒，於一事物上容有還是不容有呢？

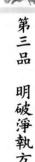

總於一事上，無常與不淨，
苦性及無我，四性皆容有。

總之在同一事上，無常性與不淨性，苦性及無我性，這四種性質都是容有的。

此頌總明無常、不淨、苦、無我四種名言本性，在同一名言法中都是成立的。凡是世間有為法，皆有刹那遷流變化，故成立其無常本性；因有為皆無常，故可生起厭惱，成立其不淨本性；因不淨而厭離，故能作損惱，成立其苦性；因苦性無自在，故成立其無我性。以女人身體為例，首先她的身體刹那變滅而無有恆常，分分秒秒都在衰老變壞，所以她屬無常；因為她是有漏無常法，無論如何保養、貪愛，最終也會顯露出令人生厭離的本質，所以她有不淨性；因為身體的不淨令自他見而生厭，相續中受到損惱，所以她有苦性；因有損惱之苦，即於身體無有自在，不能隨自己轉而不受外緣牽制，無有這種自在的原因，所以她有無我性。其餘任何一種有為法，也同樣具足這四種本性，然而一般凡夫，不能了達名言法的這四種本性，反而生起執著，於同一事上生起常樂我淨的四種顛倒。

譬如說，以前有人遇到了一個羅刹女，開始時他不知道她是羅刹女，反而生起貪愛，娶她為妻。然而因為她是不清淨的羅刹女，那位男人與她生活時，受到了很多痛苦，而且她很不隨順，性格多變。後來他發現妻子是一個食人的羅刹女，不由生起了極大怖畏而逃離。同樣，凡夫的身心五蘊，其實與羅刹女一樣，具有無常、不淨、苦、無我的本性，人們依之將不斷受到痛苦；現在依善知識教言，明白了其本來面目，也應生起怖畏而厭離。月稱菩薩云：「諸法皆無常，無常皆不淨，不淨皆痛苦，痛苦皆無我。」諸人當精勤觀修，了知自他有情皆住於生死不淨痛苦之中無有自在，堪布阿瓊說：以上所說內容，應當在上師前專心聽聞，聽聞後應認識種種顛倒，產生對治的有執智慧（分別妙慧），依此精進修持，最後定能遠離輪迴痛苦，獲得解脫。

第三品釋終

第四品　明破我執方便品

戊四、（示於有漏法不應執為我及我所之門而斷除我執顛倒之方便）分二：一、略明破我慢所執境之理；二、廣釋破我慢所執境之理。此品所言之破我執，是以世俗方便法壓伏我執現行的對治法，與本論第十品中所述的以勝義智慧斷除我執種子的對治法不同。而且，本品多以國王為針對，來破析我執傲慢，因為在世間，一般國王的我執傲慢與我所執傲慢比平常人都要深厚一些。當然，每一個人其實也是自己領域內的小國王，對自己的地位、權力、資財、眷屬等，都有我慢執著，因此，並非僅有國王才應破除我慢執著，每一個人都應以此法理調伏相續中的我慢煩惱。我慢是我見的一種現行煩惱執著，如認為自己具有權勢、種姓高貴等而生起執著，按《俱舍論》的觀點，我見與我慢是不同的心所法，二者有所差別。

己一、略明破我慢所執境之理：

我我所驕傲，世智者誰起，
以一切有情，諸境皆共故。

我與我所的驕傲，世間的智者誰會起呢？因為一切有情及諸器界外境，都是眾生共業所感共同受用的，而非國王一人所有。

一般國王會特別自負，認為自己具足權威而生起我慢；又會認為自己擁有國土臣民，「普天之下，莫非王土，率土之濱，莫非王臣」，以此而生起我所慢。這種驕傲執著是不應理的，即使是明白世俗道理的世間智者，也不會對此生起驕傲執著。因為所有情器世間都是眾生共業所形成，也是共同享有之法，誰也沒有道理執著為獨自所擁有；每一個眾生依業力出現在世間，依業報而享有自身一切，別人無法剝奪也無力完全占有他的身心相續，人們在各自業力因緣所成的環境裡平等地生活著，因而國王憑什麼道理認為他們都是自己所擁有的呢？還有外境國土等器物，是眾生共業感召，也是共同受用的外境，比如說森林、河流等，人、旁生等都在自在地受用著，而並非國王獨自所享用之境。

譬如說，一位演員扮演國王，正在表演時，他認為：「啊，我是大國王，這一切土地、臣民都是我的……」然後生起驕傲，這種驕傲無疑不合理，因為這一切都是暫時而虛假的現象，他現在演國王，下一場也許會演一個奴僕，而不可能長期固定演一個角色。同樣，在六道輪迴的「戲劇」中，每一個眾生演員都在隨業力導演的安排而變換著角色，有時候演國王，有時候在演昆蟲，如果因暫時扮演國王而生驕傲，這種我慢肯定是愚癡之舉。月稱菩薩說：「權財等圓滿，皆由德所生，故世隨業轉，智者勿起慢。」有智者應如是了知，一切世間圓滿皆隨往昔之福德因緣而生，故不應對暫時的權勢等盛事生起我慢執著。

己二、（廣釋破我慢所執境之理）分三：一、破由權勢而生驕傲；二、破由種姓而驕傲；三、明遠離惡行的其他方便。

庚一、（破由權勢而生驕傲）分五：一、斷除五種因所生的驕傲；二、不應由王位而生驕傲；三、應明辨法及非法；四、對國王應生厭離；五、不應貪著王位的威名。

辛一、（斷除五種因所生的驕傲）分五：一、不應對由僕使假立之王名起驕傲；二、不應以施收財物有權而生驕傲；三、不應以受用諸欲境而生驕傲；四、不應由是世間的保護者而生驕傲；五、不應由保護眾生為有福德者而生驕傲。

壬一、不應對由僕使假立之王名起驕傲：

問曰：國王對世間事業有權勢做出決定，難道這不是應該驕傲之處嗎？

六分雇公僕，汝有何所驕，
隨所負責任，要待他授給。

「王」只是眾人以六分之一稻穀雇傭的公僕，你有什麼值得驕傲呢？王的權位要隨著所負擔的責任才有，而且要觀待他人授給。

所謂「王」，並非是有權力決定一切世間事業的主人，而只是眾人授權負責做事的公僕，所以不應由王位而驕傲。按古印度歷史所載：在劫初時，人們自在享用著大地上自然生長的香稻，但後來福德漸衰，出現了一些盜竊香稻的現象；於是，人們共同商議雇人看守香稻、處罰盜賊等，並給他支付所看守香稻中的六分之一作為工資，這個被雇傭的人，人們名之為「王」。所以「王」實際上是眾人的公僕，這種僕人名位又有什麼值得驕傲呢？再說國王的權力，只不過是隨著他所負擔的責任才有。比如說看守稻穀的「王」，他有權力處罰盜賊、平息爭議等，而這種權力的前提，是必須負責保護好眾人的稻穀，如果他不負擔這項重任，其權力肯定不會有。而且他所擁有的權力，也要眾人商議，大家對他信任後才會授給，他自己只有服從眾人使喚，努力工作，才能得到工作崗位。這就像現在西方國家民主選舉的總統，他必須負擔為公民謀求福利的責任，待公民投票選舉而授給權力；他如果不能令公眾滿意，不隨公眾意願好好工作，馬上就要受彈劾，被罷免下台。因此，王權只是一種公僕的權利，不應作為生驕傲的因。

譬如說，有一大戶人家雇傭一個僕人，授權他管理財務、建築等各項事務，僕人對這些事務，必須忠心耿耿地去做，如果不能令主人滿意，那麼權力立即會被收回去。處在這種地位，僕人當然不應以自己暫時的權力而驕傲。同樣，國王也只是公眾的僕人，是公眾授權做事的奴僕，實無有任何可生驕傲之處。月稱菩薩說：「若有主事權，則可生我慢，六分雇傭故，不應起驕慢。」如果有人因此而生起我慢，其實是一種愚癡顛倒的表現，極不應理。諸有智者應明察自己的類似煩惱，切不應以暫時的權位而昏昏然地自命不凡。

壬二、不應以施收財物有權而生驕傲：

問曰：國王有布施財物及徵收賦稅的權力，難道這不是應生驕傲之處嗎？

如傭得所得，思主為施者，

主給所應給，自矜為施主。

國王徵收賦稅就像傭人得到所應得的薪資，應思念主人是施者，主人在給予所應給的財物，而國王驕矜地以施主自視，是不應理的。

國王徵收賦稅布施發放錢財，也並非可引以為驕傲的權力，如果以此而驕傲，是不合理的愚癡行為。國王在向公眾行使徵收賦稅的權利時，其實如同傭人得到報酬一樣。從主人處得到所得的工資報酬後，傭人理應謙虛恭敬地對待主人，思念主人是施放活命資財者，對自己有很大恩德。同樣，國王也是公眾的僕人，他在得到公眾施予的賦稅資財時，理應對公眾生起謙虛恭敬之心，沒有任何理由為此而驕傲。而且，公眾主人給予國王財物，就像給僕人發放所應給的工資報酬一樣，這個過程是一個平等地交換。國王為公眾辛辛苦苦地守護田地，管理各種事務，然後公眾作為主人，也應該給予他所應得的六分之一財物，這是相互間早已商定好的合同，國王如果以此生起驕慢，反而認為自己是施主，有權力支配財物，這顯然是愚癡可笑的行為。

譬如說，有一個奴僕為主人做事情，然後向主人要到了自己所應得的報酬。這時候，僕人不但不思念主人是施主，反而認為自己有權力支配主人的錢財，自己是施主，這種愚癡的奴僕無疑要遭到他人嘲笑，甚至要受到主人呵斥。同樣，國王得到的只是自己為公眾服務的傭資，如同傭人得到了所得的薪資，如果不思念主人是施者，反而認為自己有權力而生起驕傲，同樣也是要受到嘲笑呵斥的行為。月稱菩薩說：「若施行持後，國王起驕慢，則彼平常人，也應起驕慢。」國王若為自己給眷屬布施財物而起驕慢，則那些平民百姓，也應為自己給國王交納賦稅而驕慢，因為二者同樣是在給予別人所應給的財產。所以，有智者不應以自己有施收財物的權力而生驕傲。

壬三、不應以受用諸欲境而生驕傲：

問曰：國王有權力受用常人無法得到的五欲境，所以應當驕傲。

餘視為苦處，汝起顛倒念，
以他事存活，汝由何生喜。

其餘人視為苦惱之處，而你生起安樂的顛倒念引以為驕傲，依靠給他人做事而存活，你有什麼理由生歡喜呢？

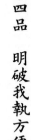

在智者們看來，諸五欲境如同毒食、毒蛇及火坑一般，都是痛苦之境，是必須避開的險惡之處，可是不知因果取捨的國王，反而生起顛倒妄念，執著這些苦境為安樂境，如耽愛美酒、婦人、歌舞等。這些受用在世間智者看來，唯是衰損福報、消磨才志的惡因；而在明了因果規律的智者看來，受用這些欲境其實都是製造苦因，為自己的後世在製造火坑般的惡趣。而且，從一般道理上觀察，國王的安樂富饒也不足以為驕，因為國王必須依靠為他人做事才可取得資財受用，自己必須依靠做公僕才可存活，此中其實有說不出的苦惱辛酸，因此你有什麼理由歡喜驕傲呢？國王即使能依非法手段巧取豪奪，取得大量資財受用，而這些都是民眾的血汗，國王如果肆無忌憚地掠奪揮霍，後世惡趣的痛苦報應，是無一能免的；而且在現世，這樣的國王，也經常會遭到譴責、打擊等，他會時刻為此而苦惱。

譬如說，盜賊在受懲罰時，別人會差遣他做一些常人不願意幹的苦工，如果他做得不錯，別人也會生起歡喜，給他較好的衣食。同樣，國王也是受眾人差遣，做他人不願意從事的重活，由此得到眾人的六分之一雇資，處在這種受人差使的地位，有智者絕不應生起驕傲。

壬四、不應由是世間的保護者而生驕傲：

問曰：國王是一個國家的守護者，其臣民都要依靠他，因此應當驕傲。

王是護世者，亦為世所護，
由一而生驕，餘何不離驕。

國王是保護世間者，亦為世間人所保護；如果以保護世間這一種理由而驕傲，那麼以另外為眾人所保護的理由，為何不遠離驕傲呢？

作為一個國家，需要一個政治軍事等方面的代表人物，需要一個國王的象徵來凝聚國民的精神，這樣的國王可以說是守護世間者，是臣民的依靠處。但是，國王如果因此而生起邪分別念，認為自己是所有臣民的保護者，自己具足如是大威權、能力等，以此而高自標樹，這實際上是一種顛倒的我慢妄執。從一方面看，國王是公眾的保護者，而從另一方面說，國王必須依靠臣民護持才可生存。如果臣民對國王不擁護，國王的一切權威、能力即失去了存在基礎，在歷史上類似事件屢有發生。因此，國王既然會以自己是世間保護者的原因而生驕傲，那麼以眾多臣民是自己的保護者之因，也應遠離驕傲。國王只是一個能保護者，而諸臣民是眾多的能保護者，由此理應對公眾生起謙虛恭敬之心，若反而生驕，這無疑是顛倒妄執。

譬如說，以前有一對夫婦，丈夫每天起早摸黑地在外面做工，妻子每天在家中照料小孩與家務。開始那位丈夫覺得自己很有功勞，他對妻子說：「我在外面為了你做工非常辛苦，而你在家安閒度日，所以你應好好恭敬我。」他的妻子說：「我其實也一樣對家庭有功勞，每天也要做很多家務，不信我們明天換一下，你在家做家務，我去外面做工。」第二天夫婦倆交換了工作，那位丈夫在家看小孩、做飯、掃地、洗衣服……一件又一件的家務活讓他暈頭轉向，也使他明白了妻子平日對家庭的功勞。於是他慢心全然消失，依然兢兢業業地去外面做工，與妻子相依為命地過日子。同樣，國王與臣民也是相互依存，雙方都處於平等地位，同樣是對方的保護者，國王認為自己功勞大而驕傲，其實與那位丈夫一樣，只是因自己沒有了知對方的功勞，才生起了這種不合理的顛倒分別念。另有譬喻說，以前有一片森林，森林裡住著一隻獅子，由於有獅子，人們都不敢去砍樹破壞森林。因此獅子覺得自己是森林的保護者，有大功勞，牠驕傲地對森林說：「我是林中之王，是你們的保護者！」森林中的眾樹也回答說：「大王，你確實是我們的保護者，可是大王你也應該知道，我們其實也是你的保護者，沒有我們，你去哪兒找食物？你去哪兒居住？有誰為你遮障風雨烈日？」同樣，國王與臣民也是互相保護而生活，就像獅子與森林一樣，國王理應明白這種相互依存的關係，從而斷除驕慢自大之心。若不了知這種真相，即失去了對治驕慢的有力方便，使自己陷入愚昧迷亂之中，如同月稱菩薩所言：「愚人離對治，反執為我慢，如是之我慢，無法能摧毀。」而陷入如是迷亂執著之中者，其結局定會非常痛苦。

壬五、不應由保護眾生為有福德者而生驕傲：

問曰：國王是眾人生命財產的保護者，而保護眾生的福德非常大，所以應當驕傲。

種中喜自業，存活者難得，
若汝獲不善，汝難得善趣。

諸種姓中每一種姓的人總是喜愛自己的業務而辛勤勞作，然而順利地存活仍然難得，如果像你這樣掠奪眾財，則必然獲得不善業，以此你很難得到生善趣的果報。

此頌有兩種不同解釋。在月稱菩薩、甲操傑大師所作注疏中，「種中」釋為諸種姓中，如婆羅門種姓、吠舍種姓、首陀羅種姓等。由於五濁興盛，眾生福德日淺，生計日益艱難，這些種姓的人們，即使很喜歡專注於各自的業務，辛勤地種地、經營商業、做手工等，然而想順利存活下來，仍然很困難。平民百姓中，大多數沒有可靠的生活保障，都在艱難歲月中如履薄冰一般維持著生計。可是國王卻不一樣，他以世間保護者的身分採取強制措施，奪走公眾辛辛苦苦取得的活命資財，如果以這種掠奪的方式獲取眾財，那無疑是不善業。國王所謂的護世，其實是一種幌子，其真實目的在奪取眾人的資財，因而他所謂的護世福德，也就並不存在，掠奪眾人的不善業卻是實實在在，以此惡業，他怎麼能獲得轉生善趣的機會呢？既然如是，國王也就毫無可生驕傲之處。

俄巴活佛解釋此頌時，將「種中」釋為「國王種姓中」。在末法濁世，國王種姓之中喜歡自己造善業，依正當手段存活的人，非常難得，大多數國王，都會依靠非法惡業行持國政。因此當國王，這並非福報，依此位置反而極易造惡業，如果獲得不善業，你將難以得到生善趣的機會，從而失去長久的安樂，所以，不應認為國王是有福者而生驕傲。這種解釋簡明扼要，而且與頌文字句對照，很容易理解。但不論如何解釋，其中心意義，皆在說明國王並非有福者，不應以此而自傲。

譬如說，患麻瘋病者，本來應服用各種清毒消炎的藥物，但有患者不但不喜歡吃藥，反而樂於喝牛奶吃魚肉等；享用這些惡化病情的飲食，結果定然會使病情越來越嚴重，使他陷入更為劇烈的痛苦之中。同樣，得到國王地位者，如同患上麻瘋病的人一樣，他如果不樂於造善業，而以惡法行持國政，也就如同麻瘋病人不肯服藥，卻樂於飲乳食魚一般，其結果會墮入更深的惡趣痛苦之中。月稱菩薩說：「設若諸國王，收取六分薪，則增非福德，以此不得樂。」諸人當細察，自己在生活中可能多處存在著這樣的非福德行，因而應當徹斷我慢煩惱，捨棄不勞而獲的惡業。

辛二、不應由王位而生驕傲：

問曰：王位是世間令人羨慕的高位，作為國王有至高的權力地位，所以應該驕傲。

若由他使作，世說彼為愚，
如汝隨他轉，更無有餘者。

如果聽由他人的指使而作，世間會說那是愚癡者；像國王你一樣的人即是隨他而轉者，而更沒有其餘的作用。

國王只是一種集體權力的象徵，所作所為完全要取決於公眾的意願，因此以為國王有至高權力地位而生驕傲，是不應理的。在世間，如果某人聽由他人擺布而做事，像傀儡一樣，自己一點決定的權力也沒有，這種人肯定會被嘲笑為愚者，而作為國王，其實就是這種隨他而轉的愚人，他除了聽隨他人做事外，更無有其餘作為。從國政上觀察，國王制訂每一項法令，發動每一件事業，都是由大臣謀士們依公眾需要而商議決定，並無他個人決定的權力；從國王的日常生活看，他一舉一動都要受人保護，都要顧忌公眾的非議而循規蹈矩，不敢隨自己意願而自由行動。所以，國王所謂的權力即是聽隨他人而做事，於發號施令、行住坐臥之中，他沒有權力自主，只是依他人意願而作。處於這種境遇之中者，如同世間的愚人般，還有什麼可以驕傲之處呢？

譬如說，表演馬戲的狗和猴子，牠們的舉動都要聽從主人安排，主人叫牠跑，牠就得跑，叫牠鑽火圈，牠就得鑽火圈，自己一點自主權也沒有，這哪有可炫耀的地方呢？同樣，國王的一切行動也必須聽隨他人安排，自己只不過是體現集體意願的傀儡，像猴子與狗一樣，一切行動無有自由可言，對這種地位，實不應生起驕傲。月稱菩薩說：「一切作不作，皆由他使作，故王隨他轉，乃為愚癡者。」若觀察世間每個凡夫人的處境，其實與國王也無多大區別，任何一個凡夫皆有他的重重牽制，為了親人，為了周圍的人等，一切作為皆是隨他而轉的，根本不會有毫無顧忌牽掛的自主行為。因而智者當了知，處在世間凡夫位中，實毫無自在安樂可得，自己理應斷除我慢，追求真正的自在解脫。

辛三、（應明辨法及非法）分五：一、國王做損害他人的事即是非法；二、破國王做損害他人的事是法；三、明仙人所說非完全是定量；四、損害仇人是非法；五、臨陣死亡非樂趣因。

壬一、（國王做損害他人的事即是非法）分三：一、依仗王是護世者而收取資財等是非法；二、國王治罰罪人不應是法；三、破國王治罰暴惡者是非罪行。

癸一、依仗王是護世者而收取資財等是非法：

問曰：世人需要國王保護，而國王以護世者的身分收取賦稅等，是合理合法的自主行為，所以應當驕傲。

要由我保護，取世間工資，

若自作罪惡，無悲誰同彼。

以世人需要由我來保護，而榨取世間眾人的人力與資財，像這種自己造作罪惡的國王，還有誰與他一樣無有悲心呢？

國王以保護世人為藉口，奪取眾人的活命資財，這是非法惡業，而不應引以為驕傲。國王往往說「世間人要由我保護，所以我要如何如何做」，實際上他的發心並非是為保護世人而做事。作為凡夫人，自私自利的貪心很難斷除，國王在行持國政時，其作為往往要侵害世人的利益，這方面最明顯的是榨取眾人的資財、收取賄賂，大量掠奪眾人賴以活命的土地糧食金錢等。在保護國家的藉口下，國王還會做出許多罪業，比如像歷史上那些惡王一樣，耗費大量人力、財力為自己修宮殿、墳墓；有些還以種種手段，毀壞人們的精神財富，摧毀人們的精神信仰等。像這樣毫無悲愍地掠奪人們賴以活命的各種資財，奪走無數生命的國王，誰也無法否認其罪業；而且在世間，一般人也無法有那樣大的造罪能力，也不會像他那樣無有悲心，作為這樣的國王，又有什麼可驕傲的呢？

譬如說，以前有一個屠夫，在砸骨頭時，一粒碎骨渣彈進了他的眼睛，屠夫覺得特別痛，便去找醫生。那個醫生非常狡猾，為了騙取更多的錢財，他只是漸次給一些止痛藥，而不把碎骨取出來，還假裝慈悲地說這需要長時醫療，讓屠夫不斷來買藥。後來有一天那位醫生出去了，他的兒子將屠夫眼睛裡的碎骨渣取了出來，才將眼病全部治癒。同樣，國王如同那位惡醫一樣，惡醫假裝慈悲給人治病，其目的在於榨取錢財，而國王藉口要保護眾人，其目的也是同樣，他其實是在殘害人們。月稱菩薩評論說：「貪執取工資，粗行害他人，此世更無有，無悲粗暴者。」故諸有智者，當知權位的罪惡而應常依正念摧毀我慢妄執。

癸二、國王治罰罪人不應是法：

問曰：國王行持國政時，雖然要做一些嚴厲懲罰罪人的事，但這是為保護世人利益而做的正當行為，所以嚴懲惡人是合法合理的，非是國王沒有悲心。

若作罪眾生，非是所悲愍，
則愚夫異生，皆非所庇護。

如果造作罪行的眾生，不是所應悲愍的對象，則所有愚夫異生都不應是所庇護的對象。

作為國王，以嚴厲手段治罰罪犯，此非是合法的行為，而是無有悲愍的非法行。所謂罪人，只不過是為業力所束縛，在煩惱催動下無法自主而造罪的愚人，雖然他們會造一些偷盜、殺人之類惡業，然而並不能因此而以殘暴的刑罰去對付他們。作為國王，如果覺得罪犯不應悲愍，那麼對一切愚夫異生，都不應保護。因為一切愚夫異生，也同樣是為煩惱所催而在不停地造罪，只不過他們造的罪暫時要輕一點，對他人的傷害暫時見不到其嚴重性；而且相較之下，那些罪犯惡人的煩惱痛苦比其他異生更為深重，處於更為低劣、更需要幫助保護的悲慘境遇中。如果對最需要照顧的人不生悲愍，那麼對其他境遇好一些的異生，又怎麼會悲愍保護呢？仁達瓦大師說：如果犯罪的人不應悲愍保護，那麼不犯罪的人根本不用保護。意為不犯罪的人，本來就比罪犯的處境優越，如果對那些正在犯罪而急速墮落的人不以大悲庇護，那麼對那些並不如是苦惱的凡夫，也就更不會作為自己的庇護對象了。

在此，應分析此處所言的應悲愍保護罪犯，與諸大德在世規教言中所說的應懲罰罪犯，二者並無相違。本論中所言，是針對當時的國王，常以砍首、砍斷手足、挖眼割鼻等酷刑處治犯人的行為，這些粗暴的刑罰顯然是不應理，也不符合佛法。作為明智的國王，悲心應無偏地顧及所有的子民，特別是對罪犯，應以慈悲心對待，以善巧方便挽救他們墮落的悲慘境遇，比如暫時關進監獄、捆綁、鞭打，然後用方便言詞開導使其心意轉變，不再造惡業。而其他大德如全知麥彭仁波切在《君規教言論》中說：「於彼屢教不改者，若不施予相應刑，野蠻人增毀國故，當依初訂而執行。」此中所說的應依法處治罪犯，也即以大悲心保護人們及罪犯的一種方便。因為若不依法處治犯罪者，以示警戒，無知的惡人就會越來越猖狂，犯罪的人也越來越多，最後導致整個國家混亂，人們陷於痛苦之中。但是在處罰犯人時，絕不能毫無悲愍地動用酷刑，以惡毒的方式將他們統統處死，這種方式不是明君的行為。

譬如說，在某城市裡，有一群非常厲害的盜賊，但是他們的身分姓名都沒有暴露，市民們誰也不認識他們，因此表面上他們也是普通的市民，而實際上其危害非常大。同樣，若對罪犯毫無悲愍地處罰，表面上看這種行為很如法，而實際上會斷送佛法慧命的大慈大悲心。另有譬喻說，身體財產常常為人們帶來痛苦，佛經中經常將二者說為痛苦源，但是國王會以悲愍心對待自己的身體及財產，並不計較它們拖累，而且會以種種方便妥善地保護它們。同樣，子民中的罪犯，雖然暫時會帶來一些損害，然而也應加以慈愍保護，而不應以暫時的危害即捨棄他們。

癸三、破國王治罰暴惡者是非罪行：

問曰：為了保護眾生而懲罰罪人，國王應當無罪，因為這樣做符合許多教派的教義和世俗中的法規。

自生歡喜因，隨處皆非無，
由教等為因，不能滅非福。

自己將非法妄執為生歡喜的因，這種情況隨處都是有的，行持非法時由這些邪教等作為根據，不能滅盡非福而成為福德。

國王如果毫無悲愍地治罰罪犯，本身即是惡行，並不會以此符合一些教派的教義及一些世俗法規的規定，就能滅去這種行為的罪惡。在世間，將非法惡業顛倒執為福德善法，以便讓自己生起歡喜，這種邪說到處都有。比如說有些地區的人們認為，殺死年老的父母有功德；有些人說，殺螞蟻能得梵天果報；有些人說，殺蚯蚓能得到龍王的果報等等。由此，許多愚昧無知者造作這些惡業，並以此而生起歡喜。在古印度，人們非常注重祖業的傳續，有些人因祖輩是屠夫，自己也對殺豬宰羊生起歡喜，當時的婆羅門教典中也說：「一切旁生皆是上天為了我們吃肉而提供，雖然宰殺也無有罪過。」同樣，認為國王殘暴處死暴惡者無有罪過的邪說及法規等，也唯是為了讓國王生歡喜的邪教。造作惡業時，以此類邪教為依據，如此不可能滅去惡業的不善果報而成為福德。一切智智本師釋迦佛曾說過：國王懲罰罪犯不能以非法手段。月稱菩薩也以推理方式說：壞戒者無有功德，殺害眾生故，如屠夫殺害旁生。從瑜伽士的現量觀察上分析，殺生罪業無疑是不可否認的。所以，國王如果以邪教為因，而行非法惡業，只是掩耳盜鈴般的愚癡行為，不可能不受罪業的惡果。

譬如說，有一個人剛進完餐還沒有消化的時候，他覺得還想吃，便問旁人：「我現在可不可以再吃？」旁人趕緊回答：「可以，可以。」「那我可以喝湯嗎？」「可以，可以。」於是那個人又吃又喝，結果把胃撐壞了，不得不找醫生診斷治療。醫生知道原因後，問他：「你明明還沒消化完，為什麼又吃那麼多呢？」他回答說：「我問了別人，別人告訴我可以吃，還可以喝。」然後醫生又問那個旁人：「你為什麼這麼說呢？」「醫生，我是為了讓他高興，其實是他自己想吃……」同樣，世間論典中那些邪說，並非是隨順因果道理而說，只是為了讓愚人生起歡喜，而隨順他們的貪嗔癡習氣說一些邪理，愚者不知取捨辨別而盲目聽從邪說，結果只會為自己帶來痛苦。月稱菩薩說：「以教害眾生，國王若無罪，則諸度輪迴，聖者何無罪？」國王以婆羅門等邪教為依據，做殘害眾生的行為，如果這些墮落輪迴的行為無罪而唯是福德，那麼聖者所說與之相反的度脫輪迴行為，豈不是成了罪惡，而這是任何人也無法成立的。所以，有智者當細心鑒別真偽正邪，否則為世俗中那些似是而非的理論所迷，以為權貴者能隨意懲治暴惡而無罪，並因此以權位生起我慢，其結果定會使自己懊悔莫及。

壬二、（破國王做損害他人的事是法）分三：一、破由保護世間是法；二、世人依順之國王為非法之喻；三、非愚不得王位故國王不會住於法。

癸一、破由保護世間是法：

問曰：保護世間即是能得增上生的善法，所以國王以保護世間為目的所作的治罰暴惡等行為，應承認為法。

若謂正防護，國王便為法，
煩惱諸匠人，何緣不成法。

如果說能真正防護世間，國王的作為便是法，那麼有煩惱的各種工匠以保護自他的原因，為什麼不成為善法呢？

國王的非法作為，不能以保護世間的原因成為善法。保護世間的事，並非只是國王一人，還有許多人在做，像那些苦惱的賤種工匠，如打造兵器、製造甲胄、修建城壍的匠人，他們的作為也都是在為防護國家。雖然他們的身分低賤，然而其日常作為，也是為保護自己、家人、國家的利益而作，而且他們修建的城堡、打造的兵器等，這些是保護國家必需的助緣。如果承認國王保護世間的作為是善法，那麼同樣道理，這些工匠也在為保護世間而工作，也應承認其作為是合法的，而沒有任何理由說他們所作的為非法行。可是世間共許他們的作為是非法惡業，比如打造刀劍的鐵匠，他們打造兵器越多，造的惡業也越多，沒有人會承認他們這些作為是善法，從因果規律上觀察，也必須承認這些作為是非法惡業。所以，如果承認國王以保護世間的角度出發，而作種種如懲治罪犯、榨取賦稅等行為是善法，那麼世間就沒有非法，一切人的作為都應成善法。

譬如說，以前克什米爾地方的人們，為了防止外敵入侵，環繞城市挖了一條很深的壕溝，但是這條壕溝並沒有起到真正的保護作用，而城市中的人卻經常跌落進去，對本地居民造成了危害。同樣，國王和那些匠人，為了保護世間而做事情，其結果不但沒有起到作用，反而將自己推進了惡趣深淵。月稱菩薩說：「設若國王者，護世則成法，則諸做事者，匠人也成法。」諸學人當詳細思維，明察世人在日常中的類似顛倒，而徹斷以權位引起的我慢煩惱。

癸二、世人依順之國王為非法之喻：

問曰：具足福報智慧的國王，能妥善地保護其子民，因而廣受世人的愛戴擁護，對這樣的國王不應呵毀。

世間依國王，國王尤可訶，

喻善訶有愛，普為世間母。

世間人們所依順的國王，這樣的國王更應該呵責，比喻像那些聖者善士，也呵責能生三有的愛，此無明愛著遍為世間之母故。

有許多世間人，要依順國王而謀生計，國王有時也會為他們提供一些方便，令他們免除各種危難，對此也不用否認。但是，國王會依此而做許多驕慢放逸的非法行為，他對子民們所謂的慈善保護，也是以傲慢自私之發心，為了個人的地位、財產、名譽、眷屬等受用而做；而且他會以種種方便，令臣民更加依賴信任他。表面上看這些國王的作為如理如法，而實際上其發心唯是我慢煩惱，所作所為皆是為了自己的利益，因而對這樣狡猾的國王，更應該呵責他的非法行。這就像那些無倒現見三有世間真相的聖者，對世間凡夫所依順的無明愛著習氣，一定會加以呵責一樣。三有世間，皆是由愛（十二緣起中的愛支）所生，愛欲實際上是三界眾生之母，是眾生墮入輪迴苦海的根本煩惱，雖然眾生都在依順它對諸境生起愛著，而實際上它有著巨大過患，是應該呵責捨棄的法。同樣，世間人雖然對一些國王非常依順，覺得他非常慈愍，而實際上他對眾人也有著巨大的危害，尤其應當呵責。

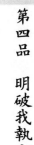

譬如說，有一個商人，向一非常偏僻的地方供應商品。商人對那些顧客說：你們想買東西很困難，所以我要幫助你們。當地人對他非常感激，買生活用品都依賴於他，然而商人供給的商品，價錢十分高，他從當地人身上榨取了許多錢財。同樣，世間的國王也是如此，雖然在表面上為一些人提供了保護，另一方面，他卻在侵害人們的利益。月稱菩薩說：「具德之國王，雖利世間眾，然以其過患，智者應呵責。」因此，有智者對這些國王，也應該呵責，而作為具德的國王也不應以國王之位生起驕傲。

癸三、非愚不得王位故國王不會住於法：

問曰：國王能以悲愍心而保護世間，所以國王所行的是法。

非愚不得王，愚人無悲愍，
國王雖護者，無悲不住法。

不是愚癡者則不會得王位，而愚人不會有悲愍心，所以國王雖然是世間保護者，卻因無悲愍而不會住於善法中。

一般國王護持世間的行為，一定不會是善法，其原因是世間除了愚者外，智者不會願意當國王，得到王位的既然是愚者，那他絕不會以悲心保護世人，所以他的所作所為定然為無有悲愍的非法行。無論從道理上推測，抑或從歷史事實觀察，世間的國王，除了一些佛菩薩的化身之外，其餘想當國王者，必然是貪心、嗔心、癡心非常厲害的人，他們不知因果取捨，不知權位的危險，為了滿足權位欲望等，而不擇一切手段，這種人是目光短淺的愚者。為愚癡覆心，他們不會護持清淨律儀，也不會按世間正士的規範去做事，粗重的煩惱會將自相續中的悲心全部障蔽。在這種毫無悲愍心的狀態下，他無論表面上作何種保護世間的事業，其實都是在為了滿足私欲，根本不會住於善法之軌，而只有不斷地行持惡法，為人們帶來痛苦損害。

譬如說，以前有一個國王，向某富人勒索高額賦稅，那個富人不願交，而國王的一個親友利用種種手段威脅恐嚇，使那個富人如數上交了錢財。國王得到了錢，便高興地將那位親友封為大臣，這位殘暴的大臣上任後，為了讓國王生歡喜心，以暴力壓榨百姓，數十萬人都被他殘忍地燒死了。歷史上這樣的國王和大臣層出不窮，從中可明顯地了知，如果國王以愚昧貪心行持國政，其手段與所用的大臣必然全無悲愍仁慈。月稱菩薩說：「大悲尊者說，法極即無害，是故諸國王，無悲無善法。」除大悲尊釋迦佛等聖者化身的國王外，其餘的國王不會有悲心，也不會按佛法行持國政，彼等唯依權勢造作惡業，故有智者理應斷除由王位引發的貪執與傲慢。

壬三、（明仙人所說非完全是定量）分二：一、仙人所說非完全是定量的理由；二、以典章作標準不一定會使世間安樂。

癸一、仙人所說非完全是定量的理由：

問曰：諸仙人所作的論典中說，按刹帝利種族的法律行事，雖然損害他人，也無有罪過，因此不應呵責國王為非法。

諸仙一切行，智者不全為，
以彼諸仙中，有劣中勝故。

諸仙人論典中所說一切行為，智者不會全部照做，因為彼等仙人中，有劣、中、勝差別的緣故。

依仙人所造的論典，而說國王損害他人沒有罪過，這也不能成立，以諸仙人論典中所說內容，不一定全部都是符合正理的定量。有一些外道仙人，說國王殺人沒有罪過，有些說殺生祭天有功德，有些說邪淫亂倫沒有過失等等，類似邪說在各地都有。而世間那些具有智慧、能明辨是非好壞、能如正理取捨的人，絕不會隨著諸仙人所作論典中的全部內容照作不誤。因為智者會以智慧如理地作辨析，了知諸仙人中，有劣、中、勝的差別，以此其論典也就相應地有劣、中、勝的分類。在古印度，諸仙人中有多種教派，主張也各不相同。比較符合世俗正理的勝等仙人，他們也承認輪迴與因果，主張以修持世俗善法與共同禪定以求生天的福德果報；中等仙人作一些無記或於世人無利無害的論章；劣等仙人中，有的不承認一切因果，有的顛倒因果等。比如說古印度有一個拉措古外道，他說殺狗者，即生中無有過失，來世也不會有罪報；還有一個量達日外道，聽從其母親的教唆，認為殺害眾生有功德，他一生中將本地城市中的剎帝利種姓屠殺清洗了二十一次；還有外道說，一切都無因無果，對母親、女兒行邪淫也沒有過失等。因此，有智者絕不會將一切仙人所說的都認為是定量，而愚昧地隨順邪說造罪業。月稱菩薩說：「何人為自利，分別所造論，明理具智者，不應視定量。」諸世俗論典中，有許多是一些人為得到某種暫時利益，以分別妄念造作。能明了正理的智者，應對世間仙人所說的剎帝利損惱他人無罪善加辨別，了知此說是不符合因果規律的邪說，而斷除由國王權位引發的貪執傲慢。

癸二、以典章作標準不一定會使世間安樂：

問曰：古代國王以君規典章治理國家，有效地保護了世間人，所以仙人的典章應該隨順。

往昔諸善王，護世如愛子，

諸依諍世法，今如鹿曠野。

往昔諸賢善的君主，護持世人如同愛護子女一樣；後來諸國王依據諍世的法規治理天下，使現今世間變得人煙稀少如同野鹿出沒的曠野。

古時明君依正法治國，能使人們安樂增上，但是現在諸國王隨順現今的法規典章治理國家，不可能使世人得到安樂。在古時候，世人心地善良純樸，具足福德，因而那時候有賢善的聖王君主出世，他們以大慈大悲心引導世人行持五戒十善等正法，將一切民眾視如自己的愛子一樣保護，甚至為了臣民願意捨棄自己的生命。如古代的蓮花王為了解除疾疫，自捨生命依願力變成大魚，讓人們割食自己的肉，以此消除了所有的疫情。這樣具無量悲愍心的明君，依善法治理天下，像古人所說那樣，「老吾老以及人之老，幼吾幼以及人之幼」，那當然會使人們增上安樂，而不會使任何人受到損害。但現在是充滿爭論的濁世，國王們依靠濁世中的法規典章治理國家，只會毀壞世間，使天下生靈塗炭，十室九空。因為濁世的法規典章，是無有悲心的非法邪說，是不合世俗因果正理的惡法，依此治理世人，會使世間越來越墮落，使世人身心都遭到摧殘。在苛政壓榨下，人口越來越少，昔日那些熙來攘往的繁華世間，如今都變成了野獸出沒的曠野，這便是依諍世法治國的效果！或可理解「鹿曠野」為善法善士稀少的意思，因為有的國家人口雖然不少，然而在無有悲心的國王依諍世法規統治之下，傳統的精神文明寶城被摧毀，精神思想領域變成了荒漠曠野，人們陷入了毫無寄託的空虛絕望之中，唯以追逐五欲享受為樂，由此給個人與世間都造成了極大的損害。由此可見這些世俗典章法規的邪惡，如果說這些典章為合法，除了愚人外，其他人絕不會相信。

譬如說，一些野蠻粗暴的強盜，找到一塊甘蔗地，本來甘蔗必須善加澆灌培育，待成熟後才有糖可取，但是他們不依這些正當辦法，反而愚昧地將尚未成熟的甘蔗全部砍斷，榨取糖汁，結果只有一無所獲。同樣，世間必須依循正法善加護持，才能使人們相續中的福德善根漸漸成熟，生長出安樂幸福，如果國王不依正法，而依愚昧粗暴的諍世非法，只會損害這些安樂的善根苗芽，自己也得不到任何收穫，此等行為唯是惡行，絕不應許為善法。月稱菩薩說：「自他境無害，諸眾能得樂，如是諸論典，智者應恭敬。」對世俗典章，智者誠應依此準則作鑒別，而斷盡顛倒邪說的迷惑。

壬四、損害仇人是非法：

問曰：國王如果有機會，損惱那些為害自己及世間的仇人，按世俗典章所說，這並不是非法。

若得便為害，國王無罪者，
盜賊便害他，最初亦非有。

如果得到便利機會為害強盜等仇人，而國王無有罪過，那麼盜賊趁機損害他人，他最初亦應當無有罪過。

國王在統治一個國家時，無疑要遇到一些令他感到棘手甚至讓他受到損害的人，比如一些凶悍的強人，具有大勢力的豪強等，在平時國王也無法處罰他們。但是如果抓住了他們犯罪的把柄，國王便有機會處罰，甚至可以將仇人全部殘害至死。而按婆羅門仙人的教典所言，這種行為是為了治理國家，保護社會穩定，是合法的行為，所以沒有罪過。這種說法不能成立，國王在處罰此等仇人時，是以嗔恨心出發，借機會報復而已，這種行為若無罪過，那麼最初強盜損害他人時，也應無有罪過。強盜最初傷害他人時，也是以貪自嗔他之心借機會而行事，最後為國王所捕獲而受懲罰時，國王也是在借機會損害他們，如果國王無罪，那也不能成立強盜有罪過。二者同樣在以惡心借機會傷害別人，按理不應一者有罪，一者無罪。強盜在即生要受罪業報應，為國王所處罰；而國王以嗔心損惱強盜，也一定會受懲罰，即使現世無人對他損惱，後世中陰也難逃惡果報應。

譬如說，以前有一個國王，臨死時授權於大臣，讓他輔助年幼的弟弟（有說為王子）治理國家。國王死後，大臣將新國王殺害，自己篡奪了王位，結果使他聲名狼藉，即世中遭受了種種不悅意違緣，而來世更會有不樂的惡果。同樣，作為國王雖然能有機會損害別人，別人也無力反抗，但是這種行為於即生後世都會帶來惡果。月稱菩薩說：「如作黑業者，不會生白果，如諸腐種子，不生站巴果。」不管何等地位的人，作了黑業，絕不會不成罪過而有善果報，就像腐爛的種子，絕不會生長出站巴（一種樹名）果一樣。因此，諸人當明了無欺的因果，不為世俗邪說所迷，縱然擁有高位大權，也應知自己難逃因果束縛，故應斷除我慢，而循善法規則行事。

壬五、臨陣死亡非樂趣因：

問曰：國王差遣戰士進行戰爭，如果戰士打敗敵人，能得財產功勛；如果為國王而戰死沙場，也能得到增上生的善果。

若於酒等事，捨財非供養，
陣中捨自身，豈認為供養。

如果為了飲酒等事情而捨財產，這並非是供養，同樣於戰陣中捨自身命，難道能認為是供養善行嗎？

許多世間的愚者，盲目聽從一些邪說，認為自己在戰場上浴血奮戰，能讓國王高興，即使戰死也能生天，此類顛倒念極不應理。比如世間有些酒徒貪圖飲酒，賭徒嗜好賭博，好色者貪愛美色，他們為了各自目的而毫不吝惜地捨去錢財。在智者看來，此等捨財行為都是以貪心癡心而起的惡行，不但不是福德善因，反而是招感惡果的罪業。同樣，世人因愚癡無知，在種種邪說教唆下參加戰爭，在戰陣中，有的為了獲得功勛、財產，有的為了獲得名譽，以貪心、嗔心、癡心而戰鬥，在此類心態中戰死沙場，捨棄生命，那麼這種行為豈能認為是善趣因的福德善法。在智者眼中，這些行為唯是惡業，是墮落惡趣的罪行，而絕非如外道所言那樣，為國王而貢獻生命是生天趣的因。龍樹菩薩說過：「貪嗔癡及彼，所生業不善。」貪嗔癡及由貪嗔癡所生的業都是不善業，因此以貪嗔癡發心而戰死沙場的不善業怎會是善士喜歡的供養，怎會是增上生的善法因呢？

譬如說，有位牧人娶了一個妻子，有一次牧人出遠門，他的妻子與公公不和，出現了一些矛盾。牧人回來後得知了內情，便責備妻子，告訴她：以後對公爹一定要孝順，很難得到的物品也要供給他，很難做到的事也要為他做，否則我就將你趕走。後來，牧人外出到遠方，他的妻子記住了丈夫的話，對公爹非常恭敬，白天為他供給上好的衣食，到了晚上為他洗腳擦身，睡覺時也到公爹床上脫下衣服大獻殷勤，要將身體供養給他，那位公爹見此非常氣憤地說：「你叫我幹什麼？」隨即遠離了家鄉。不久，牧人回來了，見自己的父親不在家，便追問妻子，那位女人原原本本將經過告訴了丈夫，於是牧人十分悲惱，將愚笨的妻子從家中趕走，又找到父親接回家中。同樣，愚笨的人在戰場以身體作供養，其結果得不到任何功德，智者善士也不會喜歡這種非法供養。月稱菩薩說：「戰陣中死亡，若定轉天趣，則諸盜賊死，亦何不生天？」於戰陣中為財利、功勛而戰死，若能生天趣，則諸為財利而死的盜賊，亦應生天，然而這是世間有智者誰也不會承認的事，由此也就可以徹底推翻為國王臨陣死亡是樂趣因的邪論，並因此而應明了國王非是應供處，不應以邪說而認為王位是可貪執之境。

辛四、對國王應生厭離：

問曰：國王是世間一切人的依怙，所以對國王應生歡喜。

國王護世間，汝全無依怙，
怙者自無助，誰能生歡喜。

國王你雖然在保護世間，但是你自己卻無有真正的依怙力量，這種對自己毫無幫助的依怙者，誰能對其生起歡喜心呢？

如果國王是世間人真實可依靠的依怙者，那麼他應該以智慧教導人們遠離一切痛苦及苦因的非理不善行為，行持五戒十善，使人們安居樂業，享受幸福安寧的生活。可是現在的國王，其智慧福德根本不足以做世人的依怙，他只會以愚癡惡心治理國家，使人們流離失所，過著悲慘的生活。因而國王即生中依靠王位只有積累罪業，王位實際上是他墮落惡趣的苦因，依之全然得不到後世中陰可依怙的善業福德。而且現在的國王大都傲慢愚癡，因此得不到智者的保護，除了極少數信奉佛法的國王能得到一些高僧大德的引導幫助外，其餘那些驕傲的國王前，沒有人願意忠言教誡他。而作為凡夫異生，無有可依怙的智者教導，其行為會越來越不如法，陷入惡業之中，至死亦不能自知。《教王經》中說過：「國王趨入死亡時，受用親友不隨身，士夫無論至何處，業如身影緊隨後。」國王在死亡時，王位的一切權勢受用眷屬對自己毫無幫助，而只有生前所作的惡業，如影隨形般跟著他。因此，在智者看來，國王的權位於他人無有真正可作依怙的利益，而對自己今世後世也無有任何幫助，對這種所謂的世間依怙名位，有智慧者誰會生歡喜呢？

譬如說，無有三學功德的上座僧人，受到新學比丘的禮敬供養，此時他不起慚愧，反而心生歡喜，那麼他無疑會耗盡自己的福德，也會為聖者所呵責。同樣，實無能力作世人依怙者的國王，其王位只會成為墮落惡趣的苦因，若他尚以王位而生歡喜心，無疑是顛倒的行為，也會受到智者正士呵責。

辛五、不應貪著王位的威名：

問曰：不能懲治他人，國王就沒有威勢名望，只有猛厲地治罰他人，國王死後才能得到大名稱，所以國王應嚴厲地治罰他人。

國王命終後，名稱無少德，
無德與屠狗，何無大名稱。

國王命終之後，其名稱無有少分能滅罪業的功德，既無功德，則不會有真實的大名稱，如果無德也能帶來大名稱，那麼屠夫在狗面前施威，他為何沒有大名稱呢？

國王在世時，如果他具足威勢，能以強力懲治不服從者，以此而暫時會得到一些威望名稱，但是這種名稱在他死後一點用處也沒有。比如說一個惡王，生前他以殘暴的手段殺害一切反對者，使全世界的人都聞其名而變色，這種威勢名聲也算夠大了，然而惡王死後，不管其名聲如何大，對其惡業無有任何減少作用，威望名稱實際無有絲毫功德，不能減輕他的任何痛苦果報。無有絲毫功德意義的威望，其實與那些殺狗的屠夫一樣，屠夫在所屠殺的狗等旁生前，其威勢也可算是到了極點，狗等旁生一見到就會嚇得簌簌發抖，而不管屠夫如何威風，他都不會有任何令人稱羨的名稱，這種威勢也只有罪業，而沒有功德。同樣，一個國王為了威望而殘害眾生，只是愚癡的作為，在他死後，這些作為不但無有功德，而且也不可能留下什麼大名稱，就像歷史上那些臭名昭彰的惡王一樣，死後只有一個為世人所鄙夷唾罵的臭名，與長久墮入惡趣的苦果。

譬如說，以前有一個富人的女兒死了，富人為她舉行極為隆重的葬禮，用了大量金銀財寶陪葬。當時有一名貧女看見後非常羨慕，她想：這位女人死後能夠得到如此隆重禮遇，也能得到許多財寶，我也應該死去，以求得到這些。於是她立即自殺。國王為了後世名望而懲罰很多人，其實與此愚昧的貧女自殺一樣，不可能得到任何所願的結果。因此，國王不應以自己有權利懲治他人而驕傲，這種權威不會有任何利益，月稱菩薩說：「如諸惡國王，因名起傲慢，則諸惡盜賊，為何不起慢？」諸以權勢而傲慢者應當思維，自己若因無有少分功德的權勢威名而傲慢，那麼諸凶悍的盜賊、屠夫等人，也可生起傲慢，而這無論如何也不應理，自己當認識我慢過失而徹底斷除驕傲。

庚二、（破由種姓而驕傲）分三：一、破由恃王子而生驕慢；二、破由王種姓而起驕慢；三、破由作保護眾生的事即當為王種。

辛一、破由恃王子而生驕慢：

問曰：具足剎帝利種姓的王子，當紹王位，因此王子應當驕傲。

若時大權勢，由自福德招，
是則不可說，此終無權勢。

若現時的大權勢，是由自己往昔所作福德業感召，如是則不能說，別人始終無有這種權勢。

得王位權勢並非因種姓家族而致，而是以自己在昔日所作的福業感召，因此每一個眾生都有同等機緣獲得王位，現在當得王位者並不是他個人所特有的不共福緣，不值得以此而驕慢。按無欺因果規律，每一個得王位權勢者，皆是因其昔日的福德善業成熟而致，本師釋迦牟尼佛說過：頂禮一次佛塔，將獲得自己身下所壓面積直至金剛大地以上所有微塵數量之轉輪王位，然其功德之邊尚不可盡。以前有一位窮人見到德護如來，生起歡喜心而以七粒豌豆供養，後來得到金輪王、四天王主尊等果報。而每一個有情在無數劫的輪迴中，無疑都做過一些善業，現在和未來也都會做一些善業，雖然這些善業成熟果報日期有先有後，但是無論如何，如《百業經》中所言：「眾生之諸業，百劫不毀滅，因緣聚合時，其果定成熟。」每一個有善業的眾生，都一定會有得到權勢果報的機緣。因此國王的權位並非希有難得，現在得王位者，只不過是自己的善業成熟而已，如果以此而目空一切，認為自己得到了別人得不到的福報，顯然是目光短淺的愚者。

譬如說，工巧明處是具足智慧者皆可學習的，每一個人都有精通擁有這些明處的機會。同樣，國王的權位，是每一個能造善業者都可得到的果位，每一個人都平等地擁有這種機會。因此現時得位者不應驕慢，暫時沒有得位者也不應嫉妒，月稱菩薩說：「此世諸王位，皆依自福德，故他升王位，不應生嫉妒。」

辛二、（破由王種姓而起驕慢）分二：一、非由無始以來就有各個種姓決定；二、既有四種種姓則不一定本體是王種姓。

壬一、非由無始以來就有各個種姓決定：

問曰：當國王是剎帝利種姓的特權，其他種姓皆無此殊榮，因此以剎帝利種姓的尊貴而生驕慢是應當的。

諸生活方便，世間說名種，

故一切有情，無種姓差別。

由各種生活方便的不同，世間才說有各種種姓，因此就一切有情的本體，並無種姓差別。

以剎帝利種姓而驕慢，唯是愚癡計執，實不應理，因為就眾生本體而言，或說從久遠歷史觀察，人們本無任何種姓差別。在劫初時，南贍部洲化生的人們具足福德，以禪悅為食，各個飛行變化自在，也沒有男女形象區別。其後開始貪食地上的食物，人們身體出現了排泄的孔穴，從而現出了男女相，又由無始串習引發，生起貪欲而導致了胎生的人類。後來，人們共有的香稻又出現了個人蓄積現象，分田後又出現偷盜的現象，於是人們選出了一些道德較好的人看守稻田，大家共稱這些看守稻田的人為刹帝利種姓。而那些不喜憒鬧、樂欲寂靜生活、以苦行調伏諸根的人，被稱為婆羅門種姓；聽從國王命令而為其做事的人稱為吠舍種姓；為上三種種姓服務，從事粗重低賤工作的人叫首陀羅種姓。各種姓是以各自從事的事業與生活方式而分，並非由本體上的差異而決定其種姓，刹帝利種姓與其他種姓者，並不決定有本體的賢劣貴賤差異，實不應以此而生驕慢。

譬如說，同一種質地的瓦罐，若盛糖即名糖罐，盛酒名酒罐，盛不淨糞尿即名糞尿罐，各瓦罐質地雖無異，卻因作用分工不同而有不同名稱。同樣，有情眾生本體無異，只是因事業與生活方式不同，而有四種姓之名。月稱菩薩說：「賢種和劣種，皆由業存活，各自業不同，稱為各種姓。」因此執自己決定為刹帝利種姓而生驕慢，極不合理。

壬二、既有四種種姓則不一定本體是王種姓：

問曰：四種姓是從遠古時代就已決定的，因此就種姓血統而言，現在刹帝利種姓的本體與其他種姓有差別，由此應當驕傲。

過去時久遠，女性意動搖，
是故刹帝利，非由種姓生。

過去的時間久遠，而女性對男人的心意容易動搖，所以現在的剎帝利種姓並非一定是由剎帝利種姓而生。

諸執著剎帝利種姓血統高貴者，應捨棄對血統的非理傲慢。自四種種姓出現區分後，各種姓人們紛紛繁衍後代，經歷的時間已非常久遠，在此漫長過程中，各種姓血統難保不混雜。其原因有二：一是由於時間久遠；二是因女人對男人的心意極容易動搖改變。剎帝利種姓的女人，並不一定只忠於剎帝利種姓的男人，一旦有了時機外緣，心意易變如惡症一樣的女人也會經常與其他種姓的男人交合，以此而在其種姓中混合了其他種姓的血統。在古印度歷史上，公主王妃越軌行非法的事，也屢有發生。其他三種種姓的血統，由於戰亂災難等外緣及剎帝利種姓中女人的內緣，都有混入剎帝利種姓中的可能，以此任何人也不敢保證，自己是由純正的剎帝利種姓而生。

譬如說，昔日有一名叫拉干德的商人，將一個金瓶寄存在一戶婆羅門家中。若干年之後，拉干德去看自己所寄存的東西，金瓶已被主戶換成了銀瓶，而主戶婆羅門已變成了剎帝利種姓，拉干德也沒爭辯，仍叫那戶人家替他保管銀瓶。又過了多年，拉干德去看，銀瓶已被換成了銅瓶，而主戶也變成了吠舍種姓；再過多年後，商人拉干德的瓶子已被換成了鐵瓶，而主戶變為首陀羅種姓。世事的無常變換，是任何世俗事物也難逃脫的，主戶的種姓與拉干德的瓶子一樣，在並不長遠的時間，便有了三種變化。所以，有智者豈能執種姓血統而生驕慢，月稱菩薩說過：「過去時無邊，女性意動搖，是故諸國王，勿生種姓慢。」

辛三、破由作保護眾生的事即當為王種：

問曰：剎帝利種姓血統不一定清淨，也許是事實，然而從所作事業方面說，保護世間者為剎帝利種姓，由此超越了其他種姓，應當驕傲。

首陀由作業，既成剎帝利，
首陀由作業，何非婆羅門。

首陀羅種姓者由作保護世間的事業，既然能成剎帝利種姓，那麼首陀羅由作讀誦吠陀等事業，以何理由不能成為婆羅門種姓呢？

如果許作保護世間事業者，即為剎帝利種姓，那麼種姓即成非決定之法，比如首陀羅種姓由作保護世間的事業，也應許他們為王種。首陀羅種姓雖然在古印度被視為下賤階層，他們平時所做也是粗重低賤的工作，但他們改變其事業，做一些保護世人的事，也是完全能做到的。再者，他們也可以做一些婆羅門的事業，如讀誦祠祀、禳災、讚頌、歌詠四吠陀，修持苦行禪定等，做此類事業時，又以何理由不能成為婆羅門呢？由此觀察，種姓若觀待所作事業而定，則世人無有決定的種姓。一個人做國王的事業時，若應稱為王種，那麼做農務時，即應稱為農民種姓，做乞丐時，也應成為乞丐種姓。因此，不應以暫時從事的保護世間事業，執自己決定為王種而生驕慢。

譬如說，按古印度習俗，婆羅門不擠牛奶，擠牛奶唯是首陀羅種姓中牧人的事業，如果有婆羅門擠三天牛奶，他立即會被人稱為首陀羅種姓，如是看來，種姓又有何固定可言呢？又譬如說，人們坐船過河時，對面為彼岸，始發地為此岸，然而抵達對岸後，原來的始發地又成了彼岸，到達地稱為此岸。彼岸此岸觀待而取名，並無決定不變的自性。同樣，世人種姓也唯是觀待事業而不停地變化，有智者不應以自己暫時的事業而執自己決定為某種姓也。此處雖以國王為例，而實際上在針對每一個有種姓地位事業的傲慢者，故諸學者應舉一反三，對照各自之無明我慢以觀修摧毀。

庚三、（明遠離惡行的其他方便）分二：一、破國王對分布眾財之權勢而生驕慢；二、破王應起大驕慢。

辛一、破國王對分布眾財之權勢而生驕慢：

問曰：國王具足大權勢，能隨意為眾人分布發放財富等，由此應生驕傲。

如王分權利，不能分罪惡，
智者誰為他，自摧毀後世。

如同國王分布財富權位一樣分布罪惡，是不能做到的，因此智者誰會為了他人的小利樂而摧毀自己後世的安樂呢？

國王固然有權利分布財物與權位，然而這種權利並非值得驕傲之處。作為國王，他為了籠絡臣民鞏固地位等目的，也會不時地做一些給臣民發放布施的行為，將國庫中長期積聚的財富分布給下屬，這是他可以自主的權利。可是在這個過程中，不能認為國王有大功德，一方面他在此暫時施財過程中，往往會生起傲慢煩惱，染污自相續；另一方面，作為國王自己並無能力創造財富，他所有財富都來自於公眾，是由種種非法手段榨取百姓血汗而積聚的，這些財富的積累過程實際上是罪業的積累過程，歷代國王為了積聚財產，曾造過無數惡業，奪走過無數百姓的血汗生命。而這些罪惡，國王不可能像分布財產一樣，自主地分布出去，罪業果報是作者必須獨自承受的，此是世俗中無改的因果規律，洞察因果規律的聖者們說過：士夫各自所為的善惡業，如自己的影子一樣恆時親附，沒有受報之前，終不離自身。因而國王為了布施籠絡眷屬而積財造惡業，這種做法十分愚癡，如果是能夠了知因果取捨的智者，誰會為了讓他人暫時得到一點小小財利而自己去造大惡業，毀壞自己後世的長久利樂呢?

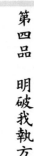

譬如說，有人宰殺一條水牛，用來祭天後，分給眾人食用，使他們享受了一頓美餐。殺牛者可以自主將牛肉分給眾人享受，可是分布殺牛罪過的權利，他是不可能有的，他必然要承受殺生罪業，獨自去經受後世墮落地獄之惡果。同樣，國王雖有權分布積累的財富，然為積累財富而造的惡業，他卻無能力分布，只有獨自承受。因此，諸智者當如月稱菩薩所說：「來世欲樂者，不應毀今生，來世安樂事，今生亦應作。」欲求後世安樂即不應做毀壞今生的惡業，而應做真正的善業。全知無垢光尊者對此也作過忠告：「雖從貧眾取收高賦稅，塑造佛像發放布施等，然依善法成他積罪因，自心修善即是吾忠告。」作為尋求長久利樂者，當遵從忠告，徹斷自己於世俗財利權位方面的執著，而修持真正的善道。

辛二、破王應起大驕慢：

問曰：國王有至高無上的自在權勢，所以應該驕慢。

自在所起慢，當觀他有勢，
若等若增勝，善士心不起。

如果有以自在權勢所起的我慢，應當觀察他人也有權勢，或者與自己相等，或者他人增勝，有此等善思維分別慧的士夫，自心決定不會生起我慢。

人趣有情中，沒有任何人可以有至高無上的自在權勢，能有智慧善加觀察思維者，也絕不會如是生起大我慢。如果自己生起了權勢威望方面的我慢，應當觀察在世間，其實還有許多具足自在權勢者，比如自己是一個小國王，那天下與自己相等的國王有許多，比自己威勢大的國王也有不少。歷史上從來沒有一個君王有壓倒一切的權勢，因而以權勢起大我慢，無疑只是夜郎自大或井底之蛙式的愚癡表現。同樣道理，認為自己於智慧、學識、技藝、容貌等等各方面超勝他人，而生大我慢者，當思「人外有人，天外有天」，與自己同等者，實際上不乏其人，而超勝自己者也大有人在。能有智慧如是善加思維觀察的正士，決定可以打破一葉蔽目式的愚癡計執，而斷捨內心的我慢煩惱。

譬如說，有一個掌財婆羅門，他的妻子容顏較佳，由此她生起了我慢，認為自己是天下第一美女。有一天她對丈夫說：「我容貌如此美麗，你為什麼不給我購買最好的衣飾呢？」掌財婆羅門頗有智慧，他緩緩告訴妻子：「你確實很美麗，應該有最好的衣飾，但是你應先到憤怒國王那兒，看看王妃們有何等裝飾，再決定吧！」那位婦人到了王宮，見到了美豔的眾王妃，便自慚形穢地回到家中，從此不再執自己美貌而生慢心。同樣，以權勢自在而生驕慢者，如同掌財婆羅門的妻子一樣，唯是目光狹窄的愚癡表現，若能善加觀察他人，傲慢定能息滅。月稱菩薩說：「國王於劣者，也不應起慢，何況與等同，或勝起慢心？」諸有權勢或超人之處的士夫，當善自思維此中深義，徹斷痛苦之因的我與我所慢。

第四品釋終

第五品　明菩薩行品

丁二、（明發起行菩提心已而學菩薩行之軌則）分四：一、正說菩薩行；二、明斷菩薩行的障礙——煩惱之方便；三、明遠離耽著煩惱所緣境的方便；四、明為成就道器而淨治弟子身心的方便。

戊一、（正說菩薩行）分四：一、明所得佛果的殊勝；二、明得果的因是受持菩提心；三、成立佛果是遍智的理由；四、劣慧小乘怖畏大乘的原因。

己一、（明所得佛果的殊勝）分三：一、佛陀所作的事業殊勝；二、佛果殊勝；三、十四無記不能成立佛非遍智的理由。明知世俗輪迴的過患而生起厭離心與願菩提心後，當發起行菩提心進入大乘菩提道修行，求證無上佛果。而欲求無上佛果，必先了知佛果的殊勝，所以於此緊接著宣說佛果的殊勝，引導大乘種性者發心修持菩提行。

庚一、佛陀所作的事業殊勝：

問曰：如前已說應斷四顛倒厭離輪迴而求菩提，那麼菩提果又有何功德呢？

諸佛所動作，都非無因緣，
乃至出入息，亦為利有情。

諸佛三門所有動作，都不是沒有因緣的，乃至出息入息，亦是利益有情之事業。

於生死輪迴生起厭離，從而發起願菩提心後，不能滿足於此，應進一步趨入殊勝的大乘菩提道進行修持，求證究竟佛果，只有佛果才是最圓滿的果位，得佛果者才能究竟廣大地饒益一切有情。證得究竟正覺果位者，有不可思議的利生事業，其身口意三門所有動作，皆是饒益眾生的因緣。觀佛身功德，如《月燈三昧經》中說：「百千種光明，法王足下放，地獄盡清涼，除苦獲安樂。」佛陀足下發光，即是使地獄眾生脫苦得樂的因緣，又云：「由佛履閫故，聾盲喑啞輩，貧窮薄福等，諸根悉具足。」佛陀踏過殘廢貧窮人家的門檻，也是使他們諸根得到完具，擺脫苦難的因緣，類似教證在大小乘經典中有許多；從佛語而言，佛語無不是清淨圓滿的法語，能顯正法，令眾生決定出離、趣大菩提，具如《經莊嚴論》所言；由佛意而觀，佛陀妙智圓滿，不住涅槃而安住遍現一切有情之地，恆時利益有情，具如《寶性論》中所言。佛三門作為，乃至任運自然的微妙呼吸氣息，也在為有情作大饒益。佛陀所呼出的氣息，於地獄中現如密布濃雲，從中降下甘露，息滅地獄毒火，使廣大地獄眾生獲得清涼安樂，地獄眾生能由此對佛陀生起不可思議的信心，親見佛陀的微妙身相，即刻從地獄惡趣中解脫。佛出息都有如此不可思議的利生功德，何況佛的聖號、莊嚴寶相、說法等，此等更是饒益有情的奧妙事業。月稱論師說：「具智慧世尊，一切身語意，無有為自利，唯行利他眾。」證得佛果有如是殊勝的功德，所以諸修行者理當發起志求佛果的菩提心，勤修菩薩行。

譬如說，以前有一幻化師，恭敬迎請一名叫朱多吉的具德比丘到自己的宮殿中結夏安居，幻化師的宮殿下面有許多幻化輪，因此而自然成辦了許多事業。安居圓滿後，幻化師十分感激朱多吉比丘，供養了豐厚的供品，比丘說：「我其實什麼也沒做，你何故如此客氣呢？」幻化師說：「有您住在此處，我的事情就能自然成辦，尊者您雖無心也無勤作，但您實際上是我的利樂之源！」同樣，佛陀安住於法界無量殿中，外表上無任何勤作，然而不可思議的利益有情事業，也會如同幻化輪一般，自然任運地旋轉不息，降下廣大饒益有情的甘露，其事業遠非有分別戲論勤作者所能比擬。故當對佛陀世尊生起恭敬信心，自己亦應為此而精進於菩提道。

庚二、佛果殊勝：

猶如死主聲，世間皆生畏，
如是遍智聲，死主亦生畏。

猶如死主的聲音，世間一切人聞之皆生怖畏，如是遍智的音聲，死主也會聞而生畏。

佛果功德不僅表現在三門作為隨時皆是在饒益有情，是為眾生帶來利樂之事業，而且還顯示於佛陀的威德能令一切有緣眾生從怖畏中解脫。世間眾生的怖畏境，分說有生老病死、地水火風的災難、非人猛獸仇敵死主等無量無邊。而其中最令眾生怖畏者，莫過於死主，甚至當死主的音聲傳到耳邊時，一切凡夫眾生都會心驚膽裂，恐懼到極點，由此可見死主對世間人的威懾力量。然而就像世人害怕死主一樣，死主也極度害怕遍智佛陀，佛陀的聲音傳至眾生耳邊時，死主就將被摧毀，眾生從此可依佛的教言遠離一切怖畏，摧毀生死輪迴獲得究竟涅槃，由是更可了知佛陀不可思議的威德。不僅如此，乃至聽聞佛的名號，也可獲得解脫，佛經中說：「何人聞我名，彼等善趣中，隨依一乘獲得涅槃。」何人聞到佛的名號，即能依之而於善趣中趨入三乘安樂道中的任一乘，最終獲得解脫涅槃大安樂。類似教證在大乘經論中尚有許多，若能了知佛果的此等功德，修持者對佛果的希求心即會自然生起。無垢光尊者有教言說，若要生起無偽菩提心，必須要有三個條件：一是緣有情的大悲心；二是意念菩提心功德；三是意念佛陀的功德。若欲生起菩提心，趨入菩薩行者，於此尤應依教而行。

譬如說，國王得生太子時，為了慶賀，必定會宣布大赦，將牢獄中的犯人全部釋放，如是使人們聞之即生大歡喜。同樣，佛陀的名號、音聲傳到輪迴眾怖畏中有情的耳邊時，有情即能從怖畏的輪迴獄中出離，生起大安樂。月稱菩薩讚歎佛陀功德時說：「何人若聽聞，如來此名號，悉皆解脫故，彼亦成佛因。」因此，有志追求解脫者，當如鵝王趨蓮池般，毫無猶疑地趣入大乘菩提道。

庚三、十四無記不能成立佛非遍智的理由：

問曰：當年外道向佛提出我與世間是常無常等十四種問題時，佛陀默言無語，以此是否可證實佛陀非遍智呢？

佛知作不作，應說不應說，

以是何因說，遍智非遍智。

佛陀現量了知一切應做與不應做之事、應說與不應說之界限，因此你們憑什麼道理說一切智智的佛陀不是遍智呢？

外道向佛提出的我與世間是常與無常等十四種問題，通常稱為十四無記法，即世界有邊耶、無邊耶、亦有邊亦無邊耶、非有邊非無邊耶？世界常耶、無常耶、亦常亦無常耶、非常非無常耶？佛滅度後有耶、無耶、亦有亦無耶、非有非無耶？命與身一耶、命與身異耶？對這些問題，佛沒有以語言回答，但由此並不能成立佛非遍智，而且相反，以此完全可成立佛是遍智。因為佛陀能以無礙智慧現見一切，於一切時處了知應做與不應做、應說不應說的界線。比如說適時有益眾生的事應做，非時無益之事不應做；而且佛陀現量了知每一個眾生的根基意樂，在不同眾生前，何者應說何者不應說。外道提出的十四個問題，是依於補特迦羅我與法我而問，如果以無我理回答，外道是非法器，不但起不到作用，他們反而會誹謗深法或生斷見；如果回答有世俗諦之顯現，他們便會執成實常有神我存在。佛陀正是現見了其中一切因果，見其問不應理，針對其根器亦不應答，故而不答，令他們自知謬執而醒悟。因此，憑什麼道理以十四無記而說佛陀非遍智呢？《中觀寶鬘論》云：「世間有無邊，勝者不答問，如是甚深法，非法器不說，智者當了知，佛陀是遍智。」十四無記正是成立佛陀是遍智的理由，而非成立非遍智的理由。

譬如說，以前有一婆羅門，其家中有一口水質極為甘美的水井，國王知道後強令婆羅門將水井送至皇宮中，否則要受懲罰。婆羅門的女兒非常聰明，她讓一籌莫展的父親告訴國王：按世間法規，財物應該以財物交換，大象應用大象迎接，那麼水井也應以水井相換，國王你應以皇宮中的水井迎請我家的水井。國王聽後，覺得有道理，立即命令大臣們用皇宮中的水井去與婆羅門的水井相換，陷入了困境中的大臣們忍無可忍，最後聯合起來罷黜了殘暴的昏君，而婆羅門女依此巧計免去了治罰。同樣，佛陀亦是以善巧方便對付外道，讓外道自知謬誤而慚愧。有人問：若不應說即不說，那麼佛陀為什麼呵斥提婆達多為「破衣者之子」或「飲唾小兒」呢？大疏中回答說：佛在大眾中呵斥提婆達多，並非是不應說的，若不如是呵斥提婆達多，當面揭露其過失，那麼有許多不能明辨是非的眾生，要追隨提婆達多而受到損害。佛如是說，恰好能滅除他們的罪業，挽救他們，此誠然是應說應作的饒益事業。月稱論師說：「汝知應時心，有者問不說，有者問而說，引導諸有情。」佛陀能如實了知一切眾生之根器心行與時機因緣，對有些問題不說，對有些人有問即答，如是以種種善巧方便引導諸有情。因此，無論答與不答，其實皆可證實佛陀是遍智也。

己二、（明得果的因是受持菩提心）分三：一、修學菩薩行的等起發心殊勝；二、發菩提心的福德；三、修學菩薩行之規則。

庚一、（修學菩薩行的等起發心殊勝）分二：一、三業中以意業為主；二、意樂善則一切成善法。

辛一、三業中以意業為主：

問曰：修大乘法為什麼要首先引導發心呢？難道以身口善行不能趣入菩提道嗎？

除心則行等，不見有福等，
是故諸業中，唯意為主要。

除開賢善發心則所有的行住等，不會見到其中有福德等業報，所以諸身口意業之中，唯有意業最為主要。

大乘佛法之所以首重發心，是因為在身口意三業中，意業最主要，因為它是決定善惡的主要因素。如果沒有賢善的心意，那麼行住坐臥言談等身口行為都會成為無記業等，不會有福德果報可言。人們不管造善業還是造惡業，其主要因素在於其內心意樂，若不生起善妙意樂，身口再勤作，也難以積累大福德，宗喀巴大師曾說過：「心善地道亦賢善，心惡地道亦惡劣，一切依賴於自心，故應精勤修善心。」善惡業唯隨發心而轉，而不由其他因素決定，所以在大乘菩提道中，首先即要求修行者生起殊勝菩提心，六度萬行的無量法門也皆是圍繞修心而行。華智仁波切也說：「修心修心修自心，以四修法修心者，身口雖無造一善，除解脫道餘無趣。」在此有人或會生疑：既然意業如是重要，那是否身口善行沒有功德呢？當然不會如此，身口善行如轉塔頂禮誦經等，也有相當大的福德果報，然而與心意所造的善業比起來，身口善業無法相比，因此才說「不見」，以微小而加否定詞。而且大乘道的身口善業，其主要目的也在於淨治內心，圍繞菩提心而行，如果離開了此，即不能算是真正的善業。

譬如說，以前有一裸形外道，到神廟中去頂禮神像，因殿堂狹小，他頂禮面前的神像時，臀部觸在後面的神像上，其他人告訴他：你這樣做不如法，一邊造善業，一邊又要造惡業。這名外道聽了後，內心非常矛盾，一時不知如何取捨。外道不懂得業由心生的道理，只執著外表身口行為，故他們無法了知善惡業區分界限，不能積累真正的福德，有時甚至陷入那名外道那樣前後兩難的矛盾境地，若了知善惡依心則無有此疑。月稱菩薩說：「若心意清淨，諸業亦極善，是故諸智者，以淨心造業。」因此諸欲趨入大乘菩提者，當首重發起菩提心！

辛二、意樂善則一切成善法：

問曰：菩薩也有造殺生等侵害有情之業，由此可見，發起了菩提心的菩薩，所行並非全為善法，而是也會有造惡業的情況。

菩薩由意樂，若善若不善，
一切成妙善，以意自在故。

菩薩由於饒益眾生的意樂，身口所行的表面上或善或不善的一切行為，都會成為隨順菩提道的極妙善法，因為菩薩的意樂能恆時自在隨順於善法故。

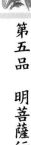

生起了殊勝菩提心的菩薩，在形象上所作的會有種種善、不善、無記的行為。比如說一個菩薩，他有布

施、持戒等善行，而有時他或許要殺生、說妄語等，還有行住坐臥等一些無記的行為。但是，由於菩薩恆有利樂眾生的清淨意樂，這些善、不善、無記的行為，全部會成為隨順大乘菩提道的善妙法行。生起了真實無偽的殊勝菩提心，菩薩於利益眾生的發心即得到了自在，隨時隨處舉止言談之間，他皆能自在保持饒益他人的清淨意樂，即使表面上行持一些殺生等惡行，然而實際他不會有任何自私自利的煩惱發心，而唯是隨順利他善心而行。因此，菩薩無論行持何種身口行為，以菩提心攝持，皆成為積累福德資糧的善法，由此更可體現善心意樂於修道中的重要性。

譬如說，以前大悲商主與五百名商人跨越一處曠野時，途中有一名凶悍的強盜，準備殺死這批商人掠奪財產。當時大悲商主想：「這五百名商人都是菩薩，若殺害他們，強盜必會墮入地獄，百千劫中也得不到解脫。不行，我寧可自己墮地獄，也要阻止他造惡業！」在勇猛的悲心推動下，大悲商主用短矛刺死了強盜，結果商主不但未墮入地獄，反而以此圓滿了一億劫的資糧。另有公案說，迦葉佛在世時，有一個大菩薩為了引導一些外道，故意到他們中行持外道行為，而且誹謗迦葉佛，說「光頭沙門沒有什麼解脫法」，因菩薩有自在的賢善意樂，結果不但未成罪過，反而成了積累福德的善法。這些公案都說明了菩薩以賢善發心能轉一切身口行為成善業。龍樹菩薩在《菩提資糧論》中說過：「為利眾生故，也忍地獄苦，何況忍餘苦，此人易得果。」菩薩為利眾生能忍地獄之苦，更何況其餘的小苦難呢？由於有如是的大悲菩提心，菩薩能迅速積累巨大資糧，成就佛果。月稱菩薩也言：「於橫生大悲，非橫生大慈，是故諸聖者，無有罪惡門。」菩薩於橫蠻難調者，會以大悲方便度化，於非蠻橫者以大慈心度化，因而菩薩於一切眾生對境前，不會造惡業，只會積累善業資糧。

然諸位應知，此處所言的菩薩，是已獲自在之佛子，一般凡夫位修行人，自心尚未達到如是自在之境，很難有轉殺生等不善行為善業的能力，仁達瓦大師強調說：如果自心沒有獲得真實的自在，修行人也不能如是行持這些身口行為。

庚二、（發菩提心的福德）分二：一、最初發勝義菩提心的福德；二、教他發菩提心的福德。

辛一、最初發勝義菩提心的福德：

問曰：菩薩從何得名為勝義菩薩呢？其勝義發心之福德如何？

菩薩初發心，勝過大地上，
一切眾生類，轉輪王福德。

菩薩於初地發起勝義菩提心，其福德遠遠勝過大地上一切眾生類都成為轉輪王的福德。

菩提心有世俗與勝義兩個層次，世俗菩提心是大乘修行人最初發心至加行道之間，為了利益父母眾生而生起取證菩提果的發心，勝義菩提心是菩薩在一地至十地之間的菩提心。菩薩證入初地，發起勝義菩提心，即名勝義菩薩，真實成為佛的意子，如《入中論》裡所言：

「從此由得彼心故，唯以菩薩名稱說，生於如來家族中，斷除一切三種結。」初地菩薩生起勝義菩提心，其福德不可思議，縱然大地上一切有情眾生，皆成為統領四洲的轉輪王，其福德總合起來，也無法與初地菩薩發菩提心的功德相比。得到轉輪王，只是今生暫時的利益，但是一地菩薩生起勝義菩提心，於所有眾生皆能施予生生世世的暫時與究竟利益，即使是一刹那菩提心，也能有不可思議的功德，遠非所有的轉輪王福德相比。因此，菩薩生起勝義菩提心時，其內心喜樂也無可言喻。

譬如說，關在監獄裡已被判死刑的人，一旦從死牢中獲得釋放，得到了自由，其內心安樂定會無法形容，沒有任何一種能與之相比。同樣，菩薩從凡夫位登上見道位，便從輪迴牢獄中徹底解脫出來，獲得了自在度生的能力，因此其安樂也非其餘事物所帶來的安樂可比。還有譬喻說，國王下命令，指揮臣民眷屬如法地辦理各種事件，以此國王能獲得豐厚的財產，而這些財產實際上也是眾生安樂之因。同樣，菩薩依眾生而發心積聚福德，獲得勝義菩提心登上初地時，其勝義菩提心也能廣利眾生。月稱論師說：「暫時以菩薩，發心之福德，若彼有色相，周遍諸眾生，眾生數無窮，佛陀智無邊，於彼迴向故，福德亦無量！」

辛二、教他發菩提心的福德：

問曰：自己發菩提心有如是功德，那麼引導他人發菩提心，功德如何呢？

若有建寶塔，高與世間等，
調伏使發心，說福勝於彼。

若有眾生為了敬仰佛陀而修建七寶佛塔，高與世間色究竟天相等；而另有人調伏一個眾生使他發菩提心，佛說此福德勝於建塔者。

教導他人發菩提心，也有不可思議的功德。假若有人用金銀等七寶修建佛陀舍利塔，而且此塔量等三千界，高與色究竟天相等，塔體飾以種種稀世珍寶，塔前不斷以花鬘飲食音樂歌舞等供養，這些善行的福德當然非常大。但是，本師釋迦牟尼佛說過：如果有人能調化一個眾生，使他生起無偽的菩提心，此福德遠勝於建塔者。此處發心是指發起世俗菩提心，還是勝義菩提心呢？如果是指勝義菩提心，那只是登地菩薩的境界，一般修行人自己尚無法達到此境，要引導他人，更是無能為力。但許多高僧大德於此作過明確簡別：此處所說的是世俗菩提心。如堪布阿瓊在注疏中指出：此處所說應是世俗菩提心，因從月稱菩薩在大疏中引用的比喻可知，教人發心能使如來種性不斷，而如來種性者，並非專指登地以上的菩薩，如《入菩薩行》中云：「生死獄繫苦有情，若生剎那菩提心，即刻得名諸佛子，世間人天應禮敬。」引導他人發菩提心為什麼有如是超勝的福德呢？其原因當然是因菩提心功德非常巨大，有永不滅盡且不斷增上的功用，如寂天菩薩所言：「其餘善行如芭蕉，果實生已終枯槁；菩提心樹恆生果，非僅不盡反增茂。」菩提心有如是無盡的福德，那麼促使他人發心者，即是建造了無盡福德之菩提心寶塔，這種福德豈是他法所能相比。

譬如說，以前有一戶人家，其家長逝去，他的兩個朋友，一人為他安葬屍體，一人撫養其妻子兒女，較二人之福德，後者殊勝。同樣，佛陀涅槃後，建塔供養其遺體者，如同前者，教導眾生發菩提心者，能令如來家族種姓不斷，令佛陀的教法流傳不斷，如同後者，因而引導他人發心者，其福德遠勝前者。月稱論師說：「以世間究竟，三寶續不斷，為播續種子，故彼福極大。」

庚三、（修學菩薩行之規則）分五：一、利他的身語行為；二、意樂之差別；三、悲心微弱之過患；四、不信菩薩的過患和應修信心的理由；五、能究竟圓滿菩薩行的理由。

辛一、利他的身語行為：

問曰：菩薩如何利益有情？

師長欲利他，應承事弟子，
因彼不知利，故名為弟子。

師長想要利益他人，應當以身語諸行隨順弟子的意樂而承事，因為他們不知如何是有利之事，所以名為弟子。

作為大乘菩薩，其唯一心願即是饒益有情，令一切有情獲得暫時與究竟的利樂，為了此目的，菩薩要恆順眾生的意樂，依布施、愛語、利行、同事四攝方便承事弟子，引導弟子。菩薩作為師長，首先應以布施愛語之妙索將狂象一般的弟子拴上，然後用利行同事之巧鉤，將其牽引至安樂佛法正道。為什麼首先要以布施愛語承事眾生呢？因為眾生自無始以來沉溺於迷茫輪迴中，為深厚的無明愚癡所蔽，不明正法，不知取捨，無法辨析如何行持才會為自他帶來利樂，以此他們名為弟子，其一切所作皆需要上師善知識教誡。月稱論師言：「上師為弟子，承事說愛語，其心歡喜已，令發菩提心；已發勝心後，漸次而修學，廣大與甚深，殊勝之法門。」引導弟子的上師，應先以種種布施愛語承事弟子，令彼等生起歡喜與信心，再教予利他的世俗菩提心妙法，令弟子生起深信，然後漸次引導他們修學更為甚深廣大的殊勝法門。作為菩薩，應以如是善巧方便之行利益眾生。

譬如說，本師釋迦牟尼佛於金剛座成就佛果後，首先調化了名稱施主及其眷屬，然後調化了有髮髻的一千名外道。其中外道首領單傑迦葉有五百名弟子，呷亞迦葉有二百五十名弟子，其隆迦葉有二百五十名弟子。當時單傑迦葉認為自己是大成就者，非常驕傲，本師釋迦牟尼佛首先以一個普通沙門身分出現在他面前，接著顯示神變功德，他還認為世尊只是一個有一些神變功德的沙門；世尊再顯示更為希有的功德時，單傑迦葉雖然認為世尊是希有功德的大尊者，但還是不肯放棄傲慢，仍然認為世尊比不上他；最後世尊見他已漸漸轉化，才顯示出大神變功德徹底擊潰其慢心，使他不得不心服口服，誠心誠意地與弟子一起皈依了世尊。對剛強難化的無知眾生，菩薩當依循本師所引導的妙道，以善巧方便之利他身語行為攝受教導。

辛二、（意樂之差別）分五：一、對不知罪的補特伽羅應悲愍之喻；二、教導弟子的次第；三、對煩惱熾盛者尤應悲愍；四、隨順根器意樂而作利他之理；五、悲力增盛所得之果。

壬一、對不知罪的補特伽羅應悲愍之喻：

問曰：菩薩饒益有情時，若有人不知好壞善惡，以嗔怒之舉對待，此時菩薩該如何調伏自心呢？

如鬼執雖嗔，醫者不生惱，

能仁觀煩惱，非惑繫眾生。

就像為鬼祟迷執的病人，雖然對醫生特別嗔恚，但醫生不會生煩惱；同樣，能仁會觀察所化眾生的煩惱，而不會對煩惱所繫執的眾生起嗔恚。

菩薩在行持饒益眾生的行為時，難免會遇到一些野蠻難化、不知善惡的眾生，他們不但不聽隨教導，反而生起嗔恶之心，甚至對菩薩進行損害，此時修持利他行者更應生起悲愍。此過程就像醫生對待為鬼祟所執的病人一樣，世間為鬼祟所迷的人，也即通常稱為的著魔瘋狂者，他們對醫生與護理者特別嗔怒，如現在那些精神病醫院中的病人，經常會打罵傷害醫生護士。但是，那些熟知其病症的醫生，對這些病人一點也不會惱怒責怪，而且會因此更加生起憐憫，對他們加強治療。同樣，能仁——已調伏自相續的聖者佛陀或大菩薩，在調化粗暴橫蠻的眾生時，會觀察其粗惡源自於煩惱，因而能仁大醫王不會責怪為煩惱魔所執的有情，而是更加對有情生起悲愍，以善巧方便耐心地予以療治引導。《入菩薩行.安忍品》中說：「自惜身命者，因惑尚自盡，況於他人身，絲毫無傷損？故於害我者，心應懷慈愍。」此頌對有情為煩惱繫縛而傷害自己、他人，故不應生嗔怒而應慈愍的道理，分析得非常詳細。作為大乘修行人，對於佛菩薩留下來的言傳身教尤應重視，在遇到不知罪惡的野蠻眾生時，應依循這些妙法調伏自心，對有情生起悲愍。

譬如說，獅子在遇到獵人向牠射擊時，牠不會像狗一樣，去追逐箭矢、石頭，而會認識到傷害之來源是獵人，因此直接向獵人進攻，消滅損害的來源。同樣，菩薩在遇到眾生的傷害時，應認知傷害之來源乃有情相續中的煩惱，有情只不過是煩惱魔的工具而已，因而不應嗔怒有情，應對煩惱生起勇猛降伏決心。月稱論師言：「此非眾生過，此乃煩惱過，善察具智者，於眾不生嗔。」諸修學菩薩行者，面對損害時當如是調伏自心。

壬二、教導弟子的次第：

隨彼何所喜，先應觀彼法，
倘若已失壞，都非正法器。

菩薩應隨順弟子所喜愛的法門，先應妥善觀察再決定傳法次第；倘若不能相應所傳之法而失壞，即非為正法之器。

菩薩在教導弟子時，應首先妥善觀察其意樂根器，而傳相應的妙法。比如說，有喜歡布施者，即應傳講布施法門；喜歡持戒者，即應傳講修持淨戒法門；喜歡修忍辱者，即應傳忍辱法門……否則，如月稱菩薩所言，吝嗇者首先不會願意聽布施法門，放逸者不會樂意於持戒法，不與其根器意樂相應而傳法，很難讓弟子受益。因此，先應觀察弟子的根器意樂，傳予相應的法門，使弟子順利入道，迅速與正法相應。如果不能如是合理引導，弟子無法接受所授法門，甚至與法背道而馳，那麼他不但不能受益，反而損害身心相續，生起邪見疑惑，使他成為非法器。

譬如說，往昔有美髮菩薩，博通醫術。當時有一商主於取寶途中死亡，其婦人深生哀痛而致瘋狂，每天守著屍身不肯埋葬。美髮菩薩首先給她以種種方法開導治療，都無法奏效，後來菩薩詳加觀察，遂命婦人身負屍體不放。婦人背負身體經半年之後，發現自己所深愛的丈夫，實際上是一具腐爛的屍骨架，於是頓然清醒過來，精神恢復了正常。同樣，菩薩在調化各種眾生時，必須先隨順其意樂而說法，才能取得效應，麥彭仁波切在《君規教言論》中說過：「言說種種其他語，羅剎諸眾不滿意，若說羅剎之語言，則令彼等生歡喜。」因此，諸大乘修行人當依教奉行，於傳法引導他人時，應如月稱菩薩所言：「首先於聽者，說布施語等，了知法器後，再宣甚深法。」

壬三、對煩惱熾盛者尤應悲愍：

如母於病兒，特別覺痛愛，
如是諸菩薩，特意愍惡者。

猶如慈母對於有病的兒女，特別覺得痛愛；如是諸慈悲的菩薩，也應特意悲愍作惡者。

在利益眾生過程中，菩薩對那些煩惱特別熾盛，經常造作惡業的有情，尤應以悲愍之心加持護念。此理如同慈母對於自己有疾病的兒女，定會更加疼愛，不管這些兒女如何擾亂她，甚至謾罵損傷她，慈祥的母親也會毫無嗔怨地安忍，且更會無微不至地關心照料可憐的兒女。同樣，修持大悲菩提心的菩薩，應視一切眾生如同愛子，這些子女為無明煩惱痾疾所纏縛，身心恆時處於痛苦之中無法自主，由煩惱所催造作種種惡業。造惡業越重者，其煩惱惡疾越嚴重，因此菩薩對他們尤應以悲愍之心護念救度。不管這些可憐的眾生造作何等惡業，甚至誹謗、毆打損害菩薩，修持大悲菩薩行者，也應安然忍受，並應藉此了知他們的熾盛煩惱疾病，針對其病症而特加對治，以善巧方便加以引導。

譬如說，以前有一首陀羅女，她生育了六個孩子，前面五個孩子都成為了品行良好並有一定謀生技能的人，但第六個孩子品行惡劣，經常去外面作非法惡業。因此那位母親對前面五個孩子，尚不覺得如何疼愛，對小兒子卻特別關心擔憂，非常害怕他受到國王懲治而遭殺害，成天都想辦法關照他。同樣道理，三界中那些有智慧而且煩惱輕微的有情，菩薩稍加引導，他們即能自主地步向解脫正道，而那些愚癡無知煩惱熾盛的有情，如果不加以特別地悲愍護念，極難擺脫墮落惡趣的悲慘命運，因此菩薩對他們定會如月稱菩薩言：「一切大悲尊，視眾雖平等，尤於愚劣者，卻更生悲愍。」

壬四、隨順根器意樂而作利他之理：

或作彼弟子，或作彼師長，
以種種方便，令有情通達。

或者作他的弟子，或者作他的師長，菩薩應以種種方便善巧，令所化有情通達真如法性。

發心廣利眾生的菩薩，應先觀察所化有情而後因機施教。世間眾生以往昔因緣境遇不同，根器意樂千差萬別，已入內道者，其勝解智慧也各不相同，如果要饒益他們，須隨順其意樂根器勝解而施設教化。對那些傲慢者，菩薩以弟子的身分言行去接近他，漸次令他自知慚愧而得到調化；對謙虛的有情，菩薩應以師長的身分攝受，適其根器而教以妙法。總之，菩薩針對所化者，應施以種種不同的善巧方便，隨順攝持，無論如何也要引導他們步入正法，通達真如法性。佛經中多處有教言，說菩薩有時作商主，有時成為國王、王妃、大臣、仙人等，而有時菩薩也會變成旁生、非人，甚至地水火風木石橋梁等器界形象，只要是能令有情趣入正法通達法性的方便，菩薩無有不為者。

譬如說，醫術精湛善巧的醫生，對於病人首先會善加診斷，清楚其病症及來源等各種情況，然後御種種因緣之變而對症下藥，如對膽病者施以素食，對體弱者施以肉食等等，只要是能療治疾病的方便，無有不施。同樣，菩薩饒益有情時，先察其根器，後施以不同方便，只要能令彼斷除煩惱痾疾，無有不施的方便。月稱菩薩說：「菩薩現弟子，醫師釋梵天，顯示種種相，調化諸有情。」為利眾生，菩薩當示現種種形象，而因機施教。

壬五、（悲力增盛所得之果）分二：一、悲力增盛而不受教益者少；二、觀察利他不作策勵的過患。

癸一、悲力增盛而不受教益者少：

如善巧良醫，少有不治症；
獲巧力菩薩，非所化甚少。

猶如善巧的良醫，少有不能治癒的病症；同樣已獲得大悲善巧力的菩薩，非為所化的眾生極為稀少。

修習大悲菩提心的菩薩，由大悲智慧增上，攝受度化有情之力越來越增盛，以此在他面前不能教化的有情極其稀少。此情如同那些醫術精良善巧的神醫，在其治療對象中，極少有不能治癒的病症；也如同現代那些醫學相當發達的地區，真正不能治療之症幾乎沒有。菩薩由修習大悲法門，其度化有情之六度四攝善巧力越來越增上，因此眾生不論根器如何低劣，煩惱痾疾如何嚴重，已得巧力的菩薩幾乎都能以方便教化，引導他們步入解脫之境。當然，如果以短時期的眼光看，佛菩薩無法度化無緣不信的眾生；而且有些論典如《經莊嚴論》中尚提到過有一闡提，即斷滅種性，這類眾生也無法救度。然而以究竟觀點考慮，眾生皆有如來藏，不存在斷滅種性，一切有情皆可成佛，因而可以說無有巧力菩薩不能度化的有情，只不過是時間因緣有先後而已。

譬如說，以前有一王子，因貪戀一個女人無法滿願，由此而日夜思慕，飲食起居失調，導致了嚴重的疾病，而當時的名醫對此束手無策，最後求助於龍樹菩薩，菩薩即依善巧方便力，很快就息滅了王子的心病。

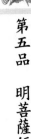

由此可見，於悲力增盛之菩薩前，他人不能教化的有情，也可受到饒益。月稱菩薩言：「通達眾生根，善巧方便法，是故菩薩前，非所化甚少。」具有明鑒眾生根器的智慧，通達了眾多引導有情的善巧方便法，在這種大悲菩薩前，非能教化的有情，甚為稀少。諸學修菩薩行者，從中也應了知，要度化有情，定當如是精勤修學。

癸二、觀察利他不作策勵的過患：

若菩薩境中，有由未策勵，
墮落於惡趣，是智者所呵。

若在菩薩的行境中，有眾生因未受到策勵教化，而墮落於惡趣中，此是一切智者所呵責之事。

已獲得了一定大悲心與智慧的菩薩，具備了度化眾生的能力，此時他應踐履菩提心誓言，精勤於教化饒益所化有情，而不能有間斷疏忽之時。一般根器者在初進入解脫道時，煩惱惡習力會不時障礙他的修行，若沒有菩薩的護念策勵，極易失壞退轉於善法而隨順煩惱向下墮落，因而菩薩應恆時不斷地策勵，適機引導他們修習不同層次的解脫善法，這樣可使他們不失壞善法，避免墮落惡趣。如果菩薩對所化眾生，不如是作護念策勵，任一些有情隨煩惱而墮落，這是一切智者所呵責的過失。對菩薩來說，也是非理非法違背誓言的行為，如寂天菩薩所言：「若誓利眾生，而不勤踐履，則為欺有情，來生何所似！」

譬如說，眾商人所依怙的大商主，在度越曠野的路途中，如果不幫助眾中有困難者，而任隨他丟隊失散，此誠為眾人所呵毀之處。同樣，菩薩於所化境中，當精勤策勵護念諸眾生，若自己有能力，尚不施設方便救度，而任一些苦惱有情為煩惱瀑流捲入惡趣，此誠為非理之舉。月稱菩薩言：「具德神變者，未以佛法調，有者墮惡趣，是智者所呵！」具有功德能力的大乘菩薩道行人，若未以佛法調化利益所化有情，導致有些人無有依靠而墮落惡趣，此即智者所呵之處！諸修行人應切實注意，於漫長的解脫道中，每個修行人都會遇到一些困難，都需要善知識與諸道友幫助鼓勵。自己具備一定能力時，對他人之障難若袖手旁觀，置之不理，此是諸佛菩薩所嚴厲呵責的對象！

辛三、悲心微弱之過患：

問曰：修習大乘佛法者，若不讚歎修習大悲，有什麼樣的過失呢？

若於他苦迫，不欲讚悲愍，
如何於無怙，能哀愍行施。

如果對於其他有痛苦迫惱的眾生，不欲讚歎悲愍，那又如何對無有依怙的有情，能以哀愍行持布施呢？

如果不修習大悲，悲心微弱的修行人不可能行持大乘法門，也會斷絕入正道的機會。在修學菩薩行時，初學者必須從發心開始，而發菩提心須修習慈悲喜捨四無量心，其中悲無量心也即大悲心尤為重要。所謂大悲心，即願平等拔除一切眾生的痛苦，如果不能具足悲心，在見到其他有情遭受痛苦逼惱時，也不願讚歎隨念大悲心，對苦惱者一點悲愍也生不起來，這種人要進入大乘法門，絕無可能。對苦惱有情如果無有悲愍，那麼他怎麼可能對那些無怙有情，以哀愍之心行持布施呢？而布施度是總集大乘所有修法的六度之首，是最為簡易的入門法，也是遍及六度萬行中的修法，此若不能圓滿，則其他更深之法也不可能趨入，故大乘行人的一切身財受用及所修的一切善根福德，皆要迴向施予所有眾生。佛陀於《華嚴經》中說過：大悲心是菩提之根本。《入中論》中說：「悲性於佛廣大果，初猶種子長如水，常時受用若成熟，故我先讚大悲心。」法王如意寶晉美彭措在馬來西亞弘法時，也曾將所有佛法歸納為三方面，即智慧、大悲心、信心；其他高僧大德在講法時，也無不強調大悲心。由此可見，大悲心於修行人何等重要！

譬如說，沒有悲心的強盜，看見盲人身上有些微賴以養命的資財時，也會無情地搶奪，而根本不會顧及盲人的悲慘處境與維生艱難等，這就是悲心微弱帶來的過失。又譬如說，有些人為了得到一雙破靴子，就會殺害他人，而破靴子價值相當低廉，實不應貪執，可是那些罪犯毫無悲愍，為了如此微小的利益，也會造殺人惡業。悲心微弱有如是過患，因而欲入自利利他之大乘菩提道者，當精勤修習增上大悲心，若能生起大悲，即可迅速積累資糧，趨入正道而得到證悟成就。月稱菩薩言：「何人於諸眾，如母具大悲，此人為成就，無怙能行施。」修行人若能對眾生生起如母之大悲心，則定能為了成就而精勤修習布施，饒益無依無怙的有情，如是則能迅速獲得圓滿二利的能力。

辛四、（不信菩薩的過患和應修信心的理由）分二：一、不信菩薩的過患；二、應修信心的理由。

壬一、不信菩薩的過患：

問曰：菩薩既有自在的大悲心，那麼不信或嗔恚大悲菩薩有何過患呢？

若有為利他，久住於世間，
間住尚有損，況真心起嗔。

若有為利他人而長久住於世間不入涅槃的菩薩，對他不去恭敬親近而安住不動者，尚會於今生後世有損害，更何況真心對他生起嗔恚呢？

悲心微弱有巨大過患，而悲心增盛者，有不可思議的功德。具足真實大悲心的菩薩，雖然證得了超越三界的涅槃果位，然而為了利益輪迴眾生，他不會住於寂滅涅槃之中，而是長久地住在世間，精勤不斷度化六道有情。這樣具大悲心的菩薩，若顯化在世間廣為利生事業，有人聽到時不起信心，不去恭敬供養親近依止，而是以一種平淡的態度安住不動，這種態度對他今生後世有很大損害，是一種有大過失的非法行。此如同拉薩城的老婦人終生沒有朝拜覺沃佛像一樣，唯是斷絕福德與得度因緣的惡行。雖然對大悲菩薩沒有誹謗等，但僅以不起信心的平淡疏遠態度，即有如是損害，那更何況對菩薩生起真實的嗔恚惡心呢？佛在《寶積經》、《曼殊室利遊舞經》等經典中說過：對菩薩生嗔恚，能摧毀百劫（或千劫）所積的福德善根。寂天菩薩也言：「博施諸佛子，若人生惡心，佛言彼墮獄，長如心數劫。」對這種過患苦果，諸多經論皆有論述，諸人應當加以重視。尤其作為凡夫，不知周圍誰是菩薩，誰不是菩薩，所以應以清淨心觀待，於任何人也不應起嗔恚惱怒。否則，若對方是具大悲心的菩薩，自己的過失苦果，也就不言而喻了。

譬如說，有一個養大象的人，一日別人將牛羊交給他放牧。一段時間後，那人來到養大象者的家，問：「你現在安樂嗎？」他回答：「有什麼安樂呢？前些日子風雨大作，大象全部損失光了。」牛羊的主人聽後，心裡想：「大象都沒有抵抗過暴風雨災難而死了，更況牛羊呢？」他一點也沒再問，就明白了自己的損失。同樣，若已明說了對菩薩不起信心尚有損害過患，那對菩薩起嗔恚惡心，其損害過患也就更不用說了。還有譬喻說，昔日有人出門，將一根木手杖用皮囊包好，寄存在一戶人家，過後他去取，問那戶主人說：「現在一切都好嗎？」主人回答：「一點也不好，老鼠鬧得非常厲害，你的手杖都被牠們吃光了！」那人聽後，即明白了言下之意：老鼠連木手杖都吃，更何況皮囊呢？同樣，於菩薩不起信心尚有損害，更何況起嗔心呢？月稱菩薩言：如果一個人損害了一切眾生，其過失無法言喻；而對菩薩生嗔恨心者，與此過失等同。因此，諸人當了知對菩薩生嗔恨心的過患，而謹慎防護自心，同時更應從中了知，修習大悲菩提心的巨大功德。

壬二、（應修信心的理由）分二：一、於行難行應修信心；二、思維菩薩無量功德而修信心。

癸一、於行難行應修信心：

問曰：菩薩在世上以何形象救度眾生呢？

若一切生中，常具足五通，
於劣現劣身，此乃最難行。

菩薩若於一切轉生中，能常具足五種不退轉的神通，而於應以劣身度化者示現劣身，這是最極難行之事。

大資糧道菩薩通過修持四神足，進入加行道位，菩薩即會具足天眼、天耳、神足、他心、宿命等五種神通，能以神通觀察後世與未來的情況，而且此後於一切轉生中，菩薩也能保持其饒益眾生的發心。此時如果以神通觀察到某些該以劣身度化的有情，其得度因緣已成熟，菩薩就會毫不猶豫地顯現下劣形象，度化惡道眾生。比如說有些菩薩以蝴蝶、水牛、豬、老虎、飛鳥等動物形象而行菩薩道，這些在《大密方便經》中有過論述，在眾多高僧大德的傳記中，也可經常見到，如麥彭仁波切說：「我死後不會有轉世活佛，而轉為飛禽野獸利益眾生。」法王晉美彭措也說：「我死後也許在新龍以狗的形象利益眾生，希望該地後代人記住（當地人喜歡打狗）。」自心已得自在神通的菩薩，他不一定安住在淨土，也不一定恆時顯現莊嚴身相，而是不斷隨因緣現出種種低賤下劣之身，以度化下劣有情，這種行為是一般人難以想像的難行，可是菩薩在不斷地行持著，因而理應生起信心。

譬如說，以前有一個國王，經常微服出遊，並且與一貧女相好，後來貧女生下一個菩薩轉世的男孩。男孩年齡稍長後，鄰居的孩子都歧視他，罵他是奴僕的兒子，連父親是誰都不知道。那名男孩便回家問母親：「我的父親是誰？別人怎麼都歧視我？」母親告訴孩子：「你的父親是國王。」「既然是國王，母親你應該讓他照顧，不讓別人欺負我。」「唉，孩子，我是低賤的貧女，如果去向國王說，國王肯定會翻臉不認，甚至損害我們！」貧女不肯答應孩子去國王處，但孩子一直哭求，母親心疼孩子，便不顧一切帶著他來到了國王面前。那時國王正坐在大眾中，貧女攜著孩子，用手勢告訴國王：這是你的孩子。國王發現後，覺得不好意思，便將身體轉向另一方。貧女在孩子要求下，又轉到國王正面，再次用手勢指指點點，國王又轉過臉，裝作沒看見。而男孩再三要求母親當眾說出來，不然國王不會承認，貧女雖然害怕，但是為了孩子，她壯著膽子，向國王說明了真相。國王果然大怒，命侍衛將貧女抓起來，準備毆打。這時那名男孩像鵝王展開雙翅一樣飛在虛空中，在空中跏趺而坐，顯示出種種神變後，問國王：「怎麼樣，我是不是你的孩子。」國王慌忙從寶座上站起，雙手合掌祈禱說：「你是帝釋天也會恭敬的尊者，何況說是我呢？」於是王子從虛空中下來，國王恭敬地請入王宮，後來王子以佛法調化了國王，使整個國家的人們都歸於正道。

還有一個公案說，有一菩薩以神通觀察到本地的狗將會受滅頂之災，於是立即變成一條狗，與城市外面的眾多野狗住在一塊。當時本地國王特別喜歡自己的馬車，有一天馬車上的皮帶被狗吃了，國王非常憤怒，命令將國中的狗全部關在一處，然後殺光。正在將狗趕在一處時，菩薩變現的狗走到了國王座下，國王一見更加惱怒，立即下令：「將這條狗抓起來殺掉，就是牠損壞了我的馬車！」狗不慌不忙地用人的語言說：「國王，你殺我也可以，但是我們先辯論一場，如果你贏了，你可以任意處置我，但我若贏了，你就不能殺我。剛才你說就是我損壞了馬車，你是怎麼知道的呢？」「怎麼不是你呢，這明明是狗啃壞的。」「皮帶是狗啃壞的，但狗不只是我一個，怎麼能以此而歸罪於我呢？」「正因為不知是哪條狗吃的，所以我要全部殺掉你們這些狗。」「國王，如果一條狗損壞了馬車，你就要殺掉所有的狗，那麼以一個人犯罪，國王難道不是要殺掉所有的人？」國王被辯得無法回答，明白了自己的錯誤，便將所有的狗都放了。菩薩為了救度有情而化現為下劣身相的公案，在諸多經論中皆有講述，月稱菩薩言：「為利劣有情，捨棄自享受，以悲趨惡道，此亦甚難行。」故諸見聞者，當對具大悲的尊者生大信心。

癸二、思維菩薩無量功德而修信心：

方便諸時中，久遠所集福，
如來說彼量，尚非遍智境。

菩薩以善巧方便力，於諸時中不斷饒益有情，如是在久遠劫中所積集的福德，如來說其量尚且不是遍智所能盡數之境。

具足善巧方便力的菩薩，他無需勤作即能任運饒益有情，於晝夜六時中，菩薩依清淨三門一切作為都可不間斷地利益眾生，如是在無數劫中堅持不懈，依此而積聚起不可思議的福德資糧。此處一般是指登地以上的菩薩，但有些利根的初發心菩薩，依猛烈的大悲心與大乘法門的殊勝方便，也可以於一舉一動之間修持利益有情的善法，恆時不斷地積累福德資糧。菩薩以如是方便善巧力不斷積累善根福德，而且於無數劫中恆常如此，因此其福德不可衡量，佛陀也說過：此等菩薩的功德猶如虛空無有邊際，尚非遍智所能盡量之境。月稱菩薩也言：「大海水滴數，山王如芥子，剎那能衡量，彼福非能量。」大海水滴的數量，須彌山王全部做成芥子許的小丸之數，以如來智慧能於剎那間衡量清楚，而對菩薩的福德，如來智慧也不能量盡。仁達瓦大師總結說：菩薩為什麼有無量功德呢？其一是因他對眾生具有無緣大悲心；二是發心無有限量；三是所度化的眾生無量。以悲心等無有邊際之善因，其福德果也自然無有邊際。

譬如說，凡夫眾生漂泊輪迴的時間無有始端，因而其輪迴時間無法衡量；同樣道理，菩薩的大悲發心如虛空一般無有邊際，如大海一般甚深不可測度，因此其福德也無法衡量。菩薩有如是無邊的福德，諸了知者當生誠信，為了使諸父母眾生得到利濟，自己也應積聚大福德，為此應毫無遲緩地趨入大乘菩薩妙道，修習大悲菩提心。

辛五、（能究竟圓滿菩薩行的理由）分五：一、欣樂布施之理由；二、呵責卑劣施之理由；三、能修一切行之理由；四、不希求獨自寂靜安樂之理由；五、能得殊勝身之理由。

壬一、欣樂布施之理由：

問曰：《本生經》等經典中，著重敘述了菩薩非常喜歡布施，但對戒律並無如是重視，這是為什麼呢？

施聲能顯示，死法及餘有，
是故於菩薩，施聲恆優美。

布施的聲音能顯示死亡、正法和餘有，所以對於菩薩，聽到施聲都會恆常覺得優美，以此自然於布施特別欣樂。

菩薩特別欣樂於布施，是因其不共功用而致。布施之梵語音為「達那」，它有三層意義：其一、死亡，因布施能顯示生際必滅的無常死亡，使人們認識這種規律；二、布施能顯示出財施、無畏施、法施三種殊勝的布施法，這三種布施法實際上包括六度萬行所有法門，其中財施可包括布施度，無畏施包括持戒度與忍辱度，法施包括靜慮度與般若度，而精進度是其餘五度的助緣，於每一度中均有含攝，故不必單獨宣說；三、達那有護持身口意三門使三業清淨之意，如三業清淨，修行者自然會超越三有輪迴，隨欲往餘有受生。仁達瓦大師等釋「餘有」為佛果，修行者依清淨三門之因，而於將來獲得餘有——佛果。以布施有顯示死亡、正法、餘有之功用，所以菩薩對布施的聲音語言，會覺得非常優美而恆常讚歎，由此於布施行，自然樂於行持，而且會不畏一切難行而持之不懈，以求究竟圓滿地利樂有情。

譬如說，已判死刑的囚犯，若聽到法官宣告釋放之語聲，內心即會生起無與倫比的喜悅。同樣，布施的聲音，實際上也是宣告輪迴牢獄中的眾生，可以依此正道而往餘有受生的釋放之聲，視眾生如己身的菩薩，聞之怎能不生喜悅呢？《入中論》裡說：「彼等所求諸受用，滅苦之因皆施生……且如佛子聞求施，思維彼聲所生樂，聖者入滅無彼樂，何況菩薩施一切？」月稱菩薩於本論大疏中也言：「施者與取者，也獲安樂故，菩薩於施聲，恆時生歡喜。」能了知現見布施的功德，大乘修行者即能恆時歡喜於布施，以此精勤也定能圓滿布施度。

壬二、呵責卑劣施之理由：

問曰：為什麼菩薩的布施有如是無量功德，而一般人的布施卻沒有呢？

若謂今行施，當感大果報，
為取而捨施，如商賈應呵。

如果認為現今行布施，當來能感大受用果報，這種想法是為取得實有果報而捨施，猶如商賈為取財利而捨商品，誠應受聖者呵責。

布施應在菩提心攝持下，為了利益一切眾生，以量等虛空一樣的發心而行，如是以大悲智慧而行施，其發心無量故，福德也無邊際。如果不如是而行，在布施過程中有能施所施執著，而且心有希企，這種布施是智者所呵斥的卑劣施，也沒有真實的大福德果報。一般凡夫行持施捨等善法，其發心往往帶有自私自利成分，比如說有人現在布施錢財，其目的在於獲得今生的名譽、地位、別人的報答恩德，或為了後世異熟果報等，這種布施表面上雖然也是善法，然而以佛法的標準來衡量，其實只能算是一種卑劣的有漏善法。這種布施實有所取和所捨，就像商人買賣商品一樣，為了得到錢財而為別人供給商品，其發心實無賢善可言。修行人在布施時，如果執著為自己得安樂，為自己得到某種果位，這是不清淨的發心，不可稱之為真布施。於此呵責這種卑劣施，其意在說明大乘修習者應當如法地行持布施。月稱菩薩說：「以悲心行施，不求其果報，無嗇而捨施，聖者應讚歎。」聖者所讚歎的布施，應是毫無吝嗇，不求世間果報，唯以大悲心而行的布施，這才是大乘修行人應當修持的無量布施。

譬如說，有人將自己的資具送給他人，其目的是為了讓他人回報一些錢財，自己甚至想得到更大的好處，這種發心和行為當然不能稱為善法，也不會有福德果報；同樣，若以有所求的發心而行施，這種布施唯是卑劣施，不能稱之為大乘六度中的布施善行。諸修學者，應切實注意，若要趣入大乘布施法門，首先必須淨除自心煩惱生起大悲心，而後方可真實行持大乘的無量布施。

壬三、能修一切行之理由：

問曰：如果相續中有宿罪，自心無法清淨，那又怎麼能以清淨三門而修布施等善法呢？

若昔所作惡，有亦成非有，
彼具善業者，無有不能辦。

如果菩薩已生起大悲菩提心，往昔所作罪惡縱然有一些，也會成為非有；彼等具有大善業力的菩薩，於利他善法無有不能成辦者。

菩薩在沒有入道前，作為無始漂泊於三界的眾生，他無疑也會有一些宿罪。這些罪業在沒有完全清淨前，必然會存於其心相續，因而菩薩雖然有利益一切有情的發心，而他的相續有罪業，又如何能行持三業清淨的布施等善法呢？昔日所造罪業固然是有，但是菩薩通過發菩提心修菩薩行，積累了巨大福德，由此而滅除了粗猛的罪障，如《入菩薩行》中所言：「菩提心如劫末火，剎那能毀諸重罪。」因此這些罪業都會成為非有。修習大乘菩薩行者，以前因放逸產生的一些罪業習氣，現在依正知正念來防護，完全可以遠離，如同《親友書》中言：「先時離謹慎，後若改勤修，猶如雲翳除，良宵睹明月。孫陀羅難陀，央具理摩羅，達舍綺莫迦，翻惡皆成善。」如是勤修小乘正法尚有如此功效，若能精進修持大悲菩提心，更會如同明月離雲翳，使微弱罪業不能再作覆障，因自相續已具足菩提心的巨大福德智慧光芒故。

譬如說，稍許鹹鹽存在於恆河之中時，不可能將河水變成鹹味；同樣在菩提心的大善根前，小小罪業無法轉變或毀壞善業力，菩提心如同太陽，一旦於自相續的虛空中升起，罪障黑暗再也無法存在而阻止善業的進行。月稱菩薩言：「如少鹹鹽水，不變恆河味，應知罪惡微，諸善極廣大。」因此應知大悲菩提心的巨大功德利益，若能真實生起，則能順利無難地克服罪障，圓滿諸善法。

壬四、不希求獨自寂靜安樂之理由：

問曰：諸聖者菩薩如果已不隨業煩惱流轉生死，此時為何不入涅槃呢？

大勢心意者，此間亦無損，
故彼視三有，涅槃無差別。

心意具有隨順法性之大力者，住在世間亦不會有生死煩惱損害，因此他們視三有輪迴與涅槃沒有差別。

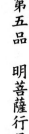

大勢心意者指登地以上的聖者菩薩。聖者菩薩已證悟諸法本性，其心意已獲得勝義菩提心的妙力，這種力量是隨順事勢理的巨大力量，菩薩依此可以住於三有而不受生死煩惱損害，恆時自在度化眾生而不為任何痛苦煩惱所障礙，如《普賢行願品》中所說那樣：「猶如蓮華不著水，亦如日月不住空。」《經莊嚴論》中也說：「觀法如知幻，觀生如入苑，若成若不成，惑苦皆無怖。」自心已得自在的菩薩，已證得大平等實相義，因而「智不住生死，悲不住涅槃」，雖已超越了生死，但在大悲心推動下，為了利益輪迴中的父母眾生，他不會獨自趣入寂滅涅槃，而是長久住於世間，精勤饒益有情。雖住世間，菩薩也無生死煩惱，在其心境中三有輪迴與涅槃實際上毫無差別，《三昧王經》中說：「以智知蘊空，不隨煩惱轉，名言中觀察，此世住涅槃。」菩薩以智慧了達五蘊皆空、輪涅平等，那時菩薩即能無礙地住於輪迴，不斷地饒益苦惱眾生。

譬如說，一個母親有獨生子，孩子生病時，母親會日夜看護著，從不厭倦，也不計自己的苦樂。同樣，菩薩愛護三界一切眾生如同慈母愛獨子一樣，在眾生的輪迴煩惱痾疾未愈之前，菩薩始終不會獨自趨入涅槃。月稱菩薩言：「具有十自在，彼等已了知，世間與涅槃，無有少差別。」菩薩具如是證悟智慧，所以在大悲催動下，完全能做到不希獨自寂滅之樂，而恆時住在世間饒益有情。

壬五、能得殊勝身之理由：

問曰：菩薩獲得勝義菩提心後，為什麼能自在圓滿一切事業呢？

若誰一切時，從心自在生，
何因彼不成，一切世間主。

如果誰獲得了登地果位，就能於一切時中隨心自在而顯現，那麼他有什麼原因不能成為一切世間主呢？

菩薩生起了勝義菩提心後，由心得自在故，獲得了十種自在，即壽命自在、心自在、財自在、業自在、生自在、願自在、解自在、如意自在、智自在、法自在。一地至七地之間是相似的十種自在，八地至十地之間是真實的十種自在，最後獲得佛果時，是圓滿的十種自在。菩薩獲得了十種自在後，即能隨意顯化於世間，旋轉不可思議的度生法輪。以具備了如是的大自在威力故，菩薩還有什麼原因不成為圓滿利益一切眾生的世間主呢？一切世間主指如來果位，或者也可釋為世間轉輪聖王等尊主。菩薩有隨意受生自在等功德，在強烈大悲心催動下，他必然會以最有力的方式利益廣大眾生。對人天有情而言，有時菩薩以普通凡夫眾生的形象無法度化，或者無法廣大饒益引導他們，因而已得十力自在的菩薩，他自己雖無勤作分別，然而在有福緣的眾生前，會經常顯化為大法王、轉輪聖王或欲界色界的天王等，以殊勝身相引導有情。

譬如說，摩尼寶和如意樹，本身無有任何分別執著，但是依眾生的福報和祈求，它們會化現種種財寶衣食饒益有情。同樣，已得十種自在的菩薩，也是世間最為珍貴的如意寶，他們本身雖無勤作戲論，然而應不同眾生祈求，也可變現種種身相利益廣大有情。月稱菩薩言：「何人心清淨，具有福德力，此人以何因，隨意不利眾？」實無有任何因由也。

己三、成立佛果是遍智的理由：

問曰：修菩薩行的果為什麼會是遍智呢？

世間亦現見，從勝出最勝，
故不思議力，應知亦定有。

世間人也能現量見到，從殊勝因即能出生最殊勝的果，因此由不可思議的菩薩福智妙力，應知不可思議的如來遍智力，也決定會有。

菩薩由發菩提心始，於三無數劫中積集無邊無際的福德智慧資糧，由此完全可以推知，其菩薩行的果——佛果一定會是遍智，這是一種無欺規律。一般世間凡夫也可現見，從勝因即能出生勝果，或者說世間萬事萬物中，殊勝之中有最殊勝之法。比如從人的種姓而言，最殊勝者有樂於寂靜善法的婆羅門，六道之安樂生處中有最殊勝的有頂天，眾多高山中有最高的須彌山王，賢善君王中最勝的為金輪聖王；同樣，於眾多修習善法的正士中，最殊勝者是遍智如來。如來於因地中，以三無數劫修廣大菩薩行，積集了不可思議的福德智慧資糧，由此勝因即能生出殊勝的遍智果。菩薩於初地時，能於剎那任運見百佛剎，知過去百劫與未來百劫之事，同時思擇百種法門等具十二類功德；而至二地時，菩薩功德增上為千數，至三地時，增上為十萬數……如是層層增上，至佛位時，智慧功德最為圓滿，成為一切智智，智慧無礙遍照一切所知法。依此推理，即能決定了知菩薩行的圓滿果位是遍智。

有些外道說：佛陀（有法）非遍智（立宗），是士夫故（因），如趣入各道之人（喻）。這種推理不能成立，以因明推理觀察，其諍依有法（佛陀）與所立法（非遍智）是一體還是異體？若是一體，則不能成立所諍事與所立法，因二者一體，就像瓶子不能成為瓶子的差別法，也即不能說瓶子不是瓶子。若有法與立宗二者異體，那也不合道理，因二者是不同異體法，就像瓶子與柱子，如果推證瓶子非柱子，這種說法毫無意義。從另一方法觀察，外道以「是士夫故」的因，想成立其立宗，那麼非遍智與士夫是一體還是異體呢？是一體即不能成立為因；是異體，則宗與因毫無關係，如是也無法成立其推理。再以同等理破析，按外道宗所言推理，我們也可回擊：汝吠陀宗所立聲為常有是非量，以聲故，如瘋狂者之聲。因為外道在前面所立「佛陀非遍智」之推理，沒有分開總體與別體，於此也以同等理回駁，以破壞其「聲為常」之宗。再舉一例，也可說：汝等外道非婆羅門，有手故，如捕魚人。如果外道不承認這種推理，那麼其「佛陀非遍智，是士夫故」，自然也不能成立。如是錯誤的邏輯推理，存在於許多人的相續中，諸對上師三寶疑惑不生信心者，往往是以這類似是而非的推理所致。因此諸人應力察相續中的謬誤，而反覆思維這些妙法，以因明推理建立從勝出最勝，佛陀是遍智，三寶是究竟皈依處等信心。

譬如說，昔日有一比丘到某地去看自己的上師，途中住宿於一貧窮的施主家，當時那位施主虔誠地將家中唯一的一瓶酥油供養，塗抹於比丘腳上（按古印度習慣，比丘外出皆是赤腳，腳掌皮膚容易開裂受傷等，故有以油敷足的習慣）。第二天，本地國王知道了這位比丘的到來，對他生起信心而想供養，比丘即吩咐國王以一百瓶香油送給了那位施主。施主以誠心供養一瓶油的福德，即產生了得到一百瓶油的現世果報，更況大菩薩有三無數劫的大福慧資糧，以此有何理由不能產生不可思議的如來遍智力之果呢？或者可理解，窮人與國王都要恭敬比丘，可見比丘的殊勝；而比丘也要恭敬比自己更為殊勝的上師，其上師也有其供養頂禮處，如是有一層層福德更為殊勝者，最頂點之勝者即是佛陀。月稱菩薩言：「本非現量境，亦以現量知，不應說無此，勝中最勝故。」佛陀是遍智，本來不是一般人的現量境，然而仍可以用現量來成立，所以不應說無有勝中最勝處的遍智佛陀。

己四、劣慧小乘怖畏大乘的原因：

問曰：為什麼小乘行者都畏懼大乘法，而不敬信修習大乘菩提道呢？

如是甚深法，愚夫生恐懼，
如是劣根者，怖最希有法。

猶如對如是甚深法義，愚夫會生起恐懼，同樣勝解根器低劣者，會怖畏最極希有深廣的大乘妙法。

有許多士夫怖畏大乘深法，是因他們的勝解根器下劣。此處所言的甚深法，可理解為甚深緣起空性法；而最希有法，指廣大甚深的六度萬行，即難捨能捨、難行能行的大乘菩薩所行持之法，與佛陀深廣不可測度的智慧功德。世間愚夫，他們愚昧無知實執深厚，心量智慧狹窄，一旦聽聞到能作所作皆為緣起無自性的空性法門，如五蘊皆空，內無眼耳等六根，外無色聲等六塵的這些法語時，他們無法接受，甚而生起恐懼之心。同樣道理，有些人根基十分鈍劣，他們恆時執持自己卑劣的境界，即使已入佛道，他們對最極希有的深廣大乘正法及佛陀不可思議的智慧功德境，也會生起畏懼之心。如對大乘菩薩所修的六度萬行，三無數劫積資度生的難行，佛陀的四無畏、十八不共法等功德，劣慧者聽後，以凡情或小乘行人之證境去測度衡量，結果不但不生信心，反而視為可怖之處，難以接受。

譬如說，昔日有國王名叫身聖，有一次他去野外遊覽，偶爾見到一名獸行外道與野獸作不淨行，由此而認為修行人都是不如法的下劣者。而且從此之後，他對佛教沙門也生起了邪見，認為外道苦行者雖百般苦行尚會如是貪欲深重，而佛教修行人一點也不苦行，天天衣食無缺過著優裕的生活，他們的行為肯定不會如法。他擔心這些沙門進皇宮與王妃有染，於是下令沙門一律不准進皇宮王城。這其實是他愚昧無知，不知內道與外道有根本差別，獸行外道是秉持邪見而行邪法的外道，內道是依循人天導師釋迦牟尼佛所指引的解脫正法而行，而身聖國王因愚癡不解，以自己的狹隘卑劣之見，對合理正法也生起了恐怖心。同樣，愚劣少慧者，因自己執持著低劣見解，對最極希有甚深的妙法也會生起畏懼，月稱菩薩說：「廣大甚深法，多從大乘說，愚癡劣根者，對此生恐懼。此法非愚者，劣者之行境，佛說此深法，乃佛佛子境。」故欲悟入甚深廣大法義者，當依教奉行大悲菩提心要之法。

第五品釋終

第六品　明斷煩惱方便品

戊二、（明斷菩薩行的障礙——煩惱之方便）分二：一、破許逼身苦行能斷除業煩惱；二、明斷煩惱之方便。

己一、破許逼身苦行能斷除業煩惱：

問曰：欲度脫輪迴生死，即應斷除其因——業和煩惱，而佛教沙門接受高大寬敞的房屋精舍和百味飲食等供養，顯然不應理。因為享受這些安樂資具即會增長貪欲，所以必須如同外道宗派一樣，斷除這些貪欲的所依境，依身體受寒熱飢渴逼惱等苦行，來斷除業和煩惱。

由樂增長貪，由苦增長嗔，
若樂非苦行，苦何為苦行。

由安樂享受能增長貪欲，而由苦惱逼迫即會增長嗔恚，如果說身受安樂非斷除業煩惱的苦行，那麼身受苦逼又為何是苦行呢？

外道所謂的苦行，實非能斷除業和煩惱的正法，因而內道修行人不應依止。若依苦行外道所說，身體接受住房、衣食等資具受用，即為享受安樂，會增長貪欲，為斷貪欲煩惱應遠離這些樂因；那麼同樣道理，身體上的苦受，實際上是增長嗔恚的因，比如說身體被他人撞痛了，你會立刻由此而對他生嗔怒責怪，沒有穿沒有吃感受冷凍飢餓時，人們即會對有吃有穿者生起嫉妒惱怒等等，因而苦受也是增長煩惱的因，理應以樂受解除。如果是這樣，為什麼說只有苦受是斷除業和煩惱之因，而樂受非苦行不是斷除業煩惱之因呢？外道認為斷除業煩惱應依苦行，又說身體樂受非苦行，而樂受卻是苦惱嗔恚的對治，若不許此為斷煩惱之苦行，那麼苦受依何理由成立是苦行呢？如是觀察，即能推翻外道的觀點。應知在內道中，能摧滅煩惱之正法即名苦行，而且必須注重依止內相續中的正見，並非僅依外表行為逼迫身心五蘊，由此可見，外道逼迫身體的行為其實並非苦行。世尊為了遮止修行人的貪欲，而授予了十二頭陀苦行的息貪方便助緣，為了遮止嗔惱熾盛的修行人生嗔恚，即授予良好的飲食、法衣等安樂資具，依外境助緣方便輔助修行者息滅嗔惱。在此必須注意，歷代高僧大德們皆讚歎依各種苦行而修正法，是為了迅速消除相續中的煩惱罪障，而依外境方便為助緣磨礪自心智慧使之明利，因自心智慧是斷業惑之正因，若內心不能依止殊勝的無我智慧，外表行為再艱苦，也非內道所承認的苦行。

譬如說，通過壓榨甘蔗才能得到甜美的蔗糖；同樣，欲要除去業和煩惱，獲得甜美的解脫安樂，也需要依靠正確方法，修煉業惑皮殼所遮蓋的自心智慧，才能真正從中得到正見智慧，獲得自在安樂。月稱菩薩言：「外苦內愚癡，苦行非真實，否則禽獸等，何不成苦行？」諸修行人當依如是殊勝教言，而明了修習斷煩惱的方便，是必須依止方便智慧雙運正道，切勿誤入如禽獸之苦行外道歧途。

己二、（明斷煩惱之方便）分二：一、斷現行煩惱之理；二、斷除煩惱種子而修習對治之理。

庚一、（斷現行煩惱之理）分三：一、總示斷除三毒之理；二、別說斷三毒之理；三、分別闡述斷貪嗔之理。

辛一、（總示斷除三毒之理）分五：一、應知三毒的作業；二、必須斷三毒的理由；三、明貪嗔不同之喻；四、攝受有貪嗔弟子之理；五、了知生煩惱的次第後依止對治。

壬一、應知三毒的作業：

問曰：貪嗔癡三毒各有什麼樣的危害作用呢?

貪業能攝集，嗔業起鬥爭，
癡業能增長，如風於大種。

貪欲的作用能攝集有情及財物；嗔恚的作用即是興起鬥爭；癡的作用能增長貪嗔諸毒，就像風大對諸大種能遍及推動增長作用一樣。

欲斷貪嗔癡，必須先明各個之作業功用，也即先要了知其危害作用。有情眾生的煩惱細分有八萬四千乃至無數種，而總結起來可以包括在貪嗔癡三毒之中。其中貪欲，有攝集情器諸法的作用，比如說人們見到某有情或某器物，內心立即生起想得到的欲念，這種希求外境之心，即是貪欲心。針對貪欲的這種作業或功用，大小乘佛法相應提出了對治法。如小乘的不淨觀，以了知所欲境的不淨名言本質而壓制貪念的相續現行，從而遠離眷屬和受用；大乘行人以觀察貪欲境與貪欲念的本質，了知它們如幻無自性，以此而斷除貪欲煩惱。嗔恚的作用即是興起鬥爭，它是對某種不合意境的厭惡捨離之心，比如人們都厭惡疼痛，一旦某種境給自己帶來痛覺時，即會生起惱怒，與之作鬥爭以求平息或遠離。因此對治嗔恚，需要修習慈心忍辱，而且以合意的宮室衣食語言等，輔助調柔內心的粗惡分別念。愚癡是一種不明事理蒙昧無知的心態，其業用是增長貪嗔等煩惱，由於它的作用，眾生不明貪嗔的本質、禍患及對治，反而助長鼓勵貪嗔等煩惱。對治癡毒的方法，於小乘中主要順觀逆觀十二緣起，於大乘中修緣起性空，以無二智慧了達世俗諦與勝義諦的本性，徹底斷除無明癡心之根。此癡毒根一旦斷除，貪嗔煩惱即會自然息滅，猶如四大種中風大已除，其餘大種也會死寂無動一樣。否則，只要癡毒不斷，其餘貪嗔煩惱一定會不斷增長，如同風大存在時，火大在其作用推動下會更加熾盛，水大也更加活躍，地大也會不斷運動發展。因此，修行者必須如是明了三毒之各個行相，才能有效地以對治妙法斷除其危害。

譬如說，海中的鯨魚非常有力，若咬住了人或船，很難讓牠鬆口放棄，但是如了知其習性，施以火攻，牠立即會放棄而逃。同樣，貪嗔癡三毒對眾生的危害攻擊非常凶猛，一般人很難斷除，只有以本師釋迦牟尼佛所賜予的殊勝智慧之火，才可徹底降伏。月稱菩薩言：「貪心攝愛欲，嗔心毀慈悲，無明愚癡者，不知其過患。佛陀所說法，此乃最究竟，唯有智慧故，泯滅諸煩惱。」如是依世尊所教之究竟智慧，了知三毒煩惱敵的詳情，後施以妙法，方可「知彼知己，百戰不殆」，將煩惱徹底摧伏。

壬二、必須斷三毒的理由：

問曰：既有對治三毒的方便，又為什麼要斷除它們呢？

不會故貪苦，無助故嗔苦，
無知故愚癡，由彼不達彼。

不能會遇所愛境故生貪苦；欲捨離對境而無助力故生嗔苦；不知無我理故而生愚癡苦，由於它的蔽覆所以不能了達彼等貪嗔是苦。

貪等三毒雖有對治方便，可令彼等暫時不現行，但是仍需進一步努力，以徹斷其根，因三毒只要存在，即會引生諸多苦惱。其中貪欲所生苦，即是有情貪求某種悅意境，不管是有情或器物，如果得不到滿足，即會生起求不得的痛苦；而貪欲本身有永不滿足的特性，故有貪欲者，這種欲壑難填的痛苦即無止息之時。再說嗔苦，其來源是因厭惡某對境，自己想摧伏遠離它，卻又得不到力量幫助以達到目標，因而生起不堪忍受的苦惱。然後癡苦，即是由愚癡不知正理而引生的煩惱痛苦。本來一切法之名言本性為無常、不淨、苦、無我，勝義中為離戲大空，由於愚癡無明，有情不知其實相，因此生起貪執、嗔恨、嫉妒等煩惱，引生種種痛苦。而且由於愚癡的障蔽，凡夫有情無法了達貪嗔癡煩惱是痛苦的真相，無由認識諸法本面而息滅痛苦。

譬如說，昔日有窮人偶然見到了美豔的王妃，即生起猛烈的貪欲，然而其貪求無法實現，這位窮人由是而飽受了貪求不得的苦惱；在漫長的求不得過程中，他經常覺得自己孤苦無援，無法達到目標，由此常常大發憎恨，恨天怨地，飽受嗔恨苦惱；他想求得王妃的貪念，實際上也是以愚癡無知而起，而且因愚癡障蔽，這位窮人始終不知貪求王妃是愚昧之舉，也不知此是引生痛苦之舉。因此可見，如有三毒存在，痛苦即無由止息，月稱菩薩言：「因自無緣分，一生求不得，此人在無有，更大苦惱矣！」故當思維貪等三毒過患而生起徹斷之決心。

壬三、明貪嗔不同之喻：

問曰：如癡與貪或嗔能相遇而同時生起，是否貪嗔也能同時生起呢？

如現見痰病、膽病不俱起；

如是現見嗔，與貪不俱起。

猶如現量見到痰（涎）病與膽病，不會同時於一有情身中生起；同樣可以現見嗔恚與貪欲不會於一相續中同時生起。

癡毒與貪或嗔煩惱能同時於相續中生起，但是貪嗔二毒不一樣，它們二者不會於一相續中同時生起，對此必須明了，以便確定分別對治的方便。貪嗔二者於一相續中不同時生起的情況，以比喻而言，如同痰病與膽病的不俱起。按內道醫典的觀點，人類所有疾病總分風病、膽病、痰病（或涎病）三大類，膽病是由火大失調而引起的疾病，痰病是由水大失調而引起的疾病，由於二者性質相反，所以膽病、痰病不會在同一身相續中同時生起。生有膽病者，同時不會有生痰病的現象，而有痰病者，同時也不可能有膽病發作，這是現量可見的事實。同樣，一補特伽羅心相續中，在現前粗大嗔恚煩惱同時，不會有貪欲的現行，現前貪欲的同時，也不會有嗔恚。因貪心所緣的是悅意可愛境，嗔心所緣的是不悅意之境，二者行相、本性都相反，所以不可能同時在一相續中生起。

譬如說，以前有一個人，他想把水和火裝在一個瓶子裡，然而絞盡腦汁也沒有成功，實際上也不可能做到，因為水火二者性質相反，不可能相容；同樣，貪心和嗔心不可能在同一補特伽羅相續俱時生起。月稱菩薩言：「如火生膽病，水大生痰病，此二不俱起，貪嗔亦復然。」以此應明了貪嗔不俱起的行相，而選擇不同的對治方便。

壬四、攝受有貪嗔弟子之理：

役貪如奴僕，不愛治彼故；
敬嗔如事主，愛敬治彼故。

應役使貪者如同奴僕，因為以不愛護的方法才可對治他的貪心；應敬重嗔者如同承事主人一般，因為愛敬可以對治他的嗔恚。

了知貪嗔煩惱不同時俱起後，在攝受調伏貪嗔弟子之時，應依不同方便。在修行者之中，由往昔因緣不同，各人的煩惱或云根器不一，有的人貪心重，有的人嗔心重等。對貪心重者，菩薩不應以愛護而應該以嚴厲的方式攝受，像役使奴僕一樣讓他不斷受到不悅意境磨礪，比如讓他幹粗重的工作，著敝衣，食粗糙的食品，住陋室等，以此有效地抑制其貪心，再以妙法疏導，雙管齊下，方能收效；對嗔心重者，應以愛重的方式溫和攝受，就像承事主人一樣，首先盡量不讓他感到委屈，衣食住等各方面善加照顧，以愛語利養漸漸使其粗硬的嗔恚習氣軟化，然後才能進一步調伏，否則，以調伏貪者的方式對待，不但不會起好作用，反而會激起他更大的嗔心。故應善加辨別抉擇，而後因機施教，使弟子得到恰當有效的引導，迅速調伏煩惱步入正道。此處雖言上師攝受弟子方式，然諸人在與親友等交往或調治自心煩惱時，皆可依循。

譬如說，以前有一浣衣者，養有一頭毛驢，他要出門辦事時，為了不讓驢到處亂跑惹麻煩，便用皮鞭嚴厲鞭打調教，使毛驢規規矩矩聽從使喚；回家後，浣衣者便用上好飼料餵養毛驢，精心照料牠，使毛驢對主人平息畏懼嗔惱之心。同樣，上師在攝受弟子時，針對其不同根器，或以嚴厲或以溫和方式對待，如是則能有效地調伏弟子的相續，使之順利入道。月稱菩薩言：「上師以智慧，攝受弟子已，能止弟子過，愚師非如是。」上師以智慧方可攝受弟子，制止其煩惱，否則愚癡無知，不可做到如此。諸大乘修行人，當潛心修學這些竅訣。

壬五、了知生煩惱的次第後依止對治：

問曰：上頌說了對治貪者嗔者的方便，但是在同一相續中，有時貪心重，有時嗔心或癡心重，那麼這三毒在同一相續中以什麼次第而現起呢？

初時愚癡生，中間起嗔恚，

末後生貪欲，每日三時起。

一日之初時人的愚癡易生，中間容易生起嗔恚，末後晚上容易生貪欲，每日早中晚三時會生起不同煩惱。

在同一相續而言，貪嗔癡三毒也有不同興起之時，修行人也應明了此規律而善加對治。一般而言，人們在夜裡需長時睡眠，睡眠也是一種癡煩惱的體性，至早晨醒來時尚未享受完故，其癡毒極易生起而障蔽相續，使人不知不覺陷入癡惱之中；然後到了中午，經上午的奔波勞碌，飢渴寒熱逼迫，此時嗔恚極易生起；到了晚上，因白天的事情已完成，身心放鬆，沐浴進食之後，以長期的惡習氣串習，此時貪心極易生起。應如是詳察每日三時的煩惱，並依精進不放逸對治之。堪布阿瓊說：首先應觀察了知，清楚其生起時間次第後，而後再依妙法分別對治，這種修法非常重要。作為修行者，若不能了知自相續中煩惱生起的次第，極易為煩惱擊敗而失壞善法，因而對此應切實依教言觀察清楚。

譬如說，以前有一個則打嘎國王，他對身邊的婆羅門大臣說：你如果申請，我可以給你一百瓶香油，婆羅門大臣聽後，非常歡喜，這種歡喜是一種愚癡的行相；中間在提申請時，國王對他百般考問，婆羅門由此而很不滿意，內心生起嗔惱；但最後國王如願賞給他一百瓶香油，他又生起了貪愛。同樣道理，人們在早上時，對自己所計劃希求之事有一種愚癡心，白天在勞碌追逐時，即會因種種困擾而生嗔恚，到晚上得到時，貪心便會熾盛。諸修習者當針對已知的煩惱次第，而施設不同的對治方便。正如月稱菩薩言：「當知惑次第，修持對治法，方能治煩惱，如醫治疾病。」

辛二、（別說斷三毒之理）分三：一、斷貪之理；二、斷嗔之理；三、斷癡之理。

壬一、（斷貪之理）分二：一、貪雖似親實無益故應斷；二、了知生貪的因緣差別後則應斷除。

癸一、貪雖似親實無益故應斷：

問曰：貪心能為自己帶來安樂，如同幫助自己做事的親友一般，為什麼要斷除它呢？

貪非親似親，汝於彼無畏，
人於無益親，豈非特應離。

貪欲並非親友卻表現得像親友一樣，因而你對它一點也不起畏懼，可實際上人們對無益的親友，難道不是特別應該遠離嗎？

貪欲不同於嗔恨煩惱，它有著巧妙的偽裝，使人無法認識其危害性。在一般人看來，貪欲就像親友一樣，賣力地為自己攝集種種安樂受用，對這樣的貪欲心，又有什麼必要畏懼而捨棄它呢？這種想法極不合理。以比喻說，世人經常會遇到這類所謂的親友：初交之時非常親密，表面上也會為自己帶來許多利益，而實際上，這種親友最後為自己帶來的卻是巨大過患，將自己推入犯罪等種種危險境地。如果是有智慧者，一開始即應發現這些親友有害，而迅速捨棄，因為他們比外敵帶來的傷害更為嚴重。同樣，貪欲表面上好像是親友一般，而實際上它是極為有害的煩惱賊，若不能明辨是非好壞，極易為之蒙蔽。俗話說「家賊難防」，偽裝隱藏於自相續中的貪欲實際如同家賊一般，表面上是為自己帶來安樂的親人，而它會不知不覺讓人深染貪毒，失散福德善根，積聚貪欲惡業，以此於今生後世不得不遭受極大苦果。因此應勵力認識貪欲的過患，如同驅逐家賊一般，毫不猶疑地捨棄它。

譬如說，以前有一個賈森國王，有次在森林中偶然見到一仙人與母鹿作不淨行，他覺得那個仙人很不如法，便朝他射了一箭，中箭的仙人生起了極大嗔惱，對國王詛咒言：願你與妻子做不淨行時，也如是受苦死亡。國王知道仙人的詛咒非常靈驗，不由十分恐懼，立即遠避女人到深山修道，過了多年後，王妃一天來找他，當時正值黃昏，落日餘暉斜照在盛妝的王妃身上，一時豔光四射如同天女，國王看得眼花繚亂，心醉神迷，不知不覺將仙人的詛咒忘了，對王妃生起了猛烈貪欲，而與她作不淨行，結果當下死亡。同樣，人們不識貪欲過患如同國王忘記仙人詛咒的危害一樣，雖當時不識，然而其過患並不會因此而失去。月稱菩薩言：「如人棄今生，不用無義事，自己當盡除，如似親貪欲。」若人捨棄了今世，即不用此無義之事，因而自己當盡除似親友之貪欲。

癸二、了知生貪的因緣差別後則應斷除：

問曰：貪心是否都易斷除呢？

貪有從因生，亦有從緣起，

從緣所起貪，易糾治非餘。

貪欲有些是從往昔串習的同類因生起，也有些是從外境的緣生起；從緣而起的貪欲容易對治糾正，而其餘從因所生的貪欲不易斷。

貪心不一定都容易斷除，也不一定都難以斷除，因各種貪心生起因緣不一樣。各種各樣貪心總結而言，可以分為兩種：以因而生的貪心，從緣所起的貪心。從因而生的貪心，即有情往昔數數串習貪欲，在自相續中形成了頑固的貪習，由此為同類因而在現今也會經常生貪心。例如一般鴿子之類飛禽的貪心特別熾盛，如果牠們轉生到人道，仍會保持著原有習氣，貪欲十分強烈。從緣所起的貪心是以外境為緣而偶然生起的貪心，因忽然的外境而引生非理作意，由非理作意而暫時生起貪欲。這種貪心容易對治，比如有些人忽然見到某種希有的外境，依靠外境助緣，他生起了一種貪求心念，而離開這些外境緣，其貪念即會自然消失，因此對治糾改比較簡單，也很容易收到效果。但是其餘內因生起的貪心，對治起來就不一樣了，它是長時串習而成的頑固習氣，僅依離開外境不能收到效果，而必須依空性智慧深入內相續，才可斬斷它的根。

譬如說，鳥雀在空中飛翔時，必須展開雙翅才能飛起來，如果缺少一翅，鳥雀即不可能飛動；同樣，緣所起的貪心只要離開外境，即不可能再活動。但是因所生的貪心就不可能這麼簡單了，它如同飛禽的內在生命力一樣，只斷其翅，其生命仍會生生不息。月稱菩薩言：

「緣生諸煩惱，精勤易糾治，自性諸煩惱，精勤難斷除。」因此，諸修行人應明察自續中的貪欲，仔細區分其種類，而施以不同的對治方便。

壬二、斷嗔之理：

問曰：嗔恨心有什麼過患，以何方式而斷除呢？

嗔恚極堅固，定惡作大罪，
知如是差別，當盡煩惱際。

嗔恚是相續中極為堅固難捨的煩惱，它決定是有害惡法，能作極大罪業，了知如是差別過患後，應當斷盡嗔恨煩惱之邊際。

嗔恚是一種極其堅固的煩惱，一旦生起，即於某種對境執恨不捨，一般人極難頓然平息，這是嗔恚的行相。而其性質，是「定惡」，即決定為不善惡法，自相的嗔恚無論在何種狀態下，它都決定會是惡業，是三乘修行人必須斷除的不善法。然後其過患，是「作大罪」，即必然會損害善根福德造作大罪業，《佛遺教經》中說：「劫功德賊，無過嗔恚。」月稱菩薩於《入中論》也言：「若有嗔恚諸佛子，百劫所修施戒福，一剎那頃能頓壞，故無他罪勝不忍。」如是了知嗔恚的行相、性質與巨大過失等差別後，修行者即可依此生起對治之心，及了知對治方便。大疏中云：先認識嗔心差別過患，然後了知其本性而斷除。甲操傑大師也言：如是了知各個煩惱之對治後，應當努力斷除。

譬如說，在燃燈佛出世時，愛法、賢慧兄弟二人同時皈依了燃燈佛。當時賢慧梵志對佛生起了極大信心，他恭敬地跪伏於地，將頭髮散鋪於地上，讓佛陀踩過，而佛陀當時也予他以授記。愛法梵志卻在那時生起嗔恨心，以惡語嗔罵佛陀不應該踩在賢慧的頭髮上，以此果報，愛法先墮於旁生道中受了九十一劫的痛苦，後來轉生為一條大鯨魚。有一次，鯨魚準備吞食一群商人，那些商人大聲念起了本師釋迦佛的名號，鯨魚聽到後，回憶起九十一劫的痛苦經歷，知道了嗔恨心的過患，於是絕食而死，並轉生為人，在本師釋迦佛座下出家，通過精進修習而證得阿羅漢果。月稱菩薩言：「知煩惱差別，依止對治法，速得寂滅果，如病依良藥。」諸學人當清楚了知嗔恚的差別過患，而時刻以正知正念良藥對治自心，如是定可速得安樂果位。

壬三、（斷癡之理）分二：一、認識愚癡為煩惱的根本；二、認識能斷愚癡的對治。

癸一、認識愚癡為煩惱的根本：

問曰：如上已說貪嗔性相差別，但癡相差別如何？

如身中身根，癡遍一切住，
故一切煩惱，由癡斷隨斷。

猶如身體中的身根遍於其餘諸根一樣，癡遍於一切煩惱而住；所以一切煩惱，由癡惱斷滅即會隨之而斷滅。

癡為三毒的主體，遍於其餘一切煩惱而住，這就如同身相續的身根，遍於其餘的眼根、耳根等一切處而存住。按《俱舍論》的觀點，身體諸根分為眼耳等二十二種，而其中的身根，為諸根共同所依基礎，也即身根遍於諸根，若沒有身根，則諸根不可能存在。同樣，於諸煩惱中愚癡也是其中的主體，遍於諸毒。此處所言的愚癡，也即十二緣起中的無明支，無明是生起輪迴諸法的根本，是一切煩惱的因，如果此根本因已斷，則一切生死煩惱自然息滅。所以在修行當中，應致力觀察了知癡的本性，然後依緣起妙法的寶劍斬斷這種生死煩惱之根，則其餘依無知而起的染污煩惱無需勤作對治，也會隨之而斷。

譬如說，毒樹的枝葉果等皆依其根而住，若根已斷，則毒果枝葉自然斷除；同樣，一切煩惱依無明愚癡而住，若癡已斷，則其餘煩惱皆會隨之息滅。月稱菩薩言：「猶如斷頭者，命根亦無存，如是斷癡者，煩惱隨自滅。」於此有疑，世間有些人雖已斷頭，然命根仍存，是否也會有愚癡已斷，而其餘煩惱不滅的現象呢？如六世達賴倉央嘉措的密傳中，說他在康區看見一個人，頭在三年前就已斷了，但那人仍活著，肚子餓了就用手敲身體，旁人便以糌粑湯灌進其食管，這時食管就會咕嘟嘟直冒氣。這種情形只是特殊的業力所致，而愚癡無明與貪嗔煩惱不一樣，絕不會存在這種情況。因此諸學人，應徹斷疑惑，對生死煩惱之根的無明愚癡，一定要全力以赴地斷除。

癸二、認識能斷愚癡的對治：

問曰：對非理作意的愚癡煩惱，以何方法才能對治斷除呢？

若見緣起理，愚癡則不生，

故此一切力，唯應說彼語。

若能現見緣起空性之理，愚癡則不能再生起，因而此論盡一切力量，唯獨應說的即是緣起性空理趣之語。

愚癡煩惱的根本對治便是觀修緣起性空正理，緣起理是佛法正見的重心，是本師釋迦牟尼佛以無漏智親見的諸法實相。世間諸外法如苗芽莖根等皆以其特定因緣而起，諸內法從無明到老死十二支，各依前前為因緣而生起，諸法皆以因緣才會現起，由此而可見諸法皆無固定不變實有的本體（自性）。在中觀正理觀察下，諸法不但在勝義中為空，在世俗名言中也不成立有自性，唯是因凡夫妄自計執諸幻法為實，才會生起種種實執煩惱。若能現見諸法如同夢幻泡影一般的緣起性空本質，那麼正常人誰會對無利無害的幻影、夢境生煩惱呢？因此，為斷煩惱解脫輪迴束縛，於此論中盡一切力量，從各方面宣說了緣起無自性的理趣。前八品述其各方面的加行，後八品緊緊圍繞修習緣起空性的正行而展開。龍樹菩薩說：「因惑因緣故，輪轉生死中，非因及因緣，是名為涅槃。」眾生為因緣現象所迷惑，故執實輪轉於生死，若見到諸因緣法「非因及因緣」的空性道理，則一切邪分別無從生起，三毒煩惱息滅，則名為寂滅涅槃。因此修習佛法追求解脫，其重心在於了達緣起性空的正理，聞思修習的主要法義，也應全部圍繞此空性正理而行。

譬如說，十五日晚上的明月升起，會無餘照破一切黑暗；同樣，若能圓證諸法緣起性空之理，其智慧光芒即能無餘遣除一切愚癡無明黑暗。月稱菩薩言：「愚癡與智慧，不可同俱住，如同光明日，黑暗不共住。」故諸修行者，當盡一切力量，使自己相續中生起緣起性空智慧。

辛三、（分別闡述斷貪嗔之理）分二：一、斷貪之理；二、廣明斷嗔之理。

壬一、（斷貪之理）分二：一、具貪行者之相；二、攝受具貪行者的方便。

癸一、具貪行者之相：

問曰：怎樣了知他人是貪欲熾盛的有情呢？

常好歌舞等，捨受者潔淨，
現見有貪人，有如是等相。

經常愛好歌舞等事物，好為捨者或受者，喜歡潔淨等，現見具貪欲的人，有如是徵相特點。

眾生各自根器性相千差萬別，菩薩要攝受調伏他們，必須先了知其性相特點，而後方可對症下藥。就貪欲熾盛的有情而言，他們具有不同於其他有情的一些特徵：具貪行者在平時一般都會喜歡歌舞嬉笑等放逸散亂行為，也會喜歡以香水、花鬘等種種飾物打扮自己，對外表形象特別執著；然後具貪行者會比較大方，願意施捨財物受用，以此希求他人對自己生好感；他也會樂於接受別人的東西，喜歡享受；還有，具貪行者一般都愛潔淨，對住所、衣飾等各方面都會注意保持乾淨整潔。另外，貪欲熾盛者的分別心非常活躍，思維能力較強，因而在世間顯得較聰慧；其言談舉止和藹溫柔，以便親近別人，而且言談也會直爽等，這些特徵性相在其餘論典中也有一些論述。與這些特徵性相相反者，即是具嗔行者的相，貪相嗔相混雜皆有即是癡行者的相。

譬如說，誰人具有財神，不用問即可知道他的財富一定會豐盛圓滿，如果財神離開了他，其財富也無疑會沒有了。同樣，誰人若具足貪相，他一定會是具有貪欲者，若貪相消失，也表明他貪心已消失。修行人對他人相續的貪嗔等煩惱，應從外表徵相上細加觀察而了知，月稱菩薩言：「貪欲令他貪，自貪心生喜，嗔恚則相反，愚者則迷惑！」依此等竅訣善加抉擇了知者，則能於所化眾生對症下藥，善加調伏。

癸二、攝受具貪行者的方便：

問曰：當以何等方便調伏貪欲熾盛的行者呢？

佛教有貪者，衣食及住處，
一切離善妙，常依師長住。

佛陀教誡具有熾盛貪欲的行者，對衣服飲食及住處等一切受用，遠離美好善妙，而且要恆常依止師長而住。

對貪心熾盛的行者，佛陀及諸菩薩聖者們，在三藏中教誡 過多種對治斷除貪欲的方便法。特別是在律藏中，佛陀制訂了十二頭陀行的規則，在住處、臥具、飲食、衣服等方面引導具貪行者有效地調伏貪欲煩惱。十二頭陀行之中，為斷除行者對華美衣服的貪愛，規定了糞掃衣、但著三衣而不用其餘的衣服；為斷除對食品的貪著，規定了常乞食、不作餘食、一坐食、節量食（受一丸之食即止而不多接受食品）；為斷除對住處臥具的貪欲，規定了住阿蘭若處、塚間坐、樹下坐、露地坐、隨處坐、常坐不臥。依如是苦行方便，行者可有效對治貪欲煩惱。此外，要斷除貪欲，初學者必須長時依止具相的上師長老而住，以恆常得到策勵與教授，這是修行人必須依止的根本方便助緣。否則，行者難以靠自力戰勝貪等煩惱，因這些煩惱無始以來即在控制著自己，若依自力能輕易摧毀，則過去無有邊際的漫長時間裡，自己為何沒有摧毀它們呢？而具相的師長們已降伏了貪等煩惱敵，依殊勝智慧與方便，能為弟子進行有力的加持、引導等，尤其諸出家修行人應如法長期依止師長而住，不然極有可能如同「七月姑娘」（指某地一姑娘出家七個月即還俗）一樣，為煩惱所敗而失去解脫機會。

譬如說，人們受到婆羅門非人的迷執危害時，如果用酒和不淨物潑灑身體，非人即會被趕走，因貪著潔淨的婆羅門非人，最害怕不淨物。同樣，具貪行者為喜好受用的貪欲煩惱魔所迷執時，如以不善妙的受用等苦行對治，即可有效地遣除。月稱菩薩言：「何人依對治，息滅諸煩惱，如是有對治，則不增煩惱。」欲求調伏貪欲煩惱者，當盡量依止苦行與具德上師的教誡，如是則能滅除煩惱，而速得解脫。

壬二、（廣明斷嗔之理）分五：一、思維嗔恚過患；二、廣說依嗔恚對治之理；三、破懲罰無故罵人者無過；四、思維忍的功德後而破嗔；五、他人輕毀應當修忍。

癸一、思維嗔恚過患：

問曰：生嗔恚有什麼過失呢？

無能而嗔恚，唯使自己醜；
有能亦無悲，說此最下等。

如果自己無有能力而生嗔恚，唯有使自己面容醜惡而無有意義；若自己具有能力而生嗔恨，也是無有悲愍的惡行，佛說這種嗔恚是最下等的。

無論在何種情況下，生嗔恚煩惱都不應理，而且會毀壞福德善根，引發惡果並招致聖者呵責。人們生嗔恚一般有兩種情況，一種是無能生嗔，一種是具力生嗔。無能生嗔是指自己無有能力，無法勝過對方或損害對方，由此而在內心暗自嗔惱，這種嗔恚於對方無害，卻對嗔惱者自己有極大損害。通達因果規律的佛陀說過：嗔恨他人者會使自己容貌變得醜陋。月稱菩薩也說：「使色不美引非善，辨理非理慧被奪，不忍令速墮惡趣。」由此可略見其過患之嚴重。具力生嗔是指自己具足勢力權威，有能力勝過或損害對方，由此而大發嗔怒，恐嚇折磨殘害他人，這種行為是無有悲愍的非法惡行，不僅危及自己，還要損害許多人，佛陀及諸聖者們都說過：毀壞自相續功德的罪惡，莫過於嗔恚。大疏中說：尤其是無有悲愍地殺害眾生，這是世間最下劣的行為。像漢地戰國時期的秦國戰將白起，他曾經將投降的四十萬趙國士兵全部活埋。白起雖然多謀善戰，一舉擊敗了趙軍，從而有能力決定投降者的命運，然而他以嗔毒的發心，將降兵全部殘害至死，以此惡業，他先墮入地獄而後轉為旁生，而士兵們也因此受到了橫死的損害。因此，佛菩薩們說這種嗔恚惡業是最為下等的惡業，於人於己皆有損害。

譬如說，有一個婆羅門作了違背其種姓的行為，以此不僅他自己受到了處罰，其他同種姓者也都受到了災患；同樣，一個人生嗔恚造惡業，不僅損害他自己，其他人也要因此而遭受禍害。月稱菩薩言：「嗔恨與猛火，最初燒自己，之後漸盛燃，焚燒諸他物。」諸修行者，當詳察嗔恚的可怕過患，若對此生起深刻認識，其對治決心就一定會生起。

癸二、（廣說依嗔恚對治之理）分五：一、對能盡自己惡果的緣不應起嗔；二、不悅意語自性非損惱故不應起嗔；三、典章說應治罰毀罵者是顛倒；四、對能遣除自己心境過患之語不應起嗔；五、對惡劣者說惡語不應起嗔。

子一、對能盡自己惡果的緣不應起嗔：

問曰：別人對自己說粗惡語時，該如何調伏自己的嗔恚呢？

說不悅意聲，能淨昔作惡，
愚蒙不善士，不樂自清淨。

他人說不悅意的語聲，能淨除自己往昔所作的惡業，只有受愚癡蒙蔽的不善士，才不樂自己罪障清淨。

「說不悅意聲」一句有兩種解釋：其一解釋為，本師釋迦牟尼佛及諸善知識對自己說不悅意語，能淨除自己的惡業；另一種解釋為，他人對自己說不悅意語，能揭露自己的罪業。其實二種解釋都可以，無論是誰在我們面前，宣說揭露過失或譏諷等種種不悅意語言，依靠這些語聲，自己可以認識相續中的罪過。古人說：「良藥苦口利於病，忠言逆耳利於行。」由聽從這些勝士的逆耳忠言可以促使罪業清淨；如果是劣者對自己說一些惡意中傷的不悅意語，修行人應了知，這是自己往昔所作惡業的招感，因而應當安忍以消除宿罪。自己聽到的不悅意聲，實際上是淨除宿罪的最好助緣，自己若虛心接受或安然忍受，相續中的罪業障礙一定會得到消除，對這種機會，有智者當然會樂於接受，只有那些為無明愚癡所蒙蔽的惡劣者，才會不喜歡清淨罪業，而相信因果者，誰不希望自己的罪業清淨呢？

譬如說，有人養了一頭大象，後來大象生病，他很慈悲地想醫治其病，準備了許多藥物，可大象愚笨地拒絕服藥，認為主人要傷害自己，而將他殺死了。同樣，不悅意語實際上也是清除罪障的良藥，而那些愚昧無知者，不但不接受，反而生起嗔恚，損害說不悅意語者。作為修行人，一定要認識這種行為的愚癡，月稱菩薩言：「若人以惡語，中傷自己時，於己饒益故，智者不應嗔。」在《入中論》裡也說過：「既許彼苦能永盡，往昔所作惡業果，云何嗔恚而害他，更引當來苦種子？」諸學人誠當牢記這些金剛語，於生嗔境前依之調伏自心。

子二、不悅意語自性非損惱故不應起嗔：

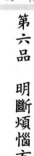

問曰：雖然安忍不悅意語有功德，但是正在聽別人

的惡語時，自己會受很大損惱，因此不得不生嗔恨心。

所聞不悅意，自性無損惱，
故從分別生，妄執由他起。

所聽聞的不悅意語，其自性無有任何損惱，所以毀辱損惱是從自己的分別心生起，只是因愚癡才妄執為由他人所起。

認為他人的不悅意語對自己有損惱，唯是妄執。對不悅意語稍加觀察，若這些語言其自性本體即為損惱，而這些語言是從他人口中說出來的，那麼他人應首先受到損惱，就像火的本性為灼熱一樣，無論是誰人接觸火，必受灼燒。但是，對此可以現量了知，一個人對別人說不悅意語，當時他不會有任何受損惱的情況，只有被說者才會有受損毀的感覺。不悅意語本身並不具損惱作用，它唯是外境六塵中的聲塵，處於無利無害的無記狀態，而聞者對此覺得有損惱，覺得它在毀辱、傷害自己，唯是分別念在作怪，由迷亂計執而生起了受害的幻覺，雖然是分別心在害自己，而自己為妄覺所迷，卻對他人生起非理的嗔惱怨恨。寂天菩薩說過：「輕蔑語粗鄙，口出惡言辭，於身既無害，心汝何故嗔？」一切不悅意語，實際上於自己的身心皆無損害，那自己為什麼要對它生嗔恨呢？

譬如說，以前有一個牧羊人，他娶有兩個妻子，兩個妻子各生有一個女兒。有次一個妻子聽到暗室中有吃食品的聲音，她認為是另一個妻子的女兒在偷吃東西，於是生起惱怒而罵：「那個牛婆子在吃什麼？」後來她發現是自己的女兒，嗔惱全消，立即改口說：「這是老鼠在啃東西。」同樣，凡夫在聽到不悅意語時，若不知其自性無有損惱，而隨順分別妄計，執著對自己有損即會生嗔惱，若能了知其實相，嗔惱自然消失。月稱論師說：「聞詞雖無害，愚者心生苦，智者聞聲語，無苦亦無喜。」諸修行人當依循智者之道，了知外界言語唯是空谷之音，於己無利亦無害，若能不生分別，自然無需為之而生喜憂。

子三、典章說應治罰毀罵者是顛倒：

問曰：毀罵惡語怎會沒有損惱過失，世間典章中不是明確規定過應治罰毀罵者嗎？

如對毀罵者，則說應治罰；

如是對讚者，何不說供養。

如果對毀罵者，典章法規則說應予以治罰，那麼同樣對讚歎者，為何不說應當供養呢？

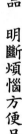

按古印度婆羅門典章與世俗法規所言，人們對毀罵侮辱自己者可以依法治罰，但這些典章是不合乎正理之世規，並不能依之而推論毀罵言詞真實有損害作用。按這些規章的說法，如果毀罵者說粗惡語，應予以割舌等酷刑處罰；那麼按同樣道理，一個人以美妙的言詞讚歎別人，以其所說言詞有利益之故，也應對他大加供養獎賞。但是，世俗典章中並沒有這樣規定，如是偏袒不公平的法規，明顯是不合理的顛倒邪說。按道理，人們既然明白讚歎言詞唯是口頭話語，並無真實利益可言，所以不用對讚歎者供養，那麼也應知道毀罵言詞也唯是無利無害的話語，實不應對它起嗔惱治罰。

譬如說，單頓地方的人們有一種習慣，凡遇到爭吵說粗惡語者，即用刀劍砍殺，因此有不少人死於惡口罵人；但是，當地人對說愛語讚歎者，並無獎賞酬報的習慣。這些習慣無疑是極為惡劣的壞習俗，謾罵與讚歎是相對的事物，若反對一者，則理應接受另一者。還有譬喻說，單頓地方還有一個傳統，規定大象殺死弱者也無有過失，然後又規定有能力者應保護大象，若欺侮大象，則要判死刑。這種規定顯然也是不應理的，大象殺死弱者若無罪，那麼強者欺侮大象又為何有罪呢？同樣，若毀罵者有罪應罰，那麼讚歎者又為何不予以供養獎賞呢？月稱菩薩言：「罵者與讚者，此二皆相同，為何選其一，故彼非定量。」由此觀察，世俗典章所說非理，不應作為定量判斷毀罵言詞真實存在損惱作用。

子四、對能遣除自己心境過患之語不應起嗔：

問曰：毀罵者在眾人中說自己的過失，所以應嗔恨他。

汝不說可呵，若餘亦知者，
不應嗔說者，況嗔不實說。

如果你不說自己的可呵之處，其餘人也知道，那麼對揭露這些過失者，不應該起嗔惱，更何況對說不實語誹謗自己者嗔惱呢？

毀罵者雖當眾說自己的過失，然而也不應對他生嗔恚。一個人的過失之處，比如說六根不全、持戒不清淨、智慧欠缺等等，這些過失不用言語宣說，別人也會知道，因此不管他人如何宣說，又有什麼可以嗔惱之處呢？他所說的一方面是事實，另一方面別人也都知道，而且他當面說出來，也能讓自己更清楚地明知過失，如是不但無害，反而有益，實不應生嗔恨。從反方面觀察，若對方以不實言詞毀謗自己，比如他毫無根據地罵自己是瞎子、破戒者等等，但事實卻是眾人有目共睹，並不會因他的毀罵而使自己變成瞎子、破戒者等，所以他這些不實言詞，對自己一點害處也沒有，更不用生嗔惱。此處有疑：若自己的過失本來很隱秘，沒有其他人知道，而別人忽然揭露公布於眾，這時是否應生嗔恨呢？這也不應生嗔惱，自己覺得隱秘之事，但也不可能沒人知道，世上沒有不透風的牆，縱然一般人不知道，具有天眼神通者怎麼會不知道呢？而且他所說的既然是事實，按理即無有任何可生嗔惱之處。在諸多格言中，對此道理也有闡述，若能明了對有因毀謗不應生嗔，那麼對無有依據的妄語譏毀，更不應生嗔。如是了知其理則面對一切譏毀辱罵，也能安然忍受。

譬如說，一個殘廢人聽到別人說：「喂，殘疾者！」他極為惱怒，到國王面前告狀，國王了知原由後，說：「你本來就有缺陷嘛，別人這麼說你，也不用生氣。」這時另外一個人又來告狀，說別人罵他是殘廢人，國王又加以詢問後，說：「你不是殘廢人，別人怎麼說也沒有什麼害處，不用生氣嘛！」如是依智慧平息了爭論，而沒有懲罰任何人。月稱菩薩說：「正士已見諦，無論是真實，抑或非真實，皆無生嗔時。」已見到真理者，面對別人的毀罵譏諷，無論對方所說是真實或不真實，皆不會生起嗔惱，諸欲調伏自心者，應當努力使自己現見這些事物中的真相。

子五、對惡劣者說惡語不應起嗔：

問曰：聽到世間那些粗暴惡劣者說惡語時，如何調伏自心呢？

從諸惡劣人，非僅出惡語，
惡人發惡語，實屬於少分。

從諸惡劣人之中，不僅僅是發出惡語而已，惡人發出了一點惡語，實際上只屬於少分輕微的惡行。

世間有一些秉性粗惡之人，修行人在遇到他們口出粗惡語辱罵時，應該理解這是很幸運的遭遇，以此而保持安忍與欣慶的態度。對粗惡之人來說，他們由於無明覆心，嗔恚等惡劣習氣熾盛，平時會不斷地造惡業；而且所造惡業不只是說一些粗惡語，他們還會做殺害、毆打、偷盜、邪淫等這些大罪行。在遇到這種不知因果的愚人惡人時，如果彼等口發惡語，百般毀罵，這只是他們煩惱惡習的少分流露，而其相續中更厲害的粗惡煩惱，還沒有爆發出來給人造成傷害。了解到此層意義後，修行者自然會以歡喜心安忍他們的惡語，而無絲毫嗔惱情緒。

譬如說，本師釋迦牟尼佛在世時，富樓那尊者於一次結夏安居圓滿後，到佛陀面前請求去「學那」（輸盧那國）邊地布道弘法。當時學那地方的人非常野蠻，世尊告訴尊者：「富樓那，你還是另選一地去弘法吧，學那地方的人非常粗野凶暴，如果去那兒，他們會傷害你，那時你該如何應付呢？」富樓那尊者說：「佛陀，正是因那兒很險惡，沒有人去傳教，所以我祈求世尊您慈悲開許，加持我去那兒弘法。對於危險，我已有準備，如果他人毀罵，我會覺得他們很好，因為這些野蠻人只是辱罵而沒有用棍棒打我；如果他們用棍棒打我，我仍會認為他們很好，因為他們沒有用刀槍傷害我；即使用刀槍傷害，我也會為他們沒有殺死我而保持慈悲；如果殺死我的色身，即助成我的道業而幫我進入涅槃，因此我會始終對他們懷以好感而忍受。」佛陀對富樓那尊者的忍辱修證深表讚歎，也允許了尊者的請求。

還有一個譬喻說，以前衛當地方有一棵衛當樹，這棵大樹非常邪惡，凡有在樹下睡覺歇涼的人，都會受到損害。有一天，一個過路人在樹下休息過夜，第二天醒來時，他覺得全身非常痛，於是忍不住哭了起來。別人將其送往一個大醫師處療治，醫師了知原由後說道：「你看樣子是有大福報的人，在那棵樹下過夜者，以前從未有人逃脫死難，而你只是生病而已。你應該高興，不要再哭了！」同樣，遇到惡人只是挨了一些辱罵，而沒有遭受打殺傷害，自己也應欣然忍受。月稱菩薩說：「劣者無不說，無惡不作故，僅說此惡語，彼屬於少分。」諸欲修習忍辱對治煩惱者，對這些對治智慧理應細心揣摩，銘記於心。

癸三、破懲罰無故罵人者無過：

問曰：如果別人無緣無故毀罵自己，以嗔惱懲罰他，難道不是合法合理的嗎？

損害於他人，於自無少德，

汝重無德嗔，唯屬於妄執。

報復損害他人對自己無有少分功德利益，而你重視這種有過無德的嗔惱，只是屬於非理的顛倒妄執。

受到他人毀罵侮辱時，無論如何也不能以嗔惱回報，如果生起嗔恚報復損害他人，這樣做不會有絲毫功德。從暫時觀察，若以嗔惱報復詈罵損惱者，對你自己所受的損害毫無彌補作用，縱然能將製造損惱者害死，對你的苦害也不會有點滴補救，那又何必再去製造爭鬥給自他帶來痛苦呢？再從究竟看，佛經中說過，「損害他眾非沙門」，如果報復損害他人，即嚴重違背了戒律，造下佛制罪與自性罪，為今生後世都會帶來痛苦。因此，這種損害行為，無論如何觀察，皆是有過無德的非法行為。而世人在平時總覺得對侵害者應該報復打擊，如俗話言：「人若犯我，我必犯人。」而且認為這合法合理，其實是非理妄執，一個人若執持著這種觀念不放，對毫無功德的嗔惱報復非常注重，那只是愚癡妄執惡習深厚的表現。《寶積經》中以狗和獅子的譬喻說過：「比如人以石擊狗，狗不追尋擊石人，卻反追咬於石頭，獅子於彼則相反，直接追尋擊石人。」智者如同獅子一般，會認清傷害的來源是內心煩惱而向其攻擊，而愚者如狗一樣，目光短淺，妄執外界諸境為損害來源。執無故罵人者應受懲罰，實際上也是這種如同狗一樣的愚者，其如是執著，只會為自己帶來更大苦害。

譬如說，試驗刀劍的鋒利程度時，如果以自己為試驗品去劃割，那麼不管是鋒利還是不鋒利，自己一定會有痛苦；同樣，不管你有理或無理，嗔惱損害別人，其結果對你自己必定會有今生後世的痛苦。月稱菩薩言：「有者雖妄執，害他自有德，大乘種姓者，不能害他眾。」諸修行人當依教奉行，於平時盡力修習忍辱波羅蜜多。

癸四、（思維忍的功德後而破嗔）分三：一、對罵者應當修忍；二、對壓伏卑弱者的嗔恚不應敬重；三、思維修忍功德應生歡喜。

子一、對罵者應當修忍：

問曰：若怨仇惡人對自己經常損害，障礙修行，這時候該如何調伏自心呢？

若忍無劬勞，能得大福德，
若於忍作障，有誰愚同彼。

若能修習忍辱，則無需劬勞即能獲得大福德；如果有人將忍辱境作為障礙，有誰同他一樣愚癡呢？

怨仇惡人對修行人進行損害，其實是修行者最好的修習機會。佛陀在《遺教經》中說過：「忍之為德，持戒苦行所不能及。」《妙臂請問經》中也說過：「修安忍者，以少功力及微小苦，能圓滿波羅蜜多。」能忍辱者在短時間無需像布施持戒那樣勤作，即能積累巨大福德資糧，為今生後世感召相貌莊嚴、相續不為嗔惱所害等果報。能修持如是殊勝的法門，其主要助緣當然是損惱自己的對境，如頌云：「無敵不生忍。」因此，對這些對境應當珍惜、感激、迴向功德。但是，若不能認識這點反而將安忍境當成障礙，將這些增上緣拋棄，自己給修忍製造障礙，這是非常不合理的行為，也再沒有與此相同等的愚癡。寂天菩薩說過：「若我因已過，不堪忍敵害，豈非徒自障，習忍福德因?」自己將別人送來的大福德因破壞，這種人顯然非常愚癡。

譬如說，以前有一婦女，其丈夫病了很長時間不能痊癒，後來她覺得丈夫的病痛非常難忍，不如死了，於是將他殺死。這種行為非常愚癡，生命是最為寶貴的，他雖然病痛難忍，然而能堅持也有存活機會，可以用短暫痛苦換來生存的大安樂；而且暫時的病苦是感受消除罪業的機會，若以終止生命的方式逃避，其後痛苦會更為難忍。同樣，一時外境損害雖然有難忍的苦受，但是安忍此暫時小苦能換來大福德的安樂果，也能消除許多招致痛苦的罪業，若認為是障礙而逃避捨棄這種對境，無疑是極為愚昧的行為。月稱菩薩說：「佛說依忍力，修忍最勝法，是故趣佛法，並非法障礙。」依生嗔境修習忍辱是最殊勝的積資方便，而非修善法的障礙。欲修習六度積累資糧者，當依之如同摩尼寶也。

子二、對壓伏卑弱者的嗔恚不應敬重：

特對強力者，嗔恚則不起，

嗔唯凌羸弱，汝何敬重彼。

專門對強而有力者，嗔恚則不會生起，而嗔心只是欺凌羸弱者，所以你為什麼要敬重這種欺軟怕硬的嗔恚呢？

從嗔恚煩惱所損害的對象方面觀察，理應斷除這種惡劣習氣。一般凡夫的嗔恚損惱之心，在那些具有強大勢力者前，比如說在國王及一些地方豪強前，嗔恚惡心一般不容易生起，即使生起少許也不敢發作，而是將它埋藏於內心或抑制消除。因為已了知對方具有強力，自己發嗔恚也無有能力損害對方，反而招來災殃，以此而可以壓制嗔恚。嗔恚對強者不敢作損害，但對那些羸弱無力者，在那些卑小軟弱者前，它會肆無忌憚地發作，對那些沒有能力抵抗者進行百般損惱。如是觀察之下，這種嗔恚習氣的惡劣、狡詐、欺弱怕強之相，也就昭然於目了。作為一個公平正直者理應斷除它，而且由它害怕強力的弱點，也可迅速找到有效的對治方便加以斷除，而沒有任何理由害怕敬重這種低劣的惡習。

譬如說，以前有一個國王，率領將士攻打另一個國家，到了敵國的邊境時，國王召集諸眷屬，問他們準備如何征服敵人。有些勇士說：「我要直攻皇宮，打敗他們。」有些人說：「皇宮我不敢進攻，但我可以到他們的邊境上試一試。」這時又有一人說：「為了讓國王您生起歡喜心，我可以用鞭子狠狠地抽打敵國的女人。」國王聽後很不滿意地斥責他：「你是最下等的膽怯者，婦女們那麼弱小，你怎麼能欺負她們呢？」然後將他開除出去。同樣，嗔恨心對具有強力者不敢發作，而只會欺凌弱小無力者，這種膽怯狡猾的惡習，理應徹底摒棄。月稱菩薩說：「於諸強力者，已知未生嗔，具德諸智者，不應凌弱者。」諸追求美德福善的修行人，理應認清嗔恚面目，而斷除欺凌弱者的惡習。

子三、思維修忍功德應生歡喜：

問曰：若修忍辱，別人會認為自己軟弱膽怯無力報復，以此會更加欺侮，所以應生嗔恚。

若於嗔處忍，能生諸修德，
於德處云畏，汝唯是愚夫。

如果對生嗔境修習安忍，能生起諸修忍功德，那麼將忍辱功德處說成畏懼處，你這樣只是愚夫的表現。

修習忍辱，不應以別人的譏笑蔑視而捨棄，而應明了對生嗔境修習安忍，能生起諸修習慈心的功德。大疏中說：乃至在擠牛奶的短時間中（一般2～10分鐘左右）修習慈悲安忍，亦能引生八種功德，如《寶鬘論》中所言：「人天等慈愛，彼等亦守護，意喜身多樂，無毒刀損害。無勞事得成，當生梵世間，設未得解脫，得慈法八德。」為了對治嗔恚而修習慈悲安忍，在未得解脫之間也能獲得如是大福德，能明道理知取捨的人，誰會捨棄這種善法呢？如果說自己害怕修忍會帶來痛苦，招致別人譏笑輕視或更多的欺侮，因此而捨棄修忍，這是不明利害不知取捨的愚者行為，將福德安樂善行當成羞愧，世界上哪還有與他一樣的愚癡者呢？

譬如說，以前有一個人，出生於高貴種姓家族中，經常以慈心行持善法，但他對因果事理不太明了。一次他遇到了一些非常野蠻惡劣的人，那些人擋在道路上要與他打架，他一點也沒搭理就從旁邊避開了。可是那群惡人在後面大聲嘲笑諷刺說：「看呀，這個人一點膽量也沒有，無男子相跟女人一樣！」他聽後覺得很羞愧，於是生起嗔恨，轉過身拔出武器與他們鬥毆起來。因惡人的譏笑而放棄福德善業，進而行持惡法，這顯然是摧毀功德的愚癡行為，而一切放棄修忍的行為也是同樣。月稱菩薩言：「離忍愚夫眾，以嗔造大罪，智者修安忍，獲得勝功德。」能明善惡取捨的士夫，應當依教了知於嗔恚處修安忍是殊勝之功德，因此應不畏一切而歡喜受持。

癸五、他人輕毀應當修忍：

問曰：自己有力量摧毀他人的輕侮時，如果遇到侮辱損害，會不自覺地生起嗔怒懲罰對方，此時該如何對治呢？

誰滅盡侮毀，而生於他世，
故思自作惡，受侮尤善哉。

誰能保持滅盡一切侮辱損毀，而生於他世呢？因此應當思維與其自己作惡墮落惡趣而感受痛苦，不如甘受欺侮更好一些。

若自己具有能力，能夠摧毀他人的侮辱，此時應當思維：不論自己今生如何強盛有力，如何努力摧毀消滅外境的損害侮辱者，然而永遠也不可能將其徹底滅盡。仔細觀察世間，從古至今，從來未曾有凡夫滅盡侮毀，而且能將這種無敵害的大威勢地位帶到後世，既然如是，那自己又何苦做這些毫無意義，永遠也無法成功的惡事呢？目的無法達到，而罪業卻會分毫不少地積累起來，為自己今生後世帶來巨大痛苦，因此有智者應當想一想，與其造作滅敵害的惡業，不如心甘情願地忍受侮辱。寂天菩薩言：「頑者如虛空，豈能盡制彼。」外敵永遠報復不盡，而且以報復損害惡行，自己今生的名譽地位各方面都會受到損害。在報復過程中，若傷害仇人結下惡緣，仇人也會在後世再還報於你，如是輾轉無盡，如同《楞嚴經》中所言：「以人食羊，羊死為人，人死為羊，如是乃至十生之類，死死生生，互來相啖，惡業俱生，窮未來際。」如是思維比較摧伏怨敵與忍辱的後果，有頭腦者當然應選擇後者，心甘情願高高興興地安忍侮辱。忍受侮辱者，以此可以積累極大福德資糧，證得不退菩提安樂果位，龍樹菩薩也說過：「終得不還位，佛證可除嗔。」這樣的安樂果比起伏敵惡業的苦果，誠然是「尤善哉」！

譬如說，水車的旋轉不會有終點，始終循環不停；同樣，報復怨仇之事也永無止境。另有譬喻說，以前有一個叫章文呷瓦的人，他因受過剎帝利種姓者損害，而深生怨恨，想盡辦法報復，要殺盡一切帝王種姓。雖然他在一生中，將本地的剎帝利種姓多次進行了迫害，然而他們的人丁卻越來越多，興旺不息；同樣一切摧滅侮毀的行為，不可能圓滿成功，只會越來越使怨害增多。月稱菩薩言：「寧可受欺侮，不可作惡業，作惡墮地獄，受辱非如是。」諸修者若能將這些竅訣融入相續，無論遇到何等生嗔境，亦能自然息滅嗔惱報復之心。

庚二、斷除煩惱種子而修習對治之理：

問曰：如上對治煩惱方便雖有眾多，但是有沒有能夠徹底斷除一切嗔等煩惱的方法呢？

若誰能真知，內識住等相，
有此智慧者，煩惱終不住。

若有誰人能真實了知，內在心識生住滅等相的本質，具有這種智慧的人，煩惱始終不會住在其相續中。

要徹斷煩惱種子，必須徹底了達內識無自性的實相。一切貪嗔煩惱，皆依有情的心識生起，其本身是心所法，即心識的思想活動現象或說生住滅現象。以正理觀察，識是因緣所生法，是由種種因緣假合而產生的有為法，無有自性不變的本體，既無本體安住，則生滅變異等皆無自性，皆非真實現象。大疏中言：「日親亦宣說，心識如幻化。」既是幻化，則如同幻人本體非實，其種種活動唯是幻相，本來非有，無需執為真實而起好惡分別。修行人若如是了知通達內識生住滅等相之真面目，有此殊勝的智慧，則自然於諸貪嗔煩惱不隨不拒，無有實執，如同觀看幻影一般。以此一切煩惱也就無法存住，如同偶然的烏雲，無法障蔽自心智慧太陽的光芒，而會自然消失無跡。蓮花生大士說過：若能了悟心性本面，牧牛童也會解脫成就；若不知心性，班智達也會迷惑。所以，諸欲拔除一切煩惱種子者，當全力以赴證悟內識住等相的本面。

譬如說，除滅一棵毒樹時，如果斬斷其根，則整棵毒樹的枝葉花果，全部會枯萎死滅；同樣，欲除生死煩惱大樹，必須斷其根本——無明迷惑，而欲斷無明，必須證悟無漏的心性智慧，若能證悟心性智慧，則八萬四千塵勞煩惱自然絕滅。要斷除煩惱種子，也必須要有善知識所傳授的方便竅訣，譬如說，對治毒鼠時，若無竅訣方便，常人不但難以成功，反而會中毒，若有秘訣方便者，則無有中毒之險。同樣，修行人對治煩惱時，若能依方便竅訣證悟心性，則無有被煩惱所轉之險。月稱菩薩說：「若誰能真知，內識生住等，以及外境相，則除愚癡暗。」欲除無明煩惱暗者，當勤依此智慧方便之道而行。

第六品釋終

阿底峽尊者

第七品　明人遠離貪著欲財方便品

由於無明愚癡蒙蔽，眾生不知輪迴生死的過患，沉迷於生死苦海而不知出離。因而欲求出離，先須思維輪迴過患，若了知過患，即能生起畏懼而斷除耽著。於末法之時，眾生相續中對世俗的貪戀尤為深厚，如果不在這方面加強修習，三乘菩提的基礎——出離心就很難生起，以此則導致自己的修法成為影像，無法捨棄今生瑣事而趨入真實的解脫道。故諸欲求真實解脫道者，對本品所述之加行當勵力觀修，在相續中尚未生起徹底捨棄世間盛事的定解前，應不斷勤修。

戊三、（明遠離耽著煩惱所緣境的方便）分三：一、思維輪迴過患；二、明遠離引發輪迴之因——有漏業；三、明永斷業的必要。

己一、（思維輪迴過患）分二：一、思維輪迴的總過患；二、別明遠離於樂趣生愛。

庚一、（思維輪迴的總過患）分二：一、必須修習怖畏輪迴之理由；二、如何生起厭離心。

辛一、必須修習怖畏輪迴之理由：

問曰：輪迴世間有何過患，為什麼要生起怖畏厭離呢？

於此大苦海，畢竟無邊際，
愚夫沉此中，云何不生畏。

於此三界大苦海中輪迴，畢竟無有邊際，愚昧的凡夫異生沉溺於此生死苦海中，有什麼理由不生畏懼呢？

輪迴是痛苦大蘊聚，若能深刻了知其痛苦本性，必然會生起怖畏與出離之心。已了達苦諦的佛陀與聖者們，在諸多經論中將三界輪迴比喻成苦海，這個輪迴大苦海的空間無有邊際，時間無有始終。無明、我慢與愛所生的三十六種煩惱愛結毒蛇，常見斷見的六十二種惡見羅刹，此等見思煩惱賊遍布三界苦海，並不停攪動生死苦流，使諸有情如水車一樣旋復不停，飽受無有自在的痛苦折磨。三苦瀑流波濤之聲，恆時充滿著輪迴苦海，眾生無始以來，沉溺於這樣的恐怖苦海中，有何理由不生怖畏尋求出離呢？假若站在藍幽幽的大海邊，或沉沒在淺海之中，有情尚會畏懼，更何況無邊無際的苦海，理應見而生畏，毫不猶疑地出離。

譬如說，以前有一個名為惹哈德達的仙人，他具足眼等五通，有一天想觀察器世間的邊際，於是運起神足通，一步跨越一個四洲世界的須彌山頂，如是奔走不息，結果未見邊際即死在半途中。同樣，整個輪迴無有邊際，凡夫眾生陷在其中，死死生生，永遠不可能自動到達邊際。月稱菩薩言：「血淚滉漾聚，老死波濤蕩，無邊苦海中，沉溺何不畏？」無邊輪迴苦海中，海水純為有情痛苦的血淚聚成，生老病死的波濤掀天，沉溺於如是怖畏境中，眾生為何還不生畏懼而尋求脫離呢？

辛二、（如何生起厭離心）分四：一、不應耽著韶華；二、隨業煩惱而轉故應當怖畏；三、教示努力斷除生死輪迴之因；四、斷除為遠離生死無需努力之爭執。

壬一、不應耽著韶華：

問曰：輪迴生死雖有諸多過患，然而處在青春韶華的年代中，又何必怖畏呢？

韶華適落後，復又現於前，

雖住此世間，現見如賽跑。

美好的青春時光剛剛謝落之後，可惡的衰老死亡又會現於眼前，雖然耽著住於韶華時代，但此世間現見青春老死如同賽跑一樣，刹那變化不停而無恆住。

表面上看，青春時光雖然沒有痛苦，然而也不值得耽著。一個人的青春韶華非常短暫，不知不覺之中時光流逝，衰老死亡又會漸漸地出現在他的眼前，香山居士（白居易）有詩言：「勿歎韶華子，俄成皤叟仙。」青春美滿的年輕人俄頃之間，就會變成衰朽的白頭老翁，這樣的韶華有何可靠可讚歎之處呢？雖然人們樂於住在如同鮮花綻放的韶華時代，可是在這個世間，少年、老年、死亡各各都在奔趨向前，如同賽跑一樣，一刻也不會停留，而且最終都會由老死取得勝利，完成短短的一期生命。俄巴活佛在注疏中對此頌另有獨特解釋：一期生命的韶華時代適落後，另一期生命的韶華年代又隨業力而現前，因此雖然不斷地住於輪迴世間，生死卻如同賽跑一樣，刹那不住。這樣反覆無常的韶華，實無有任何可耽著的價值，因為它是無常不住的苦法，再說它曾無數次現於前，有情也曾無數次貪著享受過，然而最終所得只有痛苦，並無任何有意義的結果。

譬如說，榨芝麻油的輪輻，在榨油過程中，它會不停地隨著人操縱而旋轉，無有止息安住之時；同樣，三界異生的少年、老死等各個時代，於輪迴中也隨著業力而旋轉不息，從無停頓安住。月稱菩薩言：「此等諸眾生，各自業所感，恆時受生死，如同賽跑爾。」諸貪著青春美滿者，於此法義當深思。其他尚有多種喻義也說明此理，如法王如意寶於《瀑布妙音》中說過：「夏季滿山鮮花真迷人，美境宛如仙鄉之悅樂，一旦秋季冬寒狂風起，見而心情更加增悲傷；嬌豔多姿絢麗之花叢，妙音動聽婉轉勝蜜蜂，雖欲享受長時之歡樂，無能覆蓋業感花凋零……」若能如是觀修，一切外境皆在演奏著無常妙音，策勵修行人遠離貪執而希求解脫道也。

壬二、隨業煩惱而轉故應當怖畏：

問曰：即生中不厭離也可以，反正會有後世，因此不用怖畏。

汝於三有中，非能隨願往，
隨他轉無畏，豈成有慧者。

你在三有輪迴中，不可能隨意願自在生往人天善趣，而是完全隨業惑而轉，如果對此不生怖畏，難道能成為有智慧的人嗎？

三有指欲有、色有、無色有三界，或本有、中有、當有的生命階段。有情於三界輪迴中，雖然有前後不斷的生命階段，但並不能因此而懈怠，將修習解脫正法的大事往後世推。有許多人經常會有類似想法：今世有條件可以好好享受欲樂，後世再尋求出離修習正法；現在還年輕應享受五欲，老年後再修法等等。人們在內心什麼都可計劃，但是現實之中，並不可能隨自己的意願而轉，凡夫有情流轉三界，完全為業和煩惱所轉，自己將來的投生等處境，都會為業力所操縱，在業惑繫縛下，有情於三界中輪轉不定，如同瓶中的蜜蜂，上下旋繞無有定處。人們計劃將來再修法，但未來並不一定會有閒暇，如果能認識此，能思維暇滿難得、業果不虛的道理，稍有智慧者一定會生起怖畏。而明知自己要隨無始業惑所轉，還不生畏懼者，他怎能稱之為有辨別思維能力的有智之人呢？其實他是世上最愚笨的人，如寂天菩薩說過：「既得此閒暇，若我不修善，自欺莫勝此，亦無過此愚。」

譬如說，河流中所漂浮的樹木，其住留與所去之處，完全無有自在，只能隨河流而轉；同樣，陷於三有苦海中，有情皆為業惑瀑流衝擊，生死之處毫無自主。月稱菩薩言：「漂泊輪迴中，非能隨自願，皆隨業力轉，故當斷諸業。」諸欲求脫離痛苦者，應知業力難測，切不可寄希望於將來，而應立即斷除懈怠，於業惑世間生起厭離趨入正法。

壬三、教示努力斷除生死輪迴之因：

問曰：不管怎麼說，將來總會有機會斷除生死輪迴，所以今世不用出離修苦行。

未來無有際，常時為異生，
如汝過去世，理應勿復爾。

若不斷生死之業，未來的時間無有邊際，你將常時成為無有自在的異生凡夫，就像你在無數的過去世中一樣，所以按理不應再像以前一樣懈怠。

將解脫大事寄希望於渺茫的後世者，當思自己墮入輪迴之業惑因緣若不斷，後世的投生輪轉絕不會自動停止，未來的輪迴時間也不會有邊際。在這無有邊際的時間中自己一直會轉生為苦惱的凡夫有情，就像自己在無數的過去生中一樣，雖然自無始以來度過了無量光陰，今天仍在受著眾苦煎熬。《入菩薩行》中說：「饒益眾有情，無量佛已逝，然我因昔過，未得佛化育。若今依舊犯，如是將反覆，惡趣中領受，病縛剖割苦。」在漫長的過去世中，雖然經歷過無數有佛出世的明劫，然而自己因像現在一樣懈怠放逸，導致至今仍陷在苦海中。想想懈怠的過失，想想未來惡趣的痛苦，有心識者怎能再耽擱放逸呢？《華嚴經》中云：「汝應憶念過去世，貪無義事損壞體；今當誓修菩提行，住戒精進離貪欲。」佛陀尚多次教誡過：「佛陀出世難，得人身亦難，具信聞佛法，百劫極難得。」佛陀出世如同優曇花開，得人身如同盲龜值軛、針尖疊豆，如是希有難得的條件，即使已具足了，但要得到生起正信聽聞佛法的機緣，百劫之中也極難一遇。因此在現在有機會修習佛法而出離解脫者，絕不可再因放逸惡習而錯失良機。

譬如說，有人經常與別人的妻女胡混，他的朋友勸告說：「你這樣做很不好，應該懸崖勒馬，斷絕惡行！」他答應說：「是，我應該改邪歸正，但現在很難改，以後一定該。」「如果現在不能改，惡習愈深，以後怎麼會改呢？」這個愚人不聽，結果仍像以前一樣，毫無改悔。同樣，若想改三毒為清淨，斷除輪迴厄運，必須從當下做起，若再懶惰耽擱，定會像往昔無量劫中一樣，陷於三界火宅中無法出離。月稱菩薩言：「為得解脫果，今生當精進，來世於佛法，亦不定生信。」故有智者，當如是深思，若能於此生起信解，定會如教奉行，為斷除輪迴生死之根而精進。

壬四、（斷除為遠離生死無需努力之爭執）分二：一、正說；二、遮止不於現世努力而希求後世之諍。

癸一、正說：

問曰：生死輪迴有邊際還是無有邊際呢？若有邊際，則不修也得解脫，因至邊際時輪迴會自動終止；如果無邊，那麼也不用修習，因為生死無有邊際。

聞者所聞教，說者皆難得，
以是說生死，非有非無邊。

有閒暇聽聞教法者、所聞的聖教及開示說法者都難以具足，因此總說生死非有邊際亦非無邊際。

輪迴生死是有邊際還是無邊際，這是十四無記之一，若以此而對修習正法生起疑惑爭執，即可用非有邊際亦非無有邊際回答。有情若要解脫輪迴，必須具足因緣才可得到，而解脫因緣有三：聞者、所聞教、說者。聞者是指具足圓滿聽聞聖教條件的有情，所聞教是能真正教示出離輪迴的聖教，說者即傳授演示聖教的善知識。這三種條件非常難得：就聞者而言，必須遠離「地獄餓鬼及傍生，邊鄙地及長壽天，邪見不遇佛出世，喑啞此等八無暇」。同時也要具足所依、環境、根德、意樂、信心等種種條件，才堪為聽聞正法之器，而具足這些條件者，實屬三界有情的極微小部分；從所聞教法觀察，能引導有情出離三界得到解脫者，唯有諸佛菩薩所說的聖教，而非凡夫所說的論典等，可是佛陀出世說法的明劫甚少，佛法於明劫中住世之期也短，如同優曇花之出現世間一樣，非常希有難得；再從說者考慮，有情中能如法解說演示正法者，如同鳳毛麟角一般，這也可以現量了知。三種因緣各個都如是難得，而三者要同時聚合也就更加難得，因此從世俗諦觀察，不能肯定說有邊際，也不能說完全沒有邊際。以三種因緣難以具足故，可以說眾生的生死無邊；以具足大福德的極少數眾生能得到這三種因緣故，也可以說其生死有邊。而從勝義諦觀察，龍樹菩薩說過：「一切法空故，何有邊無邊。」一切法皆空無本體，由此怎能說為有邊或無邊呢？因此本師釋迦牟尼佛於這些問題，並無記別。

譬如說，優曇花出現於世，甚為難值，若籠統而言，不可斷定為有或無；同樣，具足息滅生死流轉之因緣者，極為難得，以此佛陀也未宣說有情的生死輪迴，是有邊際或無邊際。月稱菩薩言：「具足諸因緣，方啟勝智慧，三者難得故，佛未定彼邊。」要圓滿具足聞者、聖教、說者三因緣，有情方能開啟甚深智慧，斷除實執輪迴。因此諸欲求解脫生死者，不應於有邊無邊而疑惑，唯應把握自己當下的解脫機緣或努力追求創造解脫因緣，直趨正法，力斷生死流轉之業惑因緣。

癸二、遮止不於現世努力而希求後世之諍：

問曰：現在釋迦牟尼佛的教法還會住世，宣說教法的善知識也會不斷出世，所以我在後世努力修法斷生死亦不為遲。

由於諸人類，多持不善品，
以是諸異生，多墮於惡趣。

由於在南贍部洲的人道有情，大多數行持不善惡業，以此諸隨業流轉的異生，多半會墮於惡趣。

以佛法尚有住世期而寄希望於後世者，應思自己作為凡夫，後世生處難定，而且於濁世之中，人們多半決定會墮入惡趣，難以具足聽聞佛法的暇滿條件。生活在南贍部洲的人們，由於惡業串習，日常生活中的行為大多數是十不善業，如《地藏菩薩本願經》中所言：「南閻浮提眾生，舉止動念，無不是業，無不是罪，何況恣情殺害、竊盜、邪淫、妄語，百千罪狀。」對此各人皆可以現量了知，由於五濁惡世這種環境，人們相互感染，造惡業現象越來越嚴重，以此諸隨業流轉毫無自在的異生凡夫，多半決定會墮入惡趣，感受惡業果報。今生若不依止善知識精勤斷惡修善，後世要得到人天善趣，定會如同撒豆留壁一樣困難。寂天菩薩言：「憑吾此行素，復難得人身，若不得人身，徒惡乏善行。如具行善緣，而我未為善，惡趣眾苦逼，彼時復何為？」因此，現世有條件遇到法寶和善知識，自己也具足修學佛法的閒暇者，應該抓住機遇，如救頭燃般精進求解脫。如果寄希望於後世，多半會如同旱地撒網，不會有收穫的可能，甲操傑大師於注疏中也言：若不精進，就像國王於大臣灌頂一樣的空無所得。

譬如說，以前有兩個窮人，擔著麻線趕路，中途遇到了一些棉花，有一個人了知棉花比麻線值錢，便將麻線丟棄，挑上棉花往前走，而另外一個捨不得麻線，沒有換。後來兩人在路上見到一堆黃金，挑棉花的人又棄掉棉花，換上更珍貴的黃金，而挑麻線者仍捨不得換，繼續挑著麻線往前走。結果兩人雖然是同時做事，而撿回黃金者從此過上了富裕安樂的生活，另外一個仍像以前那樣，過著窮困的日子。同樣，陷於三界中的有情，秉持邪見惡業者如同執麻線不捨；而漸次改變凡夫惡習，皈依佛門修持五戒十善，乃至發起殊勝菩提心者，如同將麻線扔掉，依次換為棉花、黃金者，如是才能得到安樂，否則仍會像往昔那樣，沉溺於輪迴苦海之中。月稱菩薩言：「眾生趣異處，或諸各自行，眾多趣行者，此名為異生。」因此，諸有緣遇到解脫輪迴的福緣者，當深思自己的機遇難得，而徹斷懈怠耽擱惡習，以精進行持正法而趣向解脫之彼岸也。

庚二、（別明遠離於樂趣生愛）分二：一、於樂趣亦應厭離；二、由愛而住生死猶如癲狂者。

辛一、於樂趣亦應厭離：

問曰：惡趣是無暇處，有眾苦逼惱，所以應厭離；但是人天善趣是安樂生處，不應厭離。

地上惡異熟，唯見為損惱，
聖者觀三有，等同備宰處。

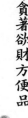

凡是地上的眾生都受著惡業異熟果，唯有見到他們都在為各種痛苦所損惱，因此聖者們觀看三有世間與待

宰處等同。

三惡趣是充滿痛苦的無暇之處，而人天善趣有許多欲樂，因而有人以此對善趣生起愛執，不欲出離，這也是不明善趣真實面的非理愛執。生活在大地以上的人天有情，無一不在受著前世不善業的異熟果報，都在時刻不停地為行苦、變苦、苦苦所損惱。具體來說，人道有情是以貪欲惡業而投生於人趣，阿修羅以嫉妒惡業感生為非天，天人以傲慢惡業而投生於天趣，既然各個都在感受惡業異熟果，那怎能稱之為安樂生處呢？縱然善趣有情表面上在享受一些有漏安樂，然而稍加觀察，有情都在受著惡業異熟果的逼惱，任何時任何處都沒有離開過三苦煎熬，只不過是因愚癡麻木，眾生顛倒地執苦為樂，才現起了一些安樂的假象。在徹證苦諦的聖者看來，三界如同火宅，如同屠宰場一般，有情陷於其中，都在為無常死主逐個宰殺，時刻都在為業力煩惱魔所折磨，對如是痛苦之淵藪，實應生起極大怖畏而厭離。

譬如說，昔日有一名大臣，深受國王寵愛，久之他對國王也無有畏懼，隨意做一些非法行，後來終於觸犯了國王，慘遭殺害。同樣，投生於善趣中的有情，表面上看也是為輪迴死主所寵幸的大臣，有著較好待遇，但實際上仍在死主統治下，隨時都會被殘害至死。月稱菩薩言：「地上世間眾，感召前世業，種種異熟果，唯見損惱矣。」故有智者，當反覆觀察思維善趣的痛苦，於此應斷愛執而修厭離。

辛二、由愛而住生死猶如癲狂者：

問曰：如果聖者觀三有等同備宰處，那麼世間人為何不生怖畏厭離呢？

若識不正住，世說為癲狂，
則住三有者，智誰說非狂。

如果意識思想不能正常安住，世人都會說其為癲狂者，那麼以顛倒實執而住於迷亂三有者，智者誰會說他們不是瘋狂者呢？

三有備宰處的有情，對自己的處境不生怖畏，不尋求逃離，是因他們皆為癲狂迷亂之徒，不能自知。在世間，若某人的思想意識不正常，與正常人的思維、語言、行為相違，不能按常人的方式行事，那麼世人都會說這是瘋癲者。按同等推理，即可成立三有異生皆是瘋癲者，因為墮於三界中的凡夫，對本來無常、不淨、苦、無我的世間，皆顛倒執為常樂我淨，其思想言行處處都與實相相違，而他們不但不自知，反執為正確。對陷於這些顛倒迷亂中的有情，能明察世俗實相的智者，誰會說他們不是瘋狂者呢？寂天菩薩在《入菩薩行》中曾多處斥責世人的顛倒狂執：「寒林唯見骨，意若生厭離，豈樂活白骨，充塞寒林城？」「自迷癡狂徒，嗚呼滿天下！」諸佛菩薩與歷代善知識皆對此作過評述，詳細指出了凡夫異生平時的心念言行是非理非法之行，其實與瘋狂者毫無差別。正是因眾生皆處於瘋狂中，所以雖然處在恐怖的備宰之處，他們仍不生厭離，反而生起貪愛。

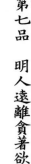

譬如說，有一國王平時非常喜愛自己的太子，後來

有一天，他突然對太子生起了反感，無緣無故生大嗔惱責罵太子。御醫們發覺了國王的反常，但是誰也不敢醫治，結果國王大發瘋病，所言所行都是違越常人禮儀的非理行為。同樣，異生因無明業力投生三界，心念語言行為皆是不合正理的顛倒行為，而他們對此尚以為正常，月稱菩薩言：「凡人皆癲狂，所作皆非理，業力所化眾，誰說非癲狂。」故稍有清醒者，當明察自己也正處於瘋狂迷亂之中，若求痊癒者，當依奉大醫王本師釋迦牟尼佛的教導，勤服正法甘露。

己二、（明遠離引發輪迴之因——有漏業）分三：一、總示遠離能引後有的業；二、必須遠離能引後有業的理由；三、正明如何遠離之理。

庚一、總示遠離能引後有的業：

問曰：輪迴中誠然有痛苦，而這些輪迴痛苦是不能由自己主宰的，如此怎樣才能消除痛苦呢？

現見行等苦，違時則消失，
以是具慧者，發心盡諸業。

現見行等威儀所引生的苦，改為其相違的威儀時則會消失，以此具有智慧者，應發心斷盡能引後有眾苦的諸業。

眾生在輪迴中長期串習惡業習氣，因隨順這些已習慣的三門不善作業，才在輪迴生死痛苦中愈陷愈深，因此表面上看，痛苦遭遇不能由自己做主遠離，但實際上完全可以由斷盡這些有漏業而遮止一切輪迴痛苦。人們在日常生活中可以現量了知，自己長時行走或做某種動作，由此就會引生苦受，這時如果改為另一種與它相違的威儀，比如安住下來不動等，苦受即會立即消除。這種現象正常人都曾有過經歷，而且也知道自己的種種苦受，都可以針對其因採取違品而消除。同樣，具有智慧者也能了知，自己在輪迴中所遭受的生死眾苦，皆是因自己隨順業力習氣而造成的，若能以其違品遠離諸業，則自然消除痛苦，得到安樂。欲求斷苦者，只需依善知識的教言，直接從苦因著手，斷盡諸業則無需考慮後有痛苦。以上是依仁達瓦大師的觀點而釋，在大疏中，除了上述解釋外，還有一種解釋方式：若以行住等威儀的違品，則能斷除行住等威儀所引生的痛苦，因為斷一切業的相續，就可滅盡一切苦。因此具智者，應以有漏諸業的違品——無漏涅槃妙法，斷除輪迴諸苦。甲操傑大師及堪布阿瓊也是如此注釋該偈頌的意義。俄巴活佛從另一角度釋曰：我們修行過程中各種痛苦都是往昔的業力所生，因而欲要消除後有痛苦，具智者應發心趨入大乘菩提道，斷盡諸惡業。

譬如說，跨越曠野的行人，會不時遇到長遠行路的疲倦及缺乏口糧的苦惱；同樣，諸異生在漫長的生死大道上，必然會遇到生死流轉的倦怠及缺乏福德所帶來的苦惱。因而欲求脫苦者，當勤修善業積累大福德資糧，一鼓作氣超越生死業旅到達彼岸，如是方可永斷諸苦。月稱菩薩言：「如人身安樂，從而心亦樂；如是盡惑業，則生盡業樂。」若身斷諸勞累作業，則心得安樂，同樣若斷盡內心煩惱，則能獲得滅盡業惑的快樂。諸大乘修行人應依言從自心煩惱惡業著手，若斷盡內心惡習，則可獲得究竟安樂。

庚二、（必須遠離能引後有業的理由）分四：一、生死是可畏處故應遠離業因；二、思維業果而修怖畏；三、思維業的本體之後應當勵力斷除；四、不應由業是樂因而起貪著。

辛一、生死是可畏處故應遠離業因：

問曰：輪迴究竟有何怖畏，為什麼要努力斷除有漏業呢？

若時隨一果，初因不可見，
一果見多因，誰能不生畏。

如果任何時候隨舉一果法，它的最初生因誰亦不能現見，從一個果法亦能現見眾多因緣，以此誰能對業因不生怖畏呢？

若從生死業因方面觀察，有智慧者一定會生起怖畏，以輪迴世間的種種果法，隨時去觀察其中一個，無論色法還是心法，皆無法追溯到其最初的生因。比如說兩個人之間發生了某件事，這件事的起因是什麼呢？從發生之時往過去觀察，一直可以追溯到很久很久以前，要牽涉無數因緣，這些事不用說凡夫，就是阿羅漢也無法全部了知清楚，這在《百業經》等諸多經典中皆有記載。有情墮入輪迴的時間無有起端，在如是無有邊際的時間中，一直流轉不息，以此其宿業因緣錯綜複雜，無有窮盡，無論從現在的哪一個果法，皆可推測出眾多昔因，乃至無窮的過去因緣，有智者誰能對此不生起怖畏厭離心呢？因為這些完全可以說明，自己墮入的輪迴世間廣大漫長無有邊際，而且自己的業惑相續錯綜交織，遍滿整個三界恐怖叢林，若不努力斷盡，將會由這些無量的無明業因所牽而流轉於三界，永無止境。生死輪迴如同無邊曠野，遍滿痛苦的荊棘叢林與恐怖的惡趣猛獸，若由無明業因而漂泊於此，誰能不生畏懼呢？

譬如說，隨便拿一個瓷瓶觀察，它的生因有水、泥、陶匠、工具等，而這些又各有前因，各前因復有昔日的因緣，如是觀察，其生起因緣遍滿三界，除遍智外，誰亦無法舉出其最初的因緣；同樣道理，每一個有情墮輪迴的業因也無法窮其根源，月稱菩薩說：「因時無邊故，眾生無初始，是故誰能知，眾生之開端。」因此，諸有智者，理應為自己無邊的苦因苦果而恐懼，轉而應依善知識的教言，精勤斷除輪迴業因。

辛二、思維業果而修怖畏：

問曰：不管追求何種世間盛事，只要努力皆能得到一定成果，因此世間的作為還是很有意義。

既非一切果，決定能成辦，

所辦一定滅，為彼何自害。

既然不是一切果都可以決定能成辦，而且所成辦的也一定會壞滅，因此為什麼要為這些事而害自己呢？

一切世間作業都無有意義，無論追求何種世俗事業，無論付出多少努力勞作，也無法決定能夠成辦所求。比如修房屋等事業，無論怎樣努力，也難以圓滿無缺地成辦人們內心的計劃，而且有許多事業剛開始就會失敗，有些進行到中間就會失敗，有些在即將完成之際，也會功虧一簣。即使這些努力能有圓滿的成果，但是它一定會壞滅，不可能長存不變。三界中的一切有為法，皆不離無常的本性，無論從理論上推證，抑或從歷史觀察，有情所成辦的有為事業，從來就未曾有過恆存不壞的事例。既然自己所作業之果不能決定成辦，即使成辦也會如同水泡一樣迅速變滅，那麼自己辛辛苦苦勞損身心做這些，又到底是為了什麼呢？在追逐世間事業時，不但當時要付出很大的辛苦，而且從長遠看，自己將會因這些有漏業而感受更多的輪迴苦果，不得不忍受這些業所感的損害。俄巴活佛解釋此頌云：為了今生的名聞利養而努力作業，其結果不一定會成功，而且還要造損害惡業，即使能成辦，也決定會毀滅，因此為無義事不應損害自己，不應造惡業。

譬如說，陶師燒陶器時，他無法使自己所作的每件陶器都成功，而是有許多會在燒製過程中碎裂、變形、粘結等，即使已經燒成出窯，這些陶器也決定會碎壞。同樣，世人所作的種種事業，不可能決定都成功，縱然成功也會像陶器一樣，決定會壞滅。月稱菩薩言：「所作一切事，亦不一定成，所成一切事，最終決定滅。」明智者理應對世間業果生起厭離。

辛三、思維業的本體之後應當勵力斷除：

業由功所造，作已無功滅，

雖如是而汝，於業不離染。

一切有漏業皆由功用而造成，做成以後無需功用即會自動壞滅，雖然如是，而你對有漏業仍然不離貪著。

再從業的本體觀察，也應勵力斷除。世間一切有漏業，皆由功用造作而成，比如修建城堡長城等事業，都是人們通過功用努力而成，這些業造成之後，無需施加任何功用，便會自然而然地毀滅，一切城堡等果法必然會絕滅無跡。若稍加觀察，對此自然規律誰都能明白，誰也無法否認。道理雖然明顯地擺在每個人面前，但是你如果還要貪著世間事業不放，那不是正好說明了你的愚癡無知嗎？《蓮苑歌舞》中言：「熟地良田種植復種植，種植無已拋捨成荒地；造成宮室居住復居住，居住無已徒步入空山。」世間事業無論如何反覆勤作，最終都會毀滅，這些事實遍及人們的日常生活之中，若對此尚貪執不休，不知尋求出離者，當捫心自問：到底是什麼魔在控制著自心呢？

譬如說，在山尖上堆砌石頭牆，做時千辛萬苦，需花費很大力量，而砌好之後，無需任何功用，它自然就會倒塌。同樣，在世間作事業，如同月稱菩薩所言：「因緣積聚後，業由功所造，一旦無功用，彼等自然滅。」成辦時需耗費很多功用，而成辦以後，無需功用即會毀滅。對此理若明知，尚貪執不捨者，豈不聞華智仁波切的教言：「嗚呼可喜百花快樂園，本是不可喜愛苦難村；可愛妙欲五境諸享受，本是可憎無常遷流苦……築成皆倒宮室有何用？積來皆散財物有何用？會聚皆離財物有何用？高位皆顛權力有何用？有生皆死現世有何用？」

辛四、不應由業是樂因而起貪著：

問曰：雖然用力創造事業最後決定壞滅，但業是樂因，所以應該貪著。

過去則無樂，未來亦非有，

現在亦行性，汝勞竟何為。

已過去則無有真實的安樂，未來亦不會有真實安樂，現在亦唯是剎那無常變滅的遷流之性，因此你辛苦勞作究竟在為什麼呢？

若執著業是樂因而貪著有漏業者，應知世間的名言本性即是無常苦性，不存在真實安樂。從三時的角度進行觀察：已過去的心識感受已經壞滅，如同昨夜之夢一般，除了一些虛幻的憶念外，不存在任何痕跡；未來的一切心識法也不存在，它尚未生起，不存在任何可貪著之處；從現在而言，一切都在剎那不停地遷流變滅，諸行的本性即是無常苦性，因而也不存在真實安樂可得。既然過去、現在、未來的世間唯是痛苦，不存在安樂，那麼你辛辛苦苦地勞作，究竟在追求什麼呢？辛勤勞作追求一切時都不存在的安樂果法，那又有什麼意義呢？諸修行者應如無垢光尊者所言：「昨日前去之諸法，如昨夜夢乃意境；今現無而常顯心，昨夜今夜夢相同；明及明宵未來夢，立遣苦樂諸所現，一切皆作如夢想，剎那不觀實有心。」

譬如說，有人在河灘上修房子，房子成後很快就為河水所沖垮，然後他在別的河灘上又修房屋，結果又被沖垮，如是隨修隨垮，始終沒有成功。同樣，過去、現在、未來的世間皆為無常苦流所沖襲，任凡夫如何努力，只會徒勞無益，不可能建立真正的安樂。月稱菩薩言：「剎那不停心，觀察三時中，不可得安樂，為何徒造業？」故諸有緣得聞這些教言者，當依之切實對治自相續的迷惑煩惱，立即捨棄一切生死之業。

庚三、（正明如何遠離之理）分二：一、破對福業生愛，二、破積集非福業。

辛一、（破對福業生愛）分三：一、總破為愛增上生而積業；二、從樂趣至樂趣極難得；三、別破為增上生而積業。

壬一、（總破為愛增上生而積業）分二：一、聖者視增上生等同地獄故應怖畏；二、異生若能如是了知則身心頓時壞滅。

癸一、聖者視增上生等同地獄故應怖畏：

問曰：若造善業，則能獲得增上生的安樂，因而應愛著有漏善業。

智者畏善趣，亦等同地獄，
彼等於三有，難得不生畏。

智者們畏懼善趣，也等同於地獄一般，他們於三有世間，難得不生起畏怖。

此處智者是指如理通達三界苦諦以上的聖者。在這些聖者敏銳明利的智慧前，三有世間如同火宅，如同苦海一般，地獄惡趣固然充滿著痛苦的猛火，而人天善趣中也無處不在為煩惱毒火所燒、衰老死亡瀑流所沖襲。《念處經》中說：「地獄有情受獄火，餓鬼感受飢餓苦，傍生感受互食苦，人間感受短命苦，非天感受爭鬥苦，天境感受放逸苦。輪迴猶如針之尖，何時亦無有安樂。」再說聖者畏因如同惡果一樣，善趣中安逸享受實際上是後世惡趣之因，因而他們對增上生的人天善趣，也會如同惡趣地獄一樣怖畏，對整個三有世間，聖者們很難做到不生怖畏厭離。「難得不生畏」一句，還可理解為：除了登地以上菩薩聖者們，其餘智者難以做到對三有不生怖畏。登地菩薩已證得了有寂平等的大智慧，為救度眾生，他們對地獄也會如同鵝王趨蓮池一般，不但毫無畏懼，反而會充滿喜樂，如寂天菩薩云：「如是修自心，則樂滅他苦，地獄亦樂往，如鵝趣蓮池。」但是無有證得平等智慧的智者如阿羅漢，他們尚有對輪迴痛苦的執著，因而難以做到不生畏懼。故執增上生有安樂者，應當依聖者們的教言，思維生死過患斷除愛執。此處有疑：若因增上生亦如同地獄一樣是怖畏處，而應斷除愛執，那是否應斷除積集增上生處的善業呢？大疏中對此分析過，此處所破除的是對善趣的非理貪執，為求增上生由愛而積業的非法行業，並非破除為希求解脫而積集人天有暇身的一切善業因。

譬如說，以前有一名叫吉巴的暴君，經常用許多殘暴刑罰處治犯人，當犯人在囚牢裡折磨到一定程度後，便放出來，此時囚犯也不會認為自己已得解脫，因為隨後就會有劊子手砍殺他們，從痛苦牢獄裡出來，其實仍踏在死亡之路上。同樣，有情縱然能從三惡趣牢籠解脫，對增上生的人天善趣也不應貪執，因為增上生仍是無常眾苦逼迫之道，與惡趣牢獄一樣充滿恐怖。能明理者，理應對此生大厭離，進而追求解脫。

癸二、異生若能如是了知則身心頓時壞滅：

問曰：若人天善趣等同地獄一樣可畏，那人天有情為何不生畏懼呢？

若凡夫亦知，一切生死苦，
則於彼剎那，身心同毀滅。

假如凡夫亦能如聖者一樣，現量了知三有一切生死諸苦，則於了知之剎那，其身心會因無法承受而崩潰毀滅。

凡夫異生們不畏三有輪迴，是因他們為無明愚癡所遮障，無法自知處境的險惡。假如異生凡夫像阿羅漢聖者們一樣，能現見三界生死輪轉的諸般痛苦，在現見同時，他們的身心一定會如同瓦器無法承受重壓一般，立即毀壞。凡夫的身心非常脆弱，他們不像聖者那樣有堅強的無我智慧與大悲心，敢於面對承受如是殘酷的事實。在一些公案中，也記載了類似的故事，如世尊在世時，阿難尊者的兩個外甥由現見了墮地獄的可怕後果，一想起來就不敢吃飯，吃完飯一想起就要吐出來；花色比丘由於能憶念自己前世所受的痛苦，因而經常為之恐懼得全身流血，將僧衣都染成了花色。可是絕大多數凡夫無法如是了知，他們雖然處身於火宅之中，卻麻木地安然而住，而且還要貪執於此，造業不休，佛在《涅槃經》中說過：「不見後世，無惡不造。」輪迴中處處充滿著這樣的愚癡有情，因而不應以他們的麻木無知，來推想輪迴中無有怖畏。

譬如說，有些遭惡魔殘害者，雖然他沒有見到惡魔，身心也會非常痛苦，他自己也會知道：尚沒有見到惡魔，就有如是痛苦，若惡魔現前，那我肯定沒救了！於是會生極大怖畏。同樣，凡夫在未現見一切生死眾苦之時，也會為一些小苦而覺難以忍受，若能現見所有痛苦，必定會無法承受。另有譬喻說，帝釋天的儒童為了得到遍入天果位，結果喪失了生命；同樣，凡夫為了善趣安樂而勞作不息，也會因此而失去安樂生命，而他們根本不知道未來果報的苦害本質。月稱菩薩言：「如諸佛照見，諸業之果報，若凡夫亦知，刹那即昏厥。」凡夫若能現見自己於世間的一衣一食，一舉一動，皆是輪迴眾苦之業因，見此殘酷事實，心胸狹隘卑劣的異生又怎能堪忍呢？

壬二、（從樂趣至樂趣極難得）分二：一、正義；二、破不作惡行而愛增上生。

癸一、正義：

問曰：雖然惡趣的眾苦難忍，但是我現在可以努力保持種姓、財富等安樂享受，乃至以方便一直保持至後世，這樣不就可以不生畏懼厭離嗎？

有情無慢少，有慢則無悲，

從明至明者，故說極難得。

凡夫有情無有傲慢者極少，具有傲慢則無有悲愍，以此要從善趣至善趣，佛經中說非常難得。

人天善趣中的有情，不應幻想自己可以長久保持世間的種種安樂，可以永久生於善趣之中而不墮落。凡夫異生，皆有貪嗔癡傲慢等俱生煩惱，尤其是現世之中有財勢權位者，其傲慢煩惱會特別強烈，有了傲慢煩惱，則對勝者易生嫉妒，於相等者生競爭，對下等者生嗔怒欺壓，以此心中無法生起悲愍，甚至無惡不作。大疏中說：傲慢煩惱強烈者的相續中，不會有悲心，因一相續中不容有兩種分別。以傲慢惡業，有情要從善趣生至善趣非常希有，佛也在《阿含經》中說過：「從明至明者，極為難得。」薩迦三祖說：「得暇滿人身，非由強力得，乃是積福果。」而善趣有情恆造惡業，故極難保持生於善趣。

譬如說，昔日扎墨格拿之子，曾二十一次消滅刹帝利種姓，因為他不願恭敬任何人，自認為能勝過一切，以此傲慢煩惱所催，他的悲愍也就蕩然無存，造惡不斷。同樣，一切具傲慢的有情，不可能保持悲心，以此無惡不作，而導致無法從明趣生於明趣。因此，應知除徹斷煩惱趨入解脫彼岸外，別無永恆保持安樂之道。

、　　癸二、破不作惡行而愛增上生：

問曰：若捨棄一切現世五欲貪執，而以積集福業求生天的善果，那是否合理呢？

棄捨此境已，要求得境界，
如是顛倒法，何因許為正。

棄捨此等已得的安樂境後，又要希求悅意果的境界，這樣的顛倒法，能以什麼原因許為正確呢？

今世捨棄貪愛欲樂的惡行，而努力修善積福，以求後世得到生天的安樂，這種行為是外道的顛倒修法。今生五欲境既然是捨棄對象，那自己為什麼還要貪求來世的欲樂呢？要追求人天福報，必須守持戒律，《俱舍論》中說過：「為得善趣戒重要，為離煩惱修重要。」持守律儀必須捨棄對五欲的貪著，因此，若以捨棄已得的安樂境去追求未來的樂境，這誠然是顛倒行為。按這種做法，對欲樂前捨後取，前後二者自相矛盾，有智慧者誰會將這種顛倒做法，許為正確呢？不管如何尋找根據，捨今世而求後世人天欲樂的觀點，皆無法成立為應理之宗。雖然在內道中有人天乘修法，修持五戒十善，但這並非是求後世欲樂，而是為了有機會修法解脫輪迴，先求得人天善趣閒暇的基礎。

譬如說，山羊在鬥角時，先會各自跑開，然後又轉過來加速奔跑而相互撞擊；同樣欲求後世人天安樂而持戒者，先將此世的五欲享受捨棄，這種做法與山羊鬥角一樣，實是顛倒愚昧之舉。諸修習正法者，若能明了此中顛倒，則極易斷除貪求有漏安樂果的非理妄念。

壬三、（別破為增上生而積業）分五：一、破為求受用而積業；二、破貪著世間法規而積業；三、破為求可意境而積業；四、破為求權勢而積業；五、破為求後世富饒由愛而積業。

癸一、破為求受用而積業：問曰：世間的財富能為自己帶來受用安樂，所以應該為了財富等而積聚善業。

福果為財富，常須防護他，
若常防他者，如何為我所。

世人的福德善行果是財富，而財富需要恆常防護他緣侵害，如果要常常防護他緣，怎麼能稱為我所擁有之福果呢？

世人通常以施捨等有漏善行，去希求福德果報，這種福果一般是指財富受用，但這些所謂的福果——財富，得到者必須要時常保護，以防盜賊及水火等違緣侵害，財富越多，即需要付出越多的力量去保護。如是需要防護可為他緣消散的財富，怎能稱之為是我所有的福果呢？若是我所，則自己應有自主權，他人無法損害這種權力，而事實恰好與此相反。所以應了知，世人以貪心無論如何追求，實際上皆無法使自己獲得真正的福果，不但如此，反而會為自己帶來更多的痛苦。龍樹菩薩說過：「積財守財增財皆為苦，應知財為無邊禍根源。」世人以辛勤勞作積業而求得受用財富，實際上整個過程皆是痛苦，無有絲毫安樂可得，因此為財富受用而積業者，實是不值得貪執的非法行為。

譬如說，如果自己依止一位上師，那麼自己不得不時刻跟隨上師，依教奉行；同樣道理，希求財產者，也不得不像弟子侍奉上師一樣，日夜隨著財產，成為財產的奴僕。古人常言：「人為財死，鳥為食亡。」若貪執財富，必然會死在求財、守財的勞作中，因而有智者，實不應為了禍患之源的財富受用而積業。

癸二、破貪著世間法規而積業：

問曰：貪求善趣福果而修施等善業誠然是顛倒，那麼遵循世間共許的法規應合理吧。

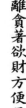

世間諸規律，隨彼行名法，
是故較於法，世間力尤強。

世間各種各樣的規律中，只有隨順世人當時所行持的才被名為法，所以與法規本身相較之下，世間人的風俗習慣力量尤其強盛。

隨順世俗規律而修施等有漏業，也不應理。世間的種種規律，皆是世人共許而成，比如說嫁女娶媳婦等等，此類行為規則在世間各地都有。但是，針對特定地區的人們，只有隨順他們當時所行持的規律才被稱之為法，才會被承認為合法行為。而從不同地區、不同時代去觀察，世間無有不變的法規，現在人們共許的法，到了另一個時代，也會被判為非法；本地人共許的合法行為，在另一地往往被評為非法行。真正合理的規律本身與世間風俗時尚比較起來，世間習俗力量尤為強盛，而習俗大多是隨順世人分別惡習所成，故對世間人所謂的法規，求解脫者不應去隨順。這些法規毫無可靠性，大都是隨分別惡念而轉的邪法，並無真實合理性可言，如果去隨順，只會讓人積累惡業，陷入更深的輪迴。

譬如說，呀瓦國有一種傳統，當地男人經常念一種咒語加持火焰，而火焰中會發出音聲：「你可以娶自己的女兒。」於是當地有很多男人娶自己的女兒為妻，並許此是合法行為。有一外國人見到了這種情況，也想按這種習慣娶自己的女兒，便花費許多錢財學會了這種咒語。回國後，他點了一堆火，然後以咒語加持，這時火堆中傳出聲音：「呀瓦國的傳統習俗與你們本地不同，你應隨順本地習俗！」從中不難看出，所謂合法與非法皆是隨世人習俗而定，在世間並無真正合乎正理的法規。作為求解脫者，應當以佛法正理為根本，而不能盲目隨順世俗造輪迴業。當然，於經論中雖然也強調過應隨順眾生，但其所指並非是讓修行者隨順世間造輪迴業，而是為了引導度化世人，修行人在表面形象上，首先不應讓世人產生反感邪見，對此應仔細區分。

癸三、破為求可意境而積業：

問曰：世間安樂來自享用可意境，而可意境是福業之果，所以為求安樂理應修福業。

境由善可愛，彼境亦為惡，
捨彼成吉祥，修彼復何為。

色聲等境由於被認為善妙而覺得可愛，但是這些五欲境亦為求解脫者所厭惡，而捨棄彼等即成為吉祥，因此修福求彼等又有什麼必要呢？

為了追求可意境的受用而修持有漏善業，是無有意義的顛倒惡行。對色聲香味觸五欲境，世間異生凡夫如果生起它們很善妙的分別計執，立即會覺得可愛而生貪心，再由受用彼等而生起虛妄的悅意安樂感。可是一般凡夫異生前的可意五欲境，在明了諸法真相的追求解脫者前，是厭惡遠離的對境。因五欲境唯是無常、不淨、苦性、無我的不可愛法，是有情依之生起貪嗔煩惱的根本，是生死輪迴中眾多苦患的根源，以此三種原因，求解脫者會立即捨棄五欲境如同不淨糞一樣。而徹底捨棄了五欲貪執的修行者，即捨棄了過患的根源，一切皆成為吉祥，如《入菩薩行》中言：「離貪自在行，誰亦不相干，王侯亦難享，知足閒居歡。」因此，欲要追求真正的安樂，怎麼能為了可意境而修有漏業呢？世人辛辛苦苦、忙忙碌碌地勞作，其目的都是圍繞可意五欲境而行，但無數劫已過去了，追求五欲享受者除了生死輪迴外，並無任何結果，若有心者對此應當明了。

譬如說，以前有一群比丘去甘巴遮地方化緣，路上遇到了一個狡詐者，他欺騙比丘們說：「你們到了甘巴遮，千萬不要說話，那兒有一種風俗，若見到比丘說話，人們會不高興。」那群比丘信以為真，為了不讓當地人不高興，便在化緣時一直保持沉默。當地人見到了這群默然無聲的比丘，誤認為是那個狡詐者所幻變的人。因為他們之間經常比賽幻術，於是甘巴遮地方的幻術師，也以幻術變現了一群不會說話的比丘，到了狡詐者那邊。過後那個狡詐者又在某天，告訴去甘巴遮地方化緣的比丘們，說現在可以說話了，比丘們到了該地時，該地幻術師又誤認這些會說話的比丘是狡詐者所幻變，不得不認輸，因為他們無法幻變出能說話的人。比丘本身並無變化，只是前時沒有說話，由此而使甘巴遮的幻師們生起執著比賽之心，其實這只是狡詐者的欺騙手段而已；而後來比丘們露出正常相，雖然當地人沒有完全了知其真相，而比賽之心已消。同樣，世間人在貪欲狡詐者欺騙下，對五欲境生起貪愛執著，若能了知初步的苦諦等少分真相，則能斷除誤執，不再為貪求欲樂而造有漏業。

癸四、破為求權勢而積業：

問曰：為五欲境雖然不應以貪心造業，但是世間的王位權勢是安樂之因，所以為求權勢而修福是應理行為。

誰不用教敕，彼則不需法，
誰求得教敕，是眾中愚人。

誰人不用教誡命令，則他不需要權勢等世間法；誰人希求得到教敕權，那他是眾人中的愚人。

為安樂而希求王位權勢是不合理的愚行。一個人如果不想用對他人指手畫腳下命令這種方式辦事，則他無需王權等這些世間法。就像那些心得自在的大修行人，他們無需任何勤作，無需差遣命令他人，即能成辦所欲的安樂事業，因而對王位高官的權勢，無有任何希求之心，也無需為權勢而作種種有漏法。而世間誰希求得到王位，得到能教敕他人的權勢，則此人定是愚人之中的愚者。一方面是因權勢地位無有實義，不是真正的安樂富饒之因，如那些大修行人無需此即能成辦一切所欲的事業；另一方面，希求王位權勢是罪惡的根本，世人為此往往不擇手段，造盡惡業，而得到王位教敕權勢者，也會因此而造嚴重惡業。因此，為求安樂而追求這種罪惡根本的權勢，無疑是飲鴆止渴式的愚行。

譬如說，有一占卜師推算自己的愛子六天內會死亡，結果到了第六天兒子沒有死，占卜師為了得到名聲地位，讓人相信自己的推算靈驗，於是一邊哭一邊將兒子殺死。同樣，希求王位權勢者，為了暫時權位安樂而將自己的後世安樂善根損害，這種人如殺兒子的占卜師一樣，是最為愚蠢的人。諸有智者，絕不應為求權勢而積業。

癸五、破為求後世富饒由愛而積業：

問曰：為求後世的富饒安樂果而積集福業，難道不合理嗎？

由見未來果，汝貪愛法者，
見貪未來邊，豈不畏何為？

由於想到了未來的果報，你即貪愛施捨等有漏善法，那想到貪愛未來福果的惡趣邊際，難道能不生畏懼，到底是為什麼呢？

為求後世的富饒安樂，而貪著施捨、持戒等一些有漏善法，這是世尊所呵毀的行為，也非內道修行人所修的善法。一個人因見到善法的未來福果，而對有漏善法生起貪愛，以貪愛之心去行持捨施、持戒等善法，這種法是以不清淨的發心而做，其貪愛染污惡業將來必定會招感墮入惡趣的苦果，如同世尊教導難陀出家修行的公案中所說那樣。因此，如果從未來果報考慮，你為未來福報而貪求善法，那麼在以這些有漏善業感受安樂果之後，其貪業所引之惡趣苦果也一定會現前，對此你也應該考慮。如果明明了知這些因果事理，還不對有漏業生起畏懼，仍然貪執不捨，這種做法到底在求什麼呢？大乘菩薩對夾雜貪愛的布施等有漏善法，會如同惡趣一樣遠離，因而在諸積集善業資糧中，處處以清淨發心為重，若以貪心染污而行施捨等法，那是愚人的行徑。

譬如說，以前有一塊叫剛波的土地十分邪惡，眾生一到來，就會產生各種違緣，而一個愚人認為它物產富饒，於是想方設法收買了它，結果使他飽受折磨。同樣，為來世福果而貪求善業者，如同那位愚人一樣，必然會受到痛苦折磨。作為有一定智慧者，當依聖者善知識言教，了知善惡業報的道理，斷除為求後世福果而愛執有漏善業的惡劣習氣，對一切墮輪迴的有漏業生起畏懼，如是捨棄一切愛染因業才可趨入解脫正道。

辛二、破積集非福業：

問曰：如何才能斷除為後世積集福業與非福業的行為呢？

如傭人修福，全同為工資，
若尚不樂善，何能作不善。

如果為後世安樂而修福業，就完全與傭人為得到工資而做事相同；若智者對這些善業尚不樂意，又怎麼能作不善業呢？

修習大乘佛法者，不能像一般世人一樣，為求增上生與異熟果報而積集福業，要斷除這種貪求，首先應反覆思維觀察三有世間的苦患，貪求異熟果報的過患等這些道理。如果一個人為了自己在後世得到人天安樂果，而修集福德善業，這種做法實際上如同傭人的行為一樣，並非真正的福德善業。傭人們每日辛辛苦苦為主人做事情，其目的是為了求得一些工資財產，而非真正的發善心利益他，同樣求人天安樂者，也是為了自利而行持，由於發心非賢善，其果報也就非真正的福果，仍舊在生死輪迴之中。能現見這些因果真相的智者，由了知為我執煩惱所染的有漏善業是生死輪迴之因，是痛苦的業因，以此也會視其如同惡趣一樣而生起畏懼厭離，而不樂意去做。如是對有漏善法尚且不願意做，更何況惡趣之因的非福業呢？這更是不用考慮的問題。作為修行人，對如上所說法義深加思維，若能生起堅固信解，則必然會斷除令人沉墮輪迴的一切有漏福業與非福業。

譬如說，一個名為讓戛打的乞丐，乞得了一些殘羹剩飯，便用粘滿膿血污垢的衣服包好，放在歇身之處，結果被野狗偷吃了，這時旁邊坐著一個修習斷食苦行的王子，發現食物不見的乞丐便誣衊王子偷吃了，而實際上王子不可能吃這些不淨食物。因為王子一心修習斷食苦行，斷棄了進飲食的心念；即使王子要進飲食，皇宮中也有豐盛的美味佳餚，皇宮中的佳餚尚不願食用，更何況乞丐的不淨食物呢？同樣，修習佛法追求解脫者，對人天善趣的福業尚無希求，更何況是三惡趣的不善業因呢？諸志求解脫者，其發心愈廣、智慧愈高，於諸因果取捨則愈會細微。如是若求無上菩提者，應努力學習思維諸聖者的教言，而徹斷一切墮輪迴的業因。

己三、（明永斷業的必要）分二：一、通達真如的智者永斷愛染趣入解脫；二、諸智者於世間無有喜愛之處。

庚一、通達真如的智者永斷愛染趣入解脫：

問曰：如何才能永斷愛染而得到解脫勝位呢？

若誰見眾生，如機關幻人，

彼等極明顯，能趣入勝位。

如果誰人能現見眾生，如同機關幻人一般，他們極明顯地能趣入解脫勝位。

異生凡夫貪愛器情世間，其最根本的原因是不了知世間本質。諸具有智慧福德者，以隨順諸法實相的正理觀察時，若能現見自他有情緣起性空的實相，現見一切有情皆無真實本體（自性），唯是無自性的緣起法，就像機關幻人——用機械做成的假人或幻術師幻變的人，雖然有種種形象，但都是暫時的假象，無有任何真實性，以此即能斷除對自他一切有情的愛染貪著。能現量見到眾生如幻人者，還有何理由對有情生貪愛呢？寂天菩薩言：「是故聰智者，誰貪如夢身？如是身若無，豈貪男女相？」「眾生如夢幻，究時同芭蕉。」有情眾生自性本空，如同夢幻一般只是因緣所現的假象，若真實了達此緣起性空實相者，絕不會再像一般愚癡的異生那樣，頑固地執為真實而生貪愛。《三主要道論》中說：「誰見輪涅一切法，永無欺惑之因果，滅除一切所緣境，此人踏上佛喜道。」如是已入正道者能迅速趣入解脫，就像已乘快舟駛上航道者，極易知道他們可以很快到達彼岸。

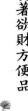

譬如說，以前有一個手藝高明的木匠，請他的畫師朋友來家中做客。為了顯示自己高超的技藝，木匠做成了一個機器美女，讓機器美女端茶送飯，招待畫師。畫師見到這個風姿綽約的美女，不知是機器，反而生起了貪心，到了晚上時畫師去擁抱美女，才發現上當受騙，於是非常羞愧。他決計向木匠報復，以顯示自己的高明，於是提筆在臥室牆上畫了一幅自己上吊自殺的畫。早晨那名木匠開門，見到栩栩如生的壁畫，一時誤認為真，不由大驚失色，用手去解繩，結果撞在牆上才發現真相。同樣，一切有情本身皆如同機器美女與畫像一樣，迷妄不識真相時，眾生會生起執著煩惱，若已知其真實面目，則愛執自然消除，超越迷亂生死趣於勝義實相之境。故諸欲求解脫者，應努力思維觀察諸法實相，恆時串習諸法如夢如幻的修法。

庚二、諸智者於世間無有喜愛之處：

若誰於生死，諸境皆不喜，
則彼於此間，都無可愛樂。

若誰人對於生死中的諸欲樂境，皆不愛著歡喜，則他對於此輪迴世間中的一切，都無有可愛樂之處。

通過如上思維觀察五欲世間的過患，智者們對生死諸境，則不會生起顛倒愛著。人天善趣的五欲可意境，唯是業和煩惱所攝之無常苦境，能了達現見這些生死實相，也就自然會息滅貪執，對諸五欲樂境生起不喜而厭離。既然於善趣樂境都不生喜，那麼在這個充滿諸般痛苦的世間，哪裡還會有可生愛樂之處呢？三界輪迴中，惡趣險地的痛苦顯而易見，而天界善趣是充滿欲樂的悅意境，智者若能現見這些悅意境的過患，而斷除愛樂，則於下界充滿老死可厭之境更會生厭離。如是於情器世間毫無愛樂者，自心即能生起堅固的厭離世間嚮往解脫之心，迅速趨入解脫道。

譬如說，昔日在古夏城有一轉輪聖王，名曰善見王，他擁有八萬四千王妃等眾多豐盛圓滿的五欲受用。善見王由於現見了五欲世間的無意義與痛苦本質，便捨離王位等一切安樂受用，隻身前往森林修道，很快就生起四禪功德，獲得阿羅漢果位，而遠離了輪迴世間。諸欲求解脫者，也必須如是思維世間實相，生起三乘菩提的共同基礎——出離心後，方可真實進入無上菩提之道。

第七品釋終

第八品　淨治弟子品

戊四、（明為成就道器而淨治弟子身心的方便）分三：一、明煩惱能斷之理由；二、廣說斷煩惱之方法；三、明後有結生無始有終之喻。

己一、（明煩惱能斷之理由）分二：一、正說；二、明煩惱可斷之理由。

庚一、正說：

問曰：有情心相續中的貪欲等煩惱，無始以來就一直在熏習著，十分牢固地繫縛著有情，因而怎麼能斷除它們使心相續清淨呢？

如對不順人，愛念不久住；
如是知眾過，愛念不久存。

猶如對不和順之人，貪愛心念不會久住；同樣，了知內外一切法所生的眾多過患，對世間的貪愛則不會久存。

貪欲等煩惱雖然從無始以來就在不斷熏習與繫縛著有情，但是並非不能斷除，於此首當讓學者明了此理，確立能斷煩惱之信心，故本品於初頌即以人人常見且易知的比喻說明此理。在人道有情中，平時最為深厚的煩惱莫過於相互之間貪著愛執，然而不論人們相續中的貪欲煩惱有多深，若他們遇到與自己不和順，不能令自己順心的人，貪愛心念決定不會久住。世間夫婦、朋友等等，縱然初時相互貪愛得死去活來，然而一旦出現了不和順的裂痕，發現了對方不順心之處，貪愛便會漸漸消滅，乃至頓然息滅無餘，雙方變成仇敵一般，開始爭論嗔鬥，由是明顯可了知貪欲煩惱非堅固而能斷除。而淨治相續斷除煩惱也是同樣道理，不管自己對何種法有何等貪嗔執著，也不論相續中何種煩惱習氣有多深厚，一旦以伺察智慧了知彼等煩惱有種種過失，了知貪愛的過患，自心即不會與它們像昔日那樣和順，而是漸漸生起厭惡分離，越來越合不攏，因此它們再也不會長久存在於相續中。如是以智慧詳細觀察分析，極易了知煩惱非有情的本性，它們並不堅固，只是忽然或暫時現起之法，通過種種方法完全可以徹底斷除。全知麥彭仁波切教誡過：沒有學過宗派者，不知貪嗔癡煩惱的底細，故時常為煩惱所制；若能了知彼等本性，則容易斷除煩惱苦患，所以首先認識煩惱的修法非常重要。

譬如說，昔日有一婆羅門童子遇到了一名美女，不覺生起貪心，準備與她一起過日子。這時在路上遇到了佛陀，佛陀對他說：「婆羅門童子，汝若與貪欲繫結，即是繫縛；若離貪愛，即得解脫。」在世尊加持下，深植宿善的婆羅門童子於「繫結」一語中，領悟了集諦；於「即是繫縛」之語認識了苦諦；於「離貪愛」之語中深觀道諦；於「得解脫」一語中了知滅諦，如是他立即捨棄了美女，在世尊前出家，之後獲得了阿羅漢果。同樣，修行人於修道之初，若能了知貪等煩惱的過患與其本性，則可迅速生起出離斷除煩惱，而不會有任何能否斷除的疑惑。

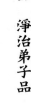

庚二、（明煩惱可斷之理由）分四：一、煩惱所緣

之事不定故能斷；二、生煩惱的因非實有故可斷；三、破許煩惱不能斷的能立；四、與現見有許多未斷煩惱者並不相違。

辛一、煩惱所緣之事不定故能斷：

問曰：生煩惱皆有其所依的外境因緣，而這些所依境非能自主滅盡，故煩惱無法斷除。

有者於彼貪，有者於彼嗔，
有者於彼愚，故無可貪義。

同一對境，有人對它生起貪欲，有人對它生嗔恚，有人對它生起愚癡，所以外境無有決定可貪之實義。

貪愛等煩惱雖然從表面觀察，是以其所依境而生起，但是所依境並非有決定能生某種煩惱的能力，故不應執貪等煩惱不能斷除。觀察某種煩惱所依境，比如說某人，有些人對他會生貪心，樂於與他親近交往；而有些人對他生嗔恚，經常要與他發生衝突矛盾；還有一些人會對他生起癡心，既不貪愛也不會嗔怒，處於平等無記的狀態。由此可知，所依境並無固定不變的自性，如果所依境真實存在可貪的實義，那麼人人見之也應生貪，而實際上並非如是。外境本身無有任何可生貪、生嗔或生癡之處，它在各個不同有情前處於不定狀態，不會決定是生某種煩惱的所依境。因而有情對它生貪嗔癡煩惱，其主因應歸於自相續中的分別妄計，不應以外境無法滅盡故，而愚笨地認為貪等煩惱也無法斷除。

譬如說，昔日有一士夫娶有兩個妻子，一個妻子生有一女，而另一位妻子無有生育。對這個女兒，她的母親見之即生歡喜，而無女之妻見到便生起苦惱，其家中的女僕則處於中庸，見之既無喜也無惱。同樣，一切煩惱所依境也是如此，若外境有真實性，那無論是誰見之也應生同樣的煩惱，然事實上，人們依同一種外境不會決定生貪，也不會決定生起嗔恚或愚癡。以此應了知，一切所依境皆無固定可生貪等煩惱之性，有情若能調伏自心，則決計可以斷除煩惱。

辛二、生煩惱的因非實有故可斷：

問曰：若所依境非實，那煩惱是如何生起，又如何能斷除呢？

若無有分別，則無有貪等，
智者誰執著，真義謂分別。

如果內心無有分別妄計，則無有貪等煩惱生起，智者誰會執著將真實義說成是分別呢？

由於煩惱所依境無有實義，同一境前不同人會生不同煩惱，依此可見生起煩惱的主因是有情相續中的非理分別妄計。大疏中云：「貪欲嗔恚癡，從諸分別生。」既是分別妄計，煩惱也就完全可以斷除，因有情內相續中的分別，是一種不符合諸法真相的非理作意，是虛妄地計執。這種妄計分別，就像將花繩看為毒蛇一樣。於黃昏時，誤將一團花繩看成毒蛇，此時於內心雖計執地上有毒蛇，而實際上並無毒蛇，只是因錯亂意識而執為有，如果斷除這種偶然而暫時的錯誤意識，那就不會再生起執有毒蛇的念頭；同樣，內心若不分別妄執，不分別他人是親友或仇敵，是可愛還是可惡，貪嗔等煩惱也不會生起。而在真實義中，並不存在任何分別戲論，因而現見諸法實相的智者，絕不會於清淨心性法性中生分別執著，而將真實義說成是分別，以此也就不會有煩惱的生起。《六十正理論》中云：「世間無明緣，是佛所說故，此世謂分別，有何不應理。」一切智智的佛陀說過，世間內外諸法皆是以無明為因緣而生起，因而說世間萬法是分別妄計，有何不應理呢？世間諸法因分別而有，修行者若能認知實相，安住於清淨心性法性中，於任何境也不會生起非理作意分別，以此也自然能斷除貪嗔等煩惱。

譬如說，以前有一個人修習禪定，他感覺自己頭上又長出了一顆頭，內心為此非常憂慮。這時有一個智者為他除病，悄悄地拿來一個頭扔在地上，然後對他說已將長出的頭拿下來了，讓他親自過目，結果他的心病全然消除，不再生分別妄計，憂慮痛苦也不復再有。同樣，於諸對境生貪嗔煩惱者，也唯是於清淨法性中分別妄執有諸法，由此而虛妄地生起煩惱痛苦，若能除去分別妄執，則煩惱自然息滅。

辛三、破許煩惱不能斷的能立：

問曰：世間男女相互之間，由於有內相續中的貪欲共同繫縛，因而若不滅對境，貪愛煩惱則無法息滅，而實際中無法滅盡對境，故貪煩惱無法息滅。

任誰與他人，都無同繫縛，
若與他同繫，分離則非理。

不管是誰人，與他人都無有同一繫縛，如果與他真實有不變的同一繫縛，則二人分離不應理。

執男女之間有共同的貪欲，由此而繫縛在一起無法斷除煩惱的說法，極不應理。於世間無論是誰與他人不可能存在自性不變的共同繫縛，不可能有一個共同的自性貪心，將二人連結在一起。假設存在這種情況，兩人之間有自性存在的同一繫縛，那麼兩人不可能分離，因為自性的繫縛，不可能變為他性而成分離。可是現實中，並不存在兩個人永不分離的情況，由此可見無有真實的同一繫縛存在。大疏中說：從貪欲煩惱自身觀察，其本身唯是暫時的虛妄計執，不可能真正存有繫縛有情之力，再從男女有情觀察，彼等唯是依五蘊假合而假立的法，無有自性存在，既然能貪所貪與貪欲煩惱皆無自性，那怎麼會存在有自性的聯繫呢？所以男女之間的貪欲煩惱，唯是因虛妄而暫時的分別計執而生，絕無不可分離的情況，不應執著有男女對境存在，即不能斷貪欲煩惱的謬計。

譬如說，黑牛和白牛拴在一起拉犁耕地時，二者之間並不存在有自性的同一繫縛，二者也非永遠不能離開，只是暫時有繩索和犁拴在一起，若除繩索等，則自然會分離。同樣，人們對外境生起執著煩惱，也唯是因暫時的貪愛繩索，將根識與境聯繫在一起而生，但二者之間並無自性不變的聯繫，若依智慧斷除貪愛繩索，則貪執煩惱自然息滅。

辛四、與現見有許多未斷煩惱者並不相違：

問曰：若如理觀察即能斷除煩惱，那麼為什麼現見有許多眾生未斷煩惱呢？

薄福於此法，都不生疑惑，

若誰略生疑，亦能壞三有。

福德淺薄者，於此煩惱的對治妙法——緣起性空，都不生合理的疑惑，若誰人略略對此法生疑也能壞滅三有輪迴。

世間絕大部分眾生沒有斷煩惱，這不能說明煩惱不能以正理觀察斷除。而是因許多眾生福德淺薄，無緣得到聽聞緣起性空法的機會，即使聽聞，大部分眾生也因根器福德低劣，與其教育成長環境的惡劣熏習，導致對此根治煩惱的妙法不生信心，不能對此生合理的疑惑而去略微想一想：諸法可能是無自性的吧？今世那些持邪見者對此空性法理，當然不會生起合理疑惑，就是那些已入佛法者，在聽到甚深空性法義後，有些人仍是毫無感觸，處於木然無記的狀態，這是因他們福薄緣慳，故內心無法生起合理的思維理解。對龍樹菩薩、月稱菩薩等所抉擇的緣起空性正理，假使誰人能夠略略生起合理的疑情，他也能依此而壞滅三有輪迴。因為生起疑惑者，能依此而對諸法實相進行思維觀察，逐漸理解空性法義，並將法義融入內相續，而空性正理是無明煩惱實執種子的對治，以此即能逐漸壞滅無明煩惱種子，徹斷三有輪迴之根。此頌充分說明了空性妙法的重要性，藏傳佛教諸大德常以此為教證，闡明聞思修習空性的巨大功德，用以鼓勵諸修行人重視聞思中觀空性法門。諸欲求出離三有輪迴者，若能於此深加伺察思維，對中觀空性妙法定會生起殊勝信心，迅速趣入解脫正道。

譬如說，昔日有商主與眾多商人入海求寶，結果船被惡風吹至一島而觸岸損壞，商人們棄船登島，這時島上有眾多美女迎請他們，各個成家過日子，當時商主也不例外。可是成家後，商主的妻子經常告訴他「不要往南方去」，商主對此生起了疑惑，一次悄悄地往南方去探視，結果發現了真相，了知該島是凶險的羅刹國，那些女人都是羅刹，會逐個將商人們吃掉。再往南邊，商主遇到了「叭拿哈戞」馬王，他即依馬王之力，取道空中越過大海，脫離了羅刹國而返回家鄉。同樣道理，若能生起疑惑，即能依此了知三有輪迴的真相，而生怖畏厭離，漸次即能依般若空性徹底出離凶險的輪迴世間。

己二（廣說斷煩惱之方法）分四：一、教誨必須現證空性的意義；二、教誨希求解脫；三、引導趣入空性的次第；四、教誨煩惱決定能斷。

庚一、（教誨必須現證空性的意義）分五：一、教誨應當敬重實際之理；二、示得解脫必須現證空性；三、示從流轉趣入還滅的方便；四、示於空性遠離怖畏；五、示應斷特別貪著自宗。

辛一、教誨應當敬重實際之理：

能仁說何法，增長至解脫，

若誰不重彼，顯然非智者。

能仁所說的何法，能夠增長至解脫而不壞滅，如果誰人不敬重此法，顯然他不是有智慧的人。

能仁是佛陀的名號之一，佛陀所說能不壞滅而增長至解脫的法，即是指空性及以般若空慧所攝的布施等法。於佛菩薩所說的般若空性法，修行人在資糧道時以聞思而抉擇；在加行道時以相似正見而修持；至見道位即如實現見法界空性，斷遍計的煩惱、所知二障；二至十地時依此次第斷除俱生的煩惱、所知二障，於八地時即可斷盡俱生煩惱障的種子並獲得無生法忍；至佛地斷盡一切二障現證最極圓滿的空性智慧。因此，修行人從凡夫位至佛地，緣起性空妙法不斷增長，在勝解行地主要以緣總相的方式修持，於初地時現證無漏法性，此無漏法性是最究竟了義的真理，是佛陀所說八萬四千法門中的精髓，是有情超越輪迴的三乘菩提道根本所依，對這樣的妙法，如果不恭敬頂戴不重視聞思修習，顯然是非常愚笨的人。若不修學空性，以空性智慧攝持一切福德資糧，那麼自己無論做什麼事業，如布施持戒等，也只是無眼功德，皆會變壞毀滅；若不通達空性，三乘菩提果也都無緣獲得，不能使自己得到解脫。因此有緣聞思修習佛法者，於空性法義當生大敬信，為求此當不惜一切。

譬如說，到了甘蔗山，應當品嘗甘蔗的甜美，若什麼也不品嘗，空過其山，那無疑是十分遺憾的事。同樣，遇到了佛法寶山，應當聞思修習其精髓空性法義，若對此不重視，那無疑是至寶山而空過，絕非智者所應做。

辛二、示得解脫必須現證空性：

問曰：是不是將不空的諸法觀為空性，以此而斷除貪執得到解脫呢?

非不空觀空，謂我得涅槃，
如來說邪見，不能得涅槃。

並非是將不空的諸法觀為空性，便說「我修成空性得到了涅槃」，如來說凡有這類不合實相的邪見者，即不能證得涅槃。

要解脫輪迴證得涅槃果位，必須如實現證空性實相。但是修習證悟空性，並非是諸法本來不空，而修習者在自相續假想它們是空性，由此假想串習而斷除貪執，然後說自己得到了涅槃解脫。這種說法是一種邪見，如同外道太陽派的宗義一般，絕非內教正法，依之也不可能得到解脫。本師釋迦牟尼佛以智慧徹見了諸法實相，在經典中告訴過眾修行人:「於實際顛倒執著即為邪見，不能證得涅槃。」而在諸法實際中，佛宣說了十六空，指出了「一切法自性空，即無自性之理趣」。萬法自性本來即是空性，於勝義中不存在任何可緣執的體性，如果不通達此本來空性之實義，而是認為諸法本來不空，僅僅在內相續中以分別心去觀想一種如虛空一般的空，這不是正確的修法，依之不可能證得涅槃。因此若欲解脫者，必須如理聞思通達諸法本空的中觀正理，內道中的一切修習解脫功德，也必須依通達此空性實相的智慧而建立，總之，般若空性是斷煩惱根除三有輪迴種子的必依妙法。

譬如說，以前有一比丘於過午後飲非時漿，身邊的小沙彌問他:「師父，你怎麼能違犯戒律飲用非時漿呢？」「我不會犯戒，因為我已將這些觀為清水。」其後有一天，那位比丘又叫小沙彌去取一些甘蔗果汁之類飲料，小沙彌便取回一缽清水交給了比丘。比丘責問小沙彌時，小沙彌便回答：「師父，你不是說可以通過觀想將果汁變為水，而不犯戒嘛！那麼水也可觀為果汁。」同樣道理，若諸法本來不空，那無論怎樣觀修，也絕不會得到寂滅涅槃，故不空而觀空之見，是如來所呵斥的邪見，諸修行人當細察。

辛三、示從流轉趣入還滅的方便：

問曰：若一切法本來即空，那佛陀應該只說此真如空性，為什麼還要說情器世間的緣起諸法呢？

何經說世間，彼即說流轉；
何經說勝義，彼即說還滅。

任何教典宣說世間法，它即是在解說流轉次第；任何教典宣說勝義法，它即是解說還滅的法門。

雖然諸法本性即空，但是要斷除實執現證空性，還需一些方便次第引導，因此本師釋迦牟尼佛宣說了世俗諦與勝義諦兩個層次的法，漸次引導不同根器的世人證入空性實相。諸教典之中，何種經典在宣說世間緣起，即是在闡述眾生流轉的次第。因有情執諸法實有自性，由此而生起了諸法無因生或從非因生的錯誤認識，為了破除這些劣根眾生的謬執邪見，佛陀宣說了諸法皆由因緣而生起，又針對有情輪迴而宣說了無明緣行等十二緣起，使有情明了流轉生死的次第與根源，由此方便引導漸漸趣入正道尋求解脫。然後，佛陀進一步於了義經典中宣說般若勝義法門，將五蘊、六根等雜染法，六波羅蜜至三身四智的清淨法，皆抉擇為假名，無絲毫自性可得，如是破除四邊戲論，抉擇實相，這些皆是闡述還滅次第的法。前者是通達勝義的方便，相當於苦諦集諦，後者是修勝義趣入涅槃的正行，相當於道諦滅諦。二者一說有一說空，是為了顯示進入解脫道的方便次第，如《入中論》所言：「若謂安住世間理，世間五蘊皆是有，若許現起真實智，行者五蘊皆非有。」如是佛以二諦次第說法，令眾生循次第進入勝道獲得解脫。

譬如說，欲進入某甚深洞穴，必須先至洞口，然後於入洞前捨棄一切有滯礙的物件，否則無法進入洞中。同樣，欲要進入甚深的勝義空性，須在進入前循世俗諦次第完成加行，然後才能捨棄一切累贅，進入甚深空性境界，此乃凡夫趣入解脫彼岸的必須次第，皆有必要也。

辛四、示於空性遠離怖畏：

問曰：若一切法無自性，那就不存在一切因果作用，以此則如何得解脫呢？

若汝生怖畏，皆非有何為，

若實有所作，此法非能滅。

如果你生起怖畏而認為，一切法既然皆非實有，那麼又會有什麼解脫可求得呢？但是，如果在勝義中實有所作，那空性法也就不能滅除生死。

不能正確理解空性者，往往會混淆世俗諦與勝義諦，執空性為斷滅一切之空，故對空性生起怖畏而認為：如果一切法無有自性，那麼又何必勤修菩提道出離生死呢？因一切法皆不能成立，如是也無有一切因果，任你如何精進也無有果位可得。針對這種劣慧者的怖畏，作者沒有直接指出他們對空性的錯誤理解，而是以反問駁斥其謬誤：如果一切法實有不虛存在，那麼空性慧也就根本無法滅除業果相續，輪迴痛苦永遠也無法滅除，因為實有的諸法則永遠不可能斷除。彌勒菩薩也說過：若能斷實有，所斷的煩惱障礙也是實有，那又如何能斷除呢？若諸法本性不是無為空性，則任何般若空慧等法門也無法斷除輪迴生死，任何修行也成無用。因此，諸執蘊等萬法實有而怖畏空性法者，應仔細思維：若諸法不空，即意味著痛苦輪迴永遠無法出離，那才是最可怕的！

譬如說，草場大漠上的陽焰水，是一種虛幻現象，其本體為空性。能了知其真相，即不會希求去飲用，也無需畏懼水災；如果這種水不是幻相而是實有，那麼一切陸地上的有情即會遭滅頂之災，這才是可怕的境相。同樣道理，一切法本體為空，故而可以由了達其空性趨至無希無懼的大涅槃之境；若諸法本體不空，人們即無法解脫其束縛作用，那才是真正的可畏懼之處！

辛五、示應斷特別貪著自宗：

問曰：若空性之宗能斷除生死輪迴，而其他宗都是顛倒，那我們應專一追求愛重空性宗，而反對、拋棄其餘宗。

若汝貪自品，不喜他品者，

不能趣涅槃，二行不寂滅。

如果你貪愛自己方面的空性宗，而嗔恚不喜他宗，就不能趣入涅槃，因為有取捨二行則不能寂滅諸邊執。

雖然空性是出離輪迴生死的正道，但是修行人不能以此而貪愛空性自宗，反對嗔恨其他宗派，這是在修習般若空性時必須注重之處。貪執自宗而誹謗他宗，這不是內道徒所應有的態度，他宗不論是內道中的暫時不了義宗派，還是外道顛倒宗派，修行人皆不能以嗔恨心誹謗，特別是內道中諸宗派，皆不能捨棄。如果不能放棄貪嗔取捨，即無法趣入解脫涅槃，內心執有取捨二行，即墮入了邊執戲論，無法得到寂滅一切戲執的果位。佛經中言：「何人解脫貪嗔癡，此人立即得解脫。」《般若十萬頌》中說：「須菩提，若對微若毫端的名相產生了執著，也不得究竟佛果。」此類教證尚有許多，諸學者當深思。修學空性者，必須通達一切法無取無捨的大空性本體，若內心有可貪可嗔的執著，則恰好與之相違，無法到達寂滅之境。

譬如說，昔日聖部比丘教化一些在家弟子出家，那些弟子說：「我們對聖教有很大信心，但是對婆羅門非常憎恨，所以不願意出家。」相續中有喜愛嗔恨二行者，連出家修行尚無法做到，又如何能得到寂滅一切執著的解脫呢？大疏中言：若相續中對婆羅門懷有嗔恨，彼等居士戒即不清淨，如是則無法得到解脫涅槃。故諸修行人應知，執著何法即是自我束縛因，欲求解脫必須斷棄取捨實執，方可趣入正道。

庚二、（教誨希求解脫）分七：一、精進則容易得解脫；二、若不修習厭離生死即不能得解脫；三、生死過患極大故應勤修解脫；四、不應最初開示實相義；五、如何為引導之次第；六、諸法究竟本體無別故易證一切法實相；七、因此經說須修福德資糧並不相違。

辛一、精進則容易得解脫：

問曰：解脫涅槃非常困難，不像世間有漏安樂那樣容易得到，因此我們不如作有漏善法，以求安樂。

無作得涅槃，有作招後有，
涅槃無礙念，易得餘非易。

通達諸法皆空無有作為即得涅槃，而執諸法為實有所作則招後有，涅槃不用任何掛礙執著就很容易獲得，而其餘的有漏安樂不容易獲得。

許多人認為涅槃的安樂境界太難證得，而善趣有漏安樂只要種下善因，即可獲得，以此他們對解脫失去希求心。這種想法是不應理的，解脫涅槃其實比有漏安樂更容易獲得。涅槃即是寂滅一切有為實執的無為境界，若依佛菩薩善知識的教言，通達一切法本體即空，由是而息滅一切實執，當下即可獲得涅槃。六祖惠能大師指點慧明禪師言：「不思善，不思惡，正與麼時，那個是明上座本來面目。」不思善惡護持清淨自心之境即是涅槃，每個有情本來具足，無需任何勤作即可獲得。涅槃不假外求，但令自心通達實相即可，內心無需取捨勤作，了達安住真如本性，即名解脫涅槃，因而這又有何困難呢？可是輪迴中的安樂就不一樣了，它需要人們勞損身心，有所執著地營求才可在將來獲得，而且這些作業會招致種種不悅意的後有。因此說，涅槃無需內心掛礙慮念，即不用一切擔心考慮與勤作，就很容易獲得，可是輪迴諸法並非如是，它們需要身心種種勞作辛苦，很不容易得到。

譬如說，要希求身體健壯無病，則需要經常求醫療治，不斷鍛煉保養，需要克服許多困難；但是，若內心無求，則無需這些勞作，任其自然即可。同樣，內心充滿實執掛念，欲求五欲安樂，則須付出許多艱辛才可獲得；而內心捨棄一切實執，無取無捨無希無懼者，當下即得解脫，獲得無上涅槃之樂。故諸修行人當知，能依善知識教言空諸內心所有邪執，則涅槃極易獲得，而不必有任何難得的顧慮。

辛二、若不修習厭離生死即不能得解脫：

問曰：若無作即得涅槃，那麼在本論中為什麼還要說無常與苦等厭離世間法呢？

誰不厭三有，彼豈敬寂滅，
如於自家室，難出此三有。

誰人不厭離三有生死，他難道還能敬重寂滅解脫嗎？就像於自家室有貪則不能捨離，若無厭離心則難出離三有。

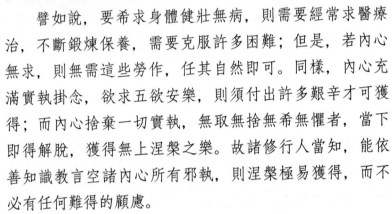

要獲得無作涅槃的寂滅安樂，必須先在內心捨離三有世間，這是必須完成的前行。一個人如在內心對三界輪迴生死不生起厭離心，那麼他對寂滅涅槃之境必然無有敬重希求之念，試想一個對三界輪迴之苦毫無厭煩，

而是充滿著貪愛者，他又怎麼會追求出離解脫，拋棄一切貪愛去趨入涅槃之境呢？這就像有些貪著小家室者，即使自己的家室充滿窮困痛苦，仍然會執著「金窩銀窩，不如自家的草窩」，由此而無法離家另謀生計。同樣道理，不能由了知三有苦諦而生起厭離之心者，則於究竟解脫安樂不會生希求。既無希求恭敬無為涅槃之心，他不可能無緣無故趨入無作空性之道，而無此般若空性道，即會如同《般若攝頌》中所言：「誰求聲聞獨覺果，乃至法王如來果，必依般若法忍得，離此恆時不可得。」並且於般若空性，必須依恭敬信心方可通達，而心希有漏福樂者，既然無敬重此道之心，當然也就無法得到涅槃解脫。

譬如說，有些人因貪戀家鄉，雖然將他押赴刑場，他仍回頭顧戀，想著自己的家室美食，如同有些犛牛在拉向屠場過程中，仍貪食路邊的水草一般。同樣，不知三有苦患者，雖在經受著極大痛苦，仍會貪著三有，不會尋求出離而敬重寂滅解脫之道，由此而斷絕解脫的機會。因此，欲求無作涅槃者，首當對三有生起厭離。

辛三、生死過患極大故應勤修解脫：

問曰：世間雖有眾多痛苦，但眾生都已習慣於忍受，所以怎麼能生起厭離而勤修解脫道呢？

有為苦所逼，現見求自死，

時彼愚癡故，不能趣勝道。

可以現見有些人為痛苦逼迫，為求擺脫苦惱而自殺死亡，這時他們是因愚癡無知而捨生，所以不可能趣入解脫勝道。

眾生雖然長時流轉在三界痛苦之中，但並非已經完全習慣於忍受痛苦，並非已完全接受了痛苦而可以不求出離。在世間，凡夫有情平時最為愛著、敬重的莫過於生命，然而在受到強烈痛苦折磨時，他們往往會以自盡生命的手段來希求擺脫苦惱。比如有些人因疾病、貧窮而自殺，有些人因情愛、親人的別離而自殺，有些人因事業失敗而自殺，等等類似事件層出不窮，人們對此都會有所耳聞目睹。由上足可證明，輪迴世間的眾苦逼迫是十分難忍且恆時存在的，有智者理應對此生起認識而尋求出離。但是在希求解脫時，並不能像那些自殺者一樣，採取自盡生命的粗暴方式。這種方式，是在愚癡無知的心態下所採取的一種非法惡行，不但不能斷除痛苦趨入解脫勝境，反而會墮入更深的無明痛苦深淵。自殺者因強烈執著虛幻的自我，執著「我受不了痛苦」，愚昧地認為若毀掉色身，即不再會有痛苦感受。這樣的愚者，怎知若要斷苦，必須從內相續以智慧斷除無明我執才行，如果只毀滅色身就可斷苦，那眾生早就應該沒有痛苦了，因為在無始輪迴中，每一個有情都曾無數次地捨棄色身。所以，諸修行人應於明察生死過患勤求出離的同時，注意避免解脫的歧途，而只有依止般若空性的出離正道，才能解脫輪迴的束縛，獲得涅槃的安樂。故為了趣入此道，無論怎樣精進苦行甚至捨棄身命，也應無所顧惜，勇往直前，真正求出離者，唯應如此而行！

譬如說，人們身染惡疾時，如果不服用對症良藥，即無法根除病苦；同樣，墮入輪迴染上煩惱痾疾時，若不依般若空性根除其病根——無明煩惱種子，無論怎樣壓制現行煩惱痛苦，也無法解脫苦惱的輪迴。諸有智者，於此誠應深加思維，拋棄一切疑惑與非法手段，而徑自趣入正道修持解脫正法。

辛四、不應最初開示實相義：

問曰：若般若空性是解脫輪迴眾苦的正道，那麼世尊為何還要說布施、持戒等法門呢？

為下根說施，為中根說戒，
為上說寂滅，常應修上者。

為了引導下根眾生，世尊宣說了布施法門，為中根者宣說了持戒法門，為了上根眾生，宣說了寂滅一切生死的空性實相法，希求徹斷生死者應恆常修習上者的空性法門。

雖然般若空性是根除輪迴的正道，但是於初機眾生前，世尊並沒有一開始就宣說此殊勝妙法，而是漸次宣說了布施持戒等方便法，這些都是適其根基而作的方便引導。針對一般的初機眾生，他們無法一開始就接受持戒、安忍等較高的法門，因而世尊教導他們行持簡便易行的施捨善法，以此漸漸積累福德，減輕粗大的執著煩惱，使他們次第由下根修煉成較利的根器；對已安住於中根的眾生，世尊進一步宣說持戒等法門，使他們成就更好的道器；然後對上根者，世尊才開始宣說解脫生死輪迴的正行法門。因輪迴即是有情的二取實執，所以其正行對治法，便是斷除實執的般若空性，只有依空性法門，才能滅除輪迴的痛苦，乃至徹斷輪迴的種子。因而欲求解脫生死者，應精進修煉，使自己迅速成為道器，從而能恆常修持般若空性法門。

譬如說，有三個王子，依其年齡長幼，國王依次安排小王子認字，中間的學習讀誦聲明，年長的修習兵法治國術等；同樣，於趨入聖道的眾生，世尊也安排了修習次第，諸善知識也應如是依此傳授。欲求解脫者，也應依自己的根器而次第精進修習，最終皆應趨入般若，以求究竟解脫。

辛五、如何為引導之次第：

問曰：在教導有情出離輪迴時，如何是正確的引導次第呢？

先遮遣非福，中應遣除我，
後遮一切見，知此為智者。

修習解脫道時，先應遮遣非福德善行的惡業，中間應遣除人我實執，其後應遮除一切我見，了知此次第者即為智者。

在引導有情修習正法出離輪迴時，世尊設有極為巧妙的菩提道次第法門。初入佛門的下根眾生，首先應斷粗大煩惱惡習，以了知因果正見行持五戒十善，遮遣自己的非福惡業。對這些不堪接受空性法門的根器前，若說空性實相，則容易導致他們墮入斷見，誹謗一切善惡因果業報，由此墮入惡趣無法出離，因而應善說作惡墮惡趣、修善生人天的因果法門，使他們生起因果正見，做到「諸惡莫作，眾善奉行」，由是斷十不善業等惡業相續，修習善業成就人天善趣的道器。如是成就小士道器後，中間便可宣說人無我，以抉擇五蘊非我等法門，遮遣二十種薩迦耶見的實執境，斷人我實執，成就中士道器。在此基礎成就後，便應遮除一切法我執著，斷除一切有無邊見戲論，以此即可證得最上成就。對如上三次第法門，誰人能了知分明，能如次第為他人解說引導，如次第修持，他即是內道中的大智者，通達三士道的大修行人。

有關此頌的解釋，藏傳佛教中的各論師有一些歧異，如薩迦派的班欽香秋瓦論師解釋此頌時，說先遮遣非福是指初轉四諦法門，中間一句是指二轉般若法輪，後遮一切見是指第三轉法輪，如是以三轉法輪對應解釋此頌；而按月稱菩薩與全知麥彭仁波切的解釋，都是將此頌第一句釋為世俗因果正見等法，第二句指人無我法門，第三句為法無我法門。對此諸學人應細心揣摩，清楚了知此三層次的法門。

譬如說，善巧的良醫在治療病人時，針對其病情不同階段，會施以不同方藥，如醫治患膽病者，先施藥劑去其病源，輔以清淡素食助養，待病情好轉後，再漸漸施以葷饌滋補，令其全面康復。同樣，針對久患煩惱痾疾的輪迴眾生，應先施以因果正見等法，斷其惡症相續，然後再施以人無我、法無我的靈丹妙藥，徹斷病根，令有情完全康復至本來清淨的涅槃。能如是依次第而行者，定然是了不起的大智者。

辛六、諸法究竟本體無別故易證一切法實相：

問曰：若要通達一切法自性空方得解脫，那一切法無有邊際故，如是則誰人能解脫呢？

說一法見者，即一切見者，
以一法空性，即一切空性。

若說於一法中見實相空性者，即見一切法之實相者，因為一法的空性，即一切法的空性。

要通達一切法的實相才能斷盡煩惱迷惑，得到究竟解脫，這並非意味著一切法無有邊際故無人能得到解脫。對修習大乘般若法門者而言，若能於一法中見到遠離四邊戲論的空性實相，他即見到了一切法的法性，佛在《三昧王經》中說過：「以一知一切，以一切知一。」《聖虛空藏三昧經》中也云：「誰不執一法實有，便知諸法如幻焰。」修習離戲大空性的大乘利根修行人，若見一法空，便能由此而見一切法皆如幻影陽焰，均無自性。以般若智觀，見一法實相，即是「行深般若波羅蜜多」，由此空性慧，即可照見諸法實相，度一切苦厄。一法的實相，即一切法的實相，於勝義中諸法皆是平等離戲大空，遠離一切緣執戲論，彼等本體毫無差異。因而諸法數量雖無邊際，然法性是唯一的，若現見一法之實相者，則可無難通達所有法的離戲實相，如同海水雖多，然僅嘗一滴便可知所有海水的味道。

譬如說，諸圓形、方形器皿外形雖有別，然而器內的虛空無任何實質區別；同樣，諸法外相雖千差萬別，然而其離一切戲論之大空本體無有絲毫差異。因此諸大乘利根修行人，可由一法見空而通達一切法的實相。於此有疑：若一法見空即見一切空，那麼阿羅漢等二乘修行人亦已通達一部分法的空性，為何不許他們已見一切法的空性呢？應知此處所言的一法見者即一切見者，是特對大乘利根行人而言，而且所見之空是指以般若慧現見離四邊的大空性，而非暫時的單空。對此俄巴活佛在注疏中有過較詳分析，全知麥彭仁波切在《定解寶燈論》、《中觀莊嚴論釋》中也有詳細闡述，諸學人可參閱。

辛七、因此經說須修福德資糧並不相違：

問曰：若一切法皆空，則應棄捨一切，那麼為何經典中屢說「應當敬重修福」呢？

為樂善趣者，如來說愛法，
為求解脫者，呵彼況餘事。

為了那些愛樂人天善趣而暫時不能修習解脫法者，如來宣說了他們所喜愛的施等善法；為欲求解脫的修行人，如來對希求天趣尚且作了呵責，更何況耽著其餘世事。

如來於部分經典中沒有宣說諸法無自性的實相，而是暫時宣說了修習人天善趣福德的法門，這是出於引導某些根器不堪承受空性深法的眾生而作。長久沉溺於無明癡暗而無福緣聽受善知識教導的眾生，他們之中有許多人無法理解解脫正法，不能生起厭離輪迴之心，但是對於惡趣痛苦有怖畏，對人天善趣的安樂有希求。因此，無礙徹見每一眾生根器的佛陀，為他們暫時宣說人天乘的正法，以行持因果正見斷十惡業等遮蔽惡趣痛苦，以行持五戒十善積累可獲善趣安樂的福德。月稱論師在《入中論》裡也說過：「彼諸眾生皆求樂，若無資具樂非有，知受用具從施出，故佛先說布施論。悲心下劣心粗獷，專求自利為勝者，彼等所求諸受用，滅苦之因皆施生；此復由行布施時，速得值遇真聖者。」由於眾生根器不夠，故佛先引導彼等修習得安樂福德之法，由此而漸漸使他們得遇聖者的教導，逐漸步向解脫正道。而對於那些真正發心尋求解脫的修行人，佛陀多處宣說過：為求生人天善趣而持戒、布施等不是解脫法，不是修行人所應有的發心。為求善趣安樂異熟果而修法，這是世尊再三呵責過的行為，對耽著此等有漏的善法，佛陀尚會呵責，那更何況其餘的惡法散亂行為呢？修行人要追求究竟涅槃，一切善的執著也要徹底捨棄，融入法界，而不善的執著，理所當然更應捨棄。

譬如說，世尊在鹿野苑為彌勒菩薩授記：將來汝成佛後，會在此地顯示涅槃，那時會有名叫東的轉輪王出世，將你的遺體造塔供養，以此他亦會生起出離心，出家修道獲得阿羅漢果。當時有一名為彌勒的比丘聽到了這個授記，他發願在彌勒菩薩成佛時，自己要做轉輪王。佛陀聽後即嚴厲地呵責他為愚者，同時教誡諸出家人應斷一切世間欲念，整個三界的一切都無堅固實質，一切五欲感受都無快樂，如同不淨糞一般臭穢不淨，因此應全力追求解脫等。由此可見，世尊宣說應修福德資糧，主要是為愛樂人天安樂的下根眾生而說，並不與空性法門相違，而作為修行人，應該發大菩提心，為此應捨棄一切希求人天暫時安樂的發心。

庚三、（引導趣入空性的次第）分五：一、對非法器不應說空性；二、通達空性的方便；三、須從多方面開示空性；四、教誨於通達空性應起精進；五、如是修習能得涅槃。

辛一、對非法器不應說空性：

問曰：若空性法門能斷一切痛苦輪迴，那為什麼不隨時宣說呢？

求福者隨時，非皆說空性，
良藥不對症，豈非反成毒。

對追求福德者，不應隨時都宣說空性，這就像即使是良藥，若不對症而下，豈不是反會成為毒藥嗎？

般若空性雖然是能徹斷輪迴痛苦的妙法，但是也必須要具備相應的根器，才可傳授修習。在追求福德安樂者之中，有不同根器的行人，對他們不可以隨隨便便傳授空性法門，因為他們中大部分人要成為法器，尚需一定鍛煉，必須積累一定的福德智慧才可以。若不觀察其根器，隨時宣說空性法，有些根器未熟者在聽聞後，不但無法接受，反而會生起誹謗，或認為一切法完全斷滅，由是而不承認因果、輪迴等等，導致相續受到損害，甚而墮入惡趣。因此，大慈大悲的佛陀與歷代高僧大德們反覆強調過：在傳授佛法時，不能不觀察弟子根器就隨便傳授，對追求人天安樂福報的下根眾生，若宣說空性大法，他們的根器會如同陶器無法承受猛火一樣毀壞。馬鳴大士說過：「如無垢衣塗妙色，最初應當說惠施，令彼善心已調柔，之後開示空性理。」若不注意先以方便法門調柔所化者的相續，不適時地授予空性法，雖然空性法門是殊勝的甘露妙藥，然而不適機的弟子，其相續也會因此而受損。

譬如說，昔日有人找到了一種希有的良藥，有許多中毒者因服用此藥而挽救了生命。但後來有一個沒有中毒的人，他服用後卻立即命喪黃泉，由此可見，良藥不對症，反而會變成毒藥。又如滋補珍品中的百年山參，雖然極為珍貴有效，然體質過度虛弱者，若不合時宜地服食，反而會變成要命的毒藥。同樣，空性妙法雖是甘露妙藥，然不觀根器地授予，也會對他有害。月稱論師在大疏中言：「愚者說空性，壞因毀寂滅，如蛇餵牛奶，唯有增長毒。」以前月官居士與月稱菩薩在那爛陀寺辯論時也說過：「極希奇！空性雖為甘露法，於人卻有利與害；聖者無著之妙法，普能利益諸有情。」修習大乘法門以求廣利有情者，於此確實應加以重視。

辛二、通達空性的方便：

問曰：以如何方便才能攝受教化世人通達空性呢？

如對蔑戾車，餘言不能攝，
世間未通達，不能攝世間。

猶如對蔑戾車，若說其他語言即不能攝受；同樣沒有通達世間法，即無法攝化世間人。

要教化世間人，使他們都趨入般若空性之道，必須通達從世俗諦到勝義空性的種種方便法門。這就像對那些「蔑戾車」即邊地人，如果不懂他們的方言，用其他的語言，無法攝受教化，甚至最基本的交流也無法做到。諸人可以現見對漢地的學佛者，需要以漢語傳授佛法，對美國人需要以英文講授佛法，如果不懂本地的語言，很難得到攝受教化的效果。同樣，菩薩在攝受教化世人時，也須先通達世間，隨順眾生的根器利樂，漸漸以世俗諦教導眾人，然後再進入勝義諦法門。《入中論》裡說：「由名言諦為方便，勝義諦是方便生。」此中所說也顯示了菩薩說法的次第。作為修學大乘法門者，必須廣學博聞從世間到出世間的所有知識，否則，很難廣泛利益有情，彌勒菩薩說過：「菩薩行，須向五明中求。」菩薩不需學，畢竟皆無有，因此諸欲以妙法利益有情者，首先需要通達世俗法，了知諸層次的妙法後，才能真正做到廣利眾生。

譬如說，對小孩子說話教育時，必須隨順他的知識與智力層次而循循善誘，才能使他領會；同樣，對世間眾生，也應隨其根器意樂，由世俗諦的妙法循序漸進，如是方可使彼等根器漸漸成熟，順利趨入勝義空性正道，獲得究竟解脫。

辛三、須從多方面開示空性：

問曰：一切法皆空無自性，那麼佛陀為何還要在經典中談有說無呢？

有無及二俱，亦說二俱非，
由病增上故，寧非皆成藥。

佛陀宣說有、無、亦有亦無諸法，亦宣說有無俱非的法，由於有情各種顛倒實執的病增上故，這些法難道不是都會成為良藥嗎？

一切所知法雖空無自性，離一切邊執戲論，然而有情因無明愚癡，於清淨離戲法界中現起了種種有無戲論邊執，為了使他們從四邊戲執中解脫，佛陀才因機施教，分別宣說了對治妙法。針對執斷見者，佛陀宣說輪迴因果四諦妙法等「有」方面的對治法，使他們先從斷見中解脫出來；而有些眾生執輪迴萬法實有不虛、常有自在等，為此佛陀宣說了第二轉無相法輪，抉擇了從色到一切智智的一切所知法皆無實體；在執著有無二俱的有情前，佛陀又宣說了第三轉法輪，抉擇遍計執無、圓成實有，如來藏光明不生不滅恆時存在等；而在究竟實相中，有無諸法本來即不存在，由是佛陀在二轉、三轉法輪中究竟宣說了二俱非的了義法，抉擇諸法遠離有無邊戲，現空雙運的平等本體。因此，世尊雖在經典中有時說有，有時說無等，皆是針對某種眾生的實執而言。由於眾生種種因緣不同，眾生的無明實執疾病不同，針對種種執有、無等四邊的無明病，世尊所說的有無等四種法要，正是其對症良藥，適機服用者無不立竿見影。當然，以上是一種講法，在《中論.觀我法品》中也有不同的講法，但此二者都是對治眾生各類實執的良藥，故無矛盾之處。

譬如說，昔日有兄弟三人，老大出家修習佛法，老二隨外道修羅刹法得大神變，老三墮為餓鬼。後來，老二老三到老大面前問法，老大自己所修的是解脫法，但為修羅刹法者宣講布施持戒等法要，為老三宣說了吝嗇的過患，如是分別作了引導。雖然同是兄弟，然三人各自根器不同，故所修法要也不同。同樣，一切有情雖然平等需要救度，然各自根器意樂勝解有別，故佛陀亦宣說了不同層次的法要。諸修學佛法者應知，雖然從佛法法義本身觀察有了義、不了義之別，然而沒有殊勝與不殊勝之別，因為針對各個不同層次的有情，其適機的法即是必須而且殊勝的妙藥，因此絕不應對佛法有取捨分別之心。

辛四、教誨於通達空性應起精進：

問曰：修習空性法要有什麼功德呢？

真見得勝位，略見生善趣，
智者常發心，思維內體性。

真實現見空性實相者即能獲得解脫勝位，略見少分也能上生善趣，所以智者應當恆常發起信心，思維觀修諸法內在的大空體性。

三乘佛法的精髓即是般若空性，空性法也是有情解脫輪迴眾苦的必須妙法，誰人能於此勤加聞思修習，必然會獲得相應的功德。若有情依宿世所積的福德資糧，遇到了善知識和空性正法，自己以殊勝信心，依教奉行對緣起空性進行聞思修習，由是而生起真實無漏智慧，現見緣起性空的法界實相，那他無疑會獲得殊勝的涅槃解脫果位，就像以前那些諸佛菩薩一樣，皆依此道證得了無生無死的大安樂境。即使暫時沒有如實現見空性實相，而是略略見到少分空性，亦能由此得到善趣果報，斷除一切惡趣之道。關於「略見」，各論師詮釋不同，仁達瓦大師、甲操傑大師與堪布阿瓊將略見釋為以聞所生慧、思所生慧、修所生慧略見真性，以這三種智慧，稍微理解或相似見到少分的空性實相義，以此功德則能關閉惡趣之門，往生人天善趣或淨土；而俄巴活佛有不同解釋，他認為真見即以智慧現見緣起性空之理而證得聖位，略見即通達因果輪迴之理，以此也可生於善趣人天。但無論如何，如理修持空性法門，聖者果位尚可獲得，更何況人天善趣呢？因此，應當了知這是佛菩薩眾聖者親宣的無欺因果規律，因而諸有智者，理所應當重視空性法門，應恆常發起精進聞思修習，內心恆常依循善知識的教導，思維觀修諸法的內在大空性，而不為其外相所迷惑。此處之「發心」主要是指發起四種信心——清淨信、欲樂信、勝解信心、不退轉信心。因為甚深的般若空性實義，非凡夫行境，必須依信心方可通達，如《華嚴經》中云：「信為道元功德母。」而對般若空性的信心，須依上師三寶加持與自己努力聞思修習方可真正生起。故於日常中，恆常思維觀察形形色色現象的內體性，非常重要，古代的大修行人常言：「外觀百法，不如內觀一法。」若長時串習內觀智慧，諸修習者定能迅速獲得巨大功德，而且是遠遠超過一切有為善法的福德果報。

譬如說，以前有一盜賊，偶然來到一所寺院，寺院中的老比丘為盜賊宣說了五戒法，要求他不造殺盜淫妄酒五種罪業，盜賊想：要不殺生、不偷盜、不說妄語、不喝酒，我做不到，但不邪淫能做到。後來他在舍衛城遇到了一些美女誘惑挑逗，但他想起自己所受的戒，因而抗住了誘惑，沒有做不如法的惡業。當地國王知道後，覺得這個人值得獎賞，於是將一名宮娥善加妝飾，賞給他做妻子。盜賊守了一次不邪淫戒，即得到了如是利益，以此不難推測，若能修持內道中最了義的般若空性法門，僅僅有少分修持契入，也可獲得不可思議的利益。

辛五、（如是修習能得涅槃）分二：一、正說；二、雖修習空性但尚未解脫之因由。

壬一、正說：

問曰：若今生了知了空性法義，但未得解脫涅槃，那麼後世如何呢？

今生知真性，設未得涅槃，
後生無功用，定得如是業。

今生了知真性，假設未得涅槃，那麼後世無假功用決定會得到涅槃，就像自己的順後受業一樣。

今生中若依內外種種善緣，已了知諸法的真實面目，但是以種種業緣自己沒有證得涅槃之境，後世決定會因此而無假功用獲得涅槃解脫。因為對空性的了知，是不可退轉滅失的隨解脫分善業，以此善業為因，後世中必將成熟無漏解脫的果報，比如往昔有些獨覺阿羅漢，雖然在聽聞佛法的即生沒有證悟無我實義，但後世中無需善知識引導，能自發覺醒生起厭離，安住於寂靜蘭若，無難證得涅槃果位。這種道理就像有情所造的順後業，今生雖未現前報應，後世也決定現前報應；同樣，了知空性的善業，今生萬一未成熟，後世亦決定會自然現前果報，獲得解脫勝位。如龍樹菩薩說：「若佛不出世，聲聞已滅盡，諸辟支佛智，從於遠離生。」諸獨覺依前世修習真性的善業，即生中雖無有善知識開示，亦能自發證悟，由此可見修習了知空性實相的巨大功德。

譬如說，芒果的種子種下後，當時雖然見不到它的果實，但若干年後一定會有果實可得；同樣，諸聞思修習空性法義者，即使現世中無有涅槃果現前，但後世決定有解脫勝果可得。因此，諸修行人理應為通達空性實相而精進不懈，而不必顧慮當下有無果報現前。薩迦班智達說過：「即使明早要死亡，亦應學習諸知識，今生雖不成智者，來世如自取儲存。」能有如是長遠目光修學佛法，豈有不成功之人！

壬二、雖修習空性但尚未解脫之因由：

問曰：修習空性者有許許多多，而真正解脫成就者卻不多，那又是為什麼呢？

如想所作事，成者極稀少，

此非無涅槃，諸行解脫難。

希求涅槃如心中設想所作的事，成功者極為稀少，這並非無有涅槃可得，而是各種造作積聚解脫的因緣難得。

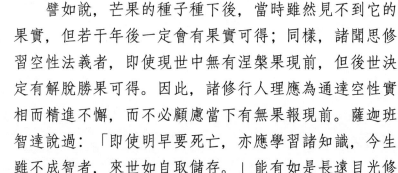

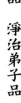

雖然修習空性解脫道者有許多，而真正得解脫者甚為稀少，但不能因此而對涅槃解脫生起懷疑。修習般若空性追求解脫涅槃，就像人們在內心所計劃的事業一

樣，計劃有許許多多，可真正能成功的只有極少數。同樣，修習佛法者雖然有許多，而且內心都想獲得解脫，但是想法歸想法，現實歸現實，僅憑內心的思維，一兩次作意觀想諸法的內在體性，不可能輕易獲得聖者果位而超越三界。但這並非是說修行人不能獲得涅槃，而是因「諸行解脫」極為難得。「諸行解脫」是指造作積聚諸解脫因緣，這些因緣包括外緣，如善知識的教導等，及如理作意等多種內緣。要圓滿具足內外諸緣，非常困難，可以現見諸人雖有機會修習佛法，有些人卻無有福緣遇到善知識的如法引導，有些人因自身障礙無法正確作意理解空性，由此現見空性獲得涅槃者相當稀少。因而現在諸有緣聽聞中觀正法者，對此尤應精進觀修思維，克服內在障礙。

譬如說，以前有一個婦人，隻身流落在某地，無依無靠地生活著。有一次當地發生了盜竊案，人們都懷疑那位婦人，要求她到寺院門口去發誓，本來那位婦人並沒偷東西，但她既愚笨又脆弱，結果不敢去寺院門口發誓，以消除人們的懷疑，還自己的清白聲譽。同樣，三界凡夫自性本來都是無有任何染污的涅槃，然而由於他們愚癡無明、脆弱，不能趣入還滅之道，以致無法獲得清淨涅槃，而長久流落於痛苦輪迴之中，實可哀愍！

庚四、教誨煩惱決定能斷：

問曰：無始輪迴中積聚的煩惱非常多，怎麼可能全部斷盡呢？

聞說身無德，貪愛不久住，

此道豈不能，永盡一切惑。

有智者聽說身體無有少許功德後，對自身的貪愛則不會久住，同樣由諸法無有少許自性之正道，難道不能永盡一切煩惱嗎？

有情的煩惱雖然是無始輪迴以來所串習積聚而成的，但它們決定能夠被斷盡，決定會有盡頭。以比喻而言，人們貪愛身體，是生生世世的一種煩惱，但是有分辨取捨好壞能力的人，一旦有緣聽聞善知識的教言，明了身體不淨與貪身導致眾多過患的道理後，貪愛身體的習慣便能藉此漸漸消退，乃至最終消失。在現實中也曾有許多人以觀修身體的不淨、無功德多過患等法義，而斷除了貪身煩惱。依此也可推知，若依循諸法無有自性，皆為虛幻緣起而無實質的般若空性之道，完全可以斷除實執，以真諦妙力，能斷盡一切煩惱。雖然八萬四千煩惱種類很多，在相續中串習時間極長，然而煩惱如同黑暗，緣起性空的智慧明燈一旦出現，內相續室中千百萬劫的煩惱黑暗也會消盡無餘。俄巴活佛釋云：若依善知識教言，貪愛身體的煩惱不會久住，依此理類推，若循空性妙道，一切實執煩惱，也定可斷盡無餘。

譬如說，昔日有人試製點金劑，有一次得到了成功，獲得了一些黃金，他依此配方又試驗，又得到了成功，於是他無誤了知依此配方定可得到黃金，便將黃金布施利濟別人。同樣道理，若依佛法能斷除對身體的貪愛煩惱，得到無貪的自在安樂，那麼也應了知依佛法定能斷除其餘煩惱，獲得無比的大安樂。因此諸煩惱惡習雖無始以來即在相續中存在，但依空性妙道，一定可以無餘斷盡，於此無需任何懷疑。

己三、明後有結生無始有終之喻：

問曰：輪迴是無始無終的，因此怎麼會有解脫之時呢？

如見種有終，然彼非有始，
如是因不具，故生亦不起。

猶如現見諸種子皆有終結，然而它沒有起始，同樣以業因不具足故，後有投生也不會生起。

輪迴無有邊際是針對整體而言，就具體每個已趨入佛道的有情，其入輪迴雖無有始點，但他一定會有結束輪迴生死，獲得解脫之際。比如說，自然界的植物種子，就每粒種子觀察，其生因一直可以往上推，無有最初起點，然而每粒種子都會有其毀壞滅失之際，而且也極易被火等諸因毀滅。同樣，每個補特伽羅其投生輪迴的流轉無法追尋到起點，然而依靠各種佛法因緣，他一定會有結束輪迴之終點。只要趣入內道，依無我智慧火燒盡業和煩惱種子，則斷除了引發後有之因，有情即不會再投生苦惱輪迴。《量理寶藏論》中說：「最初種子雖無有，由火燃著見後際，如是輪迴雖無始，見無我成立後際。」如種子雖無有最初起因，然而由火燒焦即可見其終點，同樣有情入輪迴雖無始，由現見無我即可終結。

譬如說，油燈中若無油，即不會再燃燒；同樣，若輪迴之因的業惑斷盡，輪迴即不會再繼續。此處有疑，若現見空性斷除業惑，即不會再投生輪迴，那麼佛菩薩為何還在輪迴世間呢？答曰：應知佛菩薩已無有以業惑轉生輪迴的現象，聖者們顯現於輪迴，是依大悲與不住二邊的智慧而行。聖者雖已現證空性實相斷盡輪迴，然為救度眾生，仍然不斷顯化於世間，佛護菩薩言：「雖見眾生體空性，然為解除眾生苦，長久修習菩提行，此為世間最希有。」因此應知，若現證空性斷業惑，必然再無輪迴痛苦轉生的現象，然而依不可思議的悲願與清淨智慧，諸聖者仍會不斷顯化世間，救度父母眾生。諸欲報答父母大恩德者，於此道應恆常精進。

宿善既熟已得諸暇滿，智者即應深惜此福緣，
依循聖士所說勝妙道，勤滌身心堪盛真性露。

第八品釋終

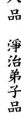

第九品　破常品

丙二、（釋勝義諦的道次第）分二：一、廣釋勝義諦；二、造論宗旨和斷除敵論餘諍。

丁一、（廣釋勝義諦）分三：一、由破有為法為常之門而總破實有；二、別破有為法實有；三、破生住滅三有為法相有自性。

戊一、（由破有為法為常之門而總破實有）分三：一、總破有為法常；二、別破有為法常；三、斷不許破實有之諍。

己一、（總破有為法常）分二：一、正破；二、破彼所答。

庚一、正破：

一切為果生，所以無常性，
故除佛無有，如實號如來。

一切有為法皆為果而生，所以是無有常性之法，故除佛陀外，無有餘者能如實了知此而稱為如來。

如同雇工為雇主勞作，其勞動作為皆是為得到工資果實而生起，並非是無依單獨自主生起；世間內外的一切有為法，也莫不如是，都是為了取果才會有自體的產生。通常我們認為，果法需要觀待各種因緣條件和合，才會生起或存在，也即果法由因而生，然而從更深的角度來觀察，為了生起果法，因才得以生起，也即因由果生，由此果法就成了因，因也就成了果，實際上是說，因與果之間可互為因果。比如以工資果實為因，才生起了勞作之果；以生起芽果為因，才有了青稞種子之果；以解脫果為因，才有了精進修行之果……既然有為法並非為自體的存在而生起，而是為了產生果法而生起，並且隨著果法的產生，其自體也會壞滅，那麼這一切有為法就不會是常有不變，而決定為無常之性。世尊也曾說過：「凡有生的法，必定有滅，所以生緣老死。」凡是有產生的法，則必定有滅亡，故生就是為了老死而生。生既然是為了老死之果而產生，也就決定了諸法無常的體性。在世間，唯有一切智智的佛陀完全照見了所有萬法的這種生起存在方式，其餘有情只有部分通達的能力，或於此如聾如盲，毫無所知。因只有佛陀才能如理如實地通達萬法的實相，所以唯有佛陀才能稱為「如來」。所謂如來，即依循實相之道而來顯化世間的聖者，大疏中云：「如理能照見，一切三世中，諸法之真如，故名為如來。」

關於此頌，月稱菩薩於大疏中呈列了四種解釋，並與中觀自續派展開了辯論。於名言中，菩薩也不許有自相的芽等諸法存在，若有自相的法，即不必觀待他緣成立，恆時可以獨立存在，此即與教量、現量等相違。總之，此頌是分析一切有為法，皆是因緣造作之法，皆具無常性，使修學者理解一切有為法如同夢幻泡影般的無常無實本性，破除相續中的實執。

庚二、破彼所答：

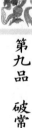

問曰：雖然一切有為法是為取果而生，不是常法，但是也有一些法不具能生所生兩個分支，如虛空是意識

所緣而它本身不緣任何法，微塵能生萬法而不是所生，所以它們是實有存在的常法。

無有時方物，有性非緣生，
故無時方物，有性而常住。

任何時任何處，沒有任何一個本性常有不是因緣所生之物，所以任何時任何處，不存在有自性的常住之物。

勝論外道許虛空和微塵是常有實存之法，其理由是虛空和微塵不具能生所生兩個支分，可作所緣或能生法。這種立論無法成立，以正理觀察，從過去到現在，從現在至未來，十方情器世間中，無有任何一法是常有之物，具有實有不變的自性，可以不依任何它緣生起而獨自實存不變。虛空、微塵等也不例外，若不觀待因緣，彼等應成無變、恆常之法，如是則成無有任何作用，與外道自宗所許相違等，有著種種過失。龍樹菩薩言：「未曾有一法，不從因緣生。」一切法皆是觀待因緣而有，無論何時何處，實有自性常住之法是不可能存在的。若以中觀正理觀察萬法，對此「有性非緣生之法無有，故無有常有之法」，定可生起勝解。

己二、（別破有為法常）分五：一、破補特伽羅我；二、破三無為實有；三、破時是常；四、破極微是常；五、破解脫實有。

庚一、（破補特伽羅我）分二：一、正破；二、破彼所答。

辛一、正破：

問曰：誠然，有許多法是因緣聚合而生，然如樂等是緣「我」而有，但「我」不緣任何他法，是實有常法。

非無因有性，有因即非常，
故無因欲成，真見說非有。

「我」等諸法並非無因無緣常有自性，有因之法即非常恆；所以無因無緣想生成有為法，現見真性的如來說是沒有的。

常見外道中往往許「我」是常有成實之法，萬法皆依「我」而有，「我」不依任何法，獨自成立常恆不變。一般凡夫雖無如是立宗，內心亦會隱隱約約地覺得：自我是常有的，苦樂等依「我」而生。若加以觀察，這類邪見根本無法成立，世間萬事萬法，皆非無因生起與存在。所謂的補特伽羅我，是依身心五蘊計執而起，心識之生起，後後剎那依緣於前前剎那，並非無因生，色身方面，也是依於四大的和合變化而有，如以十二緣起觀察，更明顯地可以見到，有情的每一階段、每一種法皆非無因生。所以補特伽羅我等一切法，皆依其因緣才有，而依因緣聚合方存在之法，即非常有之法。常有的法，是不觀待任何因，在任何處都存在的法，若是觀待因緣生，那它即有變化，有生滅現象。現見諸法真實面目的「真見」者——佛陀說過：「因知諸法有因緣，絕無無因無緣法。」這是一切智智以無礙智慧所照見的真相，凡夫修行人以無誤的中觀理論也可推證了達，依此「諸法非無因有」，完全可以推翻補特伽羅我是常有實存的邪計。

辛二、破彼所答：

問曰：「我」等非所作法，應許為常有之法。

見所作無常，謂非作常住，

既見無常有，應言常性無。

若見所作之法是無常，以此而說非所作之法應為常有實住；那麼，既然見到無常存在，就應該承認常性無有。

寶瓶柱子等外境諸法，與內境的苦樂感受等法，可以現見這些都是因緣所造作的，以所作故，這些法皆屬無常，由此外道提出「我」等諸法是非所作法，應承認為常性之法。這種承認荒謬不經，經不起正理觀察。既然瓶柱苦樂感受諸法，人們都可以現見彼等是所作法，皆成立為無常，那對「我」等法也應承認為無有常性之法。常有我實際上如同虛空花一般，因為非所作的有為法，無論如何也是找不到的。所謂的補特伽羅我，是凡夫有情在相續中以無明妄計而起的一種錯誤執著，是依五蘊境與非理作意生起的妄見，這樣的法怎麼會常有成實呢？此處之推理過程，諸初學者應明了，初二句是敵宗：瓶等是無常法，所作故，而我是常住法，非所作故。後二句內道破：既見瓶有所作成立無常，那麼即可成立「我」等也不能有常性，是所作故。以所作因可成立無常，常與無常、所作與非所作是直接相違的關係，而常與所作、無常與非所作是間接相違的關係。

庚二、（破三無為實有）分二：一、總破三無為實有；二、別破虛空遍常。

辛一、總破三無為實有：

問曰：《俱舍論》等對法中說過有虛空、擇滅、非擇滅三種無為，由是可證明常有法是存在的。若破虛空常有的觀點，豈不與佛經論典相違？

愚夫妄分別，謂空等為常，
智者依世間，亦不見此義。

愚夫由迷妄分別，說虛空等法是常有的；智者即使依世間名言量，也不見此虛空等為常恆實有之義。

在古印度的一些外道宗派及內道一些有事宗行人認為，虛空是無為常有不變法，在《俱舍論》等對法中，還提出了擇滅、非擇滅兩種無為法。所謂的擇滅，是指以智慧抉擇斷除業和煩惱後的滅法，即涅槃無為之境；非擇滅是指無能生因緣畢竟不生之法，如冰地上的鮮花等。這三種無為法，其實並非是常恆實有之法，若不了知經論中安立虛空等無為法的實際理趣，無有智慧的愚夫以虛妄分別，往往會執著虛空等無為法是常恆實有之法。而通達二諦諸法實相的智者，不但於勝義中了知無有常恆實有法，即使在世俗名言量之境，也不會見到虛空等無為法是實有常法。經論中所說的虛空等為常，僅僅是以其不變異假立為常，並非在說彼等實有常體。虛空無變異，已得涅槃者無變異，無有生起因緣之法也不可能有變異，由此而說此三是無為法，是常法，其本體卻非常恆實有，於此不應生起謬執。因為要成立某法的存在，要麼以現量，要麼以比量，此是世間共同承許的，然而無論從現量還是比量，皆無法成立虛空的存在。

《量理寶藏論》云：「無自相故非現量，無相屬故無比量，彼故若謂有虛空，非有能立之量論。」從現量角度觀察，虛空無自相也即以無礙為性，既無自相，則無法成為眼識的所緣，然其又非聲香味觸等法，即非為五根識之對境，如此則非為現量之境，即不成立現量。於此有疑：難道我們不是可以見到藍天與房間中的虛空嗎？答曰：所謂見到的藍天僅僅是一種藍色相，也即是一種色塵而已，見到的僅是一種有為法的色塵，怎麼能說是見到無為的虛空呢？此二體相完全不同故。所謂見到房間等中的虛空，其實僅僅是見到有質礙的牆壁等物，此等質礙物的中間空隙部分，才假立為虛空，若牆等質礙物有變化，彼即隨之產生變化。由此可知，此類空隙虛空其實是觀待牆壁等質礙物假立的，根本無有實體存在。從《俱舍論》自宗而言，藍天與房間中虛空是彼宗所承許的莊嚴、空隙、無為三虛空的前兩種，此二屬有為法的體相，根本不是第三種的無為虛空，故僅從小乘宗而言，彼等亦不承許能見到無為虛空。總之，以現量無法成立虛空的存在。下面再從比量的角度觀察，亦無法成立無為虛空的存在。欲從比量成立無為虛空，則無為虛空必與某法存在同體相屬或彼生相屬的關係，若無此二種相屬，則無法以比量推導出無為虛空的存在。《量理寶藏論》云：「現有色相是顏色，空間是現見色身，彼故莊嚴空間之虛空，非能立虛空。」現有看到色相之莊嚴虛空，僅是見到青色塵而已，而空間虛空僅是見到有質礙的色法而已，此二均屬生滅的有為法，與無為虛空無法成立同體或彼生相屬的關係，因一屬有為，一屬無為，此二非為同體，且以有為法的因，也不可能生出無為法之果，否則會有青稞種子產生石女兒、龜毛、兔角等過失。總之，由比量也無法成立無為虛空的存在。由上觀察可知，無論從現量還是比量均無法成立無為虛空的存在。而以教量也無法成立，佛於經中說過：眾生說已見到虛空，然而虛空怎麼能見到呢？《量理寶藏論》亦云：「猶若手指指示之，謂見虛空愚者妄。」由此，以現、比、教三量均無法成立無為虛空的存在，而除此三量之外，絕無第四量的存在，故無為虛空不能成立，決定是非實有之法。

雖然法稱論師曾於論中以虛空為喻：一切常有法非所作，猶如虛空。但此喻並非說虛空是實存的，而是以虛空不存在任何實質性造作的角度來比喻。同樣，經論中雖然說無為法常恆不變，其並非建立無為法實有，只是在說明無為法無有實質常體，故無有任何作為變化。

辛二、別破虛空遍常：

問曰：虛空是常，因為遍一切方故，而無常法不能遍，就像瓶子一樣。

非唯一有分，遍諸一切分，
故知一一分，各別有有分。

非是唯一的有分虛空，就能遍滿諸方的一切有分虛空，所以應知虛空的一一分，各個別有自已的有分。

有外道認為：虛空應該是常有法，因為虛空遍一切東南西北上下等方所，遍一切瓶等器皿，這與無常法完全不同，如瓶子等無常法，它們無有這種遍一切方的性質。這種推理錯訛百出，因外道本來許虛空是無方分的常法，若無方分，又如何遍及所有的方所呢？然此偈並不就此點遮破，而是依對方所言，就算虛空能遍及一切分，那也不是僅僅的一有分虛空，就能遍滿一切有分虛空，遍滿一切方所。比如說，東方一個瓶中的有分虛空，能不能遍滿一切時間、方所的瓶內空間？假如能遍，那麼東方瓶子內的虛空，應住在西方，西方瓶內的虛空，應住在東方。如是推理，東西南北的虛空應成一體，一個瓶子無論放在何處，也應遍及諸方，或者說處在虛空中的法也全成為一體等等，有無法避免的太過。若對方為避免這種過失，便承認：遍東方的虛空分，不能住在西方，也即東方有東方的虛空分，西方有西方的虛空分。但這樣承認即是許虛空非為一體之法，因此也應知東南西北等一一分的虛空，各有它的有分。由是成立虛空並非一體不變的常法，因它不是周遍一切方的法，如同瓶子，各各有別。

人們往往認為虛空等是常有實存無變遷之法，在如上觀察下，不難發現這類觀念只是人們內心的假立觀念，其實並不能成立。佛在經中告訴迦葉：「常為一邊，無常第二。此二中間無色、無示、無住、無現、無所了別、無有幖幟。是則名為處中妙行。」世人的常與無常皆是邊執戲論，若能遠離此相對的二邊，安住於無二離戲之道，即是真正的中觀道。《秘密不可思議經》中說：「寂慧，誰也無法言說虛空是常有或無常，如是如來之身亦無法言說常有或無常。」能得如是遠離常與無常的戲論邊執者，方得親見如來。

庚三、（破時是常）分五：一、若許時常為因亦定許時常是果；二、示彼理由；三、變異與常相違；四、自生與待因生相違；五、從常生無常相違。

辛一、若許時常為因亦定許時常是果：

若法體實有，卷舒用可得，
此定從他生，故成所生果。

若外道認為：只有時間本體恆常實有，收縮凋零舒展生長的體用現象才可得有。自宗破曰：由這些現象定可推知時間是從他緣生起，所以時間應成所生的果法。

密行等外道宗派認為，時間是成實常有之法。正是因為時間有實體，所以樹葉等法在春夏季節有舒展生長現象，如云：「不知細葉誰裁出，二月春風似剪刀」，到了秋冬季節，萬物又有凋零萎縮現象，這些都是時間的體用功能現象，若時間是無實體之因法，則不可能產生這些春榮秋謝的果。所以由比量可推知，一定會有「時」存在，其本體不觀待它緣而有，是常有之法。針對這種觀點，聖天菩薩以對方之根據來推翻其立論。外道以卷舒現象成立時間法體常恆實有，但卷舒體用現象，其實恰好可以證明時間是他緣所生法，是眾因緣成立的果法，由此它怎麼會是常恆實有的法呢？以萬法的卷舒才成立了時間，這明顯說明了時間是以種種外緣建立，如果沒有這些水流花謝、萬物枯榮的現象，時間怎麼可能成立呢？現代物理科學的研究，也揭示了人類的時間概念只是在特定空間、速度中的一種暫時現象，隨不同空間、速度有變化。所以在詳細觀察下，時間是因緣假立之法，是由種種其他因緣聚合生起的一種果。既是因緣所生的果法，即不能成立為常，也不能成立為實有本體之法，由是徹底推翻密行外道的立宗。在內道中，以勝義理觀察，時間無有絲毫自性可得，不可成立任何常與無常性；在名言中，觀待有情的分別心識，也許可假立的時間法，如經云：「假使百千劫，所作業不亡，因緣會遇時，果報還自受。」

辛二、示彼理由：

若離所生果，無有能生因，
是故能生因，皆成所生果。

如果不觀待所生果，則無有任何能生因，以此一切能生因，皆是觀待果而成的所生果法。

上偈中所言的推理，此頌再加闡述，說明時間為何是他緣的所生果。外道說時間是常有實體法，是萬物的生因，然而所謂的能生因，必然要觀待所生果才可成立，《中論》云：「因不生果者，則無有因相。」如果沒有所生果，怎能憑空安立能生因的名字呢？比如說父親與兒子，必須相互觀待才可成立，觀待自己所生果的兒子，能生因的自己才可名之為父親，若無子則不可能有父。同樣，能生因的時間與所生果的萬物卷舒現象，也必須相互觀待才可成立，既然是相互觀待才可成立存在，時間法即不能成立為常恆實有法，也不能自性成立為能生因。從觀待萬物現象成立角度而言，時間也可成立為這些現象的所生果，因為它是觀待這些事物的遷流變化才成立的法，並非恆常獨自成立。所以可成立時間是諸法的所生果，而且由於其能生因的諸現象法無常無實，其所生果時間也不可能成立是常恆實有之法。

辛三、變異與常相違：

諸法必變異，方作餘生因，
如是變異因，豈得名常住。

諸法必須有變異，才有可能作為其餘法的生因，如是有變異生滅的因法，難道能得名為常住不變嗎？

外道許時間是萬物卷舒現象的生因，而作為生因，不可能是常有法。某法要作為他法的生因，即因和果之間，必須要具備能饒益所饒益的關係，因是能饒益、生起果的法，果是因所饒益的對象，因要饒益果，必須要有作業變化，有變化才有生果的功用。比如說青稞種子，它要產生苗芽，自身必須要發生變化運動，然後其芽胚才有可能生長出苗芽，如果種子本身沒有作業變動功能，它就不能成為苗芽的種因。同樣，若時間是萬物的生因，那時間必定要有變化作業，既有變化運動作業，那麼它怎麼能夠稱為常住不變的法呢？如果時間是常住不變的法，它應成與諸生長枯萎現象毫無關係，起不到任何作用，不能許為諸現象之因，如《釋量論》中說過：「被刀傷黑者，藥癒合相屬，何用無關木，不應知為因。」若許時間是萬法生因，那就非得許它有變異動作不可，如是則壞外道自宗所許。如果彼等堅持許常有時間法能生諸現象，此誠然如同許無變虛空能生萬法，石女兒能作種種事一般，為何等可笑之劣論也！

辛四、自生與待因生相違：

若本無今有，自然常為因，
既許有自然，因則為妄立。

如果許本無今有的萬物現象生起，以自然常住為因，既然承認諸法是自然造化不待因緣，那麼於彼等建立能生因則為妄立。

一些外道認為，時間雖無變異具常恆性，然不能以此推翻它不是萬法的生因。他們認為本無今有的苗芽等法，其生長枯萎等是一種自然造化，不需觀待其他因緣，唯以自然常住的時間為其生起基礎，也即許時間雖是無變異的常法，然而依彼可以自然生起本無今有的苗芽等法。分析彼等觀點，其實是在承認諸法自然生滅無需因緣饒益，以此補救彼等「常恆不變異的時為萬法生因」立論之缺點。這種補救也無法成立，諸法若不待因緣自然生長，那麼安立常恆實有的時為諸法生因，實是毫無道理。某法若不觀待因緣，自然地生住變異，即是無因有生，如果還要為它安立一種能生因，這明顯是迷妄無理的愚行。而且所生的苗芽等，若是本來無的法，那又如何會成為有法呢？如《入菩薩行》中云：「因位須許無，無終不生故。」無論從哪方面觀察，這種許「自然常為本無今有諸法的生因」的觀點，唯是妄立。

辛五、從常生無常相違：

云何依常性，而起於無常，
因果相不同，世所未曾見。

為什麼依於常恆本質的法，會生起無常之法呢？因與果的相截然不同，這是世間未曾見過的事。

再觀察外道所說能生因與所生果的各自性質，其立論之荒謬可笑就會更明顯。外道所許的能生因——時，為常恆實有法，而所生苗芽卷舒現象是變異不斷的無常法，如是常恆的因，為什麼會生出性相迥然不同的無常果呢？這無疑是極不合理的立論。俗話說：「種瓜得瓜，種豆得豆」、「龍生龍，鳳生鳳」等，因與果之間必定會存在同類相續，這是世人共許也可現見的一種規律，任何一對因與果之間也必然會如此。兩個法性相完全不同，不屬於同類相續，此二法如果許為因果關係，這在世間從來就未曾有過，誰人也未曾見過。比如說，無情法生出有情，麥種生出稻芽等等，這類事情是不可能出生的；同樣，外道所言的從常有時間生出卷舒生滅的無常萬法現象，誠然也是不合乎因果規律的謬計。此處的未曾見，是沒有見到按對方所許應該可以現見的法，是因明中所共許的正量，故依之完全可以成立外道所計的從常生無常是邪計。

以另一種方法觀察，若時間常有不變，那麼人們相續中的安樂等是長期產生還是次第偶爾產生呢？若是次第產生，那麼從時間產生的安樂果是無常，其能生時間也應是無常，因為能生和所生是相依而成立的，一者不存，另者也不成立；若回答是長期產生，那麼世間眾生應恆時感受安樂，沒有痛苦之時，可是現實之中並非如此。由此即可清楚了知時間等諸法，皆非常有之性。

庚四、（破極微是常）分三：一、破極微常；二、若極微無方分則瑜伽師不能見；三、佛不說極微是常的理由。

辛一、（破極微常）分三：一、有方分則應成非常法；二、同類極微和合則不應生他體；三、破未成有支分之前的極微無方分。

壬一、有方分則應成非常法：

若一分是因，餘分非因者，
即應成種種，種種故非常。

如果極微相合的一分是諸法生因，而其餘未觸的諸分是非因，那麼極微即應成有種種不同分，既有種種不同，則非常法。

勝論外道認為，四大種極微是常恆實有法，由往昔業力增上眾多極微和合，而成有支分的粗塵物體，由是生起器世間。此偈始破析這種許極微為常的觀點，其是從極微是否有方分的角度觀察。若按對方觀點承許，極微是無分常法，由彼等相合構成有支分的粗塵，那麼這種相合，必定是遍體相合，無方分故，由此則兩個極微必須完全融入對方，二者完全成為一體，如是則聚合眾多極微也無法使方分增大，無法組成粗塵。若對方不敢如是承許，轉而承認極微之間是局部也即一分相合，其餘諸分未合，那麼極微的諸分只有一分相合，成為粗塵物體之因，其餘諸分不能與他塵相合故，成為非因。在同一極微上，既有是粗塵生因的方分，也有是非因的方分，種種方分各不相同，由這些不同方分所成之極微，也就不可能是常有不變的法。常有法不會有作用，不會有變化，而有種種分的極微，既可接觸他塵發生作用，也會因有不同方分故可分析破壞，所以無法成立為常有不變之法。再說，若極微的一分有觸則成為非常恆之分，另分無有相合故仍為常有法，於一極微上既有常分又有無常分，這樣的極微又怎麼會成立，又怎麼能承認為器界的常有生因呢?

壬二、（同類極微和合則不應生他體）分二：一、正說；二、與許極微不遍體和合相違。

癸一、正說：

問曰：極微無有方分，能遍體和合，由同類極微和合方能生其他色境，所以由同類極微遍體和合，生起有支分的粗色，這又有何不能生起諸色法呢?

在因微圓相，於果則非有，

是故諸極微，非遍體和合。

在因位極微的所有相，在果法粗塵上則非有，所以諸極微和合生起粗塵時，非遍體和合。

若外道許極微無有方分，在相合時是遍體和合即全體相遇和合的方式，由此構成粗塵。分析這種觀點，如果真能成立，諸無方分的極微相互之間遍體和合構成粗塵，那麼因位的極微之相，在果位的粗塵也應具足，果位粗塵與因位極微二者應完全相同。所謂的遍體和合，是二者完全相遇合，完全進入融為一體，如《入菩薩行》中所言：「不入則無合，無合則不遇。」遍體相合者相互進入成為一體，如是則集合無數極微，其相狀也不會有差別，就像人們將無質礙的虛空空間疊加在一起，永遠也不會改變其相狀一樣。可是，由極微組合成粗塵時，粗塵上並無有極微的相狀，而是發生了變化，變成了有方分、無常易變的粗色法，與極微顯然不同。由此現量即可了知，極微相合造物並非遍體和合。若是遍體和合，則無論相合多少無方分的極微，也不會有體積增加與外相變化；再者既無方分，又如何相遇增加成粗塵呢？甲操傑大師於注釋中言：無方分的極微，唯在意識上可以假想顯現，實際中不可能存在。對此諸學人也應明了，於真實名言中，常恆實有的無分微塵不可能存在，只是在心識中由妄計執著，才形成了這些概念。仁達瓦大師說：因位的無分微塵非眼識之境，果位的粗塵是眼識之境，因果二者截然不同，由無分成為有分，如同無實成為有實一樣，顯然是不合理的。

癸二、與許極微不遍體和合相違：

於一極微處，既不許有餘，
是故亦不應，許因果等量。

在一個極微處，既然不許有其餘極微同住，所以也不應許因極微與果有支粗塵二者等量。

再從外道自宗所許的觀點分析，極微也不可能由遍體和合的方式構成粗塵。彼等許極微是常恆實有本體的法，如果是常有成實之法，在一個極微所住之處，即不應承認有其餘微塵同住。如果有其餘微塵可以與它共同安住一處，那它應成與虛空一樣無有任何實體之法，不可能構成有形色的器世界粗塵；而且應成構成須彌山的所有極微，皆可住於一個極微的位置，所有的器世界無法構成等，有許多過失。所以，若許極微可以遍體和合，則成為因果等量，因為極微遍體和合則無法使其相合的體積數量增上，導致無數極微相合之果，也只能與一個極微大小相等，這種因果相等的說法，當然是誰也無法接受，亦不應承認的。若承認極微遍體和合造物，那即是許因果等量，須彌山王與一個極微相等，三千器界與一個極微相等，如果不是癲狂者，這種說法誰會承認呢？而且外道許極微是常有無分的法，可是其果法粗塵卻是有方分可變異又能現見的法，因果二相大不相同，極不合理。所以從多方面分析，彼等所許極微遍體和合的觀點，毫無成立的依據。

壬三、（破未成有支分之前的極微無方分）分二：一、正破；二、極微無方分則不能運行造境。

癸一、正破：

問曰：極微在成就粗塵時，雖然有方分，但是在未成就有分粗塵時，極微是無方分的。

微若有東方，必有東方分，
極微若有分，如何是極微。

極微若有東方的方所，則必然有東方的一分，極微如果有分，又怎麼是無有任何方分的極微呢？

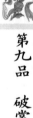

又有認為：極微在未組成粗塵前是無方分的，在組成粗塵時，即發生變化，形成了有支分的物體。這種觀

點很顯然不合道理，若極微無有方分，那麼它在組成粗塵前，有沒有靠東方或西方等方向呢？或者具體一點，假若將一粒極微放在手掌上，它有無朝向手掌或向上的一面呢？若無有，則極微無法與任何法接觸，如是也無法組成粗塵。如果承認它有方向，比如說它有東方，那麼它必定有東方的一分，既然有方分，又怎能說極微在未成就粗塵前，無有任何方分呢？極微若無任何東西等方向，而又實存常有，則它應成遍十方無有邊際，不可能組成有形質有支分的粗塵法；若有東西等方向，則它必然有方分，有方分即不能成為極微。這種推理其實很簡單，然法義不在學習，而是必須要修學者將其融入內心，若能依之反覆觀修，對諸法一一思維分析，定會明白外界有形色的諸法唯是內心的錯覺幻相，在真相中並非由任何所謂的原子中子等微塵所成也。

癸二、極微無方分則不能運行造境：

要取前捨後，方得說為行，

此二若是無，行者應非有。

要趣取前面的方向捨離後面的方向，才得名為運行，此取前捨後二者若無有，則運行的極微也應成非有。

極微要成就粗塵，必須要有一個運行過程，諸極微朝一個中心點靠攏集中，然後才有可能成就粗塵。然而若許極微是常有成實無方分的法，即不可能有運行。所謂的運行，必須要有取前捨後的過程，需要有一個具方分體積的主體法，趣取前面的方向，捨棄後面的方向。

如極微無有方分，也就無有前後之分，那它即不可能成立此取前捨後的運行，如果沒有運行，那極微又如何積聚成粗塵呢？由此可見，所謂無方分的極微，它絕非組成粗塵有支分物質的因素。無有方分的極微只是人們在心識中假立的一種概念，外道與內道二乘行人執無分微塵實有不虛，是構成世界萬物的基本因素，而觀察這種所謂的無分微塵是否可以有運行時，便可很明了地知曉這種極微不可能實有存在。

辛二、（若極微無方分則瑜伽師不能見）分二：一、正破；二、破由有粗塵故許極微是常。

壬一、正破：

問曰：極微是常恆實有的法，諸瑜伽師的天眼親見故。

若法無初分，無中分後分，
是法無所現，由何者能見。

如果極微法無有前分，也無有中分與後分，這樣的法無有任何形體顯現，由何者的眼識能見到呢？

外道認為，極微一定是實有存在的，因那些修持禪定得到了天眼通的瑜伽師，可以用天眼現見這些極微的存在。這種說法能否成立，用不著內道瑜伽士的現量觀察，即使以比量也可完全推翻其立論。外道所謂的極微，其本身無有初中後任何方分，既無方分，也就無有可見的任何色體，如同虛空、石女兒一樣，不能為任何眼識所緣。所以對此無色體形質的法，又有什麼眼識能見到呢？無顯現的法，如同石女兒，如果說見到了，那只能是一種顛倒識。大疏中言：極微本身並不成立，若說瑜伽師見到了極微，唯是顛倒識，如同有眼病者見到空中有毛髮一樣，這些所見的極微如同毛髮皆非名言正量。如是從能見的眼識，與所見的極微兩方進行破斥，使外道想以天眼現量成立極微的意圖全然失敗。

壬二、破由有粗塵故許極微是常：

問曰：假如極微不存在，那粗塵應成無因，由果法粗塵可現見故，其因——極微也一定存在；而且極微不由他法造作，其本體必然是常恆實有的。

若果能壞因，是則因非常，
或是處有因，彼處即無果。

若果的生起能滅壞因的存在，這樣的因則非為常有；或者於是處有因法極微的存在，彼處即無有果法粗塵。

由果法粗塵的存在，不但不能推出其因法極微的常有成實性，相反可以推證極微是無常法。若按外道所許，粗塵的因是極微，那麼在粗塵果法已生起時，其因法極微必然已滅失。世間因果規律必然如是，如種子生起苗芽，其苗芽生起時，也是種子滅壞之時，若種因不變異滅壞，其苗芽果不可能生起。同樣，極微在生起粗塵時，必然要變異滅壞其自相，才可生起粗塵果法。如果說常有的因，仍可生起果法，既然因是常有，那麼因果同時，不可能存在因果關係。再說從果法觀察，果法的產生並非常時都有，而是時有時無，或說現在有昨天無，那麼現在產生果法的因與昨天不產生果的因，是否為同一呢？若許因法恆常，即應承認為同一。而因法既然常恆具足，又為什麼有時生果，有時不生果呢？如是從果法不常有的角度觀察，即可徹底推翻因是常有法的立論。

對方又提出：因與果從表面上看，要因變滅才會有果法的生起，但實際上極微生起粗塵時，因體未捨就能生起果法，就像羊毛與氈毯一樣，羊毛編成氈毯時，其羊毛的本體並未捨棄，才有氈毯的存在，不然無羊毛的存在，又怎會有氈毯存在呢？本偈頌後兩句即是對此駁難的回答：在因位時，是否有果法存在呢？若有則成因果同時，而因果同時是不可能成立的。若因位有果，二者同時則如同瓶子和柱子一樣，二者之間無法存在饒益生長的關係。如果你們許極微是常有的，那麼永遠不可能生起果法粗塵，若果法已生起，在果位即不能再承認有因法極微的存在，如是應知極微非常恆實有法。堪布阿瓊說：如果因果同位，則世間任何一對相違法，如水與火也應成立因果關係。很明顯，因果同位誰也無法成立，如是常有的極微能生粗塵，也絕無成立的可能。

辛三、佛不說極微是常的理由：

不見有諸法，常而是有對，

故極微是常，諸佛未曾說。

在真實智前，不見有任何諸法是常有而且具有質礙，所以諸佛未曾說過：極微是常有法。

不但以比量推理可以破斥極微是常的觀點，以聖教量或說諸佛聖尊的現量，也可以破斥這種邪見。在諸佛聖尊的真實智慧前，從未見過既是常恆又是有對的法。有對是有為法的一種法相，包括三種：一障礙有對，二境界有對，三所緣有對。此處是指障礙有對，即色法與色法之間互有質礙。在名言中，一切有質礙的法，如瓶子柱子等，都不會是常有不變的法，這是如來盡所有智所親見的實相，所以三世諸佛在任何一部經典中也沒有說過：極微是常而有對的法。某法若有對，即為有為法，只要是有為法，它必然是無常幻法，佛陀說過：「一切有為法，如夢幻泡影，如露亦如電，應作如是觀。」在內道有部經部行人中，也有承認無分微塵是成實存在的法，但這只是一種不了義的觀點。現代物理科學研究者也應知，要找到組成物質的最細結構，只能是徒費心機，物質只是一種幻相，它沒有常而有質礙的最細塵粒，若在虛幻的現象界中尋找，將會離真相越來越遠，永遠也不可能窮盡其微，只有轉而研究人的內心，宇宙物質之謎才有解開之時。

從所緣有對的角度觀察，不僅所緣的微塵非實有，能緣的心識亦不成立，有對故。甲操傑論師在注疏中言：諸唯識師以勝義諦理論廣破了極微與外境實有，但又許心識成實；若以此處所言理論觀察心識，同樣可以推翻內識實有的執著，因外境與內識都是世人共許的名言，若所取的極微等無實有，那麼能取的心識又如何成立呢？故此二於實際中皆無實質。大疏中也言，依此偈可破斥一切能取所取的微細成實法，不僅於觀待極微而成的色法可破實執，觀待無分剎那時間而有的心識，同樣可以依理破除實執，了知諸法皆非常有的無常虛幻本質。

庚五、（破解脫實有）分二：一、破內部許解脫實有；二、破外部許我體是解脫所依。

辛一、（破內部許解脫實有）分二：一、滅諦非實有；二、實有則與涅槃界中永盡諸苦之說相違。

壬一、滅諦非實有：

問曰：諸佛雖說「極微不是常法」，但說過「無為法是常」，所以由道諦而得到的滅諦解脫是常法，就像河流雖無常，而河堤定然是實有常存之法。

離縛所縛因，若有餘解脫，
彼都無所生，故不名解脫。

遠離此等能繫縛的集諦、所繫縛的苦諦、解脫方便因的道諦，如果有其餘的滅諦解脫，則它無有所生之處，因此不能名為解脫。

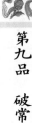

在內教中，小乘行人不了解無為法唯有名言而無實體，他們認為無為涅槃解脫是實有常恆之法，由此生起常有執著，許滅諦涅槃實有。而實際上，所謂的滅諦解脫，即是依道諦遠離能繫縛的業惑集諦和所繫縛的輪迴苦諦，也即依方便斷除痛苦輪迴及輪迴業因，寂滅一切痛苦流轉及流轉因緣。《經莊嚴論》中說：「解脫唯迷盡。」輪迴唯是二取執著迷現，若斷除對這些迷亂顯現的錯誤認識，體悟無生，即是獲得涅槃解脫。因此偈頌中說涅槃解脫，即是依道諦遠離能縛的業惑集諦與所繫縛三界輪迴苦諦，由此現前的境界，假名安立為滅諦，其實並無實體。若除此之外尚有一個真實存在的滅諦解脫，那誰也無法找到其所住處，無法找到其來源，而且這樣的解脫對誰也沒有饒益，不能使有情遠離輪迴苦諦。本師釋迦佛說過：「諸比丘，過去世、未來世、虛空、涅槃和補特伽羅，此五法唯有名言而無實體。」《般若二萬頌》中也說過：「善現，一切法如夢如幻，涅槃也如夢如幻，較涅槃有勝法者，此亦如夢如幻。」一切法皆如夢幻，無有實質，故不應許解脫實有體性恆常存在。

壬二、實有則與涅槃界中永盡諸苦之說相違：

究竟涅槃時，無蘊亦無我，
不見涅槃者，依何有涅槃。

證入究竟涅槃界時，無有諸蘊，也無有依蘊假立的補特伽羅，既無補特伽羅我，則不見有現證涅槃者，如是依何者而說有涅槃呢？

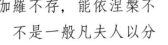

有情依修道智慧寂滅五蘊相續，斷除一切迷亂分別念，證入無餘涅槃時，一切二取迷現皆融入法界，此時既無有五蘊，也無有人我存在。既無有人我五蘊存在，依彼等安立的涅槃又怎麼存在呢？世尊在《阿含經》中說過：「永盡諸苦即名盡，乃至永斷諸蘊、愛盡、離欲，名為寂滅涅槃。」涅槃是盡滅一切輪迴苦諦所攝的五蘊人我等法，如是所依的補特伽羅不存，能依涅槃不可能實有存在。真正的涅槃解脫，不是一般凡夫人以分別心所能想像的，在真實證入涅槃時並無任何能依所依的分別，那時一切二取法皆已消融於寂滅之境。在凡夫心目中，往往以為獲得究竟涅槃果位者，像本師釋迦佛那樣有三十二相八十種好的佛身，然這些身相只是在眾生面前的一種幻化，是一種非了義的顯現。《金剛經》中說：「若以色見我，以音聲求我，是人行邪道，不能見如來。」大疏中言：「本頌前兩句言所依不存在，後兩句說能依不存在。」若能由此著手，即可徹底打破小乘行人對涅槃解脫的實有執著。

辛二、（破外部許我體是解脫所依）分三：一、破數論師計思所攝的解脫是常；二、破有思功能所攝的解脫是常；三、明我執永盡即是解脫故不應許有解脫我。

壬一、破數論師計思所攝的解脫是常：

問曰：若依我等數論派所言，涅槃是有所依的，因為自性與神我各別異體時，則大等流轉生死，最後神我了知自性後，則一切變異隱沒於自性之中，唯有神我存在，此即為解脫的我。

離愛解脫時，有思有何德，
若無思有我，便同無所有。

神我於境遠離愛欲而解脫生死時，汝許彼有思維又有什麼功德呢？如果說解脫時神我雖存在而無有思維，便與無有神我相同。

數論外道許一切所知法攝為二十五諦，其中神我是一種意識，是常有法，能享受一切現象等等，自性是其餘二十三種現象之因。最後由神我思維認識實相，捨棄對諸現象的愛欲得到解脫時，二十三種現象融入自性，唯獨剩下解脫的神我。若解脫真是如此，那你們所謂的解脫所依之神我，已離開對五唯五大等二十三種現象的思維執愛，此時他無有一切能享受的對境，既無有思維享受之對境，那麼這種神我的意識思維又有什麼功用呢？他已無有任何可思維緣依之境，縱然有思維能力也只能像白癡一樣，起不到半點作用。無有作用的法如同虛空一般，自體尚無法成立，若將這樣的法承認為解脫所依，誠然不能成立涅槃實有。如果你們數論外道承認解脫的神我無有思維，既許無有思維，則神我也不存在。因彼等許神我與思維是等遍，就像火與熱一樣是同一體性，不可分離，思維不存在，則神我也成了子虛烏有之法，不能作為解脫的所依，既無所依，則能依涅槃也就如同空中樓閣，不可能實有存在也。

壬二、破有思功能所攝的解脫是常：

問曰：在解脫位時，雖然無有真實了知外境的思維，但是有不知境的思維種子，所以神我存在。

若解脫有我，則容有思種，

無我則於有，思維亦非有。

若在解脫位時實有所依的我，則容許有思維的功能種子存在；然而實義中無我，則對流轉三有與否的思維也非有。

數論外道許神我得到解脫時，雖無思維作業，然而並不能說完全沒有思維，因為思維功能的種子仍存在，以此也就沒有解脫位神我不存在的過失。這種辯駁無法成立，上述內容中已用教證理證進行了觀察，於解脫分位時不存在任何五蘊我或離蘊我。若解脫位時有我，那麼所謂的思維種子也不妨有其存在所依之處，而實際上在解脫位不存在任何我，如是「皮之不存，毛將焉附」，依我而有的思維種子絕不可能無依而有。甲操傑論師以另一種方式注釋此頌：本頌初二句為內道論師的辯駁，以解脫位無我故無思的推理破斥外道；第三句是外道反駁：若無我則無有解脫，如是一切眾生將永無解脫而流轉於三有，如是有種種過失，因此應許解脫位有我；第四句是內道的破斥：若神我解脫位實有存在，亦不能許有思維的存在，如上偈所破，然而既不能許有思維存在，「若無思有我，便同無所有」，神我亦不能許有，如是思維種子也就不能承認有存在。

壬三、明我執永盡即是解脫故不應許有解脫我：

諸脫離苦人，定非由他有，
是故應稱說，我一切永盡。

諸脫離輪迴痛苦的人，決定不是由離蘊常我而有解脫，所以應當恰當地說，於解脫位時，我與一切五蘊執著煩惱永盡無餘。

涅槃解脫是脫離一切痛苦輪迴，斷盡二取迷亂執著，由斷實執而趨入無為寂滅。這個過程中，並非如外道所說那樣，有常有的離蘊我存在，由這種常有的補特伽羅我獲得實有解脫安樂；而且恰好相反，若有常我存在，則有情永遠無法得到究竟涅槃。因為一切輪迴中的煩惱痛苦，皆由我執而起，我執的生起對境有外道所遍計的常我與俱生我，要徹斷我執，必須徹底了達此二種補特伽羅我的虛妄本性。堪布阿瓊說：如果存在常有的我，那麼有情肯定無法獲得涅槃。我若是常有，即不可能在得到涅槃後有所變化成為常有自在之我；若涅槃前後皆具常我，常有者永無變化，如是則意味著我永遠無法寂滅一切實執痛苦得到解脫。所以應依正理觀察，了知涅槃即是永盡一切我與我所的執著，不僅要斷滅一切離蘊常我的邪執，有情心識中的五蘊常我等一切俱生我與我所的執計，也須要滅盡。如是永盡一切我與我所的寂滅境，即是涅槃解脫，故不必如諸外道那樣庸人自擾，建立種種所謂的神我、大我作為解脫所依。

己三、斷不許破實有之諍：

問曰：若如汝等所許，無為解脫唯有名言而無實質，如是則希求涅槃解脫又有何益處呢？

寧在世間求，非求於勝義，
以世間少有，於勝義都無。

寧可在世間追求解脫，而非於勝義中希求，因為在世間尚有少許假名，於勝義中一切都無有。

涅槃解脫果唯有假名而無實質，這並非說世人不要追求解脫果位。涅槃解脫果，是觀待沉溺於輪迴迷亂痛苦中的眾生安立的名言，其本體唯是遠離迷亂實執之境，是大無為的勝義境界，非言語分別心所能測度，如《入菩薩行》中所言：「勝義非心境，說心是世俗。」求涅槃解脫，是世俗名言中針對有癡心的有情而許，因他們有痛苦執著，故解脫安樂也相應存在。在勝義中，無法求得任何可緣執的涅槃解脫果位，因勝義實相中，不存在任何輪迴涅槃等戲論分別法，龍樹菩薩說過：

「無棄亦無得，不斷亦不常，不生亦不滅，是說名涅槃。」「諸法不可得，滅一切戲論，無人亦無處，佛亦無所說。」寂滅一切戲論緣執的解脫境中，實無任何可希求之法，自心尚有希懼分別的有情，若要有所緣執希求，只有在世俗名言中才有可求之安樂果法等。俄巴活佛云：於世俗名言中，涅槃解脫是容易理解的法，而於勝義中，涅槃是凡夫無法了悟之境。本師釋迦佛於金剛座證悟後曾說過：「深寂離戲光明無為法，吾得猶如甘露之妙法，縱為誰說亦不能了知，故當無言安住於林間。」勝義涅槃是一般眾生難以信受之法，以世俗名言假名安立後，眾生才可相似地了知。勝義遠離了一切名稱戲論，世俗中尚有種種假名，如軍隊、花鬘、解脫等，由此等假名，凡夫修行人可以有所緣執，使自己漸漸趨入菩提道。

有關「世間少有，勝義中都無」的問題，將在下品廣述，此頌只是在兩品之間，作為一個連貫接引，故不作廣釋。在詮釋此頌時，諸論師有所歧異，有以自續派之見解釋，有以應成見詮釋，諸人當細心觀察。

第九品釋終

第十品　破我品

戊二、（別破有為法實有）分五：一、破我；二、破時實有；三、破所見實有；四、破根境實有；五、破邊執。

己一、（破我）分三：一、別破我；二、總破我；三、破許無我有斷滅過。

庚一、（別破我）分四：一、破勝論師所計的我；二、破數論師所計的我；三、破尼也耶派所計的我；四、別說破我的功德等。

辛一、（破勝論師所計的我）分二：一、破我體；二、破能立因。

壬一、（破我體）分三：一、正破；二、破彼答難；三、緣其他補特伽羅的我亦應起我想。

癸一、正破：

勝論外道認為，在證涅槃時若無我，則會墮入斷滅之邊，故應許補特伽羅我是有自性的法。補特伽羅我分內我與外我兩種，內我也即神我，是我執所緣境，內我住於有情身中，以根等和合為行境，由此而有內在的了別功能，外我即身與根融為一體，對內我有一定饒益作用等等。

內我實非男，非女非非二，
但由無智故，謂我為丈夫。

內我實際上不是男不是女，也不是非男非女的黃門，但是由於人們愚癡無智慧的原因，便說自我是丈夫男相（或為女相，非二相）。

對外道所許的自性成立之內我，稍加分析便可了知其謬誤。內我若有自性，即恆時不應變為他性，由此現世的男女及非男非女的黃門，在生生世世中將永遠無有改變，男人永遠為男人，女人永遠為女人等，輪迴轉生即成為定性，無有改變的可能性。對這種結論只要是承認因果與三世輪迴的宗派，誰也不會接受，實際中也是無法成立的。因此，汝等若許內我有自性，那麼這種內我不能是男，也不能是女與非男非女，除此三種之外，你們所謂的內我又是什麼樣的古怪東西呢？稍加觀察，便應了知內我決定不會有自性，非常有成實之法，只是因為愚昧無知，你們隨順自己的迷亂分別，將自我說為常有成實之法，又說為男子等。這種說法是沒有經過觀察而起的迷亂執著，如同見雜色花繩便執為毒蛇。佛陀在經典中也曾說過：「由有懷疑起毒想，雖未中毒便暈倒，愚人妄執我我所，恆時感受生死苦。」為無明所覆的眾生，妄執本無我與我所的法有我與我所，如同「杯弓蛇影」寓言中那位主人公一樣，由懷疑酒杯中的弓影為蛇，而認為自己已飲毒酒，以此致病，無法自拔，後由良友相助，了知真相，其病即霍然而愈。諸欲求息除輪迴痾疾者，於此我執根源的自性我，也應依善知識教言，以智慧徹底勘破其虛幻無實之性，如此才可使自己痊癒，徹底斷除輪迴眾苦。

癸二、破彼答難：

問曰：內我雖然無明顯的男女相，然而內我是生起男女相的因，由此內因生起與外我形象相聯繫的男女等差別相，以此不存在內我非實有的過失。

若諸大種中，無男女非二，
云何諸大種，有男等相生。

如果在諸大種元素中，無有男相、女相及非二相，那為什麼說諸大種的和合，有男等相的生起呢？

為了補救內我常有則不應有男女相變化的過失，勝論外道提出了內我唯是外相的因，男女等相由外我身根決定。如果這種立宗可以成立，那麼外界四大種中即應存在男女等相，因有情的身根皆由地水火風四大和合而成。內我中既無男女差別相，這種差別相在大種合成的外我身根上存在，也即意味著四大種必須要有男女差別相，不然無法合成有男女相的果法。而實際中觀察，於四大種中，根本不存在絲毫男女及非二的差別相，假若將男女黃門身根的合成元素一一析開，地水火風四大種的性相並無區別。如是無有男女差別相的四大種，又怎麼會生起諸男女差別相呢？與果毫不相干的法，不應視為生因，許男女相由大種生起實是不應理的。再說，如果身根外我真實存在男女等差別相，那麼在人們最初住胎時，也應見到男女等相，可是在人類住胎的八個階位（羯羅藍位、遏部曇位、閉尸位、健南位、鉢羅奢佉位、毛髮爪齒位、根位、形位）中，羯羅藍等最初幾個階位中，並不可見有男女等相的差別。所以，外道想以男女相由外我身根決定，來補救內我常恆實有則不能有差別相的過失，無法成立。

外道反駁：如果你們承認有男女等差別相，那麼你們也應有在羯羅藍位時見男女等相的過失。答曰：我們中觀師認為大種、男女相等諸法皆無有自性，唯是觀待因緣和合在眾生前有假象，由是暫時安立了種種名言現象，所以無有過失；而汝等許一切法實有，若我常恆實有，定有如上無法避免的種種過失。

癸三、緣其他補特伽羅的我亦應起我想：

汝我餘非我，故我無定相，
豈不於無常，妄分別為我。

你的我在他人處不能成立為自我，所以我無有決定的自相，難道不是於無常的蘊等諸法上，虛妄分別為有常恆成實的我嗎？

有情所執著的我，絕非常有實存之法。比如你所執著的我，如果真實有自性，是常恆成實具有定相的我，那麼其他人也應緣你所執的我生起我想，就像南贍部洲藍色的天空一樣，誰人見之也應生起藍色想；同樣，若補特伽羅我是常法，常法即是有定相的自性成立之法，如是緣張三所執的我，所有的人都應生起這是我的執著，每一個人都變成了張三，而這種事是絕不會有的。由此可見，我執所緣境——補特伽羅我，是不會有定相或說自性常有之法，眾生所執著的我，只不過是依剎那變遷的蘊聚等無常無實法，生起虛妄分別，迷亂地執著有一個真實的我存在。《入中論》裡分析過：「故我執依非實法，不離五蘊不即蘊，非諸蘊依非有蘊，此依諸蘊得成立。」有情的我執所依境，只不過依蘊聚迷亂假立，而詳加觀察，離蘊即蘊等都不可能有一個實際存在的常我。因此，應以中觀正理的寶杵，擊碎一切執我為實有常有的邪見大山，如是方可親見本來無我的實相。

壬二、（破能立因）分三：一、破常我是流轉與還滅的因；二、破常我是發動身體的因；三、破常我的能立。

癸一、破常我是流轉與還滅的因：

問曰：若無有常我，誰造業流轉生死，誰從生死得解脫呢？所以由有情的生死流轉與還滅現象，定可推出常我是存在的。

我即同於身，生生有變易，
故離身有我，常住理不然。

常我若存在即與身體一樣，生生世世都有變易，所以許離開身體有我常住不變，其理不然。

勝論外道認為，在有情造業流轉生死與修道還滅的過程中，必須要承認有一個常有的我存在，要不然這一切皆無法成立，並錯亂一切因果名言。在中觀師看來，若流轉還滅之中存在一個補特伽羅我，那這種補特伽羅我應與有情的身相一樣，每一次投生都有變化改動，比如轉生天人時我是天人，轉生地獄時我即變成地獄有情，如是變遷不一的我，怎麼會是常有的我呢？若我是常法，即自始至終不應有變化，比如今生我是天人，我即具有天人的本性，以後生生世世即使解脫皆應不變此本性，這是誰也不會承認的，實際中也不可能存在這種事情。在世俗名言中，隨順眾生的迷亂執著不作觀察，可以按名言假立一種相續我，由這種虛幻的相續我，即可成立因果、生死流轉與還滅等，而真正常有的我，無論怎樣也無法成立。因此離開有情的蘊身，建立一種所謂的常我是流轉還滅的主體，無論怎麼承認都不合理，也經不起正理的觀察。

癸二、（破常我是發動身體的因）分二：一、正破；二、示常我有違害。

子一、正破：

問曰：就像人力車，必須要人去拉才能動搖一樣，四大所成的身體必須要有常我的發動，才能有作業活動，所以由身體有作業活動足可證明常我存在。

若法無觸對，則無有動搖，
是故身作業，非命者能造。

如果某法無有觸對，則無有動搖其餘有色體法的作用，所以身體的作業活動，不是命者——常我所能造作發動的。

以身體有作業活動，而許有發動者——常我存在，也是不合理的觀點。首先，從對方所舉的比喻觀察，人與車都是有質礙的色法，二者可以通過接觸發生能動關係，但是，如果某種法無有變礙的質體，則無法與他法發生接觸，如同虛空一樣，即不可能令他法動搖，而勝論外道所謂的常我雖然是一種色法，但不能與外界發生觸對關係，常我與身體現象跟人拉車不一樣，故比喻無法成立；然後從意義上看，對方所許的常我既無觸對，那麼身體的作業活動，也就不可能是常我的發動，否則，也應承認虛空能發動他法的運動，故意義也不成立。俄巴活佛釋云：若我是常法，常法則無有任何動搖觸對，不可能對他法發生動搖作用，不能作為發動身體作業的因；而且常我與身體，不能與人和車相提並論，因為人和車都是無常法，以此二者之間發生作用變動是可以的，但身體與常我之間，身體是無常法，我是常有法，以常有法發動無常法使之動搖，這是根本不可能存在的事情。以此，即可徹底勘破勝論派許常我存在的謬論。

子二、示常我有違害：

問曰：若無有常我之存在，則無需任何止惡修善追求解脫，所以應許有常我存在，一切修行才會有意義。

我常非所害，豈煩修護因，
誰恐食金剛，執仗防眾蠹。

我若是常則非任何法所能損害，以此難道還要煩勞修習防護因嗎？誰會害怕金剛遭蛀蝕，而執持兵器防備眾蠹蟲呢？

勝論外道堅持認為，必須要有常我存在，修道才會有意義，否則，人們又何必辛辛苦苦捨棄欲樂去修善，以防範今生後世的種種痛苦呢？中觀師破曰：事實剛好相反，若補特伽羅我是常法，那又何必去修善防備惡趣痛苦呢？我若是常法，即不會有任何他法能夠對其起作用，永遠不會有損害，常我將永恆保持堅固不變的自性，不為善惡苦樂他法所動搖，因此為了常我無需費心費力，以種種取捨因果等修法去防範惡趣損惱。你們一邊承認有情都具常有的主體我，一邊又說要修道保護我，這種作法豈不是自相矛盾！在這個世間，正常人誰也不會擔心金剛寶石為蟲蛀蝕，手執兵器去防禦蠹蟲，因為金剛寶石是世間最為堅硬，不可為他法所損壞的東西。勝論外道許常我需修道防護的觀點，其實與擔心金剛為蟲所食，而執仗防護一樣愚癡可笑，實不應理也。

癸三、（破常我的能立）分三：一、不能以有宿生念為因成立我常；二、無心的色法不能念宿生事；三、由具心等功德而念宿生事則應是無常。

子一、不能以有宿生念為因成立我常：

問曰：補特伽羅我一定會是常法，因為具有宿世往事的憶念，如果我非常有，如同諸無常法一樣生起之後隨即壞滅無餘，那麼不可能有這些宿世的記憶。

若有宿生念，便謂我為常，
既見昔時痕，身亦應常住。

如果以人們具有宿世的憶念，便說補特伽羅我是常法，既然已見自身有往世時的痕跡，那麼色身亦應成常住不變法。

憶念宿世的現象，自古至今在人們中都出現過，有些人以某些特殊因緣，具有回憶宿世的能力，現代人通過催眠方式，有絕大多數人也能回憶起前世的種種事蹟。但是，這些對宿世的憶念現象，並不能證明有情的補特伽羅我是常法。若以現在心識思維中所現起的宿世回憶便可以證明我是常有，那麼同樣，以今世身體上有宿世的痕跡，豈不是也要證明色身是常住不變的法嗎？

有些人的身體與生俱來即具有一些痕跡，對這些痕跡，他們也能清楚回憶起是在宿世因打仗或意外事故造成，往世的身體就具有這些痕跡；還有其相貌性格等等，也會帶有宿世的痕跡。大疏中舉譬喻說，一間茅草房頂上有一隻灰白色的鴿子，茅草房中如果放上一碗酸奶，鴿子的足印即會在酸奶中顯現。雖然鴿子並沒有到房中踩酸奶，然而因緣聚合時，這種事件仍會顯現。同樣，因緣具足後，能現往世肉身痕跡，宿世我的憶念等也是如此，唯是因緣假合而有，並非今世我與宿世我有直接一體的關係。諸法皆是從空性之中依緣而起的幻現，種種因果現象雖然存在，但是並不能依此等宿生念之類的現象，推斷出有常我等有自性的法存在。

子二、無心的色法不能念宿生事：

若我與思合，轉成思念者，
思亦應非思，故我非常住。

如果我與思德相結合，即應轉成思念者，思德亦應轉成為非思德的色法，所以我不是常住法。

再從勝論外道自宗所許的宗義分析，常我憶念宿世的現象也不可能成立。勝論派許我是無情色法，不具有意識思維，由與思德的能力相合，我才會有認知了別等。如是常恆無情的我，與思德相合而轉成了能思念宿世的法，這個過程很明顯，無情我轉成了有思維情識功能的我。若許有思念功能，那我即應發生變化，從無心變成有思維的有心識之法，如是則我不能成立為常法，直接與你們自宗相違。若許我不變，那麼你們所許的思德應轉成為與我相同的色法，變成了「非思」——不具思維功能的法，如是你們所許的我與思相結合，也就不能有憶念宿世的能力。由此分析可見，勝論派之觀點漏洞百出，實難以立足也。

子三、由具心等功德而念宿生事則應是無常：

我與樂等合，種種如樂等，

故應如樂等，理不應是常。

我與樂等相合，即應如樂等成種種不同之法，以此我應成為如樂等一樣，按理不應是常法。

外道所許的無情我，又如何感受憶念宿世的苦樂等事境呢？他們許我為常有無情法，本體上不存在任何苦樂等感受，通過與思德相合後，即可與苦樂等相合，而遍行享受等。依這種承認，即可明顯證實我非常法，因我若與苦樂等相合，即應成為有種種不同形象之法。苦樂等法有種種不同形象，如領受涼爽的樂，為酷熱所逼惱的苦等等，形形色色各不相同，以此我與苦樂等相合時，也會有種種不同形象。我既有種種不同形象，那理應如同變化無常的苦樂等法一樣，屬於無常法，而非恆常無遷變的常法。若強許我為常法，在這些明顯的道理前，又如何辯答呢？如是隨理觀察，定可徹斷勝論外道所許的遍計常我。

辛二、（破數論師所計的我）分三：一、不應許我思是常；二、我未壞時思體應不壞滅；三、不應以先有思的功能便許為我體。

壬一、不應許我思是常：

問曰：若許我是無情色法，則有上述過失，而我等數論師許我為有情識思維的常有神我，所以沒有任何過失。

若謂我思常，緣助成邪執，

如言火常住，則不緣薪等。

如果許我是有思維的常法，那麼在受用境時需眼根等外緣幫助則成邪執；就像說火是常住法，則不需緣助的燃料薪柴等事。

數論外道認為，許常有無情我是不應理的，神我應是常有自在的有情我，神我由其思維覺慧能遍享自性所生的其餘二十三諦所知法，神我在受用外境時，須以眼根等外緣為助緣等等，這些觀點在《如意寶藏論》等一些論典中有較詳的介紹，此處不作贅述，而主要針對彼等許神我常有的觀點進行遮破。若神我思體是常有法，能遍享一切外境，那麼常法即應恆常獨有，無有執著外境與不執著外境的變化。如果神我是遍享外境之常我，那麼它也無需任何它緣恆常如此，因此說常我需要依眼根等外緣的幫助才可享受外境，這種說法是謬執邪計，因常法的存在怎麼會需依它緣的幫助呢？這就像人們如果說火是常住之法，那麼火即不依靠任何燃料永恆存在，如果需要燃料等因緣相助，火才能生起存在，火也就不是常住之法。同樣，神我若需眼根等幫助才可執著外境，它即不應許為常法，若為常法，即不應說需外緣幫助。若許神我思體為常，又云彼需外緣相助，如是錯亂顛倒之說，誠為智者所笑之處。

壬二、我未壞時思體應不壞滅：

問曰：神我是思維的體，是受用境者，思是受用外境的作用，所以神我本體常恆無動，而其思維作用需要眼等助緣發生作業等，以此不存在神我需緣助而有變動的過失。

物不如作用，至滅而有動，
故有我無思，其理不成就。

神我實體不像其作用，其作用乃至滅壞之前都有變動；以此應成有神我而無有思維，所以我思常有一體的理論不能成就。

此頌在藏文各注疏中很難看出其明顯的意義所在，甲操傑論師將本頌前兩句釋為比喻，後兩句為喻義，然仔細推敲，也不甚明了。漢傳佛教三論宗大德吉藏論師在其所著的《百論疏》第九卷《破神品第二》中，對提婆菩薩與數論外道的辯論闡述得很詳細，若能參閱，對此段大義才能弄清楚。在此但依各論疏觀點與自己的觀察，作一個大概略釋，望諸方智者明察。

數論外道許具心識思維的神我為常，其神我與思維（漢文古譯為覺）是一體，但是加以觀察，這種立論無法成立。因為「物」即神我本體（物在古漢文中有「主體」或「實體」的意義）與其思維覺了外境的作用不同，作用乃至在滅壞或說在二十三現象融入自性之前都會有種種了別苦樂喜憂的不同變化動搖。如本體與作用若是一，則作用有種種不同，本體也應有種種不同變化，如此則失壞神我常有的立宗；如體用互異，你們的神我本體常有而思維作用無常，如此則神我與思維應成無關，神我不具思維的能力。因此，不管如何承認皆推翻了你們的立論。若將本頌頭兩句作比喻解釋，可參閱甲操傑論師的注疏，其大意是：常物不能如同能被作用的法那樣，能被作用的法在作用因緣滅失之前，都會有變動，而神我是常物，故不能有受外緣所搖而變動的思維作業，以此應成有我無思，數論外道所許的我思一體理論無法成就也。

壬三、不應以先有思的功能便許為我體：

問曰：我在受用境之前雖然沒有思維作業，但是思的種子存在，所以神我有思仍能成立。

余方起思界，別處見於思，

如鐵鏈熔銷，我體一變壞。

若許於余方生起思的種子，而於別的受用境處現見思維作用，如是應像鐵鏈熔銷變壞，我體與思一故也應當變壞。

數論外道補救云：吾宗不存在「有我無思」的過失，因為在神我本體上，思維是以種子功能形式而存在，這種思維種子，在神我受用外境時，在與神我別處的外境上才可現見其作用，在神我本體上無有作業變動等等。對這種辯駁，不難揭露其謬誤：若許在離開受用境的「余方」神我處，可以有生起思維作業的功能種子，然後於因緣具足之「別處」，即受用境時可以現見其現行作業，這個過程很明顯反映了「思」是有變動之法，就像鐵鏈熔銷成汁，由固體變成了液體一樣。神我所具的思由不可見的種子，變成可現見的思維作業，這樣有不同變易之法，顯然不會是常法。若思有從不見至見的變化，與思一體的我，則也應變化，我也不能成立為常法。如是不論彼等如何爭辯，中觀師皆可無礙擊破其立論。

辛三、（破尼也耶派所計的我）分二：一、破我品（一分）具有極微意故能了知境；二、破許我是常遍。

壬一、破我品（一分）具有極微意故能了知境：

思如意量小，我似虛空大，
唯應觀自相，則不見於思。

了知境的思維如同你們所許的意量那樣極小，而我如同虛空一樣極其廣大，那麼意只能觀察其自相，不應能見到了知所有外境的思。

尼也耶派是古印度的六大外道之一，他們承認眾生有神我遍一切所知法，我非「思體」，然而我的一分具有極微許的意，能產生如意量小的思維了知外境。如是神我與意相合，便生起思與諸境合一的我知，因此我像虛空一樣，是常周遍、極其廣大之法等。中觀師破：如是承許不能成立。汝等所許的思與意一般，極為微小，而神我如同虛空一般極其廣大，那麼神我在了知外境時，與極微意相合，只能現見極微意的一分自相，因極微意只能產生與它同等量的極微思，而與其餘的法無法發生了知關係，不可能有了知所有境的思生起。汝等許意與思等量，唯是極微一分，如是極微一分的了知，除了知意的自相外，又怎會如神我一樣周遍諸方呢？如同很小的一滴鹽水，與恆河水相連，不可能將所有的恆河水變成鹹味。堪布阿瓊言：外道所許極其廣大的神我與極微小的意相合，不可能了知所有境相，如同大山上有一隻小螞蟻，小螞蟻不可能遍於整個大山。以另一角度觀察：若神我極大，意極微小，那二者是一體抑或異體？若是一體，二者大小不應承認有別，神我應成思體；若異體，則意極微故，不能如神我遍於一切，只能遍及其自行境。如是觀察，外道所許的極微意宗義漏洞百出，無法成立。

壬二、破許我是常遍：

我德若周遍，何為他不受，

彼於彼自體，言障不應理。

我德若是周遍一切的常法，那為何你的我不為其他人執受為自我呢？若說這是因其他人有彼自體的我障礙故，遍一切的我自體於自體作障，這是不應理的。

再破尼也耶派所計的神我，若神我如汝等所許，具有常恆無方分周遍一切法的功德，那麼你所執著的神我，其他眾生也應同樣執著為自我。神我周遍一切，有什麼理由他人不對你的神我起相同的執著呢？如果眾生所執的我各各不同，即打破了神我是常而周遍法的立宗，因此外道救云：神我雖然周遍一切，然而有情各有自體的我，由自體我為障礙，有情只見自體我，不見他人的我，以此也就沒有神我非周遍常法的過失。中觀師破曰：這是不應理的。若汝等許我是常恆周遍法，如是一切有情的補特伽羅我應是同一體性，是全然無異的一體法，如是同一體性的我，又怎麼會對自體存在障礙呢？若各個有情的我，能障礙其他有情的我，如是各個有情的我，應成有不同體性、不能周遍一切的法。如果承認為常恆周遍法，一切有情的我應成一體，如是自於自體，不存在能障所障，如同黑暗於自身非能障蔽，因此說有障礙也不應理。

辛四、（別說破我的功德等）分三：一、許自性是色法又是造一切者即同癡狂；二、許德是造善不善業者與不受異熟相違；三、破我常是造業者與受異熟者相違。

壬一、許自性是色法又是造一切者即同癡狂：

若德是作者，畢竟無有思，

則彼與狂亂，應全無差別。

如果自性三德是萬法的作者，那作者畢竟無有思維，如是則自性與狂亂顛倒者，應成全無差別。

數論師許自性是常有的無情法，彼具喜憂暗三德，三德平衡的狀態即為自性，三德若失衡即開始顯現萬法。顯現的次第為：首先從自性中顯現大，大如二面鏡，內現神我，外現三種慢：現象慢、思維慢、冥暗慢，由此而生五唯、五大、五根等；彼等許自性具常有、唯一、非識體、能作者、非享受者共五大特點。如是許自性為無有思維的色法，又許為一切法的作者，這種觀點極不合理，無有思維的常有色法，如何有生起諸法的動機與思維作業呢？比如說，陶師在做罐子時，首先他需要在內心生起意願，由意願思維帶動後，才會有隨後的一系列做罐子等作業。若內心毫無思維意念，隨便做一些事，在世間除了心識不正常的癲狂者外，別無他者。同樣，數論師許自性無有任何思維意念即生起諸法，這種自性與世間的狂亂者，全無差別。所以彼等立論全然無有成立根據，也經不起正理觀察。

壬二、許德是造善不善業者與不受異熟相違：

若德能善解，造舍等諸物，

而不知受用，非理寧過此。

如果自性三德能善了解營造房舍等諸事物，而不知道受用，這種非理之事，難道還有超過它的嗎？

從自性三德是諸法創造者而非享受者的立論觀察，數論派觀點的非理錯謬更為明顯。數論師許自性善能生起萬物，自性三德本身無有思維故不能享受，只能由神我思體來遍享自性所創造的一切。一者創造而另者享受，這在世俗看來，也不可能存在如是不合理的現象，自性既知創造諸境，又怎麼會不能享受諸境呢？如是立論若成立，豈不是應成自性造善不善業，而其果報要由另者的神我享受，這樣因果錯亂，世間智者也不可能認同。大疏中說：我要享受房子，才會創造房子，如果毫無受用的動機，世間怎會有創造呢？這在世間是現量可見之事，若無有得到某種受用的發心，誰者也不可能有造作。再說，汝等許自性為常法，常有法即無有任何變動，如是也絕不可能創造出形形色色的萬法。

壬三、破我常是造業者與受異熟者相違：

有動作無常，虛通無動作，

無用同無性，何不欣無我。

我若有運動作業則為無常，我若如虛空一樣通一切時處無有任何變動作業，則無有任何作用如同本性虛無的法一樣，如是為何不欣樂無我的正理呢？

勝論外道許有常我造作與享受諸法，這種觀點也極不合理。若我是諸法的造作者，其本身必定要有造作諸法的運動作業，若無有任何動作，按規律必然不會有任何果法生起。而我本身若有動作，即不能成立為常有法，因有動作即有狀態變化，前後階段必有所變異，完全與常有法的法相不同。如果汝等強詞辯說，許我一定是常有法，其本身如同虛空一樣遍於一切時處，如是我無有任何動作變異，不能對任何法起到作用，既無有任何作用，豈不是如同本體虛無的石女兒、兔角一樣，這樣的法除了一些分別假立的名言外，何處也不會存在。因此，汝等實在沒有必要如同猴子撈月一般，執虛幻無實的名言幻法為實有，若許我本體虛通無動作，何不欣然承許無我正理呢？若通達無我實相，即能解脫一切輪迴怖畏，得到無比的解脫安樂，以此有智者理應捨棄一切偏見，趣入此殊勝的無我正見。大疏中云：無我正見能斷除世間的一切惡見及業，因此無我正理是最為殊勝的善說。

堪布阿瓊在分析「動作」時，從我本身的動作與對外境他法的動作兩方面觀察，若許有此二種動作，我即非常恆法；若許常我，此二動作皆不可能會發生，如是我不可能造作諸法與享受諸法，以此這種所謂的我毫無作用，如同虛無等等。在中觀師看來，所謂的我，唯是世俗名言假立，只是一種分別心前的假象，其本體如夢如幻，無有絲毫自性實質可得，若想脫苦者，於此正理必須通達。

庚二、（總破我）分四：一、執有補特伽羅的我是顛倒；二、常我即不能解脫生死；三、不應許解脫時有我；四、破無我的解脫是實有。

辛一、執有補特伽羅的我是顛倒：

或觀我周遍，或見量同身，
或執如極微，智者達非有。

有些宗派觀察我是周遍無礙的，有些見我量同自身般大小，有些執計我如極微，可是無倒通達實相的內道智者，則了達補特伽羅並非有我存在。

於三界輪迴中流轉的眾生皆有我執，為了清楚我到底為何物，自古至今有許許多多的人進行了觀察思索，由是也產生了形形色色的宗派觀點。然而除了一切智智佛陀所宣說的正法外，這些外道所許的我皆是非理遍計，是追求解脫者必須從內心根除的種種邪見。在古印度，數論派與勝論派認為我是常恆存在之法，這種我如同虛空一樣周遍一切時處；裸形外道認為補特伽羅我其量如同身體那樣大小，比如一隻螞蟻，其我會如同螞蟻身體那樣小，一隻大象，其我會如同大象身體那樣大；還有另一種宗派，堪布阿瓊說是無忍派，他們認為我如極微一樣，是萬法的常恆生因等等。對數論外道與勝論外道所許的我，在前面已破訖；對裸形外道所承認量同身的我，可以觀察：若我量同身，與身一體則成為有形色之無常法，與身異體則成無有任何住處之法，如同龜毛兔角一般，如是即可推翻其立論；對所謂的極微我，可以用分析極微不存在的方法，破析極微我為常法的邪計。以正理無倒通達一切法真實性的智者，彼等已用慧眼，勘破一切即蘊我與離蘊我的邪見，徹達了補特伽羅無我的實相。大疏中云：因我於究竟中根本不存在，如是照見諸法實相的佛陀聖者，並不見實有的補特伽羅我存在。以聖者的現量即可打破一切外道的遍計我，不只如此，若無誤掌握中觀正理，以比量推理觀察，一切實有我的立論也不可能有成立的根據。能使如是教理智慧火熾燃於自相續者，定能迅速焚盡一切邪見，到達無我的解脫彼岸也。

辛二、常我即不能解脫生死：

常法非可惱，無惱寧解脫，
是故計我常，證解脫非理。

若許我為常法，常法不可以有損惱，既無有損惱，豈能有解脫？所以若執計我為常法，則我證悟勝義解脫是沒有根據的事。

無論任何宗派，若許補特伽羅我是常法，則我永遠不可能有從輪迴解脫之際。所謂的常法，即是遍一切時處無有變動之法，無有任何法可以損害於它。若我是常，應成亙古無變，任何生老病死等輪迴諸法也不可對其造成損害，我也不存在任何輪迴束縛等，既無輪迴束縛損惱，又如何建立我證悟解脫呢？比如一個人從未被關進監獄，那他就絕不可能會有從監獄的釋放。如果有情的我是常法，即是毫無損惱之法，既無輪迴損惱，也就無需修道求解脫，也無有解脫可求，因我若常，本身已遍一切時處，哪裡還會有解脫彼岸可求呢？此處有疑：若常我不存在，那中觀派解脫也不存在，因無有所依的我，又何有我的解脫呢？答曰：於實相中，我解脫輪迴等是不存在的，然於眾生的迷亂顯現中，輪迴、煩惱、我等等，一切假名皆有幻現，於不觀察中隨順世俗名言，中觀宗才建立了我、輪迴、解脫等種種世俗名言，故不存在汝等所指責的過失。

辛三、不應許解脫時有我：

我若實有性，不應思無我，
定知真實者，趣解脫應虛。

我若實有自性，則不應思維無我的道理，那些決定了知諸法真實性的智者，趣入解脫涅槃也應成虛妄。

如果補特伽羅我實有自性，有情的修道解脫一切應成虛妄。實相中若存在真實的我，那麼修行人即不應思維觀修無我之理，否則應成顛倒，就像面前若存在懸崖，你觀修沒有懸崖是不合理的；依這種與實相違背的顛倒修法，最後也不應有解脫涅槃、證悟實相的存在，一切聖者的涅槃解脫，則應成虛妄等等。因此，只要許我實有自性，即會有如是的過失存在。然而，能明事理承認真理的人，對此絕不會承認，無論以現量或比量觀察，內道修行人的觀修無我是合乎實相的思維，內道修行者依無我勝道證取解脫涅槃，也是不可磨滅的事實。因此，若求解脫者，於無我理應當樹立正信，於執著有常我的邪見，當認清其顛倒謬誤而捨棄之。

甲操傑論師的注疏中，將本頌解釋為：若我實有自性，則不應當思維無我斷除我執，如是則恆有我執未斷而流轉輪迴不息，所以外道眾云彼等決定了知真實存在的自性我，而趣入解脫應成虛妄。

辛四、破無我的解脫是實有：

若解脫時有，前亦應非無，

無雜時所見，說彼為真性。

如解脫時實有解脫者存在，那麼在解脫前也應非無，因為解脫時無有夾雜的所見，說彼為諸法真實體性。

有些外道認為，雖然自性我不成立，然而於解脫時，應承認有一個實有的解脫者存在，不然解脫無法成立，這種觀點實際上也不合理。於解脫位時，若有解脫者存在，這種解脫者，即成為勝義中實存之法，如是也應在解脫前的輪迴中存有。在最後解脫輪迴迷執得到涅槃時，能不雜任何謬誤現見諸法的本來體性，若在這樣的真實智慧前，有一個真實的解脫者，這個解脫者應成本來即存在，或說自性成立之法，根本就不會有任何變動，以此解脫者應恆時實有，無論於輪迴抑或涅槃中也必須存在不虛。如是則應成解脫無法成立，無需解脫等等，有眾多大過。在中觀自宗，隨順名言中不觀察時，可以說有斷盡二障獲得解脫者，然而這種承認並非許實有自性成立的解脫者存在，無論於世俗諦或勝義諦中，自性成立的法從來就沒有過。若勝義存在實有的解脫者，那麼一切有情無需修道，皆已解脫，因解脫者本來就已存在。如是發太過，使許解脫者實有的宗派自知其謬誤。

庚三、（破許無我有斷滅過）分四：一、無我並沒有諸行剎那斷滅的過失；二、有我亦不應為流轉還滅的因；三、能生所生法唯是無常；四、略示名言中離斷常的規則。

辛一、無我並沒有諸行剎那斷滅的過失：

問曰：諸法若無諦實，那麼皆為剎那壞滅的無常性，如是生已無間即滅，應成斷滅。

若無常即斷，今何有草等，

此理若真實，應皆無愚癡。

如果無常就是斷滅，那麼現今為什麼還有草木等現象相續存在呢？如果「無常即斷」之理真實成立，應成都無有愚癡的眾生存在。

一切有為法必然是無常之法，而無常並非如同執諸法實有者所認為那樣會成斷滅，於此不必從理論上辯論，僅從世間生滅遷流諸法上觀察即可明了。從無始以來，山河大地草木池沼等等，有諸多不斷顯示著遷變壞滅的無常法存在，這些法雖然在剎那不停地生住異滅，可是它並沒有顯示斷滅，比如蘆葦，自發芽至枯萎，剎那也不會停止其無常變異過程，然而它並沒有因無常而斷滅其顯現。如果按「無常即斷」的觀點，那世間理應不再有任何無常法顯現，這顯然是與現量相違的觀點，絕不可能成立。再者，若許「無常即斷滅」之理成立，那眾生相續中的愚癡煩惱，也應斷滅，因愚癡煩惱是依緣生滅不停的法，對此誰也可以了知這些不可能常住不滅。可是愚癡煩惱若因無常即成斷滅，那這個世間應成無有任何愚癡眾生，一切有情無需勤作即應斷滅一切愚癡煩惱，斷滅一切貪嗔煩惱得到解脫，對這種結論，正常人誰會認可呢？因此，應承認諸法無實有自性，諸補特伽羅無我，並不會因此而成諸行剎那斷滅的過失。

辛二、有我亦不應為流轉還滅的因：

設有所執我，現見色等行，
唯從他緣生，從他緣住滅。

假設實有所執的我存在，也不應為萬法的因；可以現見色等諸行，唯從其他因緣生起，從其他因緣的聚散而住滅。

從另一個側面觀察，假設諸外道所執的實有我存在，也不能如彼等所許那樣，成為諸輪迴流轉與還滅的種因。世間的色等萬事萬物，其生住異滅皆可現見各有彼等特定的因緣。比如說水晶珠與日光相遇即生火，與月光相遇即能出水；從諸種子可以長出苗芽果實，從受精卵等可生長出胎生有情的身根；由相遇可愛境生貪心，由遇粗惡境生嗔心等。由此可見，諸法的生起各有其特定因緣，並非由我來主宰產生。同樣，諸法的住滅也各由其因緣而定，如火的住存，依其燃料氧氣等因緣的不失散，火的熄滅也是依其燃燒因緣散離而熄，並不是依我決定。所以，以現量即可成立諸法的生住滅，皆依不同因緣而定，所謂的神我常我等，於其中並非是因。你們絞盡腦汁建立種種常我，實際上也不能成立為輪迴流轉還滅的因，於此為何還不醒悟而放棄徒勞無義的邪計呢？堪布阿瓊云：諸外道所計執的實我，以世間量也不能承許為諸法的因。世間諸法如草木等皆可現見是依其特定因緣生起，即使是山上放牛的愚童也不會認為犛牛草石等是自我創造生起的，因此外道的常我遍計，於世間真實中皆無成立之依據。

辛三、能生所生法唯是無常：

如緣成芽等，緣成種等生，

故無常諸法，皆無常所起。

如從種子等因緣而成就芽等，因緣成就令種子等生起，所以無常一切諸法，都是無常因緣所生起。

世間決定不可能有從常法生起常有果的現象，而從常法生起無常果的現象亦不會有，任何時任何處，人們所見的任何一個有為法，皆是隨因緣聚合而起。比如草木苗芽，皆依種子土壤等因緣的聚合才能成就，萬物的果實種子等，也依賴其特定的條件才會成熟，情器萬法莫不如是。《入菩薩行》中說過：「緣合見諸物，無因則不見。」形形色色的無常諸法，皆依無常聚散的因緣而生滅不定，此中無有任何斷滅常恆之法，唯有依緣生住異滅的種種暫時現象。其生住也不成常有，其異滅也不成斷滅，其生滅之間，也不存任何常有自在的我在起主宰作用，只是種種暫時聚合的因緣而使然。

辛四、略示名言中離斷常的規則：

以法從緣生，故體而無斷；

以法從緣滅，故體亦非常。

因為諸法皆從因緣生起，所以本體無有斷滅；因為諸法皆從因緣滅壞，所以本體亦非常恆。

世間一切法皆從其特定因緣生起，以此緣起性，諸法的本體非為斷滅。斷邊的法，任何因緣也不可能使之生起，只會如同虛空一般萬古死寂，永無動搖，而諸法可依因緣生起，依此明顯證明了諸法本體非斷滅性。然後，諸法的變滅也是依循因緣而行，若滅失因緣具足，該法即銷跡無餘，以此依緣滅失性，可證明諸法本體非常性，因常有自性之法，不觀待任何他法，恆時無有變動滅壞。《中論》云：「若法眾緣生，即是寂滅性。」「若一切不空，則無有生滅。」諸法若不空，有成實體性或說有自性，即意味著彼等不依它緣，常恆自在成立，也不會為任何因緣所變動，以此即非因緣所能使之生滅，而墮落在恆時有的常邊或恆時無有的斷邊。正是因諸法皆依因緣生滅，所以彼等本體能遠離斷常二邊的過失。於內道中，了知諸法因緣生的道理，如同金剛雷電，能摧毀外道的一切常斷邊見，宗喀巴大師云：「了知以現除有邊，以空遣除無有邊，緣起性空顯現理，不為邊執見所奪。」如是了知緣起性空正理者，定能遠離邊執，直趨無生之境。

第十品釋終

第十一品　破時品

己二、（破時實有）分二：一、破時體實有；二、破能立。

庚一、（破時體實有）分三：一、破過去未來實有；二、觀察有果無果而破；三、破現在實有。

辛一、（破過去未來實有）分三：一、破未來實有；二、破過去實有；三、別破未來。

壬一、（破未來實有）分四：一、示許未來實有的違害；二、破彼所答；三、若未來實有應成現在；四、若三世實有應非無常。

癸一、示許未來實有的違害：

時論外道認為：雖然以現量比量皆不能成立常我，然而常法並非全然不存，因為時是常法。時依外境苗芽等物而住，苗芽等雖有時生有時不生，但時是離開三時中所住法之外的異體常法，通過刹那須臾等方式表現。恆常的時法雖無法現見，然通過比量觀察具水肥等因緣的種子，有時生芽有時不生，即可了知彼等另有因緣，這種因即是恆常存在的時法。

瓶等在未來，即非有過現，
未來過現有，便是未來無。

瓶等諸法若在未來時，即應無有過去與現在的瓶等；若在未來時的瓶等上有過去與現在，那麼未來應該無有。

時論外道許時是常法，而實際中除了過去現在未來的無常三世時法以外，如果另有異體的時法成實存在，那必定可以現見，但卻無法現見。在第九品中，曾對此類時間為常法的觀點作過觀察，已破除了常有時法為萬法生因的邪論，本品再從過去、現在、未來三時的角度進行分析，針對各種宗派對時法的實執，進行更深一步的破斥。由於時法不像色法那樣具形色，而是依於三世法表現，故觀察時需依三世法來進行。所謂三世法，即是生已滅盡的過去法，生已未滅的現在法，具足種子尚未產生的未來法。依於這三種法，可以體現過去現在未來的三世時法。

本頌首從未來時的角度進行觀察。在未來的瓶子上，不存在現在過去的事物，未來的瓶子是現在尚未生起的法，其本體尚未生起，也就不可能依這種虛無之物而成立過去現在，這種道理一般凡夫都應明了。未來的瓶子上不存在過去和現在的瓶子，也即說明了未來時中不存在過去時和現在時，以此汝等外道所承認的「時為常恆一體之法」，無疑不能成立。如果你們認為在未來瓶子上，過去和現在都應存在（婆藪開士釋中，說外道以未來瓶即現在的泥團，或過去的土，成立未來中有過去和現在），那麼三世應成同時存在，將生的法應成過去和現在法，一時中存在多時等等，有種種太過。而且汝宗許時為常恆一體法，如是應成過去現在皆是未來時，可是無有過去現在，未來又如何成立呢？觀待現在過去而成的未來，若無觀待境，則永無成立的機會。

癸二、破彼所答：

問曰：未來的瓶並非完全無有過去的瓶，在未來體中還有未來的一分故，既然有未來的一分，也就有過去現在的一分，故無有任何過失。

未來若已謝，而有未來體，

此則恆未來，云何成過去。

未來的瓶若已經謝滅，還有未來的未來體，這樣則恆常成為未來，怎麼能成立過去呢？

外道認為，在未來的瓶成就顯現時，雖然原先的未來已謝滅，然而未來的未來仍然會存有。比如說明天的瓶子，過一天後雖然會謝滅，然而仍會有下一天的瓶子體，如是未來之分永遠也不會滅失，不存在上偈所言的過失。如果這種觀點成立，應成瓶子恆時是未來的瓶子，無有過去現在，因為外道承認未來有實體，若有實體則永遠不會有變化，不會變為過去或現在。漢譯《百論》中云：「若墮未來相中，是為未來相，云何名過去，是故無過去。」瓶子上若有成實的未來體相，那麼與未來相違的過去現在不應成立，只能承認唯有未來，而無過去和現在。如是汝等許為常法的時中，過去現在時皆不存在，一切法皆應成為未來法，這顯然是一種荒謬的論調，正常人誰也不會接受。

此處的未來體，也可理解為「未來若已謝」後的滅法。若這種滅法於未來的瓶上實有存在，那麼瓶子應永恆是未來法，而不能成立過去現在。對於滅法，宗喀巴大師曾作為八大難題之一有過抉擇，也承認滅法有實體，而自宗按全知麥彭仁波切的觀點，不承認滅法有實體。中觀派只承認時間是觀待假立法，是眾生心識中的一種分別計執，因有情妄執才建立的一種虛幻三世相續時法，其實際不可能存在實體。若有承認，即可依此事勢正理，向對方發太過，推翻彼等立論。

癸三、若未來實有應成現在：

法若在未來，現有未來相，
應即為現在，如何名未來。

法如果在未來時，能表現出未來的相，就應成為現在，怎麼名之為未來呢？

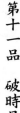

如果像時論派所認為那樣，未來體是實有，任何一種法在未來的時候，也能表現出其未來相。比如說明天的瓶子上，存在著後天瓶子的相，如是今天的瓶子，也應存有明天瓶子的相，依此類推，應成一切法皆已生起而未滅壞，一切應成現在法，這樣又憑什麼道理說為未來呢？未來的本體皆已生起存在，而尚未滅壞，已生未滅即是現在的法相，按道理不應許為未來。依世俗假立名言，人們共許今天的瓶子與明天的瓶子為一相續，可以說明天的瓶子於今天有，也即現在法有明天法的相，明天法有後天法的相，然而這僅僅是一種假立分別，是虛幻無實的名言。如果許未來法有實體，是成實法，即不可能成立。現在若存在成實的未來，那麼未來即應是現在，永遠不應成為未來。婆藪開士論師云：「若三時自相有者，今盡應現在；若未來是為無，若有不名未來應名已來。」三時若自相存在，未來的自相應成實恆存，如是現在也存在未來，而未來是現在無有成立之法，如果已成立，不應稱為未來，而為已來的現在。依此類推，只要承認未來實有即應成為現在，未來之法何時也不可成立也。

癸四、若三世實有應非無常：

未來過去有，現有復何無，
若一切時有，何緣彼無常。

若未來時實有，過去時實有，現在時實有，諸法於何時當無有呢？如果一切時皆是實有，由何因緣使彼三世法成為無常呢？

外道勝論派與內道有部行人，認為三世是成實法，並非觀待成立。然而，未來現在過去時如果皆成實存在，那諸法又在何時會顯現無有呢？三世成實，則過去現在未來恆時存在不滅，其成實本體永無變滅之際，如是過去的法、現在的法、未來的法也應成無有滅失之時，一切時都應存在不滅。一切時都存在不滅，那又能由何種因緣說諸法皆無常呢？佛經中云：「諸行無常，是生滅法。」若許三世成實，顯然與諸行無常的教證相違，也應成一切有情無需修道，皆已獲得無生滅來去的寂滅安樂。從理證說，若許三世成實，昨天的瓶子在今天也應存在不變，與今天的瓶子是一體法，如是應成瓶子永遠不會毀滅。又比如說，九十年前的今天是你降生人間的一周年，若這個過去時成實，則至今天也不應變化，如是你應成仍是一歲的稚童；或者說今天若成實，則在過去也應存在今天，你在九十年前也應成有九十一歲，或再過多少年你也應是九十一歲。以上種種過失是顯而易見的，所以無論從教證理證觀察，許三世成實的觀點，絕無成立的可能。

壬二、破過去實有：

過去若過去，如何成過去；
過去不過去，如何成過去。

過去時如果已經過去了，又如何會成為過去時呢？過去時沒有過去，又如何能成為過去時呢？

經如上分析，已了知未來時非是實有，然由各自不同的業緣，有些眾生也許仍會執著過去時實有。過去若有實體，可以分析過去時究竟過去了還是沒有過去？若已經過去了，那麼怎麼還能成立它存在呢？過去時已經過去了，已經超越了過去時，即不復存在過去時。大疏中云：比如原來的牛奶，後來變成酸奶時，牛奶即不復存在；又如人們從兒童變成老年人時，這些人的老年時期即不復存在童年。以此明顯可知，若過去法已經過去了，即不應再有過去法，不能再成立過去法的存在。婆藪開士釋云：若過去過去者，不名為過去，何以故？離自相故，如火捨熱不名為火。如果說過去法的體不成就過去，那麼也不能成立有過去法的存在，因為過去時尚未過去，現在還在起作用，如是已生未滅的法應成為現在法，又怎能成立為過去法呢？比如一個人到了老年時期，其過去時的童年若尚未過去，那麼老年人應成為童年，這種顛倒名言事實的立宗，實是任何正常人都不會承認的謬論。

壬三、（別破未來）分二：一、破毗婆沙師等所許；二、破經部師等所許。

癸一、（破毗婆沙師等所許）分五：一、觀察未來有生無生而破；二、若過現二時實有即應非無常；三、示未來法實有則有大過；四、未來實有則有生已再生過；五、破瑜伽師有願智故現見未來法實有。

子一、（觀察未來有生無生而破）分二：一、正破；二、破彼所答。

丑一、正破：

未來若有生，如何非現在；
未來若無生，如何非常住。

未來時如果現在有生起存在，那怎麼不是現在呢？未來時如果無有生，那怎麼不是常住法呢？

毗婆沙師認為瓶子等與過去現在未來時同體，因此未來時如同瓶子一樣，必然會實有存在。既有如是立論，中觀師問：未來時在現今生已未生？如果許未來法在現今有存在，這種法已生未滅，又如何不是現在法呢？具足已生未滅相的法，依理應當承認為現在法，而不可說為未來法。有部論師許未來時實有的觀點，在如是觀察下，顯然無法成立。如果轉而承認未來法在現在尚無有生起，既然沒有生起，當然也就不會有住與滅，無生無住無滅的法，已完全具足了常住無為法的法相。這種法就像石女兒、虛空中的鮮花一樣，沒有任何因緣可以生起，將恆常保持著其無生自相，永遠也無法產生。以此，汝等所許的未來時，絕無實有存在的可能。

丑二、破彼所答：

問曰：未來雖然在現在未生，然而由因緣具備即能生起成為現在，所以不會有常住不生的過失。

若未來無生，壞故非常者，

過去既無壞，如何謂為常。

若言未來雖然無有生，但由後來的因緣能壞滅其無生之相，故不是常住不生法；然過去時既然無壞，為什麼說是非常住法呢？理應為常。

如果說現在無有生的未來時，由後來的因緣積聚，即可壞滅其無有生的相，使未來時現前，轉變成為現在。這種答辯也不能避免未來時為常住法的太過，相反這種太過依然成立。因為若能由因緣壞滅未來法無有生的相，即應使這個未來法成為過去，未來法既然可以是過去法，也就無有可壞滅的機會，成為不可壞滅轉變之法，因此理應為常住法，怎麼能說是非常住法呢？大疏中云：過去的法如果還需要壞滅，即有無窮的過失、沒有必要或云無義的過失；再說過去的法已經無有形體，若有壞滅法，應成不成體的過失。因此，若許未來法實有，無論怎樣辯解，都難逃「未來常住無有生」的過失。

子二、若過現二時實有即應非無常：

過去與現在，皆不成無常，

除斯二趣外，第三亦非有。

若許時法實有，過去與現在都不應成立為無常遷流之法，而除去這兩種時趣，第三種時趣也不會成立。

有部論師許過去現在未來皆為成實法，如是過去現在如果成實，即不會成為無常遷流有作用之法。過去法是已經壞滅的法，已滅的法不可能再有滅法，滅法不成立的原故，過去法應成為常住，不會成為無常遷流之法。現在是已經生起未滅之法，以其本體沒有滅失之故，也不具足無常的法相，若許彼成實，則永無無常變滅之際。而過去現在如果都不成無常，無有遷流轉變如同虛無，那麼第三者——未來也不會存有。一個未來法要生起存在，必定會有過去現在的過程，如果其過去和現在都沒有，未來法即無因無緣不能出生，如同虛空不可能有相續存在。所以未來也應成常住無生之法，不可能以各種因緣使之生起為有法。在大疏中，「第三亦非有」釋為：除過去和現在外，第三品物體也是不存在。沒有明顯地將「第三」釋為未來法，而實際所指也是未來法的範疇。三世若皆不成有變動作用的無常法，皆如虛空一樣常住不變，那麼所謂的時法，又怎麼能承認為實有存在呢？因此有部行人許三世成實，實是不應理的觀點。如果三世真的成實存在，那我們的修行會無法克服障礙，永遠也無法得到解脫束縛之際。

子三、示未來法實有則有大過：

問曰：未來法應實有，因為先有其實體存在，才會在後來遇因緣現前，如果先無實體，其後決定不會生起，如同無實體的石女兒一樣，無論集合多少因緣，也不會有生。

若後生諸行，先已有定性，
說有定性人，應非是邪執。

如果未來生起的諸法，生起之前已經有定性實體，應成那些宣說諸法定性無變的外道行人，所說的不是邪執顛倒。

認為未來法先有實體存在，而後遇因緣才能有生起者，其實是一種顛倒邪執。如果承認這種觀點，許一切未來法在生起之前已有本體存在，其後生的體相先已決定，比如明天的瓶子，其本體外相在今天就已定性，這種觀點與外道定性派沒有任何差別。定性派認為一切顯現法全部是由自性所決定，一切空性法皆由虛空所造，同時又許一切法無因生。若許一切法未生之前即已有定性，已有定性之法，即不待因緣造作，如是其生起不待因緣，應成無因生，此理若成立，那麼定性外道所宣說的宗義應成為正理，而非邪執。然而，這樣承許顯然有違內道的教理，在可見與不見兩方面都有危害。首先在可見方面，世間萬事萬物，現見皆由其特定因緣聚合後，才有生住異滅現象，而非由以前的定性來決定其生滅等；在不見方面，人們根識所見不到的許多因果事理等，並非有定性，如果有定性，即永遠不會有改變等，如是有極大過失。所以，在抉擇未來法是否有實體的問題時，不應承認未來法先有實體而後生起，否則將墮落在外道定性派的邪計之中。

子四、未來實有則有生已再生過：

若法因緣生，即非先有體，

先有而生者，生已復應生。

若法由因緣生，就不會在生起之前有實體，先有實體而後生起者，應成產生之後仍需再生的過失。

一些有部行人及世間沒有學過宗派的人，還有一些外道宗派都認為，諸法在生起之前，應先有實體，否則無中生有極不合理。以內道正理觀察，這類想法無疑是荒謬顛倒的認識。世間萬事萬物的生起，其實都是依奇妙的因緣力顯現，因緣一旦具足，其果法必然會生起，如同因緣聚合，鏡子裡定會顯現影像一樣。且因與果之間是非一非異的關係，並非如有部行人等所許的那樣，在果法生起之前的因位，果法本體即有存在，如明天的瓶子，在今天必須要有瓶體的存在，不然明天的瓶子無法生起。如果這樣承認，明天的瓶子今天已有存在，已經有的法還需要再度生起，那樣即有生已復生的過失；已有的法，其生起則無有必要，也無有作用；而且這種生起，唯是因法生起因法，永無從因法生起果法的機會。這三種太過，是承認未來法有實體的宗派所無法避免的，因此不應承認未來法成實，在生起之前即有實體。若能了知諸法緣生如幻的實相，對此等謬論即可無誤了知其過失。

子五、（破瑜伽師有願智故現見未來法實有）分三：一、正破；二、未來實有則無需防止新起不善；三、無常與生之前而有相違。

丑一、正破：

問曰：未來是實有的，因為瑜伽師由願智力可以現見有未來法，如果未來法全然無有如同石女兒，那瑜伽師又如何現見授記未來事件呢？

若見未來有，何不見無法，

既現有未來，應不說為遠。

若能現見未來法實有存在，為什麼不能見到無體的無法呢？既然現今在瑜伽師前有未來法，則不應說這些是遠在未來的法，而應說為現在法。

以瑜伽師通過禪定神通能見到未來的事物為理由，說未來法實有存在，這也是不能成立的推理。所謂的未來法，即是尚未生起顯現的法，其本體於現今如同虛空花、石女兒一樣，無有絲毫存在，瑜伽師若能現見無有本體的未來法，那又為何見不到虛空花、石女兒的存在呢？二者同樣無有實體存在，若能見其中一個，另者理應同樣見為有。如果認為瑜伽師以神通現見的未來法是實體存在的法，這種太過即無由避免。中觀自宗不許一切法有自性實體存在，於聖者智慧前，雖能見到未來等三世法的顯現，而這一切只是一種如夢如幻的緣起法，不是畢竟實有體性之法，如同夢中見諸事物一般，所見並非有實體存在。再說，瑜伽師所見的未來事物，並非第一刹那事實成立，第二刹那以智慧現見，實際上是一種如幻緣起力，而不是真正見到了未來的實體。堪布阿瓊云：如來能了知未來，其原因是在盡所有智慧前，能顯現三世萬法，而於如所有智前，能徹見彼等的空性本體。假如瑜伽師所見真正是實體的未來法，那麼在他面前現在即有的這些法，不應說為是長遠以後的未來法，而應該是現在法，因這些法已生未滅，完全具備了現在法的法相。本師釋迦佛在律藏當中說過：現在的法是近法，未來和過去的是遠法。因此現在於瑜伽師前即有之法，隨理不應是遠法，應是近法，既是近法，那絕不應承認這些是未來法。而且汝等承認未來有實體，有實體之法則恆時應存，應成已生未滅之現在法。所以無論從哪方面分析，未來實有的立論不可能成立。

丑二、未來實有則無需防止新起不善：

未來法若有，修戒等唐捐；
若少有所為，果則非先有。

未來法若實有，修持淨戒等善法應成唐捐無義；若需要少分的作為，那麼未來果法則不是先有實體。

如果承認未來法先有實體，那麼一切持戒修行應成無用。未來法若已經存在，有情在未來的善果惡果皆已決定，那麼修持淨戒積累善根資糧等一切止惡修善的行為，只是徒勞無益之舉。若未來已有善果實存，既已決定為善，那又何必多費工夫去修善法呢？若未來已有惡果存在，已決定為惡，你再去持戒修善，也應成空勞無果之舉。這種說法其實如同外道定性派所說那樣，未來一切都已決定，一切勞作無有義利。如果不敢如是承認，轉而許未來的果法需要有所作為，比如說要生善趣淨土，需要持戒修法等，那麼未來果法並非先有存在，而是需要聚合因緣才能使其生起的無常法。未來果法非唾手可得，需要造作才可享受，這個過程十分明顯是未來果從未生到有的生起過程，如是有變動生起之法，若許先有實體存在，無論如何也不可能為智者所承認。

丑三、無常與生之前而有相違：

諸行既無常，果則非恆有；
若有初有後，世共許非常。

諸有為法既然無有常性，那麼果法不是恆有；如果某法有起端有後端，世間共許它是無常。

諸行是指諸有為法，包括色法、心法、心不相應行法，這些法皆觀待因緣而有生住異滅，或有或無，所以內道各宗行人皆許諸行無常。但是有部行人等許未來法在沒有生起之前，就應先有實體存在，不然會有無因生果的過失，這種說法顯然與諸行無常相違。諸因緣生起的果法既有為，那麼它不可能恆常存在，在因緣未聚合現前之先，它也不可能存在實體。若存實體，應成常恆實有之法，而非無常，如是它不可能有生起等變化，應恆常保持原態不變，不能現前生起或永遠顯現不滅。對方分辯說：果法雖然初時無現，而後有現，但這只是其外相的不同，其本體實際上是實有無變的常法，因此應承認果法未生之前即有。這種回答是違背世人共許無常規則的錯誤觀點，如果某種法有初後，按世俗共許的名言，這些法都不是常法。常法即是無為無轉變，恆常如是無始無終之法，若有初有後，能現見其現前生起之初與變滅之後端，或能現見其有初後的不同狀態變化，這種法顯然不具常法的法相。它在生起之初為第一剎那，到成就果法之後即成為第二剎那，並不恆時住於生起的第一剎那，有這種遷流不停的過程，若許為常有實體存在，顯然與事實相違。

癸二、破經部師等所許：

應非勤解脫，解脫無未來，

是則無貪有，應亦起貪惑。

若一切未來法無有，應成不能由勤修善法得解脫，因為未來的解脫不存在的緣故；若未來法完全無有，於三有無貪者也應生起貪惑。

經部論師們認為，未來法是完全無有的，如同石女的兒子一樣。如果這樣承認，顯然也有過失，未來法若全然無有，那麼為了未來斷盡生死苦惱獲得聖者果位而精勤修道，應成沒有任何必要。一切未來法若無有，未來的解脫也不存在，以此為不存在的法而精勤，如同攀抓虛空海市蜃樓一般，完全是不應理的行為。再者若未來法完全無有，應成無貪的阿羅漢也應起貪等煩惱，因為若許未來無有，凡夫有情未來的補特伽羅我、身心五蘊相續全部都沒有，那貪心所依全然不存，如是貪心應成無因也有生；如果貪心無因也有生，離欲的阿羅漢等也應生起貪欲煩惱。對此推理經部行人當然不敢承認，以此也就可以完全推翻彼等「未來完全無有」的立論。經如上辯答分析，可知執有事者承認有未來法或無有未來法皆有過失。在中觀自宗，許一切法緣起無自性，名言中緣起幻相不滅、因果不虛，勝義中任何分別戲論皆不可得，以此觀待世俗一切名言因果法皆可無有錯亂地建立，無有任何過失妨礙。

辛二、觀察有果無果而破：

若執果先有，造宮舍嚴具，

柱等則唐捐，果先無亦爾。

如果執著未來果法先有存在，那麼建造宮室房舍，嚴飾柱子等一切作為應成唐捐；執著未來果法先前無有，也是如此。

數論師認為：本來無有實體的法即沒有生的功能，因此在因位中應該存在果的功能體性，這樣承認沒有從一切生一切的過失；內道的有部行人也認為：過去現在未來三世實有，在因位時未來果法是存在的。然後勝論外道許未來法不存在；與彼等相似，內道經部行人也許未來法不存在；堪布阿瓊說唯識宗也可包括在承認果先無有的宗派中，因為他們許一切未來法先不存在，由阿賴耶識習氣現前忽然有現象生起等。在中觀宗看來，這些宗派觀點都是不合理或不了義的。如果未來的果法在現今即有存在，那麼世人建造宮室房舍，裝飾柱子家具等，一切作為應成毫無意義，唯有浪費時間財產而已；同樣，若未來的果法全然沒有，那一切作為也有徒勞無益的過失，就像塗抹虛空、追逐乾達婆城一樣，任你如何勤作也不可能得到無有之法。那麼，自宗是否有此過失呢？月稱論師於大疏中云：「若許一切法緣起性空，現在過去未來皆無實體如幻而現，這樣既不墮有邊，也不墮無邊。因為於聖者入定根本慧前，遠離一切戲論言說之境，然於後得位中，世俗一切緣起法宛然而現；若不觀察，隨順世俗可以有所言說分別三世諸法，然而加以觀察，無有一法自性成立，一切法皆無成實體性，唯是夢幻般的緣起。」自宗如是建立名言量，故無有任何過失，能無誤地成立一切法義。

辛三、破現在實有：

問曰：雖然已破過去和未來，但現在應實有存在，若現在也無，即成斷滅一切存在顯現。可以觀察，任何一個法，可以轉變成現在法，比如說過去的牛奶，其未來法是酸奶；通過種種因緣，過去的牛奶可以轉變為現在的酸奶，其未來法也得到現前，以此應知現在實有存在。

諸法有轉變，意亦不能緣，
雖爾無智人，妄計有現在。

即使諸法實有轉變，意識也不能緣執；雖然如是，你等無智愚人，卻妄計實有現在。

數論外道認為，由諸法皆可轉變為當下存在的法，可以證明現在實有。然而這種所謂的轉變，也是無法成立的，比如汝等認為過去的牛奶，可以轉變為現在的酸奶，那牛奶是捨棄其本質變為酸奶？還是不捨其性質轉為酸奶呢？如果許牛奶捨棄本質變為酸奶，酸奶是截然不同性質之物，即有違汝等宗義，因為汝等許一切法自性所生，體性為常，如是諸法不可能實有轉變。而許牛奶不捨本性轉為酸奶，也不可能成立，因牛奶本性未捨，即不可能變成他法，仍然會是牛奶，所以實有轉變是無法成立的。即使如汝等所許，轉變實有存在，有情的意識也不可緣執這種境相，不可能了知這種所謂的轉變，微細的意識都不能緣執了別，更何況粗大的前五根識？既然無法緣知了別，你們又如何建立這種轉變實有存在耶？實際中唯是因你等愚昧無知，迷妄遍計，才會有這類「現在實有」的謬執。

庚二、（破能立）分二：一、破時的因——有為法實有；二、破念過去的能立因。

辛一、（破時的因——有為法實有）分五：一、觀察有為法住不住而破；二、觀察時有住無住而破；三、觀察有為法與無常一異而破；四、觀察住與無常力之大小而破；五、破住與無常同時俱有。

壬一、（觀察有為法住不住而破）分二：一、正破；二、成立住無自性的能立因。

癸一、正破：

問曰：時是實有，因為有安立時的因——有為法存在，依靠這些有為法的不斷存在顯現，即可了知時法實有，比如依過去現在未來的瓶子，即可無誤證實三世時法的實有。

無常何有住，住無有何體，
初若有住者，後應無變衰。

無常法怎麼會有自性的住呢？而無有安住之法怎麼會有實體呢？最初若實有安住之法，以後應永遠無有異滅變衰。

有為法雖然於世間不斷顯現，然彼等並不能確立時法實有存在，一切有為法，其本身非實有之法，這從有為法是否有住留即可了知。一切有為法皆是無常，因彼等皆有所作而生滅不停，並無常恆不變之性，有為法既屬無常，那彼等遷流變異不住，生起之後即不會有刹那的安住原狀，而是迅速趣入第二刹那的狀態，不會有真實的安住停留過程，既無安住停留，它們即無有真實堅固的本體。如果某種法實有本體存在，那麼它在最初之時即實有安住，其後應永無變異衰滅的變動。比如說瓶子、柱子等物，如果它們最初就有自性實體，那麼依之也就有自性成立的安住，其後不管因緣如何變化，它們仍會無有任何變動，因有自性之法永時不可能變為他性。而一切有為法，皆遷流變異不息，無有安住不變不壞滅者，所以彼等不可能存在實體，如是所依的有為法尚無實，能依的時法也就不可能實有，如同虛無的虛空中，不能存住實有的樓閣一般。

癸二、成立住無自性的能立因：

譬如無一識，能了於二義；
如是無一義，二識所能知。

譬如無有一識，能了別二種義相；同樣無有一種義相，為前後二剎那識所能了知。

對諸有為法剎那變遷，無有真實的安住，若從心識了別外境義相的事實中觀察，即可無誤了解這一實相。譬如有情在一剎那的心識若有安住，應能了別多剎那的不同義相，而實際中，有情一剎那的心識不可能了別一法的兩剎那義相。心識是剎那變異之法，不可能有安住，它在了別其境相後，無間趣入變滅，當第二剎那的境相現前時，它已不存，只能由相續生起的另一剎那心識了知。心法如是無有安住，一切色法、不相應行法也如此，這些法之中的任何一種義相，若有安住，即可為前後二識乃至多剎那的心識所緣執了別，但是在實際中，「人不可能兩次踏進同一條河」，前後二識不可能了知一法的同一義相。色法等在生起之後，與之同時的心識可以了別此法，當第二刹那心識生起之時，此境相已為無常所變滅，不會有安住不變之分。從如上譬喻中可知，一切有為法，皆無實有的安住存在。但此處有疑：佛經中說過「當知色等五境，而一一境以二識能緣」，本論所說豈不與此教證相違嗎？答曰：佛陀說過「諸行皆無常」的基本法印，若不許有為法刹那壞滅，即非是佛弟子，因而不論如何不能承認諸有為法不刹那變遷壞滅。此教證中所言的色等五境中，隨一境能為二識緣執，是指五根識於第一刹那緣外境顯現，而彼等自身無有分別念，所以繼之生起第六識對此境加以分別。這是有情了知外境的特定方式，而非指前後二刹那識，能緣真實安住的外境，對此因明諸論中，廣有詮釋。若無有廣博聞思者，對類似問題可能經常生疑惑，而佛陀聖者所說不可能有錯訛相違之處，自己若不能以智慧明了諸經論密意，圓融諸說，也應極力制止自己的邪見。

壬二、觀察時有住無住而破：

問曰：住有實體，因為它是現在時的能立故。若無有住，現在時即成無有，如是則壞滅一切名言。

時若有餘住，住則不成時；

無住住無故，後滅亦非有。

如果時法本身以外有其餘能依異體的住，住則不成為時法；如是時法無住，以安住無有故，其後的變滅也非有。

以住是現在時的能立，成立實有住法者，也是經不起觀察的錯誤認識。如果許住是現在時的能立，現在時是住的所立，那麼能立與所立不能是一體，只能是異體的不同法。時與住既然各成異體，住者非時，時法非住，時法中依然不能成立有住。而無住之法顯然不會有毀滅，一種法若有毀滅，必然於毀滅前有一個生起安住的過程，若無生住，其法也就如同虛空一樣，不會存在毀滅的過程。時法如是無滅無住，又怎麼能承許為有實法呢？所以想以住是現在時法的能立，成立住是實有，依此實有住再成立時法實有的推理，若以住與時是否一體的角度觀察，便能徹底推翻。於此應明了，時住一體則不能有能立與所立關係，以自身非自身之能立故，不能成立時住實有；時與住若異體，應成時法無住，無住之法也無滅，無住無滅之法同於虛空，非有實體。依自宗名言理論，只許有為法的生住異滅為假象，而非實有，若承認一切法緣起性空，則時法假象的生住滅相續，完全可以合理地建立，無有任何妨礙；否則，無論如何辯答，皆不免無法成立的太過。

壬三、觀察有為法與無常一異而破：

問曰：住實有本體，因為住是無常故；若住無體，則不可能成立住的無常。

法與無常異，法則非無常；

法與無常一，法應非有住。

有為法與無常異體，有為法則不是無常；有為法與無常一體，有為法則應無有成實的住。

與上偈推理基本相同，此頌再從有為法與無常是一是異而破實有安住的立論。對方先提出住有無常，所以住實有本體，不然無體之法如虛空等，不可能有無常。中觀師破：住等有為法與無常是一體還是異體？若許異體，有為法是有為法，無常是無常，如同盤子與烏龜一樣，二者各不相干，那麼有為法應成非無常，這顯然有違聖教量，不能成立。如果承認有為法與無常一體，凡有為法即無常，那麼無常的住等有為法，即不應承認有實體，不應承認真實有安住存在。無常之法刹那刹那遷流變滅，刹那生起即會無間變滅，不會安住延續至第二刹那，無有一刹那的真實安住存在。對於過去法和未來法無有實體安住，一般人容易理解，而對於現在法，人們經常會想：這些應該有安住，不然現在怎麼會有顯現呢？等等類似想法，其實都是沒有觀察才形成。若加觀察，一般人心目中的現在，只是一種模糊粗糙的概念，如有的人執今生為現在，有的執今年今月乃至當下的時間為現在，但是即使執當下的一秒為現在，這個一秒仍非無分有實體安住之法，它仍可細分直至無分刹那，無分刹那無有本體無可緣執，故不可能有安住存在。若能了知內道中的這些正理，修學者定可打破常執，對諸行無常生起正信；而真正能了達無常教義者，無疑會斷除實執趣入無生大空的實相之境，證得究竟解脫。因此，佛陀曾於諸多經典中，讚過觀修無常的功德最為殊勝。

甲操傑大師於注疏中云：有為法與無常若是一體，那麼凡有為法即無常，因此有為法非有自性的住。堪布阿瓊於此解釋稍異：有為法與無常若無二無別，無常法即非有實體，唯是一種無實概念，故實有安住也不可能存在。從無常直接推出萬法緣生無自性，這是較為深入細緻的推理。

壬四：（觀察住與無常力之大小而破）分三：一、無常若比住力小其後不應見為大；二、無常力若大則一切時中應無有住；三、無常與有為法同時或不同時則不成立。

癸一、無常若比住力小其後不應見為大：

問曰：有為法在住的時候，住的力大，而無常力小，力小的無常不能摧壞力大的住，故有為法有安住，有安住則為實有。

無常初即劣，住力若強大，
此二復何緣，後見成顛倒。

如果有為法開始時無常力劣小，安住力強大，那麼此二力又以什麼原因，在後來現見成為與初時顛倒即無常力大住力小的情況呢？

對方提出，諸有為法在生起初時，其安住階段住力強，無常力弱，因而安住能夠存在等等。對此等辯答不用多加觀察，以世人的現量即可了知其謬誤，人們普遍現見無常力能摧毀情器世間的一切有為法，由此即可證明世間無有能勝過無常力者，所見與你等所認為的完全相反，對此你等如何解釋，如何自圓其說呢？如果初時真的無常力弱住力強大，又是什麼因緣使無常力增大勝過住力呢？不管從哪方面觀察，你等的觀點也無法成立。住力初若強大，則對此住法誰也無法損壞，不可能在後來成為無常所侵奪之法；而現見一切住法皆為無常所損，所以理應了知無常力比住力強大。

癸二、無常力若大則一切時中應無有住：

若遍諸法體，無常力非劣，
應都無有住，或一切皆常。

如果無常力遍及諸有為法體，且非為弱劣，則諸法應都無有安住；如果不是這樣，則一切皆應為常。

如果承認無常遍及諸有為法，而且無常力非為劣小，能勝過安住力，那麼一切法都應無有真實的安住。無常力大，即能摧毀力弱的安住，且無常遍一切時處的有為法體，以此任何時任何處，任何有為法都不會存在安住，任何有為法都應為刹那變滅無有實體之法。有為法無有實體，依彼安立的時法又怎麼能成立為實有呢？龍樹菩薩言：「物尚無所有，何況當有時？」若如上偈所說，對方許無常力弱，那應成一切法常住不滅。此處的「或」，是邏輯術語，特指上頌所說「無常初即劣」的相反情況。若無常力比安住力小，它就無法摧毀安住，以此一切法應安住不變，永無被無常摧壞之時，一切法應成常住之法。常住之法恆常無變，無生無滅無來無去，以此無法成立過去現在未來，所以也不能作為時法實有的能立。

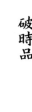

諸學人當注意，論中所作的爭辯，其表面所指是古印度當年的外宗行人，而實際上，凡是有此類執實邪見者，皆為作者的破斥對象。各自反觀，其實我等凡夫的

內心，在日常之中對五蘊、人我等諸法，皆不離實有執著，即使聽聞過諸法無自性的中觀法義，內心實執仍是隱現不絕。因此有心者應當盡心盡力，將論義融入內心，痛加對治實執習氣，切不可視論中所言全是與他宗論戰，與自己無關也！

癸三、無常與有為法同時或不同時則不成立：

無常若恆有，住相應常無；
或彼法先常，後乃非常住。

無常如果與有為法恆時俱有，安住相則應恆常不存在；若有不然，彼等有為法應成原先為常住，而後是非常住之法。

再從另一角度分析，無常與無常的所相——有為法是同時俱起，抑或不同時呢？如果無常與諸有為法恆時俱有，有為法生起時，無常也如影隨形般同時俱起，那麼應承認一切有為法無有安住相的存在。因無常與安住不可同時俱存，有無常遷變則無有安住不變，二者性相完全相違，如水火不可同住。因此諸法若恆有無常相，則應恆無安住相，無安住則不能成實有，如前所述。如果對方不承認這樣，而是選擇另一種，許有為法與無常不同時俱起，因無常是依有為法才有現起的一種法相，故不可能先於有為法，對方只能承認有為法先有，而無常後起。一旦如是承認，矛盾就會暴露出來，因為彼法先非無常，是常住不變的法，而後是非常住法，如是在一相續法上具兩種相反的性質，這是決定不可能存在的事情。堪布阿瓊云：若一相續法有十剎那，你等認為前九刹那是安住，而最後一刹那是無常，這樣承認有兩種過失。一是若第一至第九刹皆安住，即有有為法成常法的過失，因初刹那生起能住於第二刹那，此法即成常住不變法；二是從第一刹那到第九刹那皆安住無變，那麼從第九刹那到第十刹那變為無常，即成無因，無論如何也找不到理由。以此正理，諸學人也可觀察，現代哲學派中有所謂的量變質變規律，彼等許一法從生起到變為另一性質的法之間，只有數量變化，至最後位時，即會發生根本性質的變化，此等理論實與本頌中所言的「先常後非常」相同。

壬五、破住與無常同時俱有：

若法無常俱，而定有住者，
無常相應妄，或住相應虛。

如果有為法與無常同時俱有，而有為法又決定實有住者，那麼無常相應成虛妄，或住相應成虛妄不實。

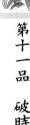

如果承認於有為法上，住與無常同時俱有，有為法既無常，又實有安住，這種情況不可能存在。有為法若是無常，則與無常相反的常，不可能同時真實存在，若說有住相，那也只能是分別心前所顯現的一種虛妄相；或者假設有為法實有安住，其相違的無常相即不能成立，應成虛妄計執。於同一法上，若說有這兩種截然相違的法存在，要麼無常為妄計，要麼安住為妄計，而不可能二者都實存不虛。一般人認為現在法正在顯現時，其外相有安住，而內相有無常遷變，這是一種對立統一體。（如今世間論典中稱為對立統一規律，許一事物中既有矛盾對立，又有統一，因而無常與安住都存在。若稍加觀察，這種觀點只是一種模糊籠統的說法，實際上無法成立。若許一體法則不應存在矛盾對立分體法，若許對立，則非為一體法；世人根識前的對立統一相，是一種沒有經觀察的虛妄相，絕不應承認為真實。）若許諸法有實體，於同一實體中，不可能存在無常與安住兩種相違相互能摧滅對方的性質，否則實體法應成有變動的無實法。大疏中言：如果承認諸有為法虛幻無實，那樣無常與住則能同時俱有，否則於實體法中，不可能同時和合具有無常與安住。當然於虛幻無實法中，同時具有的無常與住，也唯是分別施設名言假立，能於此理深入思維者，定可破除種種實執。

辛二、破念過去的能立因：

問曰：時是實有，因為依過去法即可證實過去時的存在。過去法可以依有過去的憶念成立，如佛陀也說過「過去世作過如是如是事」，而且每一個正常人皆有過去時的憶念，因此過去法等現量可成立實有存在。

已見法不現，非後能生心，
故唯虛妄念，緣虛妄境生。

已經見過的法不會再見，不能在後來生起緣前境的心識，所以只是虛妄的心念，緣虛妄無實的境生起過去的回憶。

憶念過去也不能成立過去實有，對過去法的回憶，本身即是虛妄無實的事情。人們在過去已經見過的事，在現見之後即已無間趨於無常變滅，之後不可能再顯現，已經滅盡的境，如同石女兒、虛空無體，所以不可能再被人們的根識緣執。因而人們對過去法的憶念，其實只是虛妄心識中的一種幻現，是因緣聚合所出現的一種虛妄景象，而非真實緣依過去境生起的心念。憶念過去是心識中的一種習氣顯現，比如說我在童年作某種事，即在心識中留下了這種夢幻般的習氣種子，因緣成熟後，心識中便會顯現這種虛幻的景象。這種顯現，如同水月一般，天上的月亮並沒有在水中，然而水中月的顯現卻宛然不滅；同樣，過去的法雖然現在不可能顯現，然而記憶中的幻相卻明朗清晰。因而應了知，所憶念的過去法之中，並無稍許真實存在，如是如幻如夢無實體之法，也就無法成立過去時實有。有情在當下所見所聞的一切，如果仔細觀察，其實都是虛妄心識緣虛妄的境相生起的幻覺，如同夢中所見的一切，皆無實體，《天王護國經》中言：「諸法無自性，虛妄不可靠，如蕉無實義。」若能從內心了達這些法義，如夢如幻的境界一定可以得到，執諸法諦實的輪迴苦因，依此即可迅速鏟除。

第十一品釋終

第十二品　破見品

己三、（破所見實有）分三：一、世間大部分人不入此空性法的原因；二、略示善說；三、教誨求解脫者須求善說。

庚一、（世間大部分人不入此空性法的原因）分四：一、明具足德相的聞者難得；二、明真實義極難通達；三、明佛說甚深義非為爭論；四、明自他教的粗細。

辛一、（明具足德相的聞者難得）分三：一、聞者的德相；二、觀察德相不全的過患；三、斷諍。

壬一、聞者的德相：

問曰：以上所說的無我法，世人極難證得，如前所說是因為「聞者所聞教，說者極難得」之故，而今已具後二者，那麼應具足什麼德相才稱得上合格的聞者呢？

質直慧求義，說為聞法器，
不變說者德，亦非於聞者。

質直、具智慧、希求實義，具此三相者可說為聞受正法之器，彼等不會變說者的德相為過失，具德相的說者亦不會視聞者的德相為過失。

般若空性法門非常深奧難懂，無有福德者極難得遇，得遇者若無有一定德相，也無法領受其深義，因此世間絕大多數眾生，很難悟入空性法門。若要真正聽受空性妙法必須具備三個條件：首先，聞者要質直——相續中必須遠離貪著自宗和憎惡他宗的偏執，樸質率直安住，如是坦直開闊的內相續才易於接受了解善說深義，否則如《中觀心論》中所言：「由墮宗派意熱惱，永遠不能證涅槃。」只要相續中存在自宗他派的偏執，即無由獲得解脫；其次，聞者必須要具足一定的分別妙慧，能夠分析辨別善說惡說，這樣才能不隨他人轉，如理趨入正法；最後，聞者對真實義需要有希求心，否則像泥塑木雕一樣，不可能無緣無故去聞受正法。如果具足了上述三種條件，即是具足德相堪為法器的聞者。除此三條之外，還有許多高僧大德又總結補充了兩條：第一、聞者對佛法和上師必須生起恭敬；第二、必須專心聽聞上師的傳法。若能具足如上五條，即是德相圓滿的聞法器。具足了這些德相的聞者，他能以清淨心觀照，如理如法地恭敬讚歎上師，而不會將上師的功德變為過失。關於說法上師的德相，大疏中列舉了五條：正直不顛倒，說法明了清晰，不錯亂法義，不希求名聞利養，善能了解聞者的意樂。具足如是德相的上師，會如理如實地觀待弟子，不會將他們的功德說為過失。如是具德上師和堪為法器的聞者聚合，相互以如法的行為進行講習，即具備了證悟空性法義的因緣。

壬二、觀察德相不全的過患：

說有及有因，淨與淨方便，

世間自不了，過豈在牟尼。

如來宣說了三有苦諦及三有之因集諦，清淨涅槃的滅諦與方便道諦，世人由自身乏少善根不能了達，這些過失難道在於本師釋迦牟尼佛嗎？

有緣得遇佛法的有情能否趨入空性正道獲得解脫，要以他們具足德相與否而定。本師釋迦牟尼佛已出世，並宣說了完整的解脫法門：苦諦應了知，集諦應捨棄，依止道諦，最後現前滅諦。頌詞中的「有」指三有五蘊世間的苦諦，即三界純為苦聚，眾生當求出離；「有因」是指三有苦海的因——集諦，即貪嗔癡煩惱和業；「淨」指清淨涅槃滅諦，淨除了一切痛苦及苦因的寂滅境；「淨方便」即道諦，是淨除苦諦與集諦的種種修法。「知苦思斷集，慕滅乃修道」，依止苦集滅道四諦，有情即可自薄地凡夫趨入寂滅的聖者之位，這從理論或現實中，皆可證實。但是三界中許許多多的有情，雖然有緣遇到佛法，卻不見他們立即依之得到解脫，其中原因是他們不具足德相，根器惡劣，不能了達如來所說的妙法，而非說者如來有過失，沒有細細宣說解脫妙法。以譬喻說，在燦爛陽光照耀下，盲人只覺得眼前一片漆黑，見不到絲毫光明，這個過失當然不在太陽，太陽已無偏地恩賜了光明，盲人見不到，只是他們自己的過失；同樣道理，世人由於不具法相，不能領悟解脫法，過失只能由自己負責，而非說法者有過失。不具德相有如是大過失，因而無論善知識還是弟子，對此均應引起重視。作為善知識，必須觀察弟子的德相，量體裁衣，做到適合根器地傳法，否則只有徒勞無功；作為求解脫者，也必須內省觀察自己具足德相與否，若有缺乏之處，自己應盡一切努力去彌補，否則，極有可能斷絕自己的解脫機緣。

壬三、（斷諍）分二：一、成立能仁是一切智；二、明別者是相似大師。

癸一、（成立能仁是一切智）分三：一、對於摧毀苦集的空性教義應生歡喜；二、除佛正法外其餘無有解脫的原因；三、於佛所說的深隱法義生起定解的方便。

子一、對於摧毀苦集的空性教義應生歡喜：

問曰：釋迦佛所說的增上生（上生人天善趣的方便）語，極其明了且廣大，這是世人都樂於接受的；但是佛陀又說決定勝語，說一切法空無自性，這不是破壞自己的言論嗎？因此我們不起恭敬信解。

捨諸有涅槃，邪見所共許，
真空破一切，如何彼不欣。

捨棄諸貪嗔苦樂等一切雜染法即得涅槃，這也是數論派等邪見宗派所共許的解脫，而以真實空性法能破人法一切實執，為什麼他們不生欣悅呢？

涅槃是無為寂滅之境，要得涅槃，須要捨棄貪嗔苦樂等三有間一切雜染法，這是外道也共同承認的觀點。比如數論外道認為，要得解脫，從自性現起的五唯五大五根等，這些三有輪迴中的現象，必須全部融入自性，也即要捨棄這些輪迴法才可得涅槃。勝論派也認為，必須捨棄一切四大無常苦樂貪嗔等現相，才可得到涅槃。而除此二派之外，其他外道所許也大同小異。既然如是承認，那內道也許要斷除一切法的執著，而且以實相空義，可以完全破除人我法我所攝的一切法之實執，對這樣的妙法，汝等為何不生欣樂喜悅之心呢？大疏中云：

智者了達空性後，以智慧火燒盡貪嗔癡慢等一切有法，徹斷一切三有雜染法，對這樣的空性，你們外道為什麼不生起歡喜心呢？空性是甘露妙藥，若能依止，可以遣除我們無始以來的輪迴痛苦，因此若不是「葉公好龍」式的外道邪宗，而是真正想得到解脫者，於破一切的真空，當生大敬信希求心！

子二、除佛正法外其餘無有解脫的原因：

問曰：如果內道與外道共許捨諸貪嗔苦樂等一切雜染法即得涅槃，那麼內道與外道有什麼區別呢？

不知捨方便，無由能捨棄，
是故牟尼說，餘定無涅槃。

不知捨離生死的方便，即無情由能捨棄三有，因此本師釋迦牟尼佛說：除佛法外其餘宗派決定無有涅槃。

雖然數論、勝論等外道宗派，也希求捨離生死痛苦，獲得遠離貪等一切雜染法的涅槃，但他們只有捨棄生死的意樂，卻無有能捨離的方便。輪迴即是二取實執迷現，以此要破除輪迴迷現，必須了達無我實相，依福德智慧二資方便，通達諸法自性空，才可真正息滅生死。但是除了佛教外，在其餘所有宗派中，無有能通達諸法無自性的方便，故他們無由捨離生死，得到解脫安樂。本師釋迦佛說過：「此是初沙門果（預流果），此是第二沙門果（一來果），此是第三沙門果（不來果），此是第四沙門果（阿羅漢果）；外道論師即無有沙門果。」龍樹菩薩在《寶鬘論》中也說：「說我蘊實有，世間數論師，勝論裸形前，試問離有無。故應知佛法，不死真甘露，離有無甚深，是不共正法。」應知唯有佛法，才能真正遠離生死邊戲，此即是內道與外道最基本的區別。

子三、於佛所說的深隱法義生起定解的方便：

問曰：如果佛陀是一切智智，那麼對他所說的深隱事如大地的度量等，又如何能了知這些可以確信無誤呢？

若於佛所說，深事以生疑，
可依無相空，而生決定信。

如果對佛陀所說的種種深隱事相生起疑惑，可依佛陀所宣說的一切法無自相空性，而生起決定信解。

佛陀依無礙智慧宣說了情器世間的許多問題，比如須彌山的大小、四大海的深度等器世界的量；六欲天人的身量壽量，地獄的大小狀況，地獄眾生的身量壽量等等。對這些問題，佛依自身智慧作了許多詳細敘述，而在異生凡夫前，這些情況都是深隱不可測度之事。若無有一定的智慧，許多異生對佛陀所說的這些法，會生起「是否真的如此呢」的疑心。比如佛陀說有須彌山、四大洲等，現代人為什麼見不到呢？等等這類問題異生凡夫無法以自己低劣的智力現量了達，然而依比量智了知一切法自相空，即可對佛所說生起堅定信心。緣起性空或說無相空的正理，依凡夫的分別智也可相似通達，若了知一切法無有決定自相，依因緣聚合才有顯現，如是依眾生不同業緣，即有不同的時境現象。由此即可了知一切智智的佛陀所說，決定隨順眾生的不同業感與根器而發，有的道理直接宣說，有的間接宣說，有的以隱秘方式而示，無一有錯訛。堪布阿瓊云：如同善巧的醫師，能依病人的不同病情而對症下藥；同樣，佛陀了知所有眾生的根器意樂而宣說四諦法門，此中無一不是適機者的甘露妙藥。能如是了知者，則決定可以對佛所說的深隱法義生起堅定信心！

癸二、明別者是相似大師：

觀現尚有妄，餘義更不知，
諸依彼法行，被誑終無已。

諸外道觀察現有情器諸法，尚且有迷妄不解之處，而對其餘更深的法義更不可能了知，那些依彼等外道法義而行者，必定被長久誑惑而終究無有停止之時。

除一切智智佛陀外，餘派所謂的大師、本師，都不是真正的大師。因為對現前的情器現象，如眾生類別、器世間的時境差別等問題，外道大師們尚是妄說紛紜，夾雜著種種虛妄的臆測，不能如實地一一道出實情，更何況對其餘深奧法義，他們更不可能了知清楚而作正確宣說。這些外道宗派中的宗義，不可能使修習者斷除三界的見思煩惱，現見諸法實相得到解脫，只有陷入更深的迷惑，不斷受著邪見欺誑，無有終止之時。因此，面對形形色色的眾多宗派，無論他們如何花言巧語，作為有辨別思維能力的人，都應該以智慧加以抉擇辨別，切不可盲從迷信，跟隨那些愚者行事，那樣只會使自己更為愚癡，墮入邪見惡趣的深淵。月稱論師云：比如商人到了寶洲，若不選取真正的如意寶，而取一些假的或相似的珠寶回陸地，是極不應理的；同樣，我們在南贍部洲獲得人身時，應該選擇如意寶一樣珍貴的佛法，而不能依順外道相似的宗派，否則極不應理。在如今末法之時，外道猖盛，我們每個人都有可能遇到種種巧言令色的外道邪說，若不加辨別，極易為他們欺誑，故作為末法時期的學人，於此更應切實注意。

辛二、（明真實義極難通達）分五：一、怖畏空性的原因；二、觀察障他通達空性的過失；三、為不失壞真性見即應謹慎；四、導入真性的次第；五、認識真性。

壬一、（怖畏空性的原因）分三：一、諸求解脫者隨外道行的原因；二、認識怖畏空性的補特伽羅；三、愚夫怖畏空性的原因。

癸一、諸求解脫者隨外道行的原因：

問曰：如果佛陀已宣說了唯一的解脫正道，為什麼有些求解脫者還隨順外道而行呢？

智者自涅槃，是能作難作，
愚夫逢善導，而無隨趣心。

智者自往涅槃，是能作極難作到的事業；愚夫即使遭逢了善於引導的上師，然而他們也無有隨順趣向之心。

智者釋迦牟尼佛在久遠劫以來，不斷積累福智二資，依憑自己的精進力，證入了甚深甘露法門，現見法界實相獲得了究竟涅槃，這是智者難作能作，難行能行的無比事業，非一般人所能做到。而世間福智淺薄的異生愚夫，他們即使遇到了解脫正道的善知識，也會因為根器低劣而無法生起隨順向道之心，轉而墮入外道之中。一般愚夫因為惡見煩惱，他們首先不願依止內道的善知識，不願聽聞正法引導，即使依一些宿善而有因緣遇到善知識，他們也會因惡業現前，對殊勝正法生不起信解，尤其對般若空性深法，會十分怖畏，最後生起邪見，失去依止正道趨入佛法的信心，斷絕解脫緣分。由此可見，諸求解脫者隨外道行的原因，主要是因為他們智慧低劣，不接受空性深法，不依止真正的善知識而導致。諸希求解脫者，於此應著重注意，即使自己的智力暫時無法理解空性深法，也不應生怖畏邪見，而應依種種方便，依止善知識不斷聞思修習，消除猶疑邪見，只有如此，自己才有解脫希望。

癸二、認識怖畏空性的補特伽羅：

不知無怖畏，遍知亦復然，

定由少分知，而生於怖畏。

全然不知空性法義者，對空性不會有怖畏；遍知空性法義的智者，也同樣無有怖畏；決定是由少分了知空性而不能深入，才會生起怖畏。

怖畏空性深法者，不會是那些對空性甘露法全然無有了知的愚夫異生，比如一些不知利害取捨的愚笨牧童，即使上百次聽到空性法，也不會生起怖畏分別，如同對牛彈琴，牛群不會有好惡反應一般；然後那些通過如法聞思修習，已經完全了知證悟空性的智者，也不會對空性有怖畏；還有些人因為對空性生起了堅定信心，每聞到空性法，即歡喜至淚水充盈、汗毛倒豎等，他們也決不會生起畏懼心。排除了不知與全知等士夫後，便可決定了知，對空性生畏懼者，一定會是那些處在不知與全知中間的人，即一知半解，又不能求上進的劣根者。可以現見有許多人剛剛遇到佛法時，對般若深法一無所知，故無有任何分別怖畏；然而一旦對空性稍有了知，即會覺得有斷滅一切因果，斷滅一切顯現的怖畏，或覺得無法理解深入而生畏懼等；可是宿植深厚福德者，經全面深入聞思修習後，這類疑懼即會消失無餘。因此於遇到佛法的中途，切不可因暫時不理解而生起疑懼心，毀壞自己進一步的聞思修習。比如說，善於調伏象馬的騎士，雖乘狂象也無懼意，極為愚魯的莽夫，由於不知也不生畏懼，那些稍有了知狂象危險性者，才會生起畏懼，不敢靠近。諸學人當謹察自相續，若對空性有懼，即證明了自己需勤奮精進，痛下苦功聞思，不然極易失壞解脫道。

癸三、愚夫怖畏空性的原因：

問曰：愚夫為什麼會畏懼空性法呢？

生死順流法，愚夫常習行，
未曾修逆流，是故生怖畏。

隨順生死流轉的有漏法，愚夫無始以來即經常串習而行，而未曾修習過逆流還滅生死之法，所以會對空性法生起怖畏。

世間愚夫對空性正法生畏懼，其原因是他們自無始輪迴以來，一直隨順實執串習流轉生死之法，由於長久熏習，內心實執惡習深厚，而對逆生死之流到達彼岸的般若空性法，他們卻從未修習過，因此他們對空性法會感到十分陌生，由於空性法直接與實執習慣相違背，他們會不由自主地生起不理解、無所適從甚至怖畏的反應。《大智度論》中云：「般若之威德，能動二種人，無智者恐怖，有智者歡喜。」有智慧者是往昔串修過般若法的有情，愚者由於往昔沒有修習過般若法，一直隨順生死輪迴串習實執惡習，以此猶如習慣於黑暗的貓頭鷹見日光一樣，或如井蛙見大海、蜀犬吠日一般，為般若之巨大威力所驚懼。堪布阿瓊云：初入佛門於空性法聞思修習不久者，會於諸法無自性之自相空義生起不空想，有者會將空性與顯現二者，如搓黑白繩一樣結合於一起，等等有種種歧誤之處。總之，若要對空性正道生起信解，必須如法依止善知識，勤積資糧，精進串修，如是方能逆轉自己順生死流轉的惡習，依空性甘露法息滅一切業惑苦因。

壬二、觀察障他通達空性的過失：

諸有愚癡人，障他真實見，

無由生善趣，如何證涅槃。

諸有愚癡覆蔽不能了知空性的人，往往會障礙他人講習真性見，由此他無由生往善趣，又怎麼能證得涅槃呢？

那些愚癡無知不能接受空性法者，不但不能趨入涅槃，就連往生善趣的因緣，往往也會因此而喪失。愚癡者以邪見三毒的覆蔽，不但自己不能理解接受空性，甚至還會對空性法門生邪見誹謗，對別人講傳、聞思修習空性法，也生起嫉妒、嗔恨煩惱，由此以種種惡行障礙他人對實相空性法的講習，這種情況在末法時代尤為普遍，而其惡業後果十分嚴重。甲操傑論師云：「誹謗緣起離戲論的空性法，比殺人的罪過還大。」《寶性論》中云：「應畏謗深法，及謗法知識，決定令人入，可畏阿鼻獄。」般若空性深法是三乘菩提果的根本，若障他人講習，決定會造極大罪業，由此無由得生人天善趣，更何況能入解脫安樂之境呢？故不欲自欺欺人，不想空耗人身寶者，對此應當謹慎，即使自己不能了知空性，也不應為他人講習空性正見製造障礙。

壬三、為不失壞真性見即應謹慎：

寧毀犯尸羅，不損壞正見，
尸羅生善趣，正見得涅槃。

寧可毀壞戒律，也不應損壞空性正見，因為由受持戒律能生人天善趣，而由通達空性正見可以得到涅槃。

受持空性正見不失壞的重要性，甚至要超過守持別解脫戒。假如在毀壞戒律與損壞正見二者之間必須要選擇一種，那寧可毀淨戒，也不應壞正見，佛經中說過：「寧可毀尸羅，切莫壞正見。」尸羅是梵語音，意為清涼或戒，因三業過惡之性為熱惱，而戒律能防護並熄滅其熾燃之勢故得名。此處正見，也有狹廣兩種解釋，從狹義理解是指空性正見，從廣義言是指內道中從因果不虛到緣起性空所有的正見。保持正見不受損壞，是內道弟子首要的修習，大疏中云：「毀壞戒律者，上品罪業墮入地獄，中品者墮餓鬼，下品者墮旁生；然而毀壞正見者，即使是損壞微小的正見，也決定會墮入地獄。」若有正見，戒律毀壞後可以恢復，可是正見受損者無可挽救，此是從損壞二者的罪業方面相比較，而得出的結論。從受持二者的功德言，戒律是生善趣的因，若無解脫正見，守持戒律只能使修持者得到善趣果報，而修持通達正見者，決定可以獲得涅槃，解脫一切三有怖畏。破戒者若皈依佛，也有解脫的機會，《日藏經》云：「有情誰人皈依佛，俱胝魔眾不能害，縱破戒律心散亂，彼亦定能趨涅槃。」而壞見者無解脫之機，如龍樹菩薩云：「若欲趨善趣，當修持正見，邪見者行善，其果亦難忍。」《寶性論》中言：「雖近惡知識，惡心出佛血，及殺害父母，斷諸聖人命，破壞和合僧，及斷諸善根，以繫念正法，能解脫彼處。若復有餘人，誹謗甚深法，彼人無量劫，不可得解脫。」由此可見保持正見的重要意義。尤其是般若空性正見，《般若攝頌》中說過：「誰求聲聞獨覺果，乃至法王如來果，必依般若法忍得，離此恆時不可得。」欲求解脫輪迴者，離此即不可得，故應恆時頂戴不離。

於此應注意，此頌是以比較而說明空性正見的重要，並非是說可以拋棄戒律不顧，去修持正見。有因果等正見者，即不可能毀壞戒律造惡業，具有清淨的空性正見者，也會了知緣起因果真實不虛，以此而斷一切犯戒惡行。而且有清淨戒律，可以積累起福德資糧，為通達空性正見奠定基礎，此二實缺一不可。

壬四、導入真性的次第：

愚寧起我執，非說無我理，

一者向惡趣，勝者趣涅槃。

對愚者寧可讓他起我執，也不可以說空性無我之理，聽聞無我正法者之中，一者會因愚癡趣向惡趣，利根勝者可以依此迅速趣入涅槃。

在傳授空性正見時，善知識應當觀察弟子是否為清淨成熟的根器。對根器因緣不成熟者，寧可讓他起我執，對他宣講一些世俗正見，人天乘的有我法，這樣可以使他往生人天善趣，也不可對他宣說無我正見，一切法空無自性的正理，否則，反而會令他受到損害，如頌云：「若對愚者說空性，當成顛倒不涅槃，如飲金翅龍王乳，反令毒害更增長。」因為非法器者，在聞到空性法義後，會生不信誹謗，或者執諸法完全無有的斷空見，由是而損壞善根，對其不但無益反而有害。所以，若不觀察根器而傳授空性法，過失與利樂二者都可能會有。一者，若對方不堪為法器，對空性正法生誹謗或生斷見，由此則會墮向惡趣。二者，若對方堪為法器即能善巧通達空義的利根者，才能真正依空性法，決定趣向涅槃。執空性實有的斷見，其過失非常大，佛經中說過：「寧起我見如須彌山，不起空見如芥子許。」《摧毀業障經》中云：「對空性產生實有想，即為障礙。」龍樹菩薩於《中論》言：「大聖說空法，為離諸見故，若復見有空，諸佛所不化。」因此，於傳授空性法之前，必須謹慎觀察，若對方是不堪空性獅乳的劣器，當先以世俗諦的法門引導，不令失壞善根，於根器成熟後，方可進一步授以勝義諦妙法，如是方能令他趣向涅槃。

壬五、（認識真性）分二：一、認識實際；二、劣慧生怖畏的原因。

癸一、認識實際：

空無我妙理，諸佛真境界，
能壞衆惡見，涅槃不二門。

一切法空性無我的妙理，是諸佛聖者所行的一真境界，空性法能摧壞衆邊執惡見，是獲得涅槃的不二法門。

諸法空性無我的妙理，是法界究竟實相，是諸佛聖者的行境，若以言語解釋實相空性，可以如是詮指。《現觀莊嚴論》中云：「般若波羅蜜，四聖者之源。」內道的聲聞羅漢、辟支佛、菩薩、佛的果位，皆來源於般若空性法，《般若經》中對此有多處強調，由此可見修習空性法的重要意義。若能通達緣起空性真義，即能摧壞三界一切惡見，因三界一切惡見，不外乎由常見斷見而衍生的執實邊見，若能以緣起性空正見對治，即可徹底毀壞這一切執著實有的邪惡見解。而且般若空性是獲得涅槃的不二法門，也即唯一法門，若不證悟空性，任何解脫果位也不可獲得。在此處，俄巴活佛、堪布阿瓊在注疏中，為聲緣是否要證悟空性，作了詳廣的辯論，在大疏中也引用了不少教證理證分析過。本注疏於此不再贅述，欲知其詳者可以參看《定解寶燈論》等相關的論著。

癸二、劣慧生怖畏的原因：

愚聞空法名，皆生大怖畏，

豈見大力者，怯弱不生畏。

愚者聽到空性法的名稱，都會生起大怖畏，難道能見到大力者怖畏空性而怯弱者不生怖畏嗎？

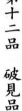

眾生的根器千差萬別，在世間有許多人由於智慧根基下劣，對空性法十分怖畏，甚至連聞名也會喪膽。當年龍樹菩薩從龍宮取出般若經等大乘經典，並著述中觀論典時，一些小乘根器者聞到諸法無自性的法義，驚懼得口噴鮮血；眾多有增上慢的聲聞行人也不斷誹謗龍樹菩薩為首的大乘論師，說這些士夫是魔王的化身等等。怖畏空性法不僅在往昔如此，在現今許多傳播上座部教法的地區，依然如是。對這種情況，聖天論師以反問方式提醒：面對深奧難解的甚深法，你難道見過具大智慧力者，會生起怖畏，而智慧淺薄學識狹陋的怯弱者不生怖畏嗎？於空性法生恐懼之心，完全是因當事者怯弱無力，低劣的智慧無法容納安忍甚深廣大的空性法而致。這就像那些弱小的野鹿、兔子等小獸，一旦聞到虎嘯獅吼，皆失魂落魄，生大怖畏，薩哈尊者於道歌中云：「譬如林中獅吼聲，眾獸聞之悉喪膽，獅兒聞之皆歡騰；宣說本來無生樂，邪執愚夫皆畏懼，有緣弟子樂而顫。」若有聞說空性法而驚懼者，當知是由自心怯弱無智而導致，如果希求究竟的涅槃解脫，應致力克服自心不作誹謗捨法惡業，進而不斷聞思修習深法，積累二資，定可轉變為具大力者。

辛三、（明佛說甚深義非為爭論）分三：一、佛說空性非為爭論但自然能焚燒一切邪說；二、明彼能燒毀的原因；三、對誤入歧途者應生悲愍。

壬一、佛說空性非為爭論但自然能焚燒一切邪說：

問曰：空性法既然能摧毀一切惡見，那麼空性法是為摧壞外道邪論而說，非為清淨根器者宣說。

諸佛雖無心，說摧他論法，

而他論自壞，如野火焚薪。

諸佛雖然無有為摧壞他論的發心宣說空性法，然而他論自然會被空性法毀壞，如同野火雖無焚燒薪林的想法，而薪林遇火即自焚無餘。

佛陀宣說般若空性法，是為了引導有緣上根弟子直趨解脫彼岸，而不是為了與種種邪宗他論爭辯。雖然佛陀無有破壞他宗的想法，然而在般若空性法的弘揚過程中，其餘種種宗派的眾多邪說或相似觀點，一遇空性法即自然會被摧壞無遺，這是般若空性不共威力的表現。因為般若空性是隨順事勢實相的正理，其餘任何與諸法實相乖異的論點，自然無力與之抗衡。在這個過程中，佛陀並非是為摧伏他論而說法，故不存在為不清淨者說法的過失。月稱論師在《入中論》裡也說過：「論中觀察非好爭，為解脫故顯真理；若有解釋真實義，他宗破壞亦無咎。」同樣，佛陀於顯揚真理引導有緣弟子解脫三有時，所宣揚的般若空性法非為爭論，因而即使遣蕩了世間的邪說稠林，也無有任何可非難之處。這就如同荒原野火在燃燒時，野火雖無心燒毀薪林，然而薪林草木遇火即會自然焚毀無餘。同樣，諸敵論遇到空性正法，即自然無法成立而毀壞，此中並不能責怪說空性法者有過失。龍樹菩薩言：「如草尖朝露，遇日光消殞；諸敵論爭過，遇尊自消毀。」敵論者自己無力，一旦遇到世尊所說的般若空義，即自然消殞，而非世尊有意所為。

壬二、（明彼能燒毀的原因）分二：一、正明；二、諸聖者不生怖畏的原因。

癸一、正明：

問曰：空性正法在具有信心士夫的相續中生起，又怎麼能焚燒他的惡見呢？

諸有悟正法，定不樂邪宗，
故我見此法，如同能滅門。

諸具有證悟空性正法的智者，決定不會樂於執諸法實有的邪宗；因此我見此空性法，如同能滅一切惡見的方便門（或如同佛經的能滅一切惡見之門）。

如果有緣的修行人，由聞思修悟入般若空性之境，使自心生起空性慧，生起對諸法緣起無自性的堅定信解，那麼他必然會「若生深定解，不隨他人轉」，自此後自心定然會樂於此隨順實相且能帶來解脫聖果的空性正法。而對其他種種執實的宗派惡見，自己已了知其謬誤與招致輪迴惡果的嚴重損害，決定不會再生任何欣樂之心，只會如避火坑毒蛇一般徹底捨棄，由此即可摧毀內心的一切常斷實執惡見。由於悟入般若空性法門有如是的斷障功德，聖天論師於此云：是故我見此空性正法，如同能滅一切惡見之門。此門誰人能進入，即可滅一切惡見，因而有智者應如鵝王赴蓮池一般，毫無猶疑充滿欣喜地趨入。此處也可另釋為：因此我見此阿闍黎龍樹所說的中觀空性法，與佛經所說意義相同，是能摧滅一切惡見之門。聖天論師如是以證悟智慧，流露出他對中觀空性正法的信心，作為後學者，於此也應隨學，若能生起此《四百論》所說「如同能滅門」的信心，自相續中的一切邪見必然會被摧毀無餘。否則，一旦喜歡如今世間興盛的各種邪門外道，彼者內心定然與正法相違，無由趣入解脫正道。

癸二、諸聖者不生怖畏的原因：

問曰：諸聖者為何對空性不生怖畏呢？

若知佛所說，真空無我理，
有亦無所欣，無亦無所怖。

如果已了知佛陀所說的一切法真實無我空性之理，則於現有諸法無所欣喜，於無我法也無所怖畏。

如果對佛陀所宣說的無我空性法，有真實的了知，那麼無論遇到何種法，也能不喜不懼。聲聞緣覺菩薩等諸道聖者，正是於佛陀所說的人法二無我真空妙理，有不同層次契入，所以於現有的顯現法皆不會生起欣樂貪愛。因為已了知一切法皆是依因緣而暫時有名言顯現，雖現無有真實堅固之性，如同夢幻一般不值得貪執，如《阿含經》中所言：「諸色如聚沫，諸受類浮泡，諸想同陽焰，諸行喻芭蕉，諸識猶幻事，日親之所說。」聲聞羅漢以上的聖者皆通達了如是法義，故於身心五蘊情器世間的一切顯現法，皆知非常有成實，以此自然會無欣樂執著。而於無方面的法，比如《心經》中所言：「是故空中無色，無受想行識，無眼耳鼻舌身意，無色聲香味觸法……無苦集滅道，無智亦無得。」乃至無佛無眾生，泯滅一切戲論分別名言。若內心已了知真空無我之理，即不會於此離戲大空性正理產生怖畏之心。因為已了知一切法無我，並非自性成立，故色等諸法體性雖無，也不會成斷滅，而是有不會斷滅的緣起顯現。總之，若能了知無我正理，即能壞滅貪嗔希懼實執種子，由此諸證悟無我的聖者，於有無諸法中皆能安住實相，不為所動。

壬三、對誤入歧途者應生悲愍：

見諸外道眾，為多無義因，

樂正法有情，誰不深悲愍。

現見諸外道徒眾，造作眾多無義的流轉生死之苦因，樂於內道正法的有情，誰能不對彼等深生悲愍！

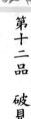

般若空性正法有如上所述的巨大功德利益，但是世間異生凡夫，為無明煩惱所縛，絕大多數無法趨入其中而獲得涅槃安樂的不二門。更有甚者，雖知追求解脫，卻誤入歧途，隨外道宗派而轉，終日造作那些無義的生死苦因，這些愚昧無知者的種種苦狀，自古至今都可以現見。比如於印度至今尚有許多苦行外道，用種種殘酷手段逼迫身心，或燒烤刺戮自身，或終生獨腳站立，或將頭埋入沙土等等；在漢地也有形形色色的氣功流派，如同神經不正常者一般，以種種閉目臆想的方式尋求安慰；更多的人崇尚物質至上主義，為金錢物欲終生勞累不息。實際上這些作為毫無意義，他們所作皆是常見斷見的邪見惡業，都是輪迴生死的苦因。大疏中以比喻言：這些外道眾生皆迷失了正道，誤入了耽著諸法實有的惡見密林中，斷滅了順解脫分的善法命根；林中的邪見惡業毒蛇不斷摧殘著他們，使他們飽受無量的痛苦。見到這種悲慘景象，樂於正法的有情，已見解脫生死必須依止空性正道，故對誤入歧途於痛苦深淵中越陷越深的可憐眾生，自然會生起極大的悲愍。龍樹菩薩說：「若心生證悟，本來無生法，輪迴眾有情，應生悲愍心。」寂天菩薩於《入菩薩行.智慧品》中，也十分悲歎地說過：「眾生溺苦流，嗚呼堪悲愍！」證悟了空性正見後，於執著實有而陷溺輪迴的眾生，大悲憐憫之心定會油然而生。作為視一切眾生為父母的大乘行人，當勤奮修習此空性正法，盡快獲得證悟之境，早日宣暢諸法無自性的正道，使父母眾生從邪宗實執苦道中得到解脫。

辛四、（明自他教的粗細）分二：一、總明劣慧者敬重其他教法不敬重佛法的原因；二、別釋。

壬一、總明劣慧者敬重其他教法不敬重佛法的原因：

問曰：為什麼有情雖有善心意樂，但有大多數人對殊勝的佛教不隨順，而跟隨外道宗而行呢？

婆羅門離繫，如來三所宗，

耳眼意能知，故佛法深細。

婆羅門、離繫裸形外道和釋迦如來三種所宗的法，分別為耳、眼和意能知，所以佛法甚深微細，大多數人意力微劣故不能悟入。

世間有許多眾生有一些善心意樂，追求人天善趣增上生與決定勝解脫的安樂，雖然他們有如是的善心意樂，然而其中多數人卻選擇了非理的外道宗派，走上了邪道。從古印度來說，當時信奉者最多的外道有婆羅門教與離繫裸形派，信奉佛法的人相比之下卻少得多。這其中的原因，若從三種教派本身來說，是因為佛法甚深微細，必須以細緻穩定而敏銳的心智才能了達，可是婆羅門教及離繫外道派，以一般凡愚者的眼耳即可了達，非常粗淺。首先分析婆羅門教，他們主要所宗的為一些祠祀歌詠之類教典，著重提倡一些抑揚頓挫的念誦，對聲律音韻特別講究，故主要是耳識的對境。世間一般只能知表相的凡愚者以耳根識聞知，即生信心，故而會盲目跟隨他們。離繫派是指裸形外道，他們遠離世俗常人的衣食享樂，以身受寒風炎日的逼惱等作為主要修法，以期斷除業障得到解脫。這種修法以外表行為為主，是凡夫眼根的對境，膚淺易見，愚笨的人無需費力也能了知，故也喜歡跟隨他們。但是本師釋迦牟尼佛所宣說的教法，是從甚深智慧所流露的深奧境界，其目的是讓眾生通達無自性見的太陽，以照亮愚昧的身心，無餘摧毀一切惡見的荊棘稠林，成就無垢身心。這必須由斷除煩惱垢障的根本定才能證悟，所以這種教法是一般眾生難以通達的。世尊成佛時也說了他甚深的境界：「深寂離戲光明無為法，吾得猶如甘露之妙法，縱為誰說亦不能了知，故當無言安住於林間。」大多數眾生心力微劣，因而不喜歡進入這種難測堂奧的珍寶教法。

壬二、（別釋）分三：一、希求解脫者不應修習邪宗；二、劣根於彼宗起恭敬的原因；三、彼等宗非正法的原因。

癸一、希求解脫者不應修習邪宗：

問曰：婆羅門、離繫外道所宗雖是眼耳之境，然而也是智慧通達之境，希求解脫者有何不可依止修習呢？

婆羅門所宗，多令行誑詐；
離繫外道法，多分順愚癡。

婆羅門所宗的法，多分是令修習者以諂誑詐現威儀；離繫外道所宗的法，多分是隨順愚癡之行。

婆羅門與離繫裸形派所宗的不僅是粗淺的耳眼之境，而且彼等宗派法義，不是正法而是邪宗，故不應為希求解脫者所修習。就婆羅門教而言，其教法大多數是教導修習者行念誦、火供、吉祥和懺悔等，以種種喧人耳目的聲調唱誦儀軌，以得到恭敬利養，這種教法只不過是令修習者求得名聞利養的世間八法而已，其手段也是非法的欺詐行為，故不可能脫離世間痛苦得到解脫安樂。同樣，離繫外道所修習的法，是依可見的身體行為，修持拔除毛髮、沐浴、五火炙身（頭頂烈日、前後左右各點上一堆火烤灼自己）等苦行，他們認為通過這樣折磨肉體可以懺悔業障，獲得解脫。實際上這些完全是愚癡的行為，因有情要清除罪業獲得解脫，必須以清淨自心為主，若心淨則身行清淨，若不淨心，身體再苦行，也只是徒勞無益的愚行。因此，若真正希求解脫，不應隨順這些外道邪宗，而應遠離彼等，修學真正順解脫行的內道正法。

就現今末法時代而言，希求解脫者尤應對形形色色的外道宗派作如是鑒別。如現在漢地有種種氣功流派，其創始者東拼西湊一些他派法義，然後再加上一些凡愚者容易接受的分別臆測，依靠花言巧語欺誑詐騙信眾的錢財、恭敬等等。雖然有些氣功暫時可以解除一些小病苦，然而這些都是於生死大事毫無益處的行為，不然請看這些功法的創造者，他們自己尚是為貪嗔癡三毒繫縛的痛苦眾生，又如何能引導他人出離痛苦的生死荒野呢？作為希求真正的自在解脫之境者，必須隨順智慧所抉擇的內道正法，不然定如古代眾多的外道徒一般，最終只有增添生死流轉之苦。

癸二、劣根於彼宗起恭敬的原因：

問曰：如果婆羅門教等宗派不能得解脫，為什麼還有那麼多人恭敬彼等呢？

恭敬婆羅門，為誦諸明故；
愍念離繫者，為自苦其身。

許多眾生恭敬婆羅門，是為了誦習四吠陀明處諸論的原因，同樣人們愍念恭敬離繫裸形者，是因見他們自己苦逼自身的原因。

有許多劣根眾生恭敬隨順婆羅門或離繫外道，非是依智慧抉擇了彼等宗派為正法，而僅僅是因為某種暫時或表面的原由，才去恭敬隨順。比如說有些眾生無有辨別善惡邪正的智慧，他們聽到婆羅門整齊而悅耳的念誦聲，覺得非常合乎心意，於是也想學習婆羅門的四吠陀諸明處，便對婆羅門生起恭敬，依順他們去修習。還有那些崇拜離繫裸形派者，其發心也是同樣非隨智慧抉擇，而是見到離繫外道徒，經常用五火灼身自拔毛髮等常人難忍的苦行逼迫自身，由此生起悲愍，進而生起恭敬隨順之念，自己也糊塗衝動地進入其宗派，修持這些如同禽獸般自苦其身的行為。他們進入外道的原因，其實都是因為沒有深加考慮，隨自己的愚癡分別念，懵懵懂懂而行所致。一般凡愚眾生，若無福緣聽受真正的善知識引導，此種自投火坑般的現象，很難以斷絕，此誠為內道修習者深可悲愍之可憐有情也！有智者若能於內道正法深加研習，智慧愈增盛，對此類有情的悲愍也定會愈加深廣。

癸三、彼等宗非正法的原因：

問曰：離繫外道受如是難忍的苦行，為何不許為正法呢？而同樣諸婆羅門受生於高貴的婆羅門種姓，彼等所行怎麼不是人天善趣的法呢？

如苦業所感，不成為正法，
如是生非法，是世異熟故。

離繫外道的苦行猶如眾生所受的諸般痛苦，是不善業異熟所感，不能成為正法；同樣，受生諸婆羅門處，也是過去世的業異熟故，非是得人天善趣之正法。

離繫外道雖然有種種苦行，婆羅門也是受生於世間高貴種姓的人道眾生，然而這些都不是成立彼等所行為正法的理由。離繫外道所忍受的種種苦行，實際上與輪迴眾生所受諸苦一樣，唯是往昔惡業所感的異熟惡果。比如地獄眾生的痛苦，是因無明惡習氣所感；同樣離繫外道痛苦加身，也是他們的無明愚癡習氣所致。這樣的苦行，顯而易見不是正法，若這些算是解脫正法，那世間的工人、農民等日日勞苦不休，應成早已解脫了！這顯然是荒誕不經的說法，絕不可能成立。還有婆羅門，他們雖然今世轉生為善趣人道中的高貴種姓，然這只是宿世的業異熟而致，純為享受異熟果，並不能算是有善業功德之法。依《俱舍論》中所言，現前異熟果只能是果，不能為因，既然是果法，那它不可能產生將來的因。依據這種對異熟果與因的辨別，很顯然可以知道，轉生為婆羅門是異熟果，並無功德，非今後得人天善趣的異熟因，故生為婆羅門並非正法。這就像人們今世得到完整的眼根等法，只是前世業的異熟果，這種果並非任何感召後世福業的法，故不應許眾生享受異熟善果為正法。

此處有疑：若外道苦行非正法，那內道中的苦行以什麼理由成立是正法呢？答曰：第一，內道修行人的苦行，是以智慧發心為主，以外表堅忍的行為為助緣，故不同於外道依行不依心的愚行；第二，內道修行者的苦行，世世代代依照上師善知識的傳授而行，在歷史上有眾多修行人依此道淨除了罪業，現前了殊勝菩提道，如蓮華生大士、布瑪莫札、那若巴、米拉日巴尊者等，從現量上即證明了這些苦行是正法，依現在諸修行人的經驗也可完全證明。故無論依理論比量，還是依現量，都可遣除此疑，而外道苦行無論依比量還是依現量，皆不能成立彼等為正法也。

庚二、（略示善說）分二：一、正示；二、外道不敬信佛法的原因。

辛一、正示：

問曰：若婆羅門和離繫裸形派的生和苦是非法，那麼什麼是釋迦如來所說的法呢？

如來所說法，略言唯二種，
不害生人天，觀空證涅槃。

釋迦如來所說的法，簡略總結而言只有兩種，即不損害其他眾生而上生人天善趣，觀諸法空無自性而證涅槃解脫。

本師釋迦牟尼佛應各種眾生的根基意樂，廣轉了三次大法輪，三轉法輪中包括著八萬四千法門。如是廣大的法門，如果依簡略竅訣總結而言，可以歸納為兩類：第一即不損害眾生，以此意樂而斷損害他眾等十惡業，修持十善業道，這些以不害為發心而修的善業，是上生人天善趣的增上生法。不損害眾生是內道最基礎的入門法，釋迦如來曾金口親宣：「損害他眾非沙門。」過去七佛也曾說過：「諸惡莫作，眾善奉行，自淨其意，是諸佛教。」自詡為信奉佛法者，於此基本要求應當細細省察，若此尚不能做到，即無法得人天善趣之果，也非真正的佛教徒。釋迦如來所宣說的法，另一類可歸納為觀諸法自性本空而現證涅槃。觀諸法自性空，此即勝義諦修法，是一切眾生獲證離垢涅槃的不二法門。在大乘諸經論中，有關不害眾生的法包括在慈悲方面，有關觀空證涅槃的法包括在智慧方面，若將本師釋迦牟尼佛所說的法再攝略深入而言，即是悲智雙運，此二不可偏廢，如同薩哈尊者所言：「空性離開悲心，或悲心離開空性，此二皆非正道。」故諸修學佛法者，必須融匯不害眾生與觀修空性二種正法，此如鵝王雙翼，欲赴解脫光天道者，切切不可忽略此義。

辛二、外道不敬信佛法的原因：

問曰：世人中有許多雖已見釋迦如來的教法，但是對此不害與觀空二種法，為什麼不恭敬隨順呢？

世人耽自宗，如愛本生地，
於能滅彼因，如何能生欣。

世人耽著自己的宗派見，就像貪愛自己本生的故土一般，因而對於能摧滅耽著自宗惡見的佛法，怎麼會生起欣喜呢？

世人於無始生死輪迴以來，即一直在種種常斷惡見中熏習不息，有著深厚的愚癡執著，他們對自己所秉持的外道邪宗，往往十分耽愛，認為唯有自宗非常正確，超過任何其他宗派，故而難以捨棄惡見求取上進。這種惡習就像世人大多喜歡自己出生地的故鄉一樣，因為對故土有貪愛，人們無論到再美好的他方國土，也覺得比不上故土好，甚至一輩子也會念念不忘這種偏執。藏人有民諺說：「他鄉的天堂宮殿不如故鄉的茅草棚。」漢地民諺也云：「金窩銀窩不如自家的狗窩。」在世界各地，尤其於農業社會，這種貪戀鄉土的習慣自古至今都相當濃厚，因而作者於此以這種常見習俗來比喻人們對自宗的耽愛。因為有這種耽愛偏執，世人對於能夠摧滅自己所持邪宗的正法，即不害與觀空的二種佛法，又如何能生起歡喜心呢？先入為主，他鄉天堂不如故鄉草堂，因這種惡習難以捨棄，最殊勝的佛法現在眼前，頑迷不化的眾生仍然不生欣樂。所以佛陀雖廣轉法輪，歷代高僧大德嘔心瀝血地繼後宣揚，依然有無數世人不信奉不敬順佛法，對這些可憐的頑冥不化者，當以棒喝醒之：若不捨自宗惡見，汝等當永沉生死輪迴，永無悟入解脫正道之時！

庚三、教誨求解脫者須求善說：

有智求勝德，亦愛他真理，
日輪於地上，有目皆共睹。

有智慧的人願意希求殊勝功德，雖是他宗的真理也會珍愛受持，佛教正法譬如日輪照耀在大地上，一切有眼目者皆應共睹。

有辨別好壞的智慧者，不會頑固地抱著陳見不放，比如他們若見自己的故鄉貧困落後或有災難，即會捨棄遠離，奔赴其他富饒平安的地方居住。同樣，如果發現自己以前所學的宗派非為正法，堅持下去無有意義，而他宗的教義為真理，依彼教義而行，能得到人天增上生和解脫決定勝的安樂，雖然是他宗，有智者也應毫不猶豫地學習受持。這是世間一切正直有智之士，必然會有的治學態度，無論出世間智者抑或世間智者，在這方面都有過很好的言傳與身教。而且佛教的不害與空性二種正法，窮究了宇宙人生萬事萬物的真理，為沉醉於無明生死黑暗中的眾生，指明了走出痛苦黑暗，步向解脫彼岸的正途。這樣的真理猶如朗朗虛空中的日輪，其光輝無有任何偏袒地照耀在大地上，如果是有智慧眼目的人，理應皆能現見這最勝的真理光芒。有分辨勝劣邪正智力之人，當開啟智慧之眼，看看佛教的不害與空性二法，與自己內心原先所秉持的種種宗派見比較一番，再作取捨。作為正直有智之士，相信定會捨糟粕取珠玉，於正法殷重精勤修持。若不作如是如理選擇，則唯有招致損惱，自苦其身而已。華智仁波切曾說過：「於如佛陀般的諸大成就者的教言不以信心修持，反而信任凡夫人以極為迷亂分別念所說的語言，此種人實屬愚笨！」而縱觀今日天下之芸芸眾生，這類無有慧眼的愚笨者，嗚呼，日漸滿天下矣！堪布阿瓊言：若對高僧大德的論典善說不希求，反而希求世間凡夫的邪論，這是布那亞魔王入心的表現。諸學人於此，當切切日慎三省自身心！

第十二品釋終

第十三品　破根境品

己四、（破根境實有）分二：一、廣釋破境實有的正理；二、明實有空與如幻相同。

庚一、（廣釋破境實有的正理）分三：一、破所取的根境實有；二、破能取的有境（心心所）實有；三、明無實體如幻是極為希有的原因。

辛一、（破所取的根境實有）分二：一、總破；二、別破。

壬一、（總破）分二：一、正破；二、示其餘理。

癸一、（正破）分五：一、破由根識現見瓶有自性相；二、示由此理例破其餘；三、由見色自相成立見其他一切有大過失；四、破唯色自相是現量境；五、示彼能立與所立相同。

子一、破由根識現見瓶有自性相：

問曰：佛教法中說諸法皆無自性，對此我等不能接受，因為諸法若無自性，應該如兔角一樣不能現見，而實際中色瓶等事完全可以現見，所以一切法應該有自性。

若見瓶色時，非能見一切，

見真者誰說，瓶為可現見。

若由眼識見瓶色的時候，非能見到瓶的一切支分，所以已見真性者誰會說，瓶是可以現見的有自相之法呢？

於諸法無自性的空性法義，一般不理解者首先會想到：我明明已現見外境諸法，這些怎麼會是無有自性呢？這種想法只是沒有觀察，若加以分析，人們的根識實際上並不可能見到外境的自性相。此處以眼見瓶色為例分析，若說由眼識能現見瓶的自相，在世間不經觀察的名言中，世人都這樣馬馬虎虎地承認，然加以觀察，此即不能成立。因所有外境法，其實都如《俱舍論》中所說那樣，欲界中每種事物都由色香味觸地水火風八種極微體組合而成，瓶子亦爾，它有色香等八種組成部分，人們將這八種微塵的組合體，假名為瓶，而以眼識觀看時，只能現見其色塵部分，其他七個部分都不是眼識的對境，故不能見到。如果你以眼識見到瓶的色塵，而說原原本本見到了瓶的自性相，以此可以成立瓶有自性相，這種說法智者誰也不會承認。以人們根識見某種法時，其實只是見到了該法的一部分，即使從能現見的色法上講，也是如此，如以眼識從正面見瓶的色，只見到了其前面的顯色，而其側面、後面等其他部分並未見到，故不能說真實見到了瓶的色、真實見到瓶的自相呢？因此，對諸法真相有所證悟者，並不會承認瓶等諸法有自性相可以現見。

有些分辨師認為，以根識現見的法，是一種分別尋思所得法，也即將分別識許為現量，這種觀點與正理、世間名言量都相違。世間人共許所見量的外境為現量，如明月朗朗為現量境，而不可能許心識為現量境；從正理而言，能見外境的心識是無分別識，絕不是分別識，不能許為現量。此理在大疏中廣有辨析，然而無有因明法相基礎者，對此可能一時難理清頭緒，故不繁言。

子二、示由此理例破其餘：

諸有勝慧人，隨前所說義，
於香味及觸，一切類應遮。

諸有殊勝智慧的人，隨前頌所說的正義，對那些許香味及觸可由根識取到，而成立諸法有自性的這一切同類邪見均可遮除。

按照上頌所說的正理，有智慧者可以遮除其餘由香味觸所引生的對諸法有自性的實執。比如世人常常會想：「豆蔻花肯定會有實有自體存在，因為我可以聞到它的香氣。」「瓶子肯定是實有自相的，因為我可以實實在在觸摸其形體」等等。對這些由鼻識、身識的所取境，而執外境有自性相的誤執，一一都可依前述正理遮破。瓶等對境法若實有自相存在，那麼一個自相不可能有可取不可取的兩部分，如是由鼻識嗅花香時，也應由鼻識嗅到花的色、味、觸等，這在實際中根本就不可能成立。因此有智慧者應仔細辨別，人們在日常中的根識所見諸境，實際都只是一種粗大的印象。若對「我已見瓶色」之類的想法加以分析，人們根識其實並未見到對境的自相，只不過是沒有觀察時，人們迷亂地認為諸法真實成立，自己的眼耳鼻舌身識皆可感受到其自相，這些感覺如同迷夢幻覺而已，並不能成立為真實量。《三昧王經》中云：「眼耳鼻非量，舌身意亦非，若彼等為量，聖道復益誰。」凡夫的根識，皆非真實的量，故不可依凡夫認為能有根識見境，而成立根境實有自性相。

子三、由見色自相成立見其他一切有大過失：

問曰：瓶與其色非是異體，而是一體法，所以由於見色，即見瓶的一切部分。

若由見色故，便言見一切，

由不見餘故，色應名不見。

如果由眼識見到瓶色之故，便說見到了瓶的一切部分，那麼由於不見其餘香等部分故，瓶色也應該名為不見。

對方許瓶與其色是一體，所以由眼見瓶色即見瓶的一切部分，這種承認有大過失。八種極微體和合而成的瓶子，若由眼識見其一部分色塵，即可名為已見瓶的所有部分；同等道理，由你的眼識見瓶色時，其餘的香味觸等部分並未現見，也即眼未見瓶香、瓶味等，由是也應成未見瓶色。你們許見瓶一部分即為見所有部分，如是也應許由不見瓶的一部分，而不見瓶的一切部分，眼識應成不能現見瓶色自相。若對方不接受這種過失，那麼認為由見瓶的一部分即見瓶的整體，這種立論不能成立。如果見一，即見一切，那麼不見一，即不見一切，二者推理方式完全相同。若對方接受前者，理應也接受後者，完全沒有道理只許其中一個。

子四、破唯色自相是現量境：

問曰：瓶子的整體雖然不是眼識的現量境，但是瓶色是現量境，依此類推即可現量成立瓶有自性。

即唯於瓶色，亦非現見性，

以彼有彼分，此分中分故。

只就瓶色而言，亦不可有現見性，因為瓶色有彼分、此分和中分，即瓶色是依眾多支分假合而成故。

但就瓶的色法部分，其實也不能為眼識現量見到，而成立瓶色有自相存在。瓶色也是由眾多色塵組合而成，比如一個青色瓶，有你眼識所見正面的此分色，瓶背後不見的彼分，還有處於此二中間部分的中分；繼續分析每一分，實際也由眾多的細微部分組成，最後乃至可以分析至無分微塵。在如是眾多微塵假合而成的瓶色之中，你所見的只不過是極小一部分，並未見到瓶色的整體。同樣，嗅香、嘗味、觸形等也無不是如此，只是感受到對境的一部分，並不能現量了知對境的整體形象。沒有觀察時，人們通過這種模糊而零碎的感覺，認為自己現量見到了瓶子的自相，這是一種迷亂執著，實際並不成立。雖然於世俗名言中，人們也許根識見境為現量，而於實義中稍加觀察，實無有任何現量可得。

子五、示彼能立與所立相同：

極微分有無，應審諦思察，

引不成為證，義終不可成。

極微的方分是有抑或無，應該詳細思維觀察，所以引用的極微不能成為瓶有自性的證據，所立的瓶是現量境之自性義始終不可能成立。

有些人認為，瓶子等一定會有根識現量緣執的自性相，因為不管如何分析，瓶子等法依然會實有存在其最細微的組成部分即極微或云無分微塵，由極微實有故，瓶子也實有不虛，故眼等根識一定可以現量見到。對這種能立的極微，若加以觀察，實際中也不可能成立。所謂的極微，它究竟有無方分？若有前後等方分，則不能稱之為極微，依靠這樣有方分的微塵和合成瓶子，也不能成立瓶子真實有自相。若它無有任何方分，則成完全無有，如是瓶子的本性也成無有，既然無有，又如何成立瓶子有自性相，可以成為根識的現量見境呢？所以想用極微作能立因，而成立瓶為現量境之自性相的所立，若對極微是否有方分加以觀察，其能立、所立二者均不成立。

癸二、示其餘理：

一切成分色，復成為有分，

故言說文字，此中亦非有。

一切色法在觀察之下，都觀待其有分（整體）而成為支分色（支分），此支分色觀待其更細的支分又成為有分，所以諸法唯是依言說文字安立的假名，此言說文字中也無有任何實體可得。

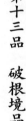

有情根識所取的任何一種法，唯是假名，而無真實自性成立之體。比如說眼識見瓶色，所見的瓶色觀待瓶子整體，只是支分色，也即只見到了瓶子的少部分支體，並未見瓶子整體；而這部分所見的支分色，觀待其更細的支分，又是有分，也即眼識所見的可以說是某種有支分法，而不是支分色。在名言中，有分與支分是相互觀待而成的法，若有分整體成立，支分才可以成立，支分成立，有分整體才可成立。通過上述觀察，於所見境中並無真實成立的有分和支分，故所見境非有真實自性存在。以上是以色法為例，依此類推，其他外境亦爾，不可能真實成立根識能現量緣取對境的自相。所以，一切法但有語言文字所安立的假名，而並不存在本體。雖然借助語言文字名稱，人們可以說有種種不同的根境，然這些根境皆是觀待安立的支分或有分，而無有自性成立的實體，於實相中毫無存在。不僅如此，言說文字本身也非實有，更何況由其所表的諸法呢？有智者應於此深入思慮，若能了知自己根識所取諸境，唯有語言假名而無實體，無始生死苦因——執諸法實有的惡習定可得以根除。

壬二、（別破）分二：一、破境有自性由根所取；二、破意識取境有自性。

癸一、（破境有自性由根所取）分二：一、破所見實有；二、破所聞實有。

子一、（破所見實有）分二：一、破境實有；二、破有境實有。

丑一、（破境實有）分二：一、破內部；二、破外部。

寅一、（破內部）分三：一、觀察顯色形色一異而破；二、觀察四大種而破；三、明彼所許有違害。

卯一、觀察顯色形色一異而破：

問曰：由顯色形色所組成的瓶子，是眼識現量所見，所以瓶子應該是有自相之法。

離顯色有形，云何取形色，

即顯取顯色，何故不由身。

如果離開顯色另有形色，那麼眼識為什麼能取形色呢？如果形色即是顯色，那麼取顯色何故不是由身識呢？

所謂顯色，是指紅黃藍黑等物體的顏色，形色是指物體的形狀，如長短方圓等，這二種色是根境法的色相。有些人認為眼識能現見對境法的顯色形色，以此現量完全可以成立瓶子等所取境的色自相成立。針對這類觀點，此處以觀察顯色與形色是異體或一體而破。如果離開瓶子的顯色，另有長短方圓的形色異體存在，那麼在眼識取顯色時，應成不能同時緣取其形色，因二者異體，顯色中無有形色，如同馬上無有牛，不應該同時為眼識現見。而實際中，人們的眼識取境時，卻會同時緣取其顯色形色，如眼根正常者都可同時見前面紅色的圓柱子、白色的方瓶等，以此顯然推翻了顯色形色異體的可能性。但是，如果形色與顯色一體，是自性成立的一體法，也即自性成立為所取境之色自相，那麼人們在以身識辨別瓶的形色時，身識為什麼不能了知瓶子的顯色呢？形色可以由身體觸覺了達，如果形色顯色自性一體，那麼盲人也應見顯色，黑暗之中人們也可以通過觸摸了知物體的顏色……這類推論當然誰也不會承認，也顯然與事實相違，因而顯色與形色也非一體。二者既非異體，也非一體，然顯形二色如果實有存在，必然存在一體或異體的關係，而觀察之下，一體異體關係都不成立，那又如何成立二者是眼識的現量境呢？若現量不成，如何以此成立瓶子具有自相呢？故有智者應知，自根識所見之色自相唯是如同夢中景象一般。

卯二、觀察四大種而破：

問曰：色處是實有，因為因色——四大種實有故。

如離於色外，不見於色因，

若如是二體，何故眼不取。

如果離開色法以外，則不能見到地等四大種色因，若這樣的果色與因色二體都實有存在，以什麼原因眼識不能現見二者呢？

若對方提出，以四大種實有存在，色境應自相存在，四大種是因色，因色既然存在，其果色外境也就實有不虛，應該為眼識現量緣取。對這種立論，可以觀察，在色法以外，並不可以見到地水火風四大種因色，所謂的因色只是依果色而假名安立，除了果色之外，並無別別實有的因色。如果按對方所許，因色實有，果色也是實有，如是在一個色法上存在兩種實體，這是不合理的。因色與果色如果實有，那人們在見色法時，又為什麼不能現見二者各自的自相呢？比如說，當你見柱子時，除果色柱子外，並不可能見到另外有四大種因色的存在。四大種因色若實有，應該是能見到的法，可見的法沒有見到，顯然可以成立它並不存在。所以，對方若以大種因色實有的觀點，成立眼識所取色境是實有，應成眼識能取大種因色，而實際中眼識不能取大種因色，故因色實有的立論不成，如是色境實有的觀點也無法成立。

卯三、明彼所許有違害：

見地名為堅，是身根所取，

以是唯觸中，乃可說名地。

現見地大名為堅性，是身根所取境；因此只有在觸覺範圍中，才可以說名為地。

上偈所言的他宗觀點，許實有因色四大種存在，因而色處實有，這種承認尚有另外一種過失。六塵中的色處，是眼識的對境，而地等大種是身識觸覺的對境，如是不同的兩種法，又如何成立為因果，又怎麼會同體存在呢？比如地大，它是一種堅性，是有情身根觸覺所取認之境，只有在身根觸覺範圍中，才可認識安名為地大，其餘根識對它無有緣取確認的功能。地等四大種與六塵中的色處有很大區別，一為身識所取境，一為眼識所取境，如果依敵宗所許，地大等因色與色處果色，二者皆是實有，那麼二者之間則不成立因果關係，因為二者各有實體，各自性相秉然不同，如是彼等所許果色也有無因的過失。而且對方許二者同體存在於色法之中，能為眼識所取，如是應成大種因色能為眼識所取，這種觀點的謬誤顯然易見。

寅二、破外部：

由所見生故，此瓶無少德，

故如所見生，其有性非有。

由所見產生的緣故，這種瓶子無有少分功德，所以就像所見瓶從所見生而非真瓶一樣，其瓶的實有自性不能成立。

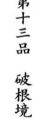

此處是破斥勝論外道所許的觀點。勝論師認為：人

們在見瓶子時，瓶子的自體並不能見到，但是瓶子也不是非所見的物體，瓶子具有一個所見身，即有一個所見的總相，這個總相能夠現見，所以瓶子可以成為現量所見，這種立論極不合理。根識所見的瓶子如果是瓶子的總相，那麼你們現量所見的瓶子，並非瓶子自體，如是瓶子的存在也就沒有什麼功德作用，因為其自體不可見；而且你們見瓶，也沒有什麼功德，以所見並非真正的瓶子，不能成立是現量見瓶。用另一種方法觀察，你們的所見和瓶子是一體還是異體呢？若許一體，見到所見時，即見到了瓶子的自體，與你們原先所許的「瓶子自體非所見」相違；若許異體，那見瓶子時，只能見所見，與瓶子自體無有關係，而你們以見到與瓶異體的所見，來成立瓶有自相可以現量見到，這是無有道理的推論，因見到的不是真實瓶自相，而是另一種所見總相，是一種非瓶自體的假象。所以無論怎樣努力，建立瓶有自性相，都會如同勝論外道所許「所見瓶相從瓶的所見總相而生起」一樣，其自性不可成立，而只是一種非實有的假象，是一種名言假立的幻相。

丑二、（破有境實有）分五：一、破眼能見色有自性；二、破識是作者；三、破眼是作者；四、眼應觀待自身為能見；五、破三緣和合是能見色者。

寅一、破眼能見色有自性：

問曰：現見色等境有自性，因為有能緣色等境的眼等諸根。

眼等皆大造，何眼見非餘，

故業果難思，牟尼真實說。

眼等諸根都是大種所造，然而任何色處只有眼見而非其餘耳根等所能見，所以業果難可思議，這是釋迦牟尼佛的真實語。

人們認為眼能見色是天經地義，自性成立之事，但是為什麼眼能見色？誰也不可能舉出真實的理由。有情的眼耳等諸色根，都是由四大種和合造成，其組合成分並無差別，然而對於任何色處，卻只有眼根能緣，其餘相同的由四大種所成之耳身等根，卻不能見。同樣，四大所成之耳根只能緣聲，鼻根只能緣香，對其餘的境不能緣取。由此可知，眼見色等現象並非自性成立，而是眾生不可思議的業力異熟果，造成了四大所造根有不同作用的假象。如果大種所造的眼見色自性成立，也即大種所造的眼根自性成立能見色，應成耳鼻等也能見色，因它們也同樣是大種所造，對此顯然誰也不會承認。眼為何只能見色，這是難思的因果，是名言中的一種緣起現象，不能以理智觀察，對這些難可思測的因果，本師釋迦牟尼佛以真實語說過：「有情異熟難思議，世間一切從風生。」如同器世間依風而生成，眾生的一切現象也由不可思議的異熟業形成。故不應將不可測知的眼見色等業果現象，誤認為自性成立之法。

寅二、破識是作者：

問曰：眼根有自性，因為眼根的果識能見色。

智緣未有故，智非在見先，

居後智唐捐，同時見無用。

眼識的緣尚未有故，眼識非在見境之先，若在見境之後眼識應成無義唐捐，眼識若與見境同時，則見的作用應成無用。

有人認為，眼等諸根的果識能現見對境，所以眼根等理應自性成立。對此立論可以觀察，果識（智）在見境的過程中，是先於見境生起、其後生起、抑或同時生起？首先分析，眼識不可能在見色之前生起，若未見色，生眼識的所緣境不存在，眼識果不可能無因無緣生起，比如若未見到瓶子，緣取瓶的眼識即不會生起。如果是先見色，而後生起眼識，不觀察時，世人都會這樣承認，而觀察之下也不可能成立，因為生起眼識是為了見色，若先已見到了色，而後來生起的眼識即成無義唐捐，已沒有任何必要了。如果在見色同時生起眼識，二者即成同時存在互不觀待的法，眼識已經成立，如是為生起眼識的見色作業也就無有任何作用。同樣，對鼻舌身等根識取境，也可作如是分析。如此就會發現，在真實中根識並不能緣取對境，名言中世人常以為根識能取境，唯是迷亂計執分別假象而已。

寅三、（破眼是作者）分三：一、眼有見色的功能則有大過；二、見色後為見行法則無用；三、眼若不至境而能自性見色則眼應見一切境。

卯一、眼有見色的功能則有大過：

眼若行至境，色遠見應遲，
何不亦分明，照極遠近色。

在見色時，眼根若要行至色境，那麼見遠處的色境時應當遲緩；而且，眼根為何不能同樣分明地照見極遠與極近的色境呢？

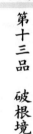

世人一般都會認為，正常的眼根能見外境色法，然而對這些現象若深入觀察，不難發現所謂的「眼能見色」，只是一種迷亂假象，在真實中並不能成立。如果眼能見色，外界色境並不會移動至眼根內，那是否眼根去行至色境呢？比如眼根看柱子，柱子不會移動到眼根裡，那是不是眼根自已行動去接觸了柱子呢？如果是這樣，外界色境離眼根越遠，即需要越長時間才能為眼根見到。可是在現實中，人們看遠近之物，並無如是區別，就像現在看經堂，一抬頭整個經堂裡的景象就能同時照見，並無遠近快慢之別。而且眼若能行至境見色，則見色時，不應有極近極遠不能見的差別。極近的色如塗在眼根上的藥，已與眼相觸故，又為何不能見呢？極遠的色，如遠方景色，如果是眼能行至境見色，理應同樣分明地照見，而不應有見不到或者不清楚的差別。所以，許眼能行至境見色，也有眾多太過。色不能行至眼根，眼根也不能行至色境，那世人所謂的眼能見色，又是如何成立的呢？現代人可能回答說：噢，這毫無希奇，是色境的光影反射至眼球，所以眼能見到色境。這種想法更為迷亂，既然承認眼根所見的是光線影子，那理應明白，眼根所見的，並非外境色法的自體相，而是一種假象，是依於光影等因緣，人們以心識判斷想像出來的東西，對這樣的想像物，絕不應許為外界真實的自相。若於這方面深入觀察，則於有情的見聞覺知現象，皆可了知唯是虛妄分別，無有任何真實性可言。

卯二、見色後為見行法則無用：

若見色眼行，其行則無德，

或名所欲見，言定則成妄。

若是見色以後眼方行至色境，其行則無有任何功德；或者說先未見而行至所欲見的境後，言說決定能見則應成虛妄。

如果有人想：眼根見色時，是先見到了色境，而後眼根行動，至色境去緣取它。這是大謬不然的想法，眼根的行動是為了見色，如果色境已經見到了，那它再行動又是為什麼？又有何意義呢？實無有任何功德實義。已見之法，即無需再勞眼根去行動，已見某法之後，再去行動以求見它，唯是無義重複之舉。還有一種觀點認為：眼見色並非見後再行，而是未見境時，先要行動靠近所欲見的色境，如是就決定能見到對境。這也是大錯特錯的立論，若首先未見，就像盲人沒有見外境一樣，那麼眼又向何處行動呢？自己首先對外境毫無所知，就說決定能見，無疑是愚癡虛妄的迷亂想法，就像某人先閉上眼睛不見一物，然後想「我要見石女兒」，說自己睜開眼睛就決定能見石女兒一樣，對此誰人都可了知其虛妄。若如是觀察，人們眼見色法也不成立，世俗諸法唯是虛假名言也。

卯三、眼若不至境而能自性見色則眼應見一切境：

問曰：眼見色是眼的自性功能，無需行至境，故無有上述過失。

若不往而觀，應見一切色，
眼既無行動，無礙亦無障。

如果許眼不往境而能自性地觀見，應成眼能無礙見一切色境；眼既然無需行至境即能見色，則無有遠近也無有障礙不障礙的差別。

如果許眼無需行至對境即能自性見色，則有眼應見一切色境的過失。眼若不需行至對境，外境也不會自動行至眼根，二者無有接觸，眼即能見到，那麼與眼根沒有接觸的法，也應一一為眼所緣取現見。眼無需相遇對境即能見，如是眼取色境時，則不應存在遠近、有無障礙的差別，而應恆時同樣分明地照見裡裡外外一切色境，恆時無有不見者。只要許眼能自性見色者，這類過失即無由避免，因為自性能見者，則不會有改變，不會受他緣的影響。而實際中，世人見色要受他緣影響，也有遠近與有無障礙的限制，很明顯反映了眼並非能自性地見一切色。在中觀自宗，許眼見色是世人分別心前一種假立的緣起現象，因為是假立虛幻現象，故可以藉因緣顯現，而無需至色境或不至色境的觀察，就如夢境幻象一樣，沒有什麼合理不合理。而若許為真實，則必有其生起運行方式，故觀察之下，明顯可以發現種種無法合理建立之處。

寅四、眼應觀待自身為能見：

一切法本性，先應自能見，
何故此眼根，不見於眼性。

眼若自性能見，即本性應成能見一切法，如是先應自己能見自己，那為什麼此眼根不見它自己呢？

若許眼根本來即具能見色境的自性，眼應成觀待自身為能見，自己應該先見到自己。眼若自性能見，本來即應恆時照見一切色法，如是眼根也應從初至今能見到眼根自身，以眼根本身也是色法，也應成為它自己所見的色境，而不應有任何變化。比如說，檀香的名言本性即具香味，自生至滅間其他物品只要遇上它，即會為它所染香，它自己也不改香味。同樣，若眼本性即能見一切，那自己亦應能見，然而在現實中，眼根自己決不能見自己。自眼見自眼，如同劍刃自割、輕健者騎自肩一樣，這是畢竟不會成立之法。所以許眼能見色自性成立者，與聖教量、比量推理皆有相違，世人也皆知自不見自，猶如色不見色，於此不應顛倒理解也。

寅五、破三緣和合是能見色者：

問曰：眼雖然不能單獨見色，然而由眼、境、作意三緣和合，即能真實不虛地見到外境。

眼中無有識，識中也無見，
色中二俱無，彼何能見色。

眼根中無有了別色境的作意，作意也無有見色的功能，而色境中，眼根與作意二者都不存在，那麼彼三緣和合怎麼能見色境呢？

根境識（作意）三緣和合，即能有見境作用的發生，這是經部行人及觀察名言的因明論師所許的觀點。在中觀師看來，這種觀點唯是虛幻名言現象，而非真實成立，修行人不應執為真實。在三緣和合之中，首先眼根不會有作意見色境的識，因眼是色根，而無作意即不會無緣無故發生見色作用；作意取境的識，亦沒有取色相的功能，它只是一種心識意念，不能單獨緣境生起見色現象；在色境中，也即外境所緣緣之中，既無眼根，也無作意取境的識，此二無有，也就更不可能有見色作用。根境識三者各自都無有見色功能，那它們聚合起來，也無法成立有見色作用。比如說一百個盲人，他們各自都無有見色境的功能，如果聚合起來，也不可能有見色功能；一粒砂石中無有芝麻油，將全世界所有的砂石集合起來，也同樣不可能榨出芝麻油。同樣道理，若根境識三者皆無見色功能，三者聚合後，也不可能見色。若許三緣和合能見色，那只是一種無有真實性的迷亂名言假象，在中觀自宗，認許這些迷亂假象是凡愚眾生前所存在的暫時現象，如同夢幻一般，非自性成立，也經不起觀察。寧瑪派的大成就者榮素班智達說過：所有名言現象，依名言諦觀察，彼等於名言中也非真實成立。若能如是深入正理，無始以來的輪迴苦因一定可以迅速打破，徑入無生實相之境。

子二、（破所聞實有）分三：一、觀察聲音是否能說者而破；二、觀察與聲相合是否取境而破；三、明不取聲初分的違害。

丑一、觀察聲音是否能說者而破：

若聲說而行，何不成說者；

若不說而行，何緣生彼解。

如果聲音是說而行至耳根，聲音以何緣不成為說者呢？如果聲音不說而行到耳根，識以何緣對彼聲音生起了解呢？

以上破除了眼能自性見色，同樣耳識也不能真實成立有聞聲功能。若耳識能自性聞聲，可以觀察耳識聞聲是以什麼方式發生聽受關係。一般人認為，聲音傳到耳根，然後為聲識所了別；然而這種聲是說而行至耳，還是不說而行至耳？如果聲是說而行至耳，也即聲帶著發出響聲的動作，才行至耳中，就像旁人在你身邊說出種種語音一樣，這種聲即應成為說者而非所聞境。既是說者，就不應稱為聲音，聲只是六塵中的一種無情法，而非能說者，所以聲非是說而行至耳。再觀察若聲音不說而行，不帶任何響動而行至耳識，或說聲未響之前，已與耳相觸，那麼耳識無有因緣可以聞知了別聲，因為聲無有發出任何聲音，不能成為耳識所了別之境。經過這兩種分析後，應了知耳識聞聲，只是在沒有觀察的情況下，才會為世人所認許的一種現象，實際中聲無論有響動（說）還是無響動，皆不能行至耳中成為所聞境。現代人會認為，聲是一種振動，由空氣等媒體的波動可傳至耳根，然後即能原原本本地聽到聲所發出的聲音等等。既已了知所聞之聲，是一種由他物所傳來的振動，就應知所聞並非對境所出的真實聲音，而是一種他緣所引生的虛幻感覺，於此幻覺不應許為真實。實際中人們的耳識，絕不可能真實聽到聲所出之聲音。

丑二、觀察與聲相合是否取境而破：

若至耳取聲，聲初由何取；

聲非單獨至，如何能單取。

若聲行至耳根，耳識才能取聲音，那麼聲最初是由何者緣取？而且聲非能單獨行至耳根，耳識又怎麼能單獨取聲呢？

再從耳識取聲的過程分析，人們共許聲音要傳進耳根，然後耳識才能緣取了別這種所聞境。這個過程中存在著很大的過失，若聲音在行至耳根後，才能成為所取的聲，那麼在此之前，在它生起之最初，應成無有耳識執取它，因耳識須依所取境方能生起。既無有耳識的緣取，其他根識也不能取，那它無法成立為聲，因為聲是耳識所聞境，觀待能聞的耳識才可成立。若無有任何聞者，即名為聲，那虛空石頭之類非聲之物，豈不也可許為聲？而且聲音在生起傳至耳根時，並非單獨而至，而是與多種因緣聚合後，才生起聞聲之識。但是人們在聞聲時，卻單獨聽到了聲塵，於其他種種因素卻沒有緣取，這也是極不合理的現象。聲音本體具有多種成分，耳識若能真實取聲，於此同存一體之法，又怎麼能單獨緣取一種呢？如果單獨能取，應成聲音無有多種因素能單獨生起，可是這於事實全然相違。依多種微塵組合而成的聲，若能為耳識所取，應成耳識也能取其色塵或香塵等，如是顯然與事實相違，故不應許耳識能真實於聲相合而取聲。

丑三、明不取聲初分的違害：

問曰：如果在最初生起時，聲音無有緣取者，這又有什麼過失呢？

乃至未聞聲，應非是聲性；
無聲後成聲，此定不應理。

聲音乃至未被聞到之前，應該不是聲音之性；而最初如果不是聲，聞到後變成聲，此決定不應理。

對上偈所言的「聲初由何取」一句，此頌接著分析，若許聲音在行至耳根前，不為耳識所取，這種觀點即有損害聲性的過失。所謂的聲音或聲，是耳識的對境，須依能聞的耳識，才可觀待成立這種所聞聲音的名稱。比如說你的耳識聞到了某種聲音，你才可以說那是某種聲音，如果沒有任何聽聞它的能聞耳識，而其他根識也不能緣取，縱然巨若奔雷，也不可安立為聲。試想於一耳聾者前，說那邊有某種聲音，他定然會笑你無事生非，不會承認聲音的存在。若強說無有耳識緣取者，也應名為聲，那麼色香味觸餘境，也應名為聲，因它們也無有任何耳識在緣，此誠有大過失。「至耳取聲」之觀點若成立，也應成聲從無聲變成了有聲，這也是不應理的。因對方許一切法常住實有，耳聞聲自性成立，而聲從無聲變成了有聲，從不被聽聞到被聽聞，顯然已不是常住不變的實有法，而是有變動有生滅的無常法。所以，若對耳識的聞聲加以觀察，有智者一定可以發現，這些現象只是因緣和合而現起的夢幻妄境，無有真實成立的道理。佛經中云：「譬如有木及絲弦，琴師手動三和合，能出琵琶箜篌聲，彼等美音從何出？是故智者應觀察，彼從何來往何去，一一方隅遍尋求，聲音來去不可得。」當修行者相續中能融入如是如理觀察的智慧時，於外界一切譽毀讚罵等等，皆可了知如同空谷回音，自心不為所動，以此即能漸漸破除實執，斬斷生死輪迴之根。

癸二、破意識取境有自性：

問曰：心意能至境而取，所以意識取境是自性有。

心若離諸根，去亦應無用，

設如是命者，應常無有心。

心意若離開諸根，去至境也應無有取境作用；假設這樣，命者——我應恆常無有心。

有人認為耳等根識能行至外境，所以意識可以自性成立有取境的作用，這種承認不合道理。假設心識能行至境，耳等諸根也不可能與意識一起行至境，以此心識與境相遇也不會發生緣取作用。因為在取境過程中，有情的耳等諸根與識，必須相互緣助才能起作用，根識不能單獨緣取境界，在《釋量論》等因明論著中對此闡述得很詳細。心識單獨行至境，只會如同盲人無有取色境的功能，聾者無有取聲的功能，無法發生任何取境作用。不但如此，如果心能行至外境，有情所執著的命者——我，就會如同一具僵屍一樣，恆常無有辨別思維的心，這樣的我又怎麼會是有情法呢？甲操傑大師說：「若以此等正理觀察，便知境和根識取境的功能皆無自性。」

辛二、（破能取的有境（心心所）實有）分二：一、明想蘊的相；二、破想蘊實有。

壬一、明想蘊的相：

問曰：諸根境若無有自性，那觀察不同境的想蘊又會如何呢？

令心妄取塵，依先見如焰，

安立諸法義，是想蘊應知。

使心識妄取色等塵境，依於先前所見境，使意識取執種種如同陽焰的幻相為實有，由是妄立諸法不同義相的心所法，應知這就是想蘊。

如上所作觀察，諸根境皆無自性，而觀察諸根境不同的想蘊，也同樣無有自性。但是在世俗中，想蘊也並非全然無有，它也有自身的種種作用表現，若要破除對它的實執，需要先認識其體相作用。想蘊是有情妄立諸法的一種心所法，它能令心迷妄地執取色等塵境。依靠所見境，然後意識進行判斷緣取種種不同境相，並進一步執著這些境相。這個過程如同執著陽焰水一樣，雖然陽焰無有水的性質，但是依想蘊的作用，有情會生起水想；同樣，名言中的色聲香味等塵境，本來無有任何可緣之體，然而依想蘊的作用，有情安立了諸法的各個不同法相，如這是火、這是大山等等，這一切皆是由想蘊迷妄安立的名言假象。若能了知想蘊的這種迷亂作用，對內外境諸法的自性妄執，一定可以生起清楚認識。

壬二、破想蘊實有：

問曰：想蘊若無有自性，則一切法都不能建立。

眼色等為緣，如幻生諸識，

若執為實有，幻喻不應成。

以眼根色境等為緣，就能如幻術般生起各種心識，如果執識等諸法為實有自性，則說如幻的比喻不應成立。

諸法雖然皆無自性，然而於名言中，可以依眼根為增上緣，以色等外境為所緣緣，以作意為等無間緣，以種種因緣和合，即可如幻化般生起眼識等各種根識。此時以顛倒的想心所執取其相，並安立其眼識的法義，進而令心識執其為實有。然而，這內識外境一切法皆無自性，唯以妄念執為實有。前面的內容中也講過「故唯虛妄念，緣虛妄境生」，依虛妄境可產生虛妄的分別；同樣，依幻化不實的外境等緣，也可產生種種幻化心識。因此，諸法雖無自性，依於因緣聚合，種種如幻顯現並無斷滅。如果執根境等緣產生的心識或種種其他緣起法實有自性，佛陀所說的如幻比喻則不應成立，對此有理智者誰能認許呢？無論以理證比量推理，抑或以聖者的現量，皆可無誤成立諸法如幻化無有自性的立論。比如說心識，它並非來自於諸根，也非來自於外境，以二者皆為無情色法故，它也非自生，然而當根境緣聚合時，它即能宛然而現，當緣散之後，它又刹那消逝無跡，尋其來處、去處、住處皆不可得，這與幻師依木石幻變象馬等又有何差別呢？既然由想蘊安立的識等諸法皆無自性，那麼能安立其實有的想蘊也定無自性。故行人當反覆深思，諸法若有實，則此等如幻的生滅現象皆不容有。

辛三、明無實體如幻是極為希有的原因：

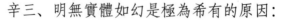

問曰：既說諸根非能取境，又說依眼色等為緣能生

眼識，這豈不是希有難測之事嗎？

世間諸所有，無不皆希有，
根境理同然，智者何驚異。

世間所有的法，無不都是顯而無自性的希有之事，根境無自性之理也是同樣，以此智者又有何驚異呢？

於實義中，諸根並非能緣取外境，於名言中依於眼色等緣，又能如幻地生起眼識等，這種事確實是非常希奇。不僅如此，世間的一切萬法都是這樣，以勝義諦正理觀察時，一切法皆如夢如幻不能成立，於名言中不觀察的情況下，諸法亦可無欺地顯現。比如種子生苗芽，若以理智觀察，種子滅而生苗與種子不滅生苗等，何種方式也不能成立；可是於不觀察的名言世俗中，依種子等因緣又可無欺地生起苗芽。所有的法無不如是，奇妙難測，根境之理也是同樣。以正理觀察時，眼耳諸根無論遇境或不遇境等，不管以何種方式，也不能成立見境等事；不觀察時，依於根境等緣聚，可無欺地生起種種根識。若能通達此緣起不虛、自性非實的正理，智者於此也就不會感到驚奇難測了。龍樹菩薩言：「知此諸法空性已，一切業果依緣起，希有又此極希有，希奇又此極希奇！」智者於此深讚希有，乃是因已知諸法本體空性、緣起不虛的二諦雙運妙理，諸學人若能深入此妙義海洋，也能於此深得希有妙味！

庚二、明實有空與如幻相同：

諸法如火輪，變化夢幻事，
水月彗星響，陽焰及浮雲。

緣起諸法猶如火輪、變化、夢、幻事、水月、彗星、空谷回聲、陽焰及浮雲，雖有顯現而無實體。

諸法雖無本體，然而依種種不同因緣的聚合，其現象卻宛然不滅。這些緣起現象以比喻而言，可以舉出許多現實生活中的例子，讓學人明白其無有自性的實義。首先，諸法如火輪，當人們手持火棍迅速旋轉，特別是於黑暗中轉動時，在眼前即會分明地出現一個火圈，雖然人們也明明知道這個火輪是不真實的，實際無有火輪存在，然而依旋轉火棍與人類的視覺殘留誤覺，火輪的形象卻分明不滅，同樣，一切萬法亦復如是，正在顯現的當下卻無絲毫自性的存在；還有瑜伽師以禪定通力所變化的美女宮殿；夢中千奇百怪的種種景象；幻術師所幻現的少女象馬等事，雖然不實，卻能迷惑有情，生起種種顛倒執著；諸法也如同水月，水中雖無真實的月亮，然因緣具足時，其現象卻明然而存；如彗星（原意不明，似應為霧），虛空之中能現輕紗山巒等相狀；如空谷回音，能引顛倒識生；如陽焰，於非境之中引生錯亂分別；如遠處浮雲，見似山丘、象、馬等形。諸法如幻無實，顯而無自性的比喻，在諸經論中尚有許多，通常以幻化八喻對應釋說諸法無生無滅、不一不異、不來不去、不斷不常，離八邊的意趣。佛陀在《金剛經》中說：「一切有為法，如夢幻泡影，如露亦如電，應作如是觀。」於《月燈三昧經》中也更為詳細地說過：「譬如有童女，夜臥夢產子，生欣死憂戚，諸法亦復然。如幻作多身，謂男女象馬，是相非真實，諸法亦復然。如淨虛空月，影現於清池，非月形入水，諸法亦復然。如人在山谷，歌哭言笑響，聞聲不可得，諸法亦復然。譬如春日中，暉光所焚炙，陽焰狀如水，諸法亦復然。見野馬如水，愚者欲趣飲，無實可救渴，諸法亦復然。如虛空無雲，忽然起陰曀，知從何所出，諸法亦復然。如焰尋香城，如幻事如夢，觀行相空寂，諸法亦復然。」若能常時吟誦觀修，定可現見如是諸法空寂如幻的實相。

第十三品釋終

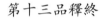

第十三品　破根境品

第十四品　破邊執品

己五、（破邊執）分四：一、成立諸法自性空；二、妄執諸法為常為實有的錯亂因；三、略示成立無實有之理；四、明通達無實有的所為。

庚一、（成立諸法自性空）分二：一、略示；二、廣釋。

辛一、略示：

問曰：如果說所有緣起現象如同旋火輪，無有自性，那麼什麼叫做有自性呢？

若有任何法，都不依他成，
可說為實有，然彼皆非有。

若有任何法都不依靠他法，而是自己能單獨成立存在，這種法即可說為實有，然而這種法於任何處任何時都不會有。

諸法皆無有自性，以諸法必定會是從因緣生起故。如果某法有自性，這種法應不依靠任何因緣，即能成就或說存在，也不受任何他緣的影響而恆常不變，以自性永遠不會變為他性故。如果有這樣的法存在，即可稱它為實有法，然而無論是誰，即使尋遍十方三世所有事物，也不可能得到此類實有自性之法。這是洞察究竟真理的一切智智佛陀，以無礙智慧所親見的事實，也是每一個了知中觀空性緣起正理的智者，能以無垢正理建立的正量。不管於世俗勝義中，不依他緣而自性成立之法，何時何處皆非有，這便是破邊執的中心正理，也是龍樹父子所闡述的中觀密意所在。此處所說的有自性、自性成立，是指不由他緣而唯由自體單獨成立，也即實有、成實自體有、自相有、自性有、實相中成立、勝義諦堪忍等，在諸經論中有諸多異名而所指相同。在大疏中，月稱菩薩於此廣述了中觀義理的所破，以及中觀宗遮止一切實執戲論的正理。全知麥彭仁波切曾於《中觀莊嚴論釋》中言：「萬法若有一成實，諸所知成永不現，萬法無一成實故，無邊所知了分明。」能於此頌深入思維者，定可掌握遣蕩一切實執的智慧。

辛二、（廣釋）分四：一、觀察四邊破積聚（總體）實有；二、破有聚（支分）實有；三、觀察一與多而破；四、由破四邊的理例破其餘。

壬一（觀察四邊破積聚（總體）實有）分二：一、略示；二、廣釋。

癸一、略示：

非一色即瓶，非異瓶具色，

非依瓶有色，非有瓶依色。

瓶與色非一體，否則色即是瓶，也非異於瓶體有色相；非依於瓶子有色相，也非有瓶子依於色相。

有人認為瓶子等色法是由眾多極微積聚而成，故有自性實體。這種說法是否成立，尚需觀察，若瓶子有實體，那麼瓶體與其色相是一體抑或異體？如果是一體，柱子等一切顏色形狀都應成為瓶體，何處有色相，彼處也應有瓶子，這顯然不能成立。若瓶色異體，應成二者有兩種不同的體，那麼瓶子無色相，瓶子的色相單獨存在非瓶之處，這種情況肯定不可能存在，因為人們現見瓶子都有顏色形狀。然後，若瓶子與色是有自性的異體，依於瓶體有色相或依於色相有瓶體，這兩種都不可能成立，以二者若自性異體，相依而存，那麼不觀待色相也能緣取瓶體，不觀待瓶體也能緣取其色相，就像盤中有蘋果，二者都可單獨緣取。此頌的推論觀察方法，是觀察某法若有實體，那麼它的所依能依，二者是否一體或異體，能依所依二者是否可以成立異體相依，若這些關係都不成立，其實體即無由成立。任何一種色法，人們都會以其有形色相狀可緣取，而執它有實體存在，若能以如上色相與體是一是異等方法觀察，這類迷亂分別實執，即不難斷除。以色法若實有，必然要有成立理由，而一經觀察，真正成立實有的依據不可得也。

癸二、（廣釋）分二：一、破他部；二、破內部。

子一分二：一、破能相；二、破所相。

丑一分二：一、破實總是異體的所依；二、破德是異體的所依。

寅一、破實總是異體的所依：

若見二相異，謂離瓶有同，
非爾是則同，何不異於瓶。

如果見有性與瓶，總別二相是異，便說離瓶子實體有同（有性），但按理非是這樣，若是這樣，同（有性）為何不異於瓶呢？

此處的「破他部」是指破斥勝論外道的觀點。勝論師認為：色與瓶雖然不是異體，但是其有性與瓶是異體，瓶是實質，是一種別體，有性是總相，二者異體聯繫，由總相可成立瓶的存在，所以瓶是實有。中觀師破曰：如果瓶的實質別體，與其有性總體二者是異體，以此你們說在瓶之外有一個總相有性存在，這是不合道理的。如果總相有性與瓶的別體相異，那麼有性以什麼理由與瓶不相異呢？二者理應相異不一，而有性既然與瓶子本身無關，故無法以它成立瓶是實有。勝論外道於此，是想建立一種所謂的有性總相，來成立瓶子等法的別體為實有，但這種總相存在，不能是瓶等法的色，如上頌已破，故他們說總相有性是異於瓶子的法，這種法與瓶子有聯繫，故能成立瓶子為實有等等。這種建立雖然挖空心思，然而總相別相既然相異，二者即不能有什麼關係，如同馬以外的牛，即使有牛存在，對馬的存在毫無幫助。

寅二、（破德是異體的所依）分二：一、正破；二、許異德不依德有相違。

卯一、正破：

問曰：瓶有實體，因為有一、二等德數異體所依故。

若一不名瓶，瓶應不名一，
此具非相等，由此亦非一。

如果一等德數不叫做瓶，那麼瓶也不應叫做一；此瓶與所具德數並非相等，由此瓶亦不是一。

勝論派許一切所知法可歸納為實質、功德、業、總體、別體、會合六種句義，實質法是功德所依，所謂功德法即實質法具有的數量、苦樂等，依數量等功德，可以成立實質法實有。如果這樣承認，那麼就瓶子而言，瓶子與它所具的一、二等數量功德，是否為一體呢？誰都知道，瓶子所具的德數一、二等，並不是瓶子，不能稱為瓶子。如果一是瓶子，那麼所有的一，如柱子所具的一、犛牛所具的一，都應成瓶子，所以瓶子實體與它所具的功德不是自性一體法。按理瓶不是一，而依有一、二等功德來成瓶子具實體，也就無法成立。對方辯難曰：如果一不是與瓶子同等存在，那應成瓶子不能有一、二等功德，如是一個瓶子就永遠不應找到。所以應許瓶具有一數故，瓶能成一，但一數不成為瓶。答曰：世俗名言中，瓶子能具有一、二等德數，然而這些德數並非是瓶子，因為一並不能有瓶子，二者並非相等關係，因此可以成立瓶子非是一，不能依一來成立瓶子實有。勝論派許一與瓶是異體，二者是能依所依關係，以所依存在即能依存在，在上述觀察下，瓶具有一數，而一數並不能具有瓶，二者並非相等，故不能成立瓶即是一，以一存在瓶即有實體存在的立論。

卯二、許異德不依德有相違：

如色遍於實，色實得大名；
敵論若非他，應申自宗義。

如果色能遍於實質，色實際上得到了「大德」的名稱；敵方觀點若非他宗而是自宗，即應申自宗教義駁斥敵論，（然汝怎麼能以自宗來難內道呢？）

勝論外道認為功德可依於實質，各個功德相互間不能成為能依所依，而加以分析，這種立論不能成立，實際上他們所謂的功德仍然要依於功德。比如說瓶功德中的色法（即顏色、形狀），勝論師許它能遍於實質，若色遍於實質，瓶的大小高低種種形象，即是色的大小高低等，這樣色也應得「大」名，能成為其他大小等功德的依處，很明顯推翻了他們的觀點。對方難曰：這種說法不對，第二德不依德，是我們的宗義，所以大小等功德不依於色。答曰：如果你們的敵論者，在問難時所用的不是汝宗外的他宗，而是用你們的宗義，那麼你也應提出自宗教義來回答。但是，對我們內道宗的破斥，你等又怎麼能用自宗來問難呢？正在推證辯論某宗義是否可以成立時，不能引此宗義證成他自己的觀點，而應以雙方共許的因明推理方法來論證，這是內外道共許的辯論原則。不管於何種辯論場合中，這都是必須遵循的基本原則，不然無論你如何引述自宗，敵方也可引用他的自宗，二者永無達成共識的機會。

丑二、破所相：

問曰：他性異體的功德雖已破除，但所相——瓶子尚未破除，因此瓶有自性。

非由於能相，能成其所相，
此中異數等，實性亦非有。

非是由於能相而能成立其所相實有，所以此中離於一、二德數等，實有自性的瓶體亦應非有。

能相是表示或說確立某法的法相，所相是能相所表示的法，比如說，瓶的功德為能相，依功德所表示的瓶為所相。在上頌已破除了瓶的能相功德，而外道仍執瓶自體實存，這實際上嚴重地違犯了因明推理規則。因為前面已破除了瓶的能相——一、二等異體的德數，能相既然不成立，其所相瓶子也就不應再許有自性存在。要建立某種法，必須先建立其能相，離開能相則無有異體的所相，離所相也無有異體的能相可得。而你們許一、二等功德，是異於瓶體的法，依於這種能相，明顯不能成立所相瓶的存在。否則，應成一數即瓶體，瓶體即一數，等等有如上所說的種種太過。

子二、（破內部）分二：一、廣破一聚實有；二、略破聚者雖多而所聚一體是有自性。

丑一分五：一、觀察一異而破；二、破諸支分互相和合一聚是實有；三、示破一聚合實有之其他理由；四、破瓶從自因實有而生；五、破由觀待自支分故瓶從實有因而生。

寅一、觀察一異而破：

離別相無瓶，故瓶體非一，

一一非瓶故，瓶體亦非多。

離開色等八微別相外無有瓶，所以瓶體不是自性獨立一體；而八微的一一體都不是瓶體，所以瓶體也不是多體。

內道中的經部論師認為，瓶等由色香味觸地水火風八微合為一體，所以存在自性實體。而瓶體如果是由八種微塵和合而成，又怎麼能成自性一體呢？所謂的瓶子，只不過是人們在微塵聚合體上，以分別安立的一種名言，在這個假名為瓶的聚合中，除了色等八微各各別相外，並不存在一個名為瓶子的法。如果瓶子存在，必須要有成立它的能相，而觀察之下，只有八微各自的法相，無有瓶子的相，所以不存自性一體的瓶子。瓶子不存在自性成立的獨一體，那是否可成立：瓶子由八微組成，以此而有多體呢？這也不成立。因為色香味觸地水火風，各有它們的別相，而無有瓶相，一個瓶體尚無法成立，故不能成立有多個瓶體，否則八微一一體都應成為瓶子，這種混淆名言的說法，當然是不能成立的。而且，由八微一一體都不是瓶，它們之間無論怎樣聚合，不能真正產生瓶體，就像在一粒沙塵上，不存在大米相，那無論怎樣聚合多粒沙塵，也不可成為大米，故於八微的聚合中，也不存在一個或多個瓶體。

寅二、（破諸支分互相和合一聚是實有）分二：一、正破；二、破彼所答。

卯一、正破：

問曰：由八微互相接觸和合即可成為一瓶，所以瓶是實有。

非無有觸體，與有觸體合，
故色等諸法，不可合為瓶。

瓶非是由無有觸體的色香味觸，與有觸體的地水火風和合成一體，所以色等八微諸法，不可能和合成為實有的瓶。

前偈已破八微聚合，如同多個塵粒捏在一起，便能成就實有瓶體的可能性。於是對方又提出八微聚合成瓶非是簡單地會合，而是如同泥水相互和合，成為不分的一聚，以這種一聚可以成立瓶子有實體。八塵和合成一聚，這種所謂的和合能否成立，還需要觀察。在色等八塵之中，色香味觸四種是眼等根識所緣的境，無有形體，所以是無有觸體之法；而地水火風四大，是有觸體之法。這兩種法一類有體，一類無體，故不可能有真正的相遇和合發生，猶如兔角不可能與手掌發生相觸一般。既無法發生相遇，八微之間也就不可能發生所謂的和合一聚，而成為實有的瓶體。有關和合的概念，在現代化學物理學科中，尤可明顯地了知，世俗中所謂的多種物質聚合發生反應變成另一種物質，這個過程中，唯是原來的元素重新組合，人們在這種重新組合體上安立不同名稱而已，實際上除那些同樣的元素外，並沒有真正產生某種新的實體，就像同樣的泥土，依不同組合結構，人們稱為瓶、盆、碗等不同名稱一樣。

卯二、破彼所答：

問曰：觸與非觸雖然互不相觸，但是有觸與非觸的和合，故瓶是實有。

色是瓶一分，故色體非瓶，
有分既為無，一分如何有。

色只是瓶的一分，所以色體非是瓶；有分（瓶）既然無有實體存在，那麼一一支分怎麼會有自性存在呢？

色香等八微即使有和合，其和合中也不能泯滅八微的一一別相，而成為無有八微差別相的一種實體，這是經部自宗也必須承認的，因為他們許八微是實有自性的法。而在八微和合中，其中色只是瓶子的一部分，以此不能承認色體是瓶子，否則應成八微中唯有色是瓶子的組成元素，其他七種不是瓶子的因，或所有存在色的地方也應存在瓶子等，有眾多過失。同樣，其他如香味等，只是瓶子的一個支分，不是瓶子的整體，因而都不是瓶子。八微皆不是瓶子，那麼它們的組合，也不可能使瓶子無因而有實體產生。瓶子整體既然不存在，觀待整體有分而存在的支分也就不可能實有存在，就像桌子如果沒有，觀待而有的桌面桌腿等分支，也不可能存在。所以，因瓶體非有自性存在，其支分八微，也應知定非有自性。此處只是以瓶為例，實際中可依此觀察整體與支分的理論，摧破對一切法的實執。

寅三、（示破一聚實有之其他理由）分二：一、瓶若實有則一切有色應成瓶；二、瓶的八微亦應成一。

卯一、瓶若實有則一切有色應成瓶：

一切色等性，色等相無差，

唯一類是瓶，餘非有何理。

在一切瓶等粗大色法的體性上，色等八微的性相無有差別，而只有一類是瓶，其餘的不是，這有什麼道理依據呢？

經部行人許色香等八微是實有無分的微塵，依彼等和合，可以生起實有的聚體，如寶瓶、柱子等法。這種觀點若成立，一切粗大色法的體性，應成無有絲毫差別。因為色等諸微性相若實有，則於一切色法上，不會有性相的變化，比如說瓶子上的八微與柱子上的八微，其性相應完全相等，既然八微完全相同，那麼有什麼理由將其中一種八微和合體稱為瓶子，而其他的柱子、土石等不是瓶子呢？若許瓶子實有，則應許一切八微所成的法是瓶子，以一切法的生因完全相等故。如果不敢如是承認，則色等八微能和合生起實有瓶的觀點，也就同樣不能承認。

卯二、瓶的八微亦應成一：

若色異味等，不異於瓶等，
無彼等自無，如何不異色。

如果許色異於香味等，而不異於瓶等本體，但是無有異於色的香味等法，瓶的自體即成無有，因此瓶怎麼不異於色呢？

許色等八微和合，可以生起實有的一聚體，還有一種過失是：瓶的八微也應成一體。瓶如果是實有的一體法，而八微與瓶是一體無分的法，如是應成八微在性相上毫無差別，完全是一體。對方當然不敢破壞他們的自宗而作如是承認，以經部論師的觀點，色香等是各有實體的異體法，是眼鼻等不同根的所取境，而色等與瓶無有相異。色如果與瓶無異，那麼色即是瓶，可是色中無有與它相異的香味等法，而無有色香等法，瓶子自體不應成立，因此瓶子如何不異於色呢？假如只有色存在，而無有香味等其他法，瓶子很明顯無法成立，所以瓶非是與色一體之法。從另一方面觀察，瓶子具足色香等八微，色與瓶子如果是一體的法，也應同樣具足八微，可是汝等許色與香味等異體，如是按理不應許色與具足香味等異體法的瓶子為一體。

寅四、破瓶從自因實有而生：

瓶等既無因，體應不成果，

故若異色等，瓶等定為無。

瓶等諸法既然無有自性生因，其體不應成為有自性的果，所以如果異於色等支分，瓶等決定無有自性。

如上已分析，生起瓶的色等八微，非是與瓶自性一體，以此瓶等諸法，不存在自性的生因，非是從實有自因而生起。無有自性成立的生因，則瓶體也不能成立為有自性的果，如同幻象幻馬，其生因非真實的象馬，其本體也不成立真實性。所以瓶若與色等支分相異，而非自性一體，瓶體決定會無有自性，以瓶體是觀待非自體的色等八微和合而起的一種緣起現象，離於八微即無有異體的瓶。這一點各自可以依智慧分析，如果在非瓶的八種極微外，無有瓶的存在，只有依於非瓶的八微，才有瓶的現象，那麼瓶等諸法的本質，與夢幻水月實無有任何差別，不應許彼有自性。

寅五、破由觀待自支分故瓶從實有因而生：

問曰：瓶是觀待自己的泥團等支分而生起的果，因此瓶子的自因存在，瓶體實有自性。

若瓶由因生，因復從他成，

自體尚不成，如何能生他。

如果說瓶子是由自因泥團而生起，而泥團復從其他因緣而成，如此因法自體尚不能成立，那如何能生起實有的他體果呢？

瓶子雖是觀待自因泥團生起，但也不能成立瓶子有實有生因，不能成立瓶體有自性。瓶的自因泥團，並非自性一體法，它是由眾多泥土塵粒、水，再加上陶師的加工而成，而土粒、水等也是由八微和合而成等等，稍加觀察，這些因法中任何一個也不會有自性實體成立，彼等必須觀待因緣和合才能存在。《回諍論》中說：「諸法因緣生，說彼名空性，若彼因緣生，說為無自性。」既然因法泥團無有自性，那實有自性的生果又怎麼會存在呢？或說泥團的自體尚不能真實成立，又怎麼能生起實有的瓶子呢？故凡是觀待因才有生起的法，皆非有自性的法。若是有自性的法，其生起絕不觀待因，如此應成無因生或恆常無生，可是於世間，不觀待因而生的法，何時何處都不可能存在。

丑二、略破聚者雖多而所聚一體是有自性：

問曰：瓶雖然是眾多支分合成的，但是支分能合為一體，所以瓶有自性。

色等和合時，終不成香等，

故和合一體，應如瓶等無。

色香等支分和合時，色始終不會成為香等其他支分，所以色香等和合而成為一體，應如同瓶的實體一樣無有存在。

所謂的多體和合成一體，是一種未經觀察下的迷亂名言，不可能成立。比如說組成瓶子的色香等八微，它們之間不論怎樣和合，色塵也不可能捨棄其本性成為香塵的性質，與香成為一體；其他微塵也是同樣，它們各自法相不同，即使和合在一起，也不會捨離各自的體相，如火大不會捨其暖熱性，成為潮濕性的水大，水大亦爾，無論如何二者也不會各捨本性，變成另外一種法。所以，所謂的眾多支分和合成一體，永遠不可能真實成立，就像瓶子的本體一樣，無論怎樣觀察，也不會有自性存在，唯是為虛幻現象所迷惑的有情，以愚癡分別才安立了種種名言，並執為實有。此處以瓶為例，而實際上，世間的萬事萬物也莫不如是。世人經常認為，不同的因緣支分和合後，可以成為一體，生起實有的果，如氫氣和氧氣聚合燃燒，即可得到水（H_2O），而觀察之下，氫元素（H）和氧元素（O）的性質並未變化，它們並未捨棄自體變成所謂的水。可是為迷妄分別心所蒙蔽的有情，為幻相所欺騙，不能了知水是觀待而起的緣起假象，反而執氫氧元素的聚合能真實成為一體，能成為真實的水，能產生種種解渴、溺人窒息等作用。作為有理智的人，不應為這些假象所欺，而應透破種種現象，了達事物的真實面目，超越無明愚癡的束縛。

壬二、（破有聚（支分）實有）分四：一、不觀待大種實無有大種所造；二、破大種實有；三、破彼所答；四、破火極微為實有火。

癸一、不觀待大種實無有大種所造：

如離於色等，瓶體實為無，

色體也應然，離風等非有。

猶如離色香等微塵的聚合外，瓶體實為無有；而色體也應同樣，離風等大種外無有存在。

以觀察分支別體與有支整體的方法，可以了知離開色香等分支，不存在實有的瓶子。同樣，一切有為法皆是如此，比如人們的身體，除了手腳等一一支分外，所謂的身體並不存在，只是人們籠統地將眾多支分假立了身體的名稱，實際並不存在一種名為身體的實體。不但瓶子等粗大的法無有實體，瓶子的色體（即大種所造的色）也是同樣，若加以觀察，在色體中除了地水火風四大種外，並無一個另外存在的色體（下偈也將對大種進行破析）。地水火風於人們所見的色體中，其實各有其體相，始終無有和合產生新的實有一體法，而在有情粗糙的分別心識前，卻執著有成實的色體，由此引生眾多的虛妄分別痛苦，若能依正理如是深入觀察，這些虛妄無義的苦執定會漸漸消退無餘。

癸二、破大種實有：

問曰：離開大種則無有色體等，然而大種不觀待任何他法，所以應許大種實有。

暖即是火性，非暖如何燒，
故薪體為無，離此火非有。

暖就是火的本性，如果薪柴燃料不是暖熱，又怎麼能燒呢？所以不觀待火則薪體無有，離此薪體，火亦非有存在。

諸法以支體整體觀察，最後分析至地水火風四大種，有人會認為地水等大種非觀待任何支體而成，應該承認為實有。這種觀點也不能成立，比如說大種中的火大，它有能燒的性質，暖熱是它的法相，而其餘三個大種，是火的所燒。如果大種自性成立，火應該恆常為能燒，不能成為所燒，地水等應永遠是所燒，而無有變動，可是實際中並不如是。火燃燒薪柴時，薪柴的本性是否為暖性？若說是暖熱，暖熱即是火的法相，以薪柴已具足火的法相，如是所燒應成為能燒，而火本身也成所燒。如果說薪柴不是暖熱，那又怎麼燃燒呢？薪柴如果不具暖熱，那它本身應永遠不會燃燒，如是薪柴也不能成為所燒；但是，薪柴若不是觀待火的所燒，即不能稱為薪柴，否則應成石頭、水等不會燃燒的物體也是薪柴，也是所燒。因此，不觀待火不可能成立薪柴，能燒所燒若觀待成立，即如上所作分析，二者並非有自性，而是可以有變化的緣起幻法。因此所燒薪柴與火接觸，無論具暖熱還是不具暖熱，不能成立為實體的所燒薪柴，而無所燒存在，能燒的火亦不能真實成立。

癸三、破彼所答：

問曰：薪是堅等體性，而非暖性，但由火的燃燒使它成為暖，所以薪是所燒，火是能燒。

餘暖雜成故，如何不成火，
若餘不成暖，不可說彼有。

其餘薪由於可以與火交雜成為暖熱，它為什麼不能成為能燒的火呢？如果其餘薪不能雜火成為暖熱，則不可說彼上有火存在。

如果說所燒薪不是暖熱，而在燃燒時與火交織成為暖熱，這種說法仍無法補救大種實有不能成立的過失。薪體正在燃燒時，已成為了暖熱，具足了火的法相，它又有何理由不是火呢？如果這種暖熱不是火，那麼誰能指出它與火的暖熱有什麼區別？若無法指出區別，即不能毫無根據地說所燒薪不能變為能燒火。如果說燃燒時，薪也不能成為暖熱，對此已明明具足的暖熱，無理否定為非暖熱，如是則應該許一切法中都無有火大。按這種說法，與其餘三大種交雜而有的暖熱不是火，只有單獨的暖熱才能成為火，可是於諸法中，從來不會有離其餘大種單獨存在的暖熱性。而無有火大，其餘大種也會同時俱無，否則就違反了四大俱有才能生起果法的基本原則。在世間，諸色法都由四大種和合形成，若缺一種即不可能有色法生起，這是基本的常識，以此不論如何觀察，能燒所燒不應承認實有本體存在。

癸四、破火極微為實有火：

問曰：由於火極微中無有其餘的三大種，所以雖然無有所燒薪，能燒火也可以實有存在。

若火微無薪，應離薪有火，
火微有薪者，則無一極微。

如果火的極微中無有薪，應成離薪無因有火；若火的極微中有薪，則應無有單獨一體的極微。

如果說火的極微中，無有其餘三大種，而單獨存在能燒火，如是應成火無有任何可燃燒的薪柴，能自然地燃燒，這樣承認，明顯地存在無因生的過失。無論以現量還是比量，都可見世間的一切火，皆需所燃燒的薪才會生起存在，而不會有無因無緣生起的火，這是智者都會承認的事實。如果為了避免無因生的過失，而說火極微中有薪，一個火極微中存在其餘大種的極微，如是應成無有單獨的大種極微存在，違背了你們原先所許火極微獨體實有的觀點。因此以火極微中單獨存在火，而成立大種實有的觀點，實際上也無法成立。

壬三、（觀察一與多而破）分二：一、由離一及多的因破有為法實有；二、示他宗亦有此過。

癸一、由離一及多的因破有為法實有：

審觀諸法時，無一體實有，
無體既非有，多體亦應無。

仔細觀察諸法時，任何法無有實有一體存在，既然不存實有的一體，實有的多體亦應無有。

以中觀正理觀察內外諸法時，從內識到外境色法，任何一種法都不存在實有無分的本體，或說不存在實有的一體法。諸法都是由其餘的有分聚合而成，而非由自體生成，比如說瓶子等任何一個色法，都由其分支聚成，分支也由更細的分支因緣而成，最後分析至非實有的無方分微塵，也找不到一個不由它緣而成的實有一體法；而心識方面，任何一個意識也不離其餘有分剎那，有分剎那一直可以細分乃至非實有的無分剎那，這些法之中也不存實有無分的一體法。內外諸法既然不存在一體，那麼實有的多體也應無有，因為多體是從一體積聚而成，就像一個人都不存在，多個人也就無法成立實有存在。因此，在以離一多因的觀察下，諸法無有實體唯是緣起假象的實義，必然會顯露。《六十正理論》中云：「聖者於諸法，智見如影像。」靜命（菩提薩埵）

菩薩於《中觀莊嚴論》中也說過：「自他所說法，此等真實中，離一及多故，無性如影像。」自他一切諸法，於真實義中遠離一體與多體，無有自性如同影像一樣。甲操傑大師於注釋中立量云：內外諸法皆非實有，離實有的一與多故，猶如影像。離一多因是中觀宗重要的理論之一，若能掌握，即可打破有情對根識前所顯現任何法的實有本體之妄執。

癸二、示他宗亦有此過：

若法更無餘，汝謂為一體，
諸法皆三性，故一體為無。

如果認為任何法離地等極微更無有其餘法，汝等（勝論師）便說地極微等為一體常法，而汝宗又許諸法中皆有三性，以此實有的一體不能成立。

以上所作的論證，不僅可以破斥內道經部師所許的種種執實觀點，如承認大種與大種所造色實有等，同時，對於外道中類似「執大種實有」的邪宗，也可以同理摧破。如勝論外道認為，世間形形色色的諸法，離地水火風四大極微，更無有任何其餘的成分，因此大種極微是常住實有法，這種觀點從彼等自宗所許觀點看，也不能成立。勝論派許諸法皆不離三性，如地極微中有實性、一性和大有性，德中有德性、一性和大有性。以離一多因觀察，地極微中若具三性，便不是實有一體法，不能成立有「一性」；實有一體不成立，多體也無從成立，如是可徹底否定外道的觀點。堪布阿瓊云：離一多因的推理，如同劫末火能燒毀一切一般，這樣的智慧火可以燒盡一切實執的薪柴。

壬四、由破四邊的理例破其餘：

有非有俱非，一非一雙泯，
隨次應配屬，智者達非真。

對有、非有、亦有亦非有（雙俱）、非有非非有（雙非）的邊執，以一非一雙皆泯滅之正理，隨此四邊之次第應當配屬，即分別予以遮破，智者以此即能了達四邊皆非真實。

科判中「破四邊的理」即頌詞中的「一非一雙泯」，也即離一多因。一即實有一，非一即異或多，雙即亦一亦異與非一非異，泯即泯滅或離於一非一雙，以此正理於前文中已破除了勝論派等的觀點，這裡也可隨次第配屬，例破有、非有、雙俱、雙非之四種邊執。如數論師許因中實有果，則成有邊，而因中有果即成了因果一體，應成種子即是苗芽，如此明顯違背現量，如是以離一之理即可破除；經部師許因中無果並認為因果實有，則成無邊，而因中無果即成了因果異體，若因果異體，則苗芽與種子應成無關，如是以離多之理可以破除；裸體外道許諸法本體是常，分位是無常，有無二者同時具足，如是則成了雙俱邊，也即亦一亦異，而對方又許一異實有，如是一則非異，異則非一，此二相違，無法相合成為雙俱，如是以泯滅雙俱之理可以破除；還有一些宗派對有無皆不承認，執非有非無的雙非邊，也即是一異皆非，若雙俱不成，與之觀待的雙非也無法成立，或云非有即無，非無即有，這樣仍成雙俱，不能成立，如是以泯滅雙非之理可以破除。以如此方式進行遮破後，智者即可通達遠離四邊的真實義。

不僅以離一多因可以破除上述四邊，以破有無生因、大緣起因等理論皆能破除。以破有無生因為例，《七十空性論》中有一頌：「有故有不生，無故無不生，違故非有無，生無住滅無。」果法於因位時有則是有邊，若果已有則無需再生；果法於因位時無是無邊，若果實無，則應無法產生；若果法於因位時亦有亦無，而有無二者相違，如光明與黑暗之不並存，故不成立；若有無二俱不成，與之觀待的有無二非也無法成立。如是分別以果法已有、果法本無、有無相違之理即可破除四邊。因此，只要掌握了中觀宗的推理方法，則可隨意遮遣不同邊執，如是對一切法的實執都可破除，迅速了達諸法無生的真實面目。

另外，有的論師將「一雙」釋為一異雙俱邊，「泯」字釋為一異雙非邊，則「一非一雙泯」即是一、異、一異雙俱、一異雙非四邊，以此四邊配屬有、無、有無二俱與雙非四執，但在遮破時，並無太大差別。

庚二、妄執諸法為常為實有的錯亂因：

問曰：如果說一切法全然無有自性，即不會使敵論者得到滿意，因為敵論者認為一切法都成實常有，那麼是什麼原因使他們生起如是執著呢？

於相續假法，惡見謂真常，
積集假法中，邪執言實有。

對相續假立諸法，愚夫以惡見故說為真常；在積集假法中，愚夫以邪執故說為實有。

雖然一切法皆是緣起無有自性，然而為無明愚癡障蔽的有情，就像患黃疸肝病者將白色海螺見為黃色一樣，或像黃昏時將花繩誤認為蛇一樣，將一切法執為實有常存。雖然白海螺非是黃色，花繩非蛇，人們仍會錯亂地見到黃色、蛇相；同樣，諸法雖然了無自性，以錯亂邪執因緣，有情也會不斷現起成實常執。一般來說，諸有為法在凡夫有情前，會顯露出一種相續假象，比如說昨天今天明天、西山旁邊流淌著的色柯河等等，雖然它們各個剎那都有其不同的名言本相，然有情以惡見故，執這些不同的現象為一相續，為真實恆常之法。這些惡見，有些人是因為智慧低劣，完全沒有對相續假法作觀察，雖未真正見到諸法常有，而以迷亂習氣現前惡見，有些人是因為串習外道遍計惡見而執為常有。同樣，對那些積聚假法——由眾多支分或說因緣積聚形成的假名法，比如說瓶子、車、房屋等，各由眾多別體支分聚合在一起，本來無有任何總體存在，而人們以邪執故，在心識中以語言分別安立種種概念名稱，然後強加於聚合上，並執這些積聚法的總體真實存在。沒有學過內道正法與那些趨入了邪義中的外道，都會有這種執總體為實有的邪見。

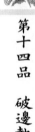

此偈前兩句言執相續為常的惡見，後二句言執積聚實有的邪見，求解脫者必須破除這兩種引生錯誤執著的錯亂因。堪布阿瓊言：錯亂因有分別念錯亂因與無分別錯亂因，如夢中的顯現、揉眼睛而見有兩個月亮等，這

些是無分別的錯亂因，相續、總相是有分別的錯亂因。總之，有情於世間有諸多模糊迷亂的概念分別，由此引發眾多錯亂認識，若希求解脫者，必須依循正理，以智慧徹底遣蕩內心的這些錯亂分別。

庚三、略示成立無實有之理：

問曰：若認為我們見諸法是邪見，而不許諸法實有，則應成諸法都不能見，都成為無有，這是不合理的。

若有從緣生，彼即無自在，
此皆無自在，是故我非有。

無論何法若是從眾因緣而生成，彼即無有自在（即不能無礙地自性存在），因此等諸法本來皆無自在，所以人我法我皆非實有。

中觀宗所說的諸法無自性、非實有存在，非是說諸法全然斷滅不能現見，而是說諸法皆是緣起，於眾緣聚合中並無真實主體或說自性存在。所謂的緣起，即是如夢如幻、如陽焰等，彼等雖無自性，而有緣生諸現象的作用。夢幻等現象雖然可顯現，然而並無自性存在；同樣，特定因緣聚合時，雖然有種種法的顯現，然正顯現之時，其現象中並無有能無礙存在的自性。如果某法有自性，應成恆常不生不滅，縱有千萬種因緣積聚，也不可使它有絲毫變動，而這種法決定不會有，無論以瑜伽現量或比量皆不可得到。此世間的一切法，皆可見它們不能無礙地存在，而是必須依賴眾緣聚合才能有暫時的顯現，以此應知情器諸法皆無自性存在，即所謂的補特伽羅我、法我都是非實有的。

中觀所闡示的緣起性空，是每一個求解脫者必須了達的法義。龍樹大士於《中論》云：「若人能現見，一切因緣法，則為能見苦，亦見集滅道。」甲操傑大師也言：「善得暇滿身士夫，隨順龍猛師徒行，通達空即緣起義，成辦此義誰不勤。」如果不懂得緣起性空，會像小孩執身影為實有一樣，執著諸緣起幻法，因此有理智者，誠應精勤修習此緣起性空正法，若能現見緣起即性空，性空即緣起，即能究竟成辦自他利益。

庚四、（明通達無實有的所為）分二：一、聖者不見緣起實有；二、由通達性空故解脫生死。

辛一、聖者不見緣起實有：

諸法若無果，皆無有和合，
為果而和合，聖見彼無合。

諸法如果無有自性果體，那麼就都無有真實的因緣和合；若為了取果而和合因緣，則聖者以根本智可現見彼等無有和合。

有些人承認諸有為法皆是因緣聚合而起，但他們也許緣起果法實有，因緣和合也實有。然而以正理觀察下，名言中諸因緣所生的果法，皆無真實的果體存在，既無有真實的果法，那麼觀待果而稱名的因即因緣和合怎麼會實有呢？因緣和合與果必須觀待才能成立，若一者不存在，另者也就不能真實成立，如同父與子，二者必須相觀待才能成立，這是因與果之間不能改變的定義。如果諸和合有自性，那麼無需觀待果就應存在，就像不觀待某個瓶，就應存在做這個瓶的陶土、陶匠之和合，而這是智者誰也不會承認的，否則應成石女兒、虛空花也可由因緣和合而存在。因此，凡是為了取果而存在的和合，皆非自性成立。以上是以推理了知，若聖者以無漏慧觀之，可現見和合不存在，因為聖者可現證一切萬法無自性。故所謂的因緣和合唯是於名言中，有情以迷亂分別才安立了這些假象名稱。這是聖者智慧現見的事實，諸凡夫異生當以信心受持，也可以種種理證比量推知。

辛二、由通達性空故解脫生死：

識為諸有種，境是識所行，
見境無我時，諸有種皆滅。

心識是諸三有的種子，而色聲等境是識的所行之處；如果已見色等諸境無我（自性）**時，諸有種子皆會息滅。**

三有的種子，即是分別執著諸法實有的分別心識，這是內道中一知遍解的精要法義。薩哈尊者云：「唯心乃為諸法之種子，由彼現起輪迴及涅槃。」月稱菩薩也說過：「有情世間器世間，種種差別由心立，經說眾生從業生，心已斷者業非有。」不知此要義的有情，往往於物質、心識二者誰為主要爭論不休，他們以為物質、心識實有不虛，故而無論怎樣爭辯，也得不出任何結論。心識現起三有諸妄境，然而諸色聲等境，又是心識的所行境，由於執著這些幻相為實有，有情不斷地輪轉於生死大夢之中不能醒悟。所以，若能逆流而修，由心識所執的外境著手，以正理智慧打破實執，現見一切法無我的實相，心識即能從種種實執中解脫出來，漸漸息滅所有的輪迴種子。這是聲聞緣覺羅漢與諸菩薩所依的共道，佛陀在《般若經》中多處強調三乘行人必須依般若空性道才可證得涅槃的原因也在此。故諸欲還滅生死，趣入寂滅涅槃之境者，當力循此道，現見一切法無我，從而息滅內心的一切邊執。

第十四品釋終

格薩爾王

第十五品　破有為相品

戊三（破生住滅三有為法相有自性）分二：一、廣立緣起無自性生如幻之理；二、總破有自性。

己一、（廣立緣起無自性生如幻之理）分三：一、別破生有自性；二、總破生住滅三有自性；三、破正生時由有自性生。

庚一、（別破生有自性）分二：一、廣釋；二、略示破所生果。

辛一、（廣釋）分五：一、觀察有生無生而破；二、觀察初中後三而破；三、觀察自他而破；四、觀察次第及同時而破；五、觀察三時而破。

壬一、（觀察有生無生而破）分四：一、破有生無生的因；二、成立破因中有生無生的理趣；三、觀察生時而破；四、觀察自體他體而破。

癸一、破有生無生的因：

問曰：有為法是有自性，因為彼等存在生住滅的能相。

最後無而生，既無何能生；

有則本來生，故有豈能生。

若因於最後剎那壞滅時，可生起無有的果法，而果法於因中既然無有，又怎麼能有自性的生？若因中有果，則果本來就已生起，因此已有的法豈能再生？

以生等能相的存在，推證有為法是實有，這種推理不能成立。有為法若實有生等能相，那麼它是以何種方式生起，具體說在因生果的過程中，因中有果還是無果呢？若許果法由因生起，因位中本來無有果法存在，而是在因法變滅最後一剎那現前果，就像稻種生芽一般，種子滅壞的剎那即有芽破殼而出，這種承認不合理。果於因中本來無有，既然本來無有，它又如何生起呢？就像虛空中本來無有鮮花，兔子本來無有角，石女本來無有兒子，不管如何也無法使彼等無有的事物生起，所以許果——有為法成實，那麼因緣不可能有生起彼等的能力。如果說因中有果，也不可能成立有生，以果法本已具足，早已生起，怎麼還會有生的需要呢？若許因中雖然有果，尚需生起，應成已生的法還需再生，如是有無窮、無意義等多種過失。在中觀自宗看來，一切有為法唯是夢幻般的緣起法，其生住滅皆非有自性，故而都可以藉因緣顯現，若有少分自性，一切生滅現象即不可能存在。

癸二、成立破因中有生無生的理趣：

果若能違因，先無不應理，

果立因無用，先有亦不成。

果若能違害因法，那麼於因位時先無有果則不應理；果法若先已成立，則因成無用，所以於因位先有果法存在的觀點亦不能成立。

從因生果的過程觀察，當果生起時，其因法即會被破壞毀滅，以此可以發現，果能違害它的因，因果非是一體法。若承認這點，那麼因位中無有果，而因法能生起果法，即不合理，無有的法，不會存在生起等變異，不能壞滅因法而使該法現前。原先無有的法，即使以因緣現起，也是如同幻術現起的象馬一樣，非是實有法，若許因位無果，則果法的生唯是名言假立，果法本身也只是虛幻現象，而不能許為實有。從反方面觀察，若許因位中有果，那麼能夠成辦果的因緣，應成毫無作用，就像苗芽已經生成，那麼它也就無需任何種子，種子對它無有任何作用，這個道理是極為淺顯的，因此因中先有果的觀點無法成立。總之，從因中先有果或無果觀察，所謂的因能生果其實無法真實成立，已有果則無需生，先無果也不能成立生。世人於不觀察時，皆許種子生苗芽等因生果的現象存在，而以理智分析，則可了知這一切現象，唯是緣起假象，是異生凡夫迷亂心識前所存在的幻相，若能於此深入觀察，最後對佛陀所說的緣起性空正理，定會生起大信心。

癸三、觀察生時而破：

此時非有生，彼時亦無生，

此彼時無生，何時當有生。

果法已有之此時非有生，果法無有之彼時也無有生，此時彼時都無有生，那麼何時會有生呢？

從時間上觀察，所謂的因生果也不會成立。比如說，從種子生起芽體的過程進行觀察：若果芽自體已經有的時候，此時不會存在生，生已無需再生故；如果果芽自體無有的時候，彼時亦不存在生，以無有自體的法如同兔角龜毛，不會有生的功能存在。而在種因生起果芽的過程中，除了果芽已生與未生兩階段外，並無其餘的時間段，即不會有另外的生時存在。因此人們所謂的因生果，只是一種沒有觀察下的模糊認識，若加分析，其實於任何時也不存在真實的生。

癸四、觀察自體他體而破：

問曰：從牛奶變為酸奶時就是生，所以生是實有。

如生於自性，生義既為無，
於他性亦然，生義何成有。

猶如生於自體性之法，其生義既為無有，於他性所成立之法也同樣，生義怎麼會成為實有呢？

從自體生或他體生的角度抉擇，所謂的生也不會實有存在。如果說某法生於自體，比如說牛奶從牛奶中出生，這種過程中其實並不存在生，牛奶住在自體位時，無需生於自體性。觀察此世間的一切事物，從自體生自體的現象，絕不會有存在，這是任何一個智者都會清楚的事實。不但自體生自體的現象不存在，同樣，某法以他性的因而生，也是不成立的。比如人們常以為牛奶可以變成酸奶，兩手掌的摩擦中可以出生熱量，牛奶與酸奶，摩擦與熱量都是不同體性的法，而二法體性相異，即不會有真實生起的可能性，否則應成火能生黑暗，稻種生麥芽的過失。堪布阿瓊於注疏中云：如牛奶變成酸奶，二者體性是一還是異？若許二者體性相異，牛奶捨棄其本性，而成為酸奶，如是牛奶已毫無存在，也就不能說由他性的牛奶生起了酸奶；若說二者一體，牛奶即是酸奶，又怎麼會存在生起變化呢？無論如何分析，真實的生義於自體、他體皆不可能成立。

壬二、觀察初中後三而破：

初中後三位，生前定不成，

二二既為無，一一如何有。

有為法的初生、中住、後滅三位，於生起前決定不會成立；（若許生住滅各住其位，則一一位中無有其餘二二位，）而住滅等二二既然無有，生等一一如何有呢？

諸有為法的生、住、滅三個階位，於有為法本身沒有生起之前，決定不會成立，這是人們共許的事實。比如說張三的兒子，在沒有生下來之前，誰也不可能說張三的兒子有生住滅三相，否則應成石女的兒子也有生、有住、有滅。而生住滅既然於諸有為法生起前是無有之法，那麼於有為法生起後，所謂的生住滅三相也非是實有自性之法，因為自性成立之法不會有變化，不會時有時無。若有人難：有為法在生時決定有生，住時決定有住，滅時決定有滅，所以生等有自性。如是承認生住滅三相於不同時間次第存在，那麼於生時只有生，住滅二相皆無有，同樣於滅時無有生住存在，於住時無有生滅存在。而於生時如果無有住滅二相，生也不可能有存在，同樣住時若無生滅存在，住也不會存在，滅時若無生住存在，滅也不會存在。有為法的三相，是相互觀待才成立的法，非單獨存在，所以認為生時有生，滅時有滅，而生等自性成立的觀點，不可能成立。如是有為法的能相——生住滅一一既然非有自性，而彼等所相——有為法，也就更不可能成立實有。

壬三、觀察自他而破：

非離於他性，唯從自性生，

故從自他俱，其生定非有。

有為法非是離於其他法的體性而唯從自體性生起，因此諸有為法從自性、他性、自他二俱之中，其生決定非有。

通過以上的觀察，應知諸法非有自性成立的生。任何一個有為法，比如花瓶，它不可能由自體獨立產生，必須依靠泥土、陶匠等眾多因緣聚合，才能成就。瓶等既非從自性生，那麼從他性生，也不會成立，一者瓶本身若不成立，那觀待自體而成立的他法，也就不會真實存在；二者他法本身也不會實有體性，不能真實成立是瓶子的他體法，比如說做瓶子的泥土，也是依靠眾多的微塵聚合而成，眾因緣無有一個有自性。他法本身尚不成實，因而不可能自性生起瓶等諸法。瓶等有為法於實義中既非自生，也非他生，那麼自他俱合，也不會存在生，而諸法無有自性的生，其本體也就相應無有少分自性的存在。此理於前已有敘述，但角度有所不同而已。

壬四、（觀察次第及同時而破）分二：一、正破；二、破由自性生的能立。

癸一、正破：

前後及同時，二俱不可說，

是故生與瓶，同時生非有。

生等諸相在瓶之前後及同時，二者均不可說，因此生與瓶，二者同時生起等非有存在。

若觀察生等諸相與瓶同時具足，還是有前後次第，也可了知無有自性的生存在。比如瓶子先有，而後有瓶子的生，這是無法成立的，瓶子已經存在，其後即不可能再需要生，否則有無窮生、無義生的過失；然後，若瓶子在後，生在前，這也不可能成立，因瓶子本身若不存在，其生等諸相不能無依而有。若說二者同時，有瓶子的時候，同時即有生，這也不能成立，瓶子已經成立了，生即不可能再有，如果有，也是與瓶無關之法，不會對瓶起到任何作用。《七十空性論》中言：「已生則不生，未生亦不生，生時亦不生，即生未生故。」其中觀察方法也與此相同。因此，若觀察瓶子與其生相，二者同時或前後，都是無法成立的。而世俗中人們常言瓶等有為法有生住滅等相，應知唯是名言假立，並非真實存在。

癸二、破由自性生的能立：

問曰：瓶子的生是實有，否則無有生則不會有瓶子的舊，而人們現見瓶子有破碎相的舊存在，所以生也實有存在。

若前生故者，前生不成舊，
若謂後生者，後生亦不成。

如果說以前生起的瓶子有故舊存在，而瓶子在以前初生之時並不自性成立為舊；如果說是後來生起的舊，而後生亦不能成立舊實有自性。

所謂瓶子有破碎相的舊，這種舊也唯是名言安立，非是有自性的法，因而以舊不能成立生實有自性。在瓶子新生之初時，在剛剛生起的無間刹那，瓶子上並無「舊」存在，以無有從新變為舊的時間故，世人誰也不會說剛剛做成的瓶子為舊；或者說瓶子於生起刹那，即被毀滅，這個過程也明顯不存在瓶子從新變舊的轉變。瓶子的舊並不是在瓶子新生之時即已成立，而且在瓶子生起之後，也不可能有自性的變成舊。以瓶子從新至舊，是一個刹那不停的變化過程，比如觀待去年的瓶子，今年的瓶子是舊瓶，觀待明年來說，人們又會說它在上一年是新瓶子。新舊變化刹那不停，並非常住不變，只是觀待安立的假名，其實並無自性。

中觀自宗於世俗中唯是名言安立的舊，許為無有自性如同夢幻陽焰的假象。夢中我們得到了一個寶瓶，用來盛水盛藥等，過一階段後，瓶子舊了，最後它破碎了，自己為此傷心不已，而夢醒時，就會明白夢中的瓶子從來沒有生過，也不會有舊與壞滅等變化。同樣，凡夫有情於現實生活中所執著的種種事物，其實如同做夢一樣，雖然夢相宛然，而實際中不值得絲毫執著。於中觀正理有所聞思後，應當經常運用，力求打破對世間名聞財利等的種種執著，若能有一分耕耘，定會得到一分收穫。

壬五、觀察三時而破：

如現在諸法，不從現世起，
非從未來生，亦非從過去。

猶如現在諸法，不是從現世生起，也不是從未來生，也不是從過去生起的。

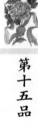

諸法若有生，必定會有生起的時間，而從過去、現在、未來觀察，現有諸法皆不可能有生。首先觀察現在諸法，不會在現在生起，因為現在諸法已經產生了，如果還需要生，即有無窮、無義等多種過失，也應成因果同時的過失。然後現在諸法，也不可能在未來時生起，未來時生起的法，不會現在即存在。現在、未來皆不會有現在法的生，那麼現在諸法是否在過去生起呢？如果不觀察，世間大部分人都會如是承認，然而過去已經滅盡，如同虛空或夢境一般，這樣的法又怎麼會有生呢？如果諸法都是在過去生起的，即應成為昨夜夢境一般的無實法，而不會是自性實有之法。如是從三時觀察，真實的生何時也不存在。龍樹菩薩言：「生非生已生，亦非未生生，生時亦不生。」過去、現在、未來三時皆無有真實的生，以此即應了知，於凡夫分別心識前所顯現的生滅諸相，唯是夢幻無實之景。若能以智慧了知此無生實相，人們於世間中的種種痛苦煩惱實執，即會漸漸淡薄而減少。故諸學人，當於此無生法門生起定解，以大信心而精進修習。

辛二、略示破所生果：

生既無所來，滅亦無所往，
如是則三有，如何非如幻？

諸法的生既然無所從來，其滅也就無有所往之處，一切法皆是這樣，因此三有怎麼不是如幻無自性呢？

諸法若實有體性，那麼生時應如月從東出，有所來之處，其滅也應如月落西山，有所去之處。而實際中，於諸有為法一一觀察，生起時其本體無有來處，滅時其本體也無有去處，佛經中云：「佛告諸比丘！眼生無所從來，滅亦無所去。」此處以眼為喻，其餘諸法也莫不如是。比如說種子、陽光、水肥等眾因緣中，皆無苗芽，這些因緣聚合時，苗芽卻宛然而現，就像幻術所變現的事物般，從空無之中藉因緣突然顯現，並無實實在在的來處；當因緣不具時，苗芽也悄然而滅，其本身銷跡無餘，沒有去任何他處。若加理智分析，三有中的一切法皆是如此，因而這樣的法，為什麼不是如幻無實呢？佛在《般若二萬頌》中說過：「諸法如幻，自性不生，不滅，無來者也。」「善現，一切法如夢如幻，涅槃亦如夢如幻；較涅槃有勝法者，此亦如夢如幻。」中觀宗所說的諸法如幻，是指諸法本無自體，唯是緣起之義。以性空之中不滅緣起故，諸法雖無本體，然非同於石女兒、兔角、龜毛等畢竟無有之事，而是於因緣聚合中，有如幻因果諸法顯現，此即緣起性空的正義。其他種種執諸法實有，或執中觀空性是斷滅緣起等等，這些皆是毀謗緣起墮惡趣的邪見，應當如唾棄不淨物一樣捨棄。

庚二、（總破生住滅三有自性）分四：一、觀察次第同時破三相有自性；二、出相無窮過而破；三、觀察一異而破；四、觀察自性有無而破。

辛一、觀察次第同時破三相有自性：

生住滅三相，同時有不成，
前後亦為無，如何當有生？

生住滅三相同時存在不能成立，前後次第存在也是不成立，那麼如何才能有自性的生呢？

有為法的能相——生住滅三相，唯是世俗現象中的假立名言，實際中不可能成立。如果三相自性成立，必然要有它們合理的存在方式，從存在時間上觀察，三相若成實存在，那是同時存在，還是次第性的存在呢？一般人都會知道，諸法在生的剎那，不會有住滅，在住的剎那也不會有生滅，在滅的剎那不會有生住，生住滅三者的名言本性不同，故不可能同時存在。三相在同時不能成立，而前後次第也不會成立，雖然在世俗中，人們都說在一個法上，有生、住、滅三相，然而這只是於相續假法上所建立的名言。諸有為法皆是剎那變遷的無常法，某法生起後，至第二剎那其本體即已滅壞，進入所謂的安住後，所安住的其實是另一個法，而變滅也是如此，三相所依的並非是一體法，故不能成立三者於一法上能真實次第存在。再者，也可觀察，若三相實有自性，有自性之法則不應變為他性，如是生相應恆存不滅，住滅二相也應如是，而現實中恆有生住滅三相的法，誰也不可能找到，故生住滅三相於實際中不能同時俱存，也不會有次第存在。總之，生住滅三相唯是名言假立的幻相，如同夢中諸法的生滅變遷一般，本來非有，故無論怎樣觀察，也得不到絲毫的真實性。

辛二、出相無窮過而破：

若生等諸相，復有一切相，

故滅應如生，住亦應如滅。

如果生等諸相，各個復有生等一切相，以此應許滅也如生，住相也應如滅，生住滅相輾轉應成無窮。

生住滅是有為法的能相，彼等自身若不成立，即不能真實成立所相法。而生住滅三相，若各個需要具足有為法的能相，應成生有生住滅三相，住滅也相同，各有生住滅三相；而生生、生住、生滅三相要成立，也應各個具足生住滅三相，成立生生生、生生住、生生滅，生住、生滅的生住滅三相也應同樣。如是輾轉成立，生住滅相應成無窮，最終也不能成立根本的能相。有為法的能相尚無法真實成立，故有為法全然無有真實自性。關於法相本身是否要以法相來成立的問題，在因明論著中多有辯論，在中觀自宗看來，法相自身上並無實質的法相，但是在表示方式上，它可以具有法相，這種表示不會有無窮的過失。而在有事宗看來，法相若要成立，其本身不得不許真實具足法相，如是即應成上述的無窮過失。

辛三、觀察一異而破：

問曰：能相所相是一體或異體都可以成立，如所相是瓶子，異於其能相生住滅，二者是異體。

所相異能相，何為體非常，
或者彼四法，皆無有自體。

若所相異於能相，為什麼所相法本體不是常法呢？或者相反所相與能相一體，以此所相與生住滅四法，都應無有成實自體。

所相即是諸能相所表示的法，能相是所相法的法相，比如瓶等有為法，其能相為生住滅，所相為瓶等本身。按敵宗所許，所相瓶與能相生住滅是異體法，如是應成瓶離生住滅法相而存，瓶子本身即成無生無住無滅之法，因此這樣的瓶子以何原因不是常法呢？理應成為無為常住之法，因瓶子本身無有生滅，具足了常法的法相。而這是對方也不敢承認的結論，因為諸有為法，現見皆無常住不變之性。如果承認相反的一方，許能相所相一體，即瓶子與其生住滅三相一體，這也難免過失。四法若成一體，那麼生住滅應成無別，相互無有差別體；能相所相一體，瓶子也應成生住滅，以此四法皆不能成立有自體，否則，各有自體之法不可能成為一體法。所以，以能相所相是一體還是異體觀察，能相所相不應許有自性，不然一體異體皆不能成立。此處以瓶為例，廣破諸有為法於實義中不能成立有能相與所相，唯在名言假象中才有這些虛幻的名言，諸有智者不應執為實有。

辛四：（觀察自性有無而破）分二：一、破由能生因實有故所生等實有；二、生等有體無體都非實有。

壬一、破由能生因實有故所生等實有：

問曰：生等諸法應該有自性，因為諸法有能生的作用故。

有不生有法，有不生無法；

無不生有法，無不生無法。

有體的法不生於有體法，有體法也不生於無體法；無體法不生於有體法，無體法也不生於無體法。

能生因生起所生果，也不堪以正理觀察。於能生因中，無非分兩種——有體的能生因法、無體的能生因法，所生果也可以分有體、無體兩種。首先分析有體的果法，彼等不會從有體因法生起，比如已經成就了芽體的有體法，不會從未壞本體的種子中生起，這是共許的事實。能生因法的本體不壞滅，所生果即不會生起，所以有體果法非從有體因法中生起；再者果法本體若已成立，即無需再生，故也不能成立有體法從有體因法生起。同樣，有體法也不會生於無體因法，如已有本體的苗芽，不會從焦壞的種子中生起，一者是因已壞的種子無有生果能力，二者是因為已有體的苗芽無需再生。再分析無體法，彼等不會生於有體因法，比如無體的石女兒子，不會由石女產生，兔角不會生於兔子的頭。無體法本無體性，無體則如同石女兒、兔角等，故不可能生於石女、兔子等有體法。同樣，無體法也不會生於無體法，如同石女的女兒不會有兒子，兔角不會有挖掘虛空的作用等等。經如是觀察，所謂的能生因生所生果，其實不能以任何方式存在，故生非有自性。

壬二、生等有體無體都非實有：

有不成有法，有不成無法，

無不成有法，無不成無法。

有體的生不能成立於有法上，有體的生也不能成立於無法之中；無體的生不能成立於有法上，無體的生也不成立於無法中。

從生等諸相本身觀察，若有體、若無體，皆不能成立實有。假若生有體，本身已成立，那麼它不可能在有體法上存在，因有法已經生起了，無需生的存在，也不會有生的存在；在無體法之中，也不會存在有體的生法，因無體之法如同石女兒虛空，恆時不可能有生的存在。若生無體性，也不可能成立於有體法上，因生等無體，與有體法的法相有違，兩種相違法不可能同存一體；在無體法上，也不可能有無體的生法存在，以無體法本身無有，即不會有任何有體無體的生等諸相，就像石女的兒子本身非有，即不會有任何生滅可言。生等諸相無論有體或無體，實際上都不可能成立於有體法或無體法上，不會實有存在。佛經中說：「有為無為寂滅相，大仙說彼不分別，一切有情證無為，寂滅一切我見相。」若以如上正理逐個分析諸法，無論有為無為法，於實相上皆遠離分別戲論，無生無滅無住，證入如是的大無為境，即可寂滅一切自性實執，寂滅一切人我法我的邪計。

庚三、（破正生時由有自性生）分三：一、總破；二、廣釋；三、略義。

辛一、總破：

問曰：雖然已生、未生都無有生，但是正生時應當有自性的生。

生時謂半生，故生時不生，
或則應一切，皆成為生時。

諸法正生時可以說半生半未生，以此正生時不能成立自性的生；否則應成一切時，都可成為正生時。

已生、未生皆無有生，於此多數人容易理解，然而對正生時有生的執著，很多人都難以捨棄。而實際上所謂的生時生，是一種模糊概念，如果加以觀察，生時是一種相續，在這個相續中可以分半生半未生，半生的屬已生，半未生的屬未生，除此二分外，並不能找到一個正在生的法，哪怕在最細微的刹那中，也不會成立一個真實的正生。這種觀察，是在時間上的分析方法，如果對時間進行觀察，現在時不會真實成立，因此生法也如此，任何一種正在生的法，其中除了已生、未生外，無有正在生的存在。如果許已生未生之間存在正生，那麼這種正生實際上是已生與未生，如是應成一切時都可成為正生時，這顯然是不能為正常人接受的觀點。所以，生時生唯是人們的迷亂假立概念，並無自性成立的可能。

辛二、（廣釋）分四：一、觀察生時義而破；二、破許過去未來之間住的法為正生時；三、破許已生之先的法為正生時；四、破許未生為正生時。

壬一、觀察生時義而破：

作為生時體，則不成生時，
不作生時體，亦不成生時。

生時如果要造作生時的本體，則不能成立生時；如果不造作生時的本體，亦不能成立為正生時。

若正生時有自性，那麼正生時是正在造作生時體，還是不造作生時的體？若許正生時正在造作或說以作業形成生時的體，那麼正生時本體應該還沒有產生，以正在造作的原故。而本體尚未產生，又怎麼能說正生時有自性呢？若許正生時不需為生時體造作，既無有生的作業，即不能成立為正生時，因正生時是正在生起的時候，理應有生起果的作業。以觀察生時是否在為生起本體而作業，即可很明了地知道生時生不會真實成立，以生時造作體或不造作體都不可成立為正生時。人們常常認為，正在造作某法的本體時，即是該法的正生時，其實這是沒有觀察而生起的錯誤觀念，若需要造作，其本體即不應許為已生，而本體尚未有，又怎麼會有該法的生呢？如同石女兒，其體未有，故也無有生等諸相。

壬二、破許過去未來之間住的法為正生時：

問曰：正生時有自性，因為它住在過去和未來之間，觀待它在中間的分界，才可安立過去和未來。

若二時中間，無無中間者，

則無有生時，彼有中間故。

如果許過去未來二時中間，無有不存在中間時的情況即有中間時的成立，則中間正生時應無有自性，因為彼正生時也有中間的原故。

過去未來二時中間，若許有正生時，這種正生時也不能自性成立。一般人都會有這種想法：過去未來雖不能成立為正生時，而二時有一個中間，這個中間即是正生時。這種所謂的正生時，如果實有自性，那麼正生時也應有中間時，以此中間時為界，正生時也應分過去和未來；而這個中間時，其本身也應成立有中間時；如是有無窮過失，永遠也不能成立有自性的中間正生時。以此應知，所謂的中間時，其實唯是沒有分析下的名言假象，若細加觀察，中間時中除了過去或未來的刹那外，其餘無有任何刹那存在。故所謂的正生時，決定不會有實體存在。

壬三、（破許已生之先的法為正生時）分二：一、牒計；二、破計。

癸一、牒計：

由於生時滅，乃有生時生，

是故應可見，有餘生時體。

由於生時在種因滅壞後，才有生時生的存在，以此應該可以見到，有其餘的生時本體存在。

此頌是出示敵宗的觀點。敵宗認為在因法滅壞之後，一定會有生的本體存在，此生時生在因法滅失之際，由於有它的作用，果法才可現前，因此生時生一定會實有存在，而且它不同於因與果，有它不同於二者的本體存在。比如說種子生苗芽，於種子滅壞生芽之際，此分位即是正生時，並且它存在於種子已滅、芽體現前之際，故無有半生半未生的過失，而是單獨的實有存在。敵宗如是立論，下頌就此而破。

癸二、破計：

若至已生位，理必無生時，

已生有生時，云何從彼起。

如果某法至已生位時，依理必然無有正生時的存在；若法已生位有生時，則正生怎麼會從其中現起呢？

對敵宗所謂別有實體的生時生，若加觀察是在因滅壞、果法現前之際，這個分位實際上還是在果法已生的時候。果位已經生起，按理即不會再有所謂的正生時，因為它的生起已經完成，無需再生，其正生時已成了過去，已滅壞無餘。而且以比量觀察，所謂正生不能成立已生的法體，已生的法即不再存在正生，正生與已生二者是截然不同的法。如果說種因滅壞果法現前時，一定是正生時，這樣的說法唯是強詞奪理，已經生起的法體，憑什麼說它在正生呢？任誰如何辯說，也不可能成立這種歪理；即使以帝釋天千眼，也不可能找到這種已生起本體的法正在生起。所以應知所謂的正生，除了有情在分別心識中想像外，實際中不會存在。本體已成的法是已生之過去法，本體未成的法是未生之未來法，二者中間不能成立真正的現在法，所謂有現在法位於過去與未來之間，於實義中只不過如同兩個石女兒中間有一個兔角的說法而已。

壬四、（破許未生為正生時）分三：一、正破；二、破彼斷過；三、若生時由自體生則須許未生為生。

癸一、正破：

問曰：正生時是該法未生，而正在趣向生，以此名為生。

未至已生位，若立為生時，

何不謂無瓶，未生無別故。

尚未至已生的分位，若強立為生時，那麼為何不說正作瓶時為無瓶呢？因為已生與未生無有差別故。

若認為正生時是所生法尚未生，而正在趣向生，這種觀點仍是不合理的。尚未達到已生的分位，該法的本體即未生起，仍屬未生法的範疇，不應立為正生時，否則應成已有的法，都可名為無法。比如正在眼前顯現的瓶，應成為無瓶，或尚未生起的瓶子；已經出生的嬰孩，應成尚未出生的胎兒等等。因為對方以尚未生的法是正生之法，如是應成已生與未生無有差別，已生的法應成未生，未生的法應成為已生，這樣混淆名言，顯然不能成立。

癸二、破彼斷過：

生時體未圓，異於未生位，
是亦異已生，故應未生生。

若許正生時生體尚未圓滿而有生的作用，以此不同於未生的分位，這樣也成正生時異於已生位，以此理應成立未生為生。

對上偈所言的過失，敵宗補救云：正生時與未生是有差別的，正生時生體雖未圓滿，而生的作用正在運動操作，但未生卻無有生的作用現前，故二者非為同等無別。正生時生體未圓滿，而有生的作用，故異於未生時，這種辯答也不能成立。按他們的說法，正生時生體並未圓滿，也即生體尚未現前，這樣的正生時也就明顯異於已生位；異於已生位的法，按理即是未生，所以彼等所許的生時生應成為未生生，未生的法現在正在生起，這種觀點已於上偈做過分析，無論如何也不能許為應理。

癸三、若生時由自體生則須許未生為生：

若說言生時，先無後乃有，

此亦未生生，未生何能生。

如果說正生時，是先無有生體而後才有生體，此也是許未生生的觀點，而未生又怎麼能生呢？

敵宗進一步辯答，說正生時是原先無有生體，而後時才有生體，先時的生與後時的生體有關係，以此可以成立生時生。這種回答仍難逃未生生的過失，因為若以先時的生與後時的生體有關係，成立生時生，那麼在生的正時，生體並未生起，仍屬未生法的範疇。未生之法尚無本體，彼中不可能有生的體性作用。因此，敵宗圍繞生時的辯答，無非是在生已生或生未生的兩端徘徊，無論怎樣建立，皆不免過失。

辛三、略義：

體圓說名有，未作說為無，

若尚無生時，說何為生時。

生體圓具時說名為有體，未作成生體時說名為無體，若尚無有生體，那麼能說何者為生時呢？

任何一種有為法在生起過程中，若其本體或說生體圓滿現前，即可說名為有體法；若本體尚未造作圓滿，即可說名為無體，這是依理者都應承認的事實。而以此有體無體的區分，去觀察所謂的生時生，其謬誤之處便會了然自見。所謂的正生，是生體已圓而生，還是生體未圓而生？若許前者，生體已圓滿現前，則應不需再生，也不可能會再生，如同已誕生的嬰孩絕無再生之理，這是一般人都會了知的道理。若許後者，正生時生體未圓，未造作圓滿，其生體尚處於無有之中，那麼你以何理成立某時是該法的正生時呢？無體者如同兔角一般，根本不可能確立它的生時，否則應許一切無有的法，現在都在正生，有眾多過失。因此已有本體者無有生，未生起本體者是無體法，故也無生，除此二者之外，誰也不可能找到第三個真實的生時。生時、生等這一切都是人們以分別施設名言安立的假法，全然無有自性。在諸中觀論著中，對生時生的破析，本論最為詳細，其推理方法非常廣，若能深入其中，對生等無自性一定會生起定解。

己二、總破有自性：

若時離其因，無別所成果，
爾時生與滅，理皆不可成。

以正理觀察，諸法正在顯現時，若離其因，則不會別有所成的果，所以爾時果生與因滅，依理皆不可成立有自性。

以勝義理觀察，緣起因果所攝的一切有為法，在生起過程中，若離其因則無其果。觀待其特定因緣，才會有果法的顯現，因也需觀待果才可名為因，二者如同父子，必須相互觀待才可立名，由此應知二者並非有自性存在，唯是觀待假立。而因果既無實體，依彼等成立的生滅——因滅果生等，皆不可成立有自性。於真實中，諸法皆無生滅來去，佛經中言：「人與士夫及有情，生已死亡全無生，諸法體性空如幻，外道諸眾莫能知。」真實中無生無滅，名言中諸法性空如幻，而外道諸愚癡者於此難解難見。於諸注疏中，此處對這些正理皆有廣說。甲操傑大師於注疏中以比喻言：如幻師變化男女等形象，雖然無有實體，但會使觀者有三種不同認識。其中被幻術所迷惑者，見幻化執為實有，並生起貪嗔等想，同樣凡夫異生為無明所迷惑，執著緣起幻相實有，並依之而生貪嗔苦樂等；二者，幻師自己雖見所幻現的男女等形象，卻不會執為實有，同樣已了知諸法如幻無自性的聖者，於後得位中雖然幻相不滅，然已了知如幻，決定不會生實執；三者，不為幻術所迷惑者，則全然不見其男女種種形象，同樣已斷盡一切無明迷惑的聖者根本慧前，全然無有世俗迷亂相。究竟實相中，雖無任何世俗迷亂相，然未至聖者根本智現前的境界，世俗顯現依然會相續不滅，麥彭仁波切說「沒有任何破現象的中觀派」，仁達瓦大師說：「於名言中，諸幻化境的顯現沒有必要破，也破不了。」對此應詳加區分，了知根本果中觀與後得道中觀的區別。

第十五品釋終

寂天菩薩

第十六品　教誡弟子品

丁二、（造論宗旨和斷除敵論餘諍）分二：一、略明造論的所為；二、斷除敵論餘諍。

戊一、略明造論的所為：

由少因緣故，疑空為不空，
依前諸品中，理教應重遣。

由於實執等少許因緣故，懷疑自性本空諸法為不空，應依前述十五品中所述的理教，著重加以遣除。

猶如以昏暗、眼花等錯亂因緣，人們往往將角落中的花繩誤認為蛇，由是而生虛妄無義的驚畏苦惱。同樣，諸法雖然本來無有自性，當體即空，然而由無明實執等少許錯亂因緣，有情於本空離根的世間萬法，生起種種疑惑，並執著諸法實有不空。為了遣除這些有情的疑惑與實執，在前面十五品中依理教作了次第引導，諸學者當依之著重遣除對空性的疑惑。證悟空性斷除實執，是有情斷除生死輪迴，得到解脫及一切智智果位的不二法門，然而有情由於無始來的實執惡習深厚，有的往昔也未曾聽聞過空性，一旦聞到空性正法即會生起怖畏，所以本論於前八品中，作了成熟身心根器的前行引導，然後才從各個方面宣說了能解脫三有的甚深妙道，這是聖天菩薩造此論的宗旨。於前十五品中雖已廣說諸正理，然為遣除後學者的某些疑惑，在第十六品中，作者又以理以教，再重遣除諸疑惑迷難。

戊二、（斷除敵論餘諍）分八：一、遣除破空性的理；二、破落邊宗之實執；三、有無二者是否實有其理相同；四、破成立畢竟無宗；五、破由有空性的因喻則不應成立空；六、明開示空性的所為；七、明有無二過之執都是顛倒；八、明無有理由能破離邊。

己一、（遣除破空性的理）分三：一、空性宗不能破；二、不空宗不能成立；三、用餘理破。

庚一、（空性宗不能破）分二：一、正明；二、以相同義而破。

辛一、正明：

能所說若有，空性則為無，
諸法假緣成，故三事非有。

若汝宗有能說、所說、說者存在，則一切法自性空的義理不能成立；諸法唯是藉因緣安立，故能說、所說、說者三事非有自性。

敵宗反駁云：如果為了上述宗旨造此論，則諸法應為不空，因為汝等有能說空性的詞句、所說的空義及說者聖天論師，此三者非得許實存不可，因此空性宗不應成立，諸法皆空的義理也成無理。答曰：諸法皆是依因緣而假立的名言，能說、所說、說者也不例外，雖然我們不否認自宗有這些能說、所說、說者存在，然這些唯是隨順世俗安立的名言，並非在勝義實相中成立。能說、所說、說者，皆是依名言因緣建立的法，如夢如幻如陽焰一般，無有自性，這些於後得修道位中安立的名言，是為了通達勝義實相的方便，真正趨入了勝義實相時，此等一切法皆遠離邊戲，無可緣執。因此汝等沒有任何理由說中觀宗實有能說等存在，由此不能成立空性正理。相反，由有這些殊勝的名言方便，更能顯示中觀空性正理的合理，遮破一切不承認空性的邪宗。

辛二、以相同義而破：

若唯說空過，不空義即成，
不空過已明，空義應先立。

如果僅由說空性的過失，不空的義理即可成立，那麼不空的過失早已說明了，空性的義理應該先成立。

敵宗：諸法皆空不能成立，若一切皆空，則現量境應同兔角驢角，全然不可現見彼等，有眾多過失，所以說，諸法不空實有才是正確的宗派。中觀：如果唯以說空性有過失，便可成立汝等不空的義理；那麼同樣，自宗前述諸內容中已指出了不空宗的種種過失，如根境、有為法相等若實有不空，則不能成立一切因果現象。大疏中云：諸法若不空，應成恆常不變、不壞滅等有多種過失。龍樹菩薩在《中論》裡說過：「以有空義故，一切法得成，若無空義者，一切則不成。」「若一切不空，則無有生滅，如是則無有，四聖諦之法。」「若諸法不空，無作罪福者，不空何所作，以其性定故。」以諸法不空有如是大的過失，空性宗理應先成立。敵宗舉出的空性過失，中觀宗一一可以依理圓滿遣除，而成立諸法緣起如幻無自性的空義；對不空的過失，敵宗卻無法依理避免，也無法找出任何一種具有實體自性的比喻。一些中觀論著云：由於有情在往昔長久學習外道邪宗，或久於地獄惡趣中串習，故愚癡實執習氣濃厚，雖然他們並不可能見到任何常有實質的法，然於甚深的空性正理始終不接受，這便是他們反對空性的原因。故具智慧者不應破空性，寂天菩薩云：「空性能對治，煩惱所知障，欲速成佛者，何不修空性。不應妄破除，如上空性理，切莫心生疑，如理修空性。」

庚二、（不空宗不能成立）分二：一、正明，二、破彼斷過。

辛一、正明：

諸欲壞他宗，必應成己義，
何樂談他失，而無立己宗。

凡是要破壞他宗所說空義者，必須先應成立自宗的實有宗義；汝等為何只樂於談論他宗的過失，而無有成立自宗的義理呢？

諸執著有事的宗派雖然想推翻中觀宗的空性正理，可是他們所用的方式卻是以指撓沸，不但不能破壞空宗，反而會使自己受到破壞。按照規律，欲要推翻他宗，必須先成立自宗，自宗理論如果先已成立，那麼他宗理論才有可能為自宗所折服。因此汝等有事宗欲要推翻空性宗，應先成立諸法不空的宗派，而這當然需要隨順聖者智士們的教證理證才行。可是在這方面，無論怎樣努力，也不可能得到建立諸法不空的聖教量，也不會有任何比量推理來成立不空義，以此汝等自宗尚不能成立，即無有理由或資格談論他宗的過失。汝等一味樂於指責空性宗有如何如何的過失，卻不知自己的有實宗到底如何才可成立，這種辯難實是毫無道理。如果你們要說空性不成立，應該是一切法不空，理應先舉出不空的理由，找到一個能立因，不然只是鑽在死牛角尖裡，於他無損，唯有自己徒招禍殃。

辛二、破彼斷過：

若觀察即無，彼不成為宗，
則一性等三，亦皆非宗義。

如果說一切法經觀察就無有自性，彼義不能成立為宗，那麼汝等所許的一性、異性、非一非異性等三種，也都不能成立為宗義。

敵宗反駁云：依上所說，欲壞他宗者應先成立自宗，而汝等空宗欲壞我等不空義，也應先立自宗。但是，依汝等所許，一切所知法都無有自性，全部都是空性，因此汝等也不能成立有自宗存在，汝自宗尚不成，故不能壞我們所許的諸法實有義理。中觀：按汝等的推理，以勝義理論觀察無有一法成立故，即不應承認中觀有自宗成立；那麼同樣，依勝義理觀察，汝等所許的實有一性、異性和非一非異性，都無有存在，以此汝宗也不能成立。一性、異性與非一非異性，是外道諸宗所許諸法實體或自性的存在方式。諸法若實有本體，其本體則不離一體、多（異）體或非一非異體的存在方式，而以中觀正理觀察，此等皆不可能真實成立。以勝義理觀察時，任何亦不應承認，這是我們中觀法門所宣說的甚深法義，是法界的本來面目。因此以勝義理觀察時，一切皆不應承認，汝等實有宗豈能成立，而且中觀宗依二諦說法，於世俗中能無礙成立一切如幻的緣起名言，可是汝等許諸法實有，無論如何也不可能建立實有宗。所以汝等不應以中觀宗的勝義理來否認中觀宗隨順世俗的名言，我等宣說的空義，是順事勢的正理，任何他宗也不可能破壞。

庚三（用餘理破）分二：一、以現見因破實有空不合理；二、由成立空性而成立實有宗即不合理。

辛一、以現見因破實有空不合理：

問曰：世人皆可現見瓶等實有不虛，因此實有宗能成立，而許瓶等空無自性，與現量相違故，既無意義也無作用。

許瓶為現見，空因非有能，
餘宗所說因，此無餘容有。

許瓶為現量所見境，故而認為空性的能立因沒有能力作用；餘宗所許的現見等實有因，在空性推理中不能成立，而我們所許的諸法空性因（推理根據），在其餘宗派中也是承許的。

一般不許諸法無自性的宗派，其最普遍的根據便是：諸法是有情現見之境，可現量成立存在，以現量可成立諸法實有，其餘成立空性的依據，都不可能比現量更有力量，因而諸法不空。這種推理是錯誤的，自他雙方在辯論某觀點時，所用的推理依據（因）必須要雙方承認才行，而汝等實有宗所說的諸法實有不空因——現量可見，這在空性宗中不能許為能立因。在真實觀察時，有情的根識不可能現見對境，故有情根識現見非為諸法實有不空的能立因，此理在前面的根境品中已有過詳述。有實宗所說的實有因，在空性宗中不能成立為因，非是二宗共許的依據，但是空性宗所依的推理依據，如金剛屑因、破有無生因、離一多因、大緣起因等等，卻是其餘宗派中也承許的因，因為這些根據都是共許的因明三相推理方式，依理者不得不承認。於三相推理中，中觀宗不但能有餘宗亦承許的因，而且還有諸法空無自性的同喻，比如：如夢、如幻、如陽焰等多種比喻，正如《入行論》所說：「以二同許喻。」即這些比喻也是諸宗共同承許的。可是實有宗，絞盡腦汁也不可得到顯而實有的同喻，故執實有者，於正理前當心悅誠服地捨棄邪執，依理進入正道。

辛二、由成立空性而成立實有宗即不合理：

問曰：汝等中觀宗許一切皆為空性，應當許有空性的實體，但空性是觀待不空而立，因此諸法應是實有不空。

既無有不空，空復從何起，

如無所治品，能治云何成。

既然無有不空的法，那麼空性又從何而起，就像無有所對治之物，能對治者又怎麼能成立呢？

若能成立空性實有體性，那麼與之相待的不空也應成立，一切法應實有本體，因此敵宗為了成立自宗，先從成立空性入手，云中觀宗應許空性實有體性。但是於中觀自宗，並不作如是承認，所謂的諸法空性，是觀待世人執著夢幻諸法有自性而假立的名言。一切所知法皆是緣起，任何人以智慧觀察，也不可能找到一種實有自性之法，既然諸法本來皆無實體，那麼空性之體又能依何者而起呢？這就像人們做噩夢時，遇到種種險況，夢中依種種方便對治，此中所治的險況非是真實，故其能治的種種方便也無有真實。同樣，有情於三有中所執著的一切，無有一種是不空實有之法，故而對治彼等實執的空性，也唯是觀待假立，如同夢中對治惡遇一樣，並非真實。所以，空性絕非敵宗所言那樣有實體，而是無有自性之法，不能依之建立諸法實有體性。《中論》裡說過：「若有不空法，則應有空法，實無不空法，何得有空法。」如有不空法存在，則空法亦應存在，然實義中無有不空者，故空法也不可能存在。《二諦論》中也說過：「若無有所破，即無有能破。」能破所破二者須觀待才可安立，所破的有自性法無有故，能破的無自性空也就不可能成立。諸學人於此尤應注意，一般在修道中所言的空性，是一種遮遣實執戲論的方便，是暫時依諸有執而安立的對治名言法，切不可執此為究竟不能捨棄。於了義中，諸修行人最後都應當如寂天菩薩所言：「若久修空性，必斷實有習，由修無所有，後亦斷空執。」如是遠離一切空不空的邊執戲論，方能詣於無緣最寂滅的實相境。

己二、（破落邊宗之實執）分二：一、正破；二、破救。

庚一、（正破）分三：一、破無宗成宗；二、破法體實有之能立；三、明離一切邊相同。

辛一、破無宗成宗：

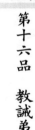

問曰：如果你們中觀宗許一切皆無自性，如是應一切完全無有，汝空性宗也不能成立為宗。如果你們承認有自宗，那與空性宗相觀待的實有宗也應成立。

若許有宗者，無宗即成宗，
無宗若非有，有宗應不成。

如果中觀宗承認自宗實有成立，那麼無自性宗即應成為有宗；而無自性宗如果非實有，那麼有宗理應不能成立。

如果於真實智慧前有稍許承認，比如說自己的宗派、空性等等，那麼許一切法無自性的空宗即應成為有宗——許有自性的實有宗。但是，中觀自宗在抉擇究竟實相時，並無宗派等任何承認。所謂的諸法無自性，唯是觀待眾生妄執諸法有自性而建立的名言，於實相中並不存在任何有自性的法，因此也不存在諸法無自性的對治方便，無自性宗本身也不許實有存在。於真實智慧前，中觀宗不許有任何承認，龍樹菩薩在《回諍論》云：「若我有少宗，則我有彼過；吾無承認故，唯我為無過。」全知麥彭仁波切也云：「是故於大中觀前，無有任何所承認，已證現空等性故，有無是非等破立，一切戲論皆遠離。」在前述諸品中，也一一破除了許諸法實有的宗義，觀待有自性而假立的對治方便——諸法無自性，當然也非真實成立，無自性宗既然非有，其相待而成的有自性宗也就不可能成立。中觀宗所言的一切法無自性，也非如有事宗所認為那樣是一切法完全無有、是實有的空性，這種觀點其實是無邊的執著，也是中觀的所破。

辛二、（破法體實有之能立）分三：一、以法差別實有不能成立實有；二、以破四邊正理而破；三、不見有微塵許實有。

壬一、以法差別實有不能成立實有：

問曰：諸有為法是實有，因為火等差別法實有存在故。

若諸法皆空，如何火名暖，
暖火亦非有，如前已俱遣。

如果諸法皆空無自體，那麼為什麼火名為暖熱呢？暖熱的火亦非有自性，如前述內容中已俱遮遣。

有些人認為，諸有為法一定會實有本體存在，因諸有為皆有它不同於其他法的差別，比如說火有獨特的暖熱相，水的差別相為潮濕等等，以這些差別相實有不混雜故，其差別相的本體也理應實有不虛。否則，若諸法本體都為空性，那麼這些火的暖熱、水的潮濕等差別相，又如何成立呢？中觀師答曰：諸有為法的差別相也非自性成立，佛陀在諸般若經典中說過，從色到一切智智的一切法本性即空，諸法本體皆非實有，如此依本體而立的差別相，也就理所當然的無有自性。如火的暖熱，非能自性成立為火的差別相，此理於第十四品「暖即是火性」一偈中已有闡述。應知所謂的差別相，要觀待諸分別心識前的迷亂相才能成立，如同海市蜃樓的差別景象一般，本身即是依幻而立，依之不能推斷諸法實有。

壬二、以破四邊正理而破：

若謂法實有，遮彼說為空，

若四邊皆真，不見捨棄過。

如果說諸法實有本體，為了遮止彼等才說為空性；有無等四邊若皆為真實，則任何人也不能見到彼等有應被捨棄的過失。

還有一些人認為，諸法本來可以現見為實有，而中觀師為了遮止彼等實有，才說諸法空性，這種觀點是很大的邪見。如果諸法本來皆具實體，那些有無等四邊實執應成符合實相，應該真實成立，且中觀師以破四邊的理，如金剛屑因、離一多因等觀察時，也應見不到四邊有任何過失，無有任何理由捨棄彼等，但事實真相全然不是如此。比如對承認諸法實有自性的有邊，若以金剛屑因觀察其生起方式，自生、他生、共生、無因生皆不成立；以離一多因觀察諸法本體，本體既不會有一體，也不會有多體；以緣起因觀察，諸法唯是觀待因緣而成，非自性成立。如是可見，許諸法有自性存在眾多無法成立的過失。對無邊、亦有亦無、非有非無諸邊執，以正理觀察時，同樣也可見到彼等有眾多太過。以一切實執皆可包括在四邊之中，故種種許實有的宗派，皆有過失，不能成立。若明理者，則不應說諸法無自性是中觀師違背實相的說法，而應承認中觀宗遠離有無四邊戲論的正理。諸對空性不承認者，其實如同瘋狂者一般，自己精神不正常，卻說正常者有病，龍樹菩薩言：「汝今自有過，而以迴向我，如人乘馬者，自忘於所乘。」

將自己的過失說為他人之過，這種人誠應為智者所呵！

壬三、不見有微塵許實有：

乃至極微體，都無如何生，

佛亦未許無，故彼不應理。

諸法之中乃至最細的極微本體都不存在，因而怎麼能生起諸實有體性之法呢？一切智智佛陀也未許本無自性之法實有，因此彼等許諸法有自性之宗皆不應理。

以正理觀察一切所知法，乃至窮盡其微，就連最細的極微，也不會有實體存在。本論第十三品說過：「極微分有無，應審諦思察。」於中對所謂的極微（無分微塵）作過觀察，發現也無有實體可得。最細的極微體尚非實有，那麼如何會生起有實體的諸法呢？證得了如所有智與盡所有智的佛陀，也從未許本無自性的一切所知法為實有，在三藏十二部中從未說過任何法實有自性存在。佛陀在《般若二萬五千頌》中說過：從色乃至一切智智，萬法皆無生、無實有，是本體不存在的自性空。月稱菩薩於《入中論》裡總結般若經中所言的空性時也說過：「若有為自相，及無為自相，彼由彼性空，是為自相空。」一切有為無為法皆無體相可得，這是現證真性的佛智所成立的究竟正量，故可依彼無誤了知，一切許有自性的宗派，於真義中縱然只有微塵許的所許，也不是應理的宗義。

辛三、（明離一切邊相同）分二：一、正明；二、對任何法也不應許有實無實之差別。

壬一、正明：

若真離有無，何緣言俗有，
汝本宗亦爾，致難復何為。

如果諸法的真實相遠離有無等一切邊戲，那麼汝等以何因緣說世俗諸法實有呢？所以汝等本宗也應如是承認，而致我們責難又幹什麼呢？

諸法的真實相，遠離有無等四邊八戲，於法界實相中，無有任何有邊、無邊。因此無論任何人，不可能找出真實理由，將有情分別心識前諸世俗幻法說為實有，哪怕是最細微的微塵、剎那，於實義中也不會存在有無等的戲論。本來無有任何緣執的法界中，任何人去分別計執實有種種顯現，這唯是錯亂的分別心使然，月稱菩薩言：「癡障性故名世俗。」一切世俗現象都是迷亂愚癡習氣所現，有智者絕不應執為真實。若要得到解脫，汝等一切執著有事的宗派，也應隨順離一切戲論的實相，如同中觀宗所抉擇那樣，將有無諸邊戲統統打破，直趨本來無一物的無生大空之境。而你們不但不如是承認隨順，反而百般辯難，以種種非理觀點來難問中觀正理，這種做法實是不應理的，對正理也沒有任何危害作用。

壬二、對任何法也不應許有實無實之差別：

諸法無體性，不應有差別，
諸物上共見，彼即無差別。

諸法本無實有體性，不應存在有實無實的差別；諸物上共見諦實空的空性，彼性即是無有任何差別之平等空相。

一些宗派認為：有些法雖然是空性，但有些法不一定；通達一法的本性，不一定是通達一切法的本性等等。而在中觀正理觀察下，諸法無有自體性的空性，不應在不同法上有差別。任何一個法，皆是依緣而起，不會獨體存在，依諸因緣和合而起，即是無自性之法，這一點在任何所知法上都可現見，任何人去如理觀察，也必然會見到諸法的這一共同無別本性。從通達諸法空性的方式看，修持者可以通過任何一法，見到諸法共同無別的平等空性。如往昔有很多證悟者，他們有的通過一朵花即證悟了一切法本來無生的大空，有人以一個杯子而開悟，有的依伐木聲而開悟等等，以這些實例也可明顯看出，空性是遍一切法的空性。佛經中說過：「若知何法無自性，即於諸法不起貪。」本論第八品中也云：「說一法見者，即一切見者，以一法空性，即一切空性。」所以，於上述諸內容中，往往只以瓶子等一法為例，若能通達瓶子一法的無自性空，即於其他法自然會了知其相同的本體空性。

庚二、（破救）分二：一、不許諦實空者無由建立自宗；二、責難諦實空之宗終不可得。

辛一、不許諦實空者無由建立自宗：

無故於他宗，不能答難者，

他因破自宗，何故不自立。

如果說以中觀師許一切法皆無有故，自宗不能答難，那麼他宗以因明推理方式破你們自宗，你等為什麼不能成立自宗呢？

有事宗難曰：我們無法回答中觀師的問難，並非是自宗不能成立，而是因為中觀宗什麼都不承認，許一切皆無，如是我們就無可回答；若有承認，雙方才能合理地辯論，我等也可無誤地成立自宗。這種駁難實際上是狡辯。中觀宗在破斥邊執，闡述空性正理時，並非是直接以實相大空籠統地遮破一切，而是以諸宗共許的因明推理方式作的觀察，中觀宗以這些正理推破汝等有事宗的宗義時，汝等又為什麼不能迴遮過失建立自宗呢？三相推理等名言理論，是諸宗都可平等運用的辯論方式，依此若不能回答中觀師的妨難，那麼汝等也就不要將自宗不能成立歸罪於中觀師的不許一切。中觀宗是隨順實相的宗派，任何有違於此正理的宗義，皆不可能逃脫過失。佛經中云：「猶如大山王，不為蟻搖動，如是善學者，不可為動搖；天空無法染，手也無可觸，俱胝邪魔眾，三毒不可摧。」善學佛法正義者，證得如虛空一般的空性智慧後，會猶如山王、天空一般，不會為任何魔眾煩惱所染，也不會為他宗邪見所動搖。

辛二、責難諦實空之宗終不可得：

問曰：雖然我們不能成立自宗，但是要破斥他宗非常容易，世人也經常說：「雖然自己難以做到，但是看別人的過失非常容易。」

說破因易得，是世俗虛言，
汝何緣不能，遮破真空義。

說破斥他宗的因容易得到，只是世俗的虛妄之言；否則你等有事宗，為何不能以理遮破真空義呢？

如果說破斥他宗的依據容易得到，以此雖然中觀宗破斥了有事宗，但並不能證明有事宗完全是不合理的宗派。這種辯解當然也不能成立，所謂「破因易得」只是世人虛妄的言說，實際上並非如是。要破他人的宗派，首先自己要有清淨無過失的宗義，不然你毫無根據，不可能如理摧破他宗。就像汝等執著有事的宗派，如果有易於破他宗的因，那你等為何不能遮破中觀宗的真空義呢？中觀宗創立以來，無數人為諸法無自性，遠離一切戲論的真空義，作過無數辯論，然而無論內道外道，一切執著實有的宗派，從未找到過能破空宗的依據；無論從哪方面觀察，也不可能有可以破空性的因，因為空性是隨順實相的正理。故汝等不應再頑固不化，而應依理放棄實執接受空性正理。

己三、（有無二者是否實有其理相同）分三：一、實有空與實有兩種名言成不成立相同；二、唯以假名實有其義不成；三、世間安立實有之名若是實有則世俗中有非勝義中有。

庚一、實有空與實有兩種名言成不成立相同：

有名詮法有，謂法實非無，

無名表法無，法實應非有。

若以有名稱詮解的法是實有，便說諸法實有而非無自性；那麼以無諦實的名言表達諸法無自性，諸法實體應非有。

有人認為，諸法皆有名稱言說，由名稱言說，便可了知諸法本體實有，而非無有，否則無從建立種種不同的名稱。依這種觀點，唯依有名言即可成立萬法實有不虛，那麼我們也可用相同的推理，以無諦實的名言成立一切法無自性。有與無二者皆是名言，若前者具有成立諸法實有的能力，那後者理應具有成立諸法無實有的能力，沒有任何理由區別有無兩種名言，一者成立，另者不成立。但是，稍有理智者，顯然不會承認由名稱言說即可成立諸法實有的觀點。名稱言說只是有情以分別心安立的假象，任何法皆不會有真實不變的名稱；於實相中，遠離了一切有無名言分別，不可能存在任何戲論。故隨順實相者，不應執著任何名言。

庚二、唯以假名實有其義不成：

由名解法有，遂謂法非無，
因名知法無，應信法非有。

若由名稱解說諸法實有，便說諸法非無自性，那麼因名稱而了知諸法無實，也應信解諸法非有實體。

敵宗辯駁道：如果諸法無有實體，而說諸法有的名言，則極不應理，就像說石女兒子有，顯然無法成立，因此由於實有的名言，理應成立諸法實有自性。答曰：名言非是實義，唯是分別心施設的假象。如果由名稱解說諸法實有，便能真正成立諸法實有，於實義中非無自性，那麼我們以諸法如夢如幻的名言詮解，也可了知諸法本無自體，由此而應深信諸法本無，如同夢境幻相一般。應知名言中所表達的，並不一定於實義中成立，因此唯以名詮並不能真實成立某法，比如說，將視力完好者說為瞎子，將短壽者取名為萬歲，名言雖可隨意安立，然而實際中不可能如是成立。

庚三、世間安立實有之名若是實有則世俗中有非勝義中有：

若由世間說，皆世間有者，
諸法有自性，何成世間有。

如果是由世間人所說的諸法實有，那麼都只是世俗名言中的有；而諸法有自性（是勝義中有），怎麼能成為世間有呢？

敵宗云：語言當然不能表達事物的本體，否則應有說火會燒嘴、說瓶會塞口的過失。言說雖不觸及事物本體，但能詮、所詮的一切世間名言卻是實有的。答曰：如果語言不能觸及事物本體，而是世間人所說，那麼語言現象只能是世俗中的法。世俗中有的法，只是世人分別心前的虛妄幻相，是如同夢幻一般的假象，並非勝義中也存在。《入中論》裡說過：「若謂安住世間理，世間五蘊皆是有，若許現起真實智，行者五蘊皆非有。」安住於世間層次中，名言詮說的諸法才有，於真實智前，這一切名言現象並不存在。而所謂的諸法有自性，是諸法本體或說實相的狀態，是勝義諦中的有，怎麼能以世間名言表達這種本體呢？若能表達，即成世間有而非勝義有。汝等也承認，言說不能表達本體，所以世間安立的「諸法有自性」，唯是世俗名言，而非勝義實相。否則，若許諸法實有的名言於勝義中也成立，應成聖者修行無有功德，一切輪迴痛苦無法息滅等，有多種大過失。全知麥彭仁波切說過：「勝義中無，不一定於世俗中也無；世俗中有，不一定於勝義中也有。」於此世俗勝義的區分，應當如是詳細了知。

己四、（破成立畢竟無宗）分二：一、破由遮諸法實有即成立畢竟無；二、由諸法無實體便執無實體為有自性也不合理。

庚一、破由遮諸法實有即成立畢竟無：

謗諸法為無，可墮於無見，
唯蠲諸妄執，如何說墮無。

若諸法本來實有而謗說諸法為無，可以說此是墮於諸法畢竟無有的斷見，但中觀宗只是為除去諸虛妄迷執，怎麼能說是墮於斷滅無邊呢？

敵宗駁難：汝中觀宗云一切法無有自性，如是應成一切法畢竟無有，墮於斷滅無見，這是誹謗世間的言說，所以不應承認。答曰：所謂的墮於斷滅無見，是指將本來實有的法說為無有，本來存在的法除滅為無，龍樹菩薩言：「若法有定性，非無則是常，先有而今無，是則為斷滅。」因此，若諸法本來決定有自性，實有不虛地存在，有人將這種法說為無有，這樣才可說是墮於無見。但於實相中，諸法並非決定有自性，而是本來就無有自性，唯是因諸有情以虛妄迷亂習氣，才現起了森羅萬象。為了蠲除這些迷亂幻相妄執，中觀宗才以方便名言，引導有情了達一切所知法唯名唯詮唯分別施設，本來無有，不應於此生起妄執，對此怎麼能說墮入了無見呢？龍樹菩薩也說過：「定有則著常，定無則著斷」，而諸法本來即無有可決定有無的本體，因此智者們以中觀正理遣蕩一切著有著無的虛妄實執，決定不會墮於定有定無的常斷諸邊，而能詣達本來如是的無緣寂滅實相境。

庚二、由諸法無實體便執無實體為有自性也不合理：

由無有性故，無性亦非有，

有性既非有，無性依何立。

由於諸法的有性無有故，無性也非實有，有性既然非有存在，那麼觀待而立的無性依何者成立呢？

中觀宗所言的「諸法無自性」，也是觀待有情所執的「諸法有自性」，而安立的遮滅實執之名言，並非自性成立。一切法於本來中無有自性或說本來無有成實體性存在，如同幻相水月等，因而為遮滅實執說彼等無自性，也是本來非有的。這就像瓶子，如果它本來就沒有在世間出現過，那麼也就不可能有它的有性或無性，堪布阿瓊言：如果某人沒有出生，其死亡也不會存在。同樣，諸法的有性不存在，其無性也不可存在，有性與無性相互觀待才可成立，如同前後、正反一樣，若一者不存，另者也無從安立。《七十空性論》中云：「有性不依他，不依云何有？由無有性故，無性也不存。」有自性、無自性皆是觀待安立之法，以智慧觀察諸法時，無有任何一法具成實自性，故依有性而安立的無性也非自性存在，並非在真實中成立。

己五、（破由有空性的因喻則不應成立空）分二：一、明由有因故即是實有則有大過；二、明由有喻故即不能成立空性有大過失。

庚一、明由有因故即是實有則有大過：

問曰：汝等要成立空性，必定要有能立的因，由有因故，所以諸法空性不是空性，而成實有。

有因證法空，法空應不立，
宗因無異故，因體實為無。

由有證成諸法空性的因，諸法空性不應成立；宗與因二者非是異體故，因的體性實為無有。

敵論者認為，如果觀察中觀宗成立空性的過程，也可發現有很大的漏洞，因為要證成空性，汝等必須要有因，以因實有存在故，諸法空性的立宗也應實有，而非為空性。這種非難極不合理，在三相推理過程中，所謂的宗（立論）與因非是自性一體，也非異體。若二者一體，則自身不能證成自身，能立因不能成立與己同體的所立宗，所以汝等認為以有因故，空性也應有成實存在，其實是犯了宗因一體的過失。若二者異體，當然可以更明顯地發現，異體的因不可能成立宗，否則有火能成立黑暗、瓶子能立柱子之類的太過。宗因二者非一非異，以此可了知因本身並非自性成立，不能認為因是實有體性之法，相反，因本身也無自性，因此敵論者的推論無法成立。

庚二、明由有喻故即不能成立空性有大過失：

謂空喻別有，例諸法非空，
唯有喻應成，內我同烏黑。

若說自性空的同喻可以單獨另處存有，由此而例證諸法非為空性，則僅有比喻即應成立，如是內我應同烏鴉一樣是黑色。

敵宗難曰：諸法自性空的同喻——影像、陽焰等，於外境中經常存在，非是觀待因義而有，由此可證明諸法亦有存在，非為空性。答曰：汝等觀點無法成立，離因之喻決定不能證成所立宗義，比喻實屬因的一分故，也就是說，不能執同喻與因義有一異關係，具體來講，在因明推理方式中，同喻不能與因同體存在或異體存在。二者若同體存在，同喻即不能證成同體的因；二者也不能異體存在，若異體單獨存在，二者之間毫無關係，那麼其餘一切法都應成為某個因義的同喻。比如外道常言的內我，應成如同烏鴉一樣黑漆漆，二者雖無任何關係，但以烏鴉的黑色，可以證成內我存在。同喻若獨有存在，則成不觀待因義而自性成立的同喻，如是烏黑之類所有的法，也可成為內我等他法的同喻，而這是誰也不會承認的觀點。中觀宗證成自性空的夢等八喻，唯是觀待而安立，其本身非自性獨體存在，所以認為同喻獨體存有而例證諸法自性成立，實不合道理。

己六、明開示空性的所為：

問曰：假若因喻皆非實有，則一切法亦應畢竟不能成立，因此汝造論破他實有宗也成唐捐，沒有任何必要。

若法本性有，見空有何德，
虛妄分別縛，證空見能除。

如果諸法本來是自性有，那麼現見空性有什麼功德呢？有情為虛妄的實執分別所縛，唯以證空性見方能除滅。

中觀師造論開示空，並非是毫無意義之舉，而是為了引導有情通達本來空性的法界實相，斷除迷妄實執的繫縛，證得一切智智的果位。諸法如果同有事宗所認為那樣，本來即是自性存在，那麼修行者以聞思修習而現見空性，應成毫無意義，唯是顛倒錯亂之舉，如同世間遇毒蛇者觀想無有毒蛇一般，極不應理。而實際上，法界本來空寂，無有任何緣執之法，有情卻因無明愚癡所迷惑，如有眼翳者現見空中有毛髮一般，現起種種如毛髮一般的幻相，並妄執這些幻相實有不虛，不斷造業流轉於生死大夢中。因而要醒悟解脫，必須以種種方便，令有情通達一切法本來無有自性，斷除虛妄實執分別的繫縛，如是才可證悟空性實相，趨入涅槃解脫彼岸。佛經中云：「若知自性空，自性無我法，則不生非戒，因學定解故。」《入中論》云：「異生皆被分別縛，能滅分別即解脫。」欲求解脫者，必須通達空性而滅除實執分別。為此，中觀論師造論開示空性，是有極大必要與意義的行為，也是隨順真如實相的行為。諸修學空性者也應了知，空性是遣除痛苦違緣最根本最有力的方便，日常生活中雖有種種悅意或痛苦的顯現，然而一切只是如同銀幕上的影像，若能於正顯之當時，了知一切如幻無實，自心安住於空性正見，則一切迷亂幻相無利無害，不會受任何分別戲執的束縛。

己七、明有無二過之執都是顛倒：

說一有一無，非真也非俗，
是故不能說，此有彼非有。

說一法有而一法無者，非是真諦也非為世俗，因此不能宣說，此是實有彼是非有。

諸內道宗派中，也有未能了知一切諸法皆無自性的真空義者。如小乘有部論師許粗大法無有，而無分微塵與無分剎那實有，隨理唯識師許識實有，外境非有等，這些分別有無的觀點，在中觀正理衡量下，皆是顛倒執著。不論何種宗派，若許一有一無，如說識有境無，這種說法不是勝義諦，因真正的勝義諦非是分別心意之境，而是聖者根本慧之行境，此中無有任何有無分別戲執，唯是無緣最寂滅的清淨平等光明，內識外境一切法皆已寂滅，不可能存在一有一無的分別戲論。同樣，一有一無的說法也非世俗諦，比如在名言中，外境與內識，極微與粗色等，世人和中觀師都是共許的，因此一有一無的說法於世俗中也不應承認。月稱論師言：「般若經中佛俱遮，彼等對法俱說有。」抉擇勝義時有無俱應遮滅，抉擇世俗時應平等予以承認，故一有一無之說法，無論在勝義還是世俗中均不成立，所以也就不能宣說此法有彼法無的觀點。俄巴活佛於注疏中言：「抉擇二諦時，不能混淆名言量與勝義量，不然無法解釋佛說的甚深經典。」以勝義理論抉擇勝義實相時，應平等地遮除一切，眼等六根色等六塵、世俗勝義、有為無為、自性他性等等一切都不應承認，欲達中觀了義境者，當如是遮破一切分別戲論，直趨離戲大空！

己八、明無有理由能破離邊：

問曰：汝等中觀師善於以理破除實有宗，而我等實有師不能破汝等空性宗，現在我等雖然無法答覆，但是仍然有不少人在精進修習各種教法，總有一天有人也會破除汝等觀點，指出空性宗的過失。

有非有俱非，諸宗皆寂滅，

於中欲興難，畢竟不能申。

有、非有、亦有亦非有、非有非非有，諸有邊執之宗皆於中觀宗前寂滅，所以於中觀宗欲興問難，畢竟不能申辯成功。

企望他宗能難論中觀空性宗的想法，只能是妄想。中觀宗所抉擇的如果不是隨順實相的正理，而是有過失的宗派，那麼他宗以種種理來難論，也就有可能。而事實上，中觀宗所宣說的是實相正理，一切執著有無四邊戲論的宗義，於自宗內悉皆遣除，已抵達了無緣最寂滅之實相，故不再有任何過失，如同金剛山王一般，任何他宗也無望難論摧破此實相正理。俄巴活佛於注疏中，以《心經》中的「色不異空，空不異色，色即是空，空即是色」四句，對應破除有、無、二俱及二俱非四邊。色不異空，是指對有邊的破除，色是代指一切所知法，以正理觀察時，可以了知彼等本來無有自性，顯而不異於空性；空不異色，是破除無邊，由此了知空性非是斷滅空，非是異於顯現外有成實的空性存在；色即是空，是指現空雙運，遠離亦有亦無的俱二邊，由此了達現與空非是如搓黑白繩一樣各成別體存在，而是無二雙運；

空即是色，是指離戲，斷除二俱非的微細邊執，了知現空雙運也非有實體存在。一切所知法皆包括在四邊之中，因此四邊破除後，於中再無有任何實執戲論，抵達了究竟實相。佛經中言：「一切法空性，即是無有自性義；一切法無相，即是無有相狀義；一切法無緣，即是無有所緣義；一切法自性光明，即是清淨般若波羅蜜多義。」中觀宗如是抉擇了空無相無願的究竟般若空性，故如同千日之光，任何四邊黑暗皆不可遮障，任何執實宗對中觀宗欲興起論難，也唯是如同欲以手擊虛空一般，畢竟不可得。如此證得中觀深義者，即獲得究竟菩提果，如是可廣利無邊眾生。

第十六品釋終

甲三、（末義）分二：一、由何阿闍黎作；二、由何譯師翻譯。

乙一、由何阿闍黎作：《菩薩瑜伽行四百論頌》是大車宗阿闍黎聖天菩薩作。

乙二、由何譯師翻譯：

此論是迦濕彌羅無比城寶藏寺中，印度堪布蘇馬扎拿和西藏博通顯密的日稱譯師，由印語譯藏，講說聽聞，抉擇完善。

迦濕彌羅即現在的克什米爾，在此地的無比城寶藏寺中，印度堪布蘇馬扎拿和西藏前譯精通顯密的大譯師日稱，二人共同翻譯了此論，由堪布進行講解，譯師聽聞後將此論由梵文譯藏，在此基礎上，堪布又講一遍，譯師再次聽聞，並依此對初譯稿進行抉擇校對，最終完善。

大唐三藏法師玄奘將後八品由梵文譯漢，大格西法尊譯師將前八品由藏文譯漢，並依藏文對後八品作了修改補充，從而成為完整的漢文《四百論》譯本。

龍樹聖天獅吼語，如理宣說佛意趣，
明理智者誰不敬，邪師群獸則生懼。
我雖慧劣未能悟，然依聖教理證語，
義賅言簡釋此論，具緣信眾當生喜。
芸芸五濁世間眾，沉溺物欲黃粱夢，
雖入佛門無聞思，盲修瞎煉徒無益。
終日忙碌庸瑣事，希求神通尋名利，

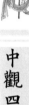

誰肯專研精勤修，此論甚深空性義？
願我生生世世中，恆隨大乘善知識，
聞思熏修入此道，速得佛果成二利。
以此善根願諸眾，趨入深妙中觀道，
斷盡二障圓二資，如海功德一時具。

2000年11月至2001年3月間，於金剛薩埵殿堂為七百餘名漢族僧眾傳講本論，此間集每日所講，於閒暇撰著此疏，願一切吉祥！

重校於2006年3月4日

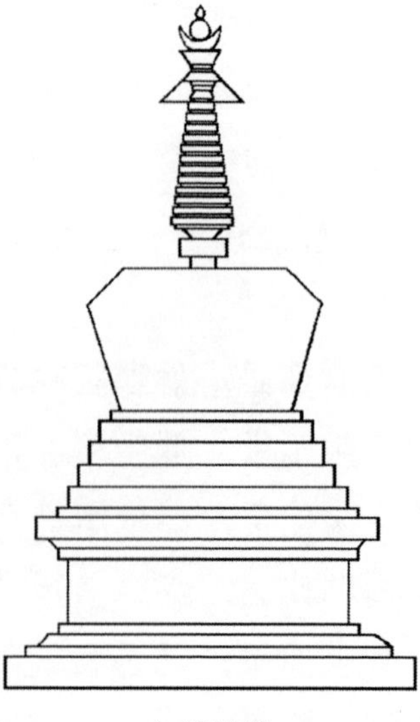

大菩提塔